Matthias Wieser
Das Netzwerk von Bruno Latour

Sozialtheorie

Matthias Wieser (Dr. phil.) ist Postdoc-Assistent am Institut für Medien- und Kommunikationswissenschaft der Alpen-Adria-Universität Klagenfurt. Seine Forschungsschwerpunkte sind aktuelle Sozial-, Kultur- und Medientheorien, Cultural Studies sowie Science & Technology Studies.

Matthias Wieser

Das Netzwerk von Bruno Latour

Die Akteur-Netzwerk-Theorie zwischen Science & Technology Studies und poststrukturalistischer Soziologie

[transcript]

Veröffentlicht mit Unterstützung des Forschungsrates der Alpen-Adria-Universität Klagenfurt aus den Förderungsmitteln der Privatstiftung Kärntner Sparkasse

Bibliografische Information der Deutschen Nationalbibliothek
Die Deutsche Nationalbibliothek verzeichnet diese Publikation in der Deutschen Nationalbibliografie; detaillierte bibliografische Daten sind im Internet über http://dnb.d-nb.de abrufbar.

Umschlaggestaltung: Kordula Röckenhaus, Bielefeld
Lektorat: 7 Silben
Satz: Matthias Wieser
Druck: Majuskel Medienproduktion GmbH, Wetzlar
ISBN 978-3-8376-2054-2

Gedruckt auf alterungsbeständigem Papier mit chlorfrei gebleichtem Zellstoff.
Besuchen Sie uns im Internet: *http://www.transcript-verlag.de*
Bitte fordern Sie unser Gesamtverzeichnis und andere Broschüren an unter: *info@transcript-verlag.de*

Inhalt

Teil II. Die Geburt der Akteur-Netzwerk-Theorie aus dem Geist des Poststrukturalismus

Danksagung

»Dieser Weg wird kein leichter sein. Dieser Weg...« In der Tat war es kein leichter Weg – erst recht als mir der Refrain dieses unsäglichen Liedes, während der Zeit als ich an meiner Dissertation schrieb, nicht aus dem Kopf ging. Dieses Buch ist materialisierter Effekt einer langen Reise. Beim Abfassen einer solchen Arbeit kommt man auf viele Umwege, verläuft sich, kommt auf Seitenwege und findet nicht immer auf den eigentlichen Weg zurück. Manchmal trifft man wen, der einem eine neue Richtung weist, vielleicht eine Abkürzung weiß – doch nicht selten landet man im Gestrüpp oder auf einem Trampelpfad. Vielleicht weist jemand einem auch den Weg und gibt Orientierung, hält Werkzeuge bereit sich seinen Weg zu bahnen. Für uns Reisende ist es dann auch nur schwacher Trost, wenn es unterwegs heißt, ›das gehört dazu‹ oder ›der Weg ist das Ziel‹. Hinzu kommen einige Hindernisse auf dem Weg, auch, oder vielleicht sogar gerade, wenn man heutzutage an einer Universität arbeitet. Schließlich nimmt der Weg eine ganz andere Gestalt an als man ihn sich vorgestellt hat und irgendwann ist man froh und erleichtert den Weg oder diese Etappe hinter sich zu haben: »a good thesis is a thesis that is done«, wie es bei Latour (2005a: 148) heißt.

Ich bin dankbar all jenen, die mir geholfen haben diesen Weg zu gehen: den Studierenden, Kolleginnen und Kollegen in Aachen und Klagenfurt, den Teilnehmenden der Forschungskolloquien in Aachen, Berlin und Klagenfurt, den ›New Cross Kids‹ sowie dem ›Klagenfurter Lesekreis‹. Darüber hinaus natürlich meinen Gutachtern und Betreuern für Ansporn, Anregungen und Kritik: Karl H. Hörning, Werner Rammert, Arno Bammé und besonders Rainer Winter. Mein besonderer Dank gilt auch Hajo Greif und Claudia Küttel, die sich die Mühen der Lektüre des ganzen Manuskripts gemacht haben sowie Andreas Hudelist und Claudia Isep, die Teile der Arbeit gelesen haben. Ariane Jossin danke ich für ihre zeichnerische Bereicherung des Buches und Jürgen Jessenig für das fesche Design der anderen Abbildungen.

Außerdem gilt mein Dank den Menschen, die mich selbstverständlich fraglos und uneingeschränkt unterstützt haben, die einfach *da* waren als ich sie brauchte und die mich ermutigt und unterstützt haben. Die mich mit schönen Dingen abgelenkt haben, um wieder einen klaren Kopf zu bekommen und mit neuer Kraft und neuen Ideen ans Werk zu gehen. Die an mich geglaubt haben ohne vielleicht ein Wort meiner Arbeit zu verstehen: meinen Freunden, meinen Eltern Karin und Ulrich, meiner Oma Gisela und meiner Liebsten Katrin.

1 Einleitung

> »I produce books, not a philosophy. Every book I am involved with is a work of writing that has its own categories and its own makeup. I cannot transform all of these books into a unified field of thought that would remain stable over time and of which one book would simply be coherent manifestations. On the other hand, I don't believe in being irresponsible for what I have written. I agree that I have a responsibility for being compatible, like a software designer has to maintain compatibility.«
> (LATOUR ZIT. N. CREASE ET AL. 2003: 19)

Die Feststellung, Bücher und keine Philosophie zu produzieren, mögen manche als akademisches *understatement* oder sprachkritische Ironie abtun, wenn sie aus dem Munde eines der weltweit bekanntesten Sozial- und Kulturtheoretiker der Gegenwart kommt. Dennoch ist die Aussage des französischen Soziologen und Philosophen Bruno Latour für ihn und seine ›Philosophie‹ bezeichnend. Die von ihm und seinem Kollegen Michel Callon entwickelte Akteur-Netzwerk-Theorie (ANT) soll nämlich vor allem eins nicht sein: eine Theorie oder Philosophie. Stattdessen haben Latour und Callon sowie eine Vielzahl an Kolleginnen und Kollegen insbesondere am *Centre de Sociologie de l'Innovation* am *École des Mines* in Paris eine Heuristik in den Sozial- und Kulturwissenschaften etabliert, die ihren Untersuchungsgegenstand verfolgen und erweitern möchte, anstatt durch eine Erklärung zu reduzieren. Dadurch kann auch diese Heuristik keine universelle Theorie oder Philosophie bilden, sondern bleibt in Bewegung auf der Flucht vor einer Fest-Schreibung. Allerdings muss diese Theorie, um überhaupt wirklich zu werden, Gestalt annehmen – in Form der Forscherin[1] und all ihrem Equipment und schließlich in verschiedenen Formen von Schreiben und Schrift, wodurch letztlich die Grenze zwischen dem Untersuchungsobjekt und seiner Beschreibung verwischt.

In dem langen Zeitraum des eigenen Lesens, Denkens und Schreibens mit, gegen und über Latour und die ANT sind inzwischen nicht nur eine Reihe an Einführungen erschienen (vgl. Schulz-Schaeffer 2000: 102-145; Degele/Simms 2004; Simms 2004; Belliger/Krieger 2006b; Krauss 2006; Kneer 2009a; Rufing 2009; Schmidgen 2011), sondern ist es schwierig nicht dem auf den Leim zu gehen, was Bruno Latour vehement bekämpft: einer Totalisierung, einer Reduktion. Leider sieht man das dem vorliegenden Text mitunter an, was auch den Genres ›Qualifikationsarbeit‹ und ›Theoriediskussion‹ geschuldet sein mag. Auch wenn es kein latourscher *risky account* ist, so ist es dennoch keine klassische Einführung in die ANT oder das Werk von Bruno Latour. Es werden nicht zunächst theoretische Vorläufer und philosophische Wurzeln beschrieben, dann das Konzept der ANT und ihre Fallbeispiele erläutert und anschließend Kritikpunkte benannt. Dies ist schwer bei einem *moving target*, wie es insbesondere Bruno Latour darstellt: Vorläufer, Quellen und Wurzeln werden in Retrospektive entworfen, Kritikpunkte eingebaut, entschärft oder trickreich umgangen. Eine solche Darstellung ist zwar möglich, wird aber dem Werk nicht wirklich gerecht, obwohl ich bezweifle, dass *diese* Darstellung ihm gerecht wird. Eine weitere Möglichkeit ist es dem Akteur Latour und seiner Ameise (ANT!) durch sein selbstgesponnenes Netz zu folgen. Das heißt, um die Terminologie Latours im obigen Zitat aufzugreifen, eine Geschichte der *Updates* des Programms ANT zu schreiben. Zum Teil wird diese Strategie in dieser Arbeit aufgegriffen, doch nicht konsequent verfolgt, weil sich der Autor nicht eindeutig entscheiden konnte, dem Akteur Latour oder dem Akteur ANT zu folgen, wobei es doch eher ersterer ist. Allerdings stellt sich dabei das nächste Problem, nämlich, *welchem* Latour *wohin* gefolgt wird.

Das vorliegende Buch gliedert sich in zwei Teile. Es erzählt zwei mögliche Geschichten *über* die und *mit* der ANT.[2] Der erste Teil ist die inzwischen, in

---

1 In dieser Arbeit beziehen weibliche und männliche Bezeichnungen i.d.R. das andere Geschlecht und weitere mögliche queere Geschlechtsidentitäten mit ein. Im Sinne der besseren Lesbarkeit wurde aber auf Schrägstrich-, Binnen-I- und Doppelbezeichnungen weitestgehend verzichtet.

2 Die Arbeit greift dabei an verschiedenen Stellen auf einzelne Passagen zurück, die in anderen Zusammenhängen bereits veröffentlicht wurden (vgl. Wieser 2004, 2006, 2008, 2009).

Anbetracht der Reihe an vorliegenden Einführungen und auch Verweisen in anderen Büchern, Texten und Studien, eher klassische Erzählung, die Latour (2005a) auch selbst gerne bedient: Die Entstehung der ANT auf dem Gebiet der *science studies*, jener noch relativ jungen interdisziplinären Forschungsrichtung, welche die Naturwissenschaften mit Methoden der Sozial- und Kulturwissenschaften analysiert. Von der Erforschung der Wissenschaft wird der Bogen über die Technik zu den Medien geschlagen. Letztere ›Wende‹ hat Bruno Latour selbst noch nicht ganz vollzogen, dennoch wird die ANT in den letzten Jahren vermehrt in den Medien- und Kommunikationswissenschaften diskutiert. Generell ist eine Bewegung der ANT von der Erforschung der Naturwissenschaften über die Ingenieurwissenschaften bis hin zu einer Reihe an Forschungsfeldern oder -themen festzustellen, wie die akademische und kommerzielle Wirtschaftsforschung, die Finanzmärkte, die Medizin, die Architektur usw. *En passant* wird dabei in eine Reihe von zentralen Konzepten, Begriffen und Einsichten der ANT eingeführt, diese anhand von Studien verdeutlicht und es werden auch Kritikpunkte, die der ANT entgegengebracht worden sind, aufgegriffen. Der zweite Teil stellt die ANT stärker in einen sozialtheoretischen und philosophischen Kontext, was zumindest in deutschsprachigen Arbeiten bislang kaum geleistet worden ist (vgl. aber Rufing 2009; Schmidgen 2011). Dabei ist die leitende These, dass die ANT am besten im Konnex des Poststrukturalismus zu verstehen ist. Wie die Soziologie Zygmunt Baumans oder die *cultural studies*, so erscheint die ANT als eine Version poststrukturalistischer Sozialwissenschaften (vgl. hierzu Stäehli 2000; Moebius/Reckwitz 2008a) – sicherlich eine Festschreibung, der sich sowohl ›die ANT‹ als auch ›der Poststrukturalismus‹ entziehen, aber meiner Meinung nach eine *Erweiterung* des Denkens und Schreibens über die ANT. Es wird gezeigt, wie die ANT einige zentrale Motive poststrukturalistischen Denkens, wie z.B. die Wissenschafts- und Rationalitätskritik, die Problematisierung der Moderne und des Fortschrittdenkens und die Dezentralisierung des Subjekts, aufgreift.

Das Buch ist dabei wie folgt aufgebaut: Das *zweite Kapitel* stellt die Entstehung der ANT in den Kontext der Studien, die in den 1980er Jahren angefangen haben, eine Soziologie wissenschaftlicher *Praxis* zu etablieren, in Weiterentwicklung und Abgrenzung zur Soziologie wissenschaftlichen *Wissens*, wie sie sich in den 1970er Jahren im Anschluss an die wissenschaftstheoretischen Kontroversen der 1960er Jahre herausgebildet hat. Mit den Methoden der qualitativen Soziologie und Sozialanthropologie werden die sozialen und kulturellen Aspekte der Laborarbeit von Naturwissenschaftlern und Ingenieurinnen herausgestellt. Die ANT stellt dabei eine besondere Variante dieser sog. Laborstudien dar, weil sie den dezidiert sozialwissenschaftlichen Erklärungsansatz, den die

Soziologie wissenschaftlichen Wissens etabliert hatte, verwirft und insbesondere die materiellen Aspekte der Laborarbeit und ihre Transformationen in den Mittelpunkt der Aufmerksamkeit stellt. Wissenschaftspraxis lässt sich diesem Ansatz zufolge besser als Heterogenität von sozialen, kulturellen, materiellen und natürlichen Elementen beschreiben, wobei der Prozesshaftigkeit von Wissenschaft besonders Rechnung getragen wird. Demnach beschreibt die ANT Wissenschaftspraxis als ein Bündeln heterogener Elemente, also eine Konstruktion, aber keine rein soziale, und als Übersetzungsarbeit, indem ein Fakt im Verlauf seiner Geschichte verschiedene Formen annimmt. Während im zweiten Kapitel die Wissenschaftsforschung der ANT im Vordergrund steht, widmet sich das *dritte Kapitel* der Technikforschung der ANT. Zunächst werden zwei inzwischen schon klassische Fallstudien zur Entwicklung technischer Innovationen ausführlich beschrieben. Beide Studien behandeln ältere und gescheiterte Projekte von inzwischen wieder hochaktuellen Innovationen: das Elektroauto und eine vollautomatisierte und flexible U- bzw. Straßenbahn. Im Anschluss daran wird das theoretische Konzept von Technik der ANT erörtert, welches auf den vermittelnden, transformierenden, relationalen und medialen Charakter des Technischen abzielt. *Das vierte Kapitel* greift die mitunter sehr scharfe Kritik auf, der sich die ANT gegenübersieht und die sie wohl auch bewusst provoziert hat: einerseits den ›Wissenschaftskrieg‹ zwischen Naturwissenschaften und Kulturwissenschaften und andererseits den ›Kampf‹ innerhalb der Wissenschafts- und Technikforschung selbst. Während es bei ersteren primär um die Wirklichkeit von Wissenschaften und um die Auseinandersetzung zwischen Konstruktivismus und Realismus geht, dreht sich die andere Kontroverse insbesondere um das verallgemeinerte Symmetrieprinzip der ANT, das sowohl einen naturalistischen Realismus als auch einen Kulturalismus bzw. Sozialkonstruktivismus zu überwinden sucht. Das *fünfte Kapitel* folgt der ANT in neue Forschungsfelder jenseits der Technowissenschaften. Dabei werden insbesondere Studien skizziert, die sich der Heuristik der ANT auf dem Feld der Wirtschafts- und der Kulturforschung bedienen. Das *sechste Kapitel* greift dann ausführlich die noch junge Rezeption und Aneignung der ANT in den Medien- und Kommunikationswissenschaften auf, wobei v.a. die Fruchtbarkeit des Ansatzes für die Medienforschung herausgestellt wird. Das *siebte Kapitel* schließt mit einem Fazit des bisherigen Argumentationsgangs den ersten Teil des Buches ab.

Der zweite Teil der Arbeit kann gewissermaßen als ein *Restart* verstanden werden, der nun die ANT in Beziehung zum sog. Poststrukturalismus diskutiert. Während der erste Teil die ANT als eine Version der Wissenschafts- und Technikforschung darstellt, die inzwischen ihre Innovativität darüber hinaus zur Geltung gebracht hat, wird sie nun als eine Version poststrukturalistischer Sozialwissenschaften dargestellt, die über gängige Poststrukturalismen hinausweist. Das *achte Kapitel* stellt zentrale poststrukturalistische Motive in der ANT heraus. Zunächst ist ihre Problematisierung von strukturtheoretischen Annahmen zu nennen, die sie durch eine eigenwillige Aneignung der Semiotik und der Ethnomethodologie vollzieht (Kapitel 8.1). Darüber hinaus ist es insbesondere die Philosophie Michel Serres', welche die ANT sozusagen empirisiert und somit die von ihm diagnostizierte ›Objektlosigkeit‹ der modernen Philosophie in die Soziologie und Ethnologie überführt (Kapitel 8.2). Des Weiteren werden wie in verschiedenen Poststrukturalismen Universalismen und Totalisierungsansprüche der Wissenschaften verworfen. An deren Stelle setzt die ANT ein empirisches Projekt, das dennoch nicht dem Positivismus zum Opfer fällt und nicht entlarven oder erklären, sondern bereichern will (Kapitel 8.3). Die Ablehnung *einer* allgemeinen Erklärung wird verbunden mit einer Problematisierung der Moderne und den mit ihr verbundenen Vorstellungen von Rationalität und Fortschritt (Kapitel 8.4). Die Dezentrierung der ›westlichen‹ Vorstellung von Moderne geht einher mit einer Dezentrierung des Subjekts. Diese berüchtigt poststrukturalistische These wird von der ANT radikalisiert, indem sie auch nicht-menschlichen und materiellen Elementen der Welt Handlungsfähigkeit zugesteht (Kapitel 8.5). Schließlich ist auch der Stil der ANT verwandt mit poststrukturalistischen Texten, da er performativ und experimentell die eigene Wissenschaftspraxis thematisiert (Kapitel 8.6). *Kapitel neun* greift die herausgestellten Merkmale noch einmal auf, um die ANT als eine poststrukturalistische Soziologie in Abgrenzung zu einer Theorie sozialer Praktiken, mit der sie auch einige Merkmale teilt, abzugrenzen. *Kapitel zehn* widmet sich dann verschiedenen Philosophien, welchen sich die ANT in den letzten zwanzig Jahren zugewendet hat, die, paradox formuliert, sowohl das *vor* als auch das *nach* dem Poststrukturalismus markieren: Alfred North Whiteheads Prozessphilosophie, Gabriel Tardes monadologische Soziologie und dem pragmatistischen Empirismus wie Öffentlichkeitsbegriff. *Kapitel elf* schließlich zeigt vor dem Hintergrund der vorangegangenen Kapitel Konvergenzen zwischen der ANT und den *cultural studies* als eine andere Version poststrukturalistischer Soziologie auf. *Kapitel zwölf* zieht ein Fazit des zweiten Teils des Buches. *Kapitel dreizehn* beendet diese Arbeit, indem es versucht die ausgelegten Fäden zusammenzuziehen und die Argumentation zusammenfasst.

Teil I.
Die Geburt der Akteur-Netzwerk-Theorie aus dem Geist der Wissenschafts- und Technikforschung

2 Die Erkundung der Wissenschaften und die Akteur-Netzwerk-Theorie

> »Change your ideas of science and you change all the ideas about the past, the future and what you have to do about the world.«
> (LATOUR 2008A: [12])[1]

Die Akteur-Netzwerk-Theorie ist im Kontext der Wissenschaftsforschung entstanden.[2] Beeinflusst von der anti-positivistischen Wende in der Wissenschaftsphilosophie v.a. mit Kuhns (1973) »Struktur wissenschaftlicher Revolutionen« und der Soziologie wissenschaftlichen Wissens der ›Edinburgh School‹ (vgl. Bloor 1976; Barnes 1977) rückte die *Produktion* wissenschaftlichen Wissens ins Zentrum des Interesses der Wissenschaftsforschung anstatt seine normativen und institutionellen Rahmenbedingungen, wie bei der ›klassischen‹ Wissenschaftssoziologie mertonscher Prägung oder seiner theoretischen Idealisierung in der traditionellen Wissenschaftstheorie. Dadurch wurde der Blick von der Funktion und den Folgen von Wissenschaft abgewendet und dem Prozess der Wissenschaft, d.h. dem Forschen zugewendet.[3] Damit wurde der Sonderstatus (natur-) wissenschaftlichen Wissens aufgegeben und ein Widerspruch zwischen der *Logik* der Wissenschaft und der *Praxis* der Wissenschaft festgestellt, oder wie Latour es an mehreren Stellen pointiert formuliert, dass Naturwissenschaftlerinnen

1 Seitenangaben in eckigen Klammern beziehen sich auf die Seite des PDF der online verfügbaren Manuskripte.

2 Einen allgemeinen einführenden Überblick geben z.B. Heintz (1993, 1998); Felt et al. (1995); Bammé (2009a).

3 Zur angesprochenen Differenz von institutionalistischer und konstruktivistischer Wissenschaftssoziologie vgl. Heintz (1998).

nicht so handeln wie sie sagen oder vorgeben zu tun (vgl. Latour 2008a: [7]; Latour/Jullien/Bolon 2008). Diese Gruppen von Wissenschaftsforscherinnen interessierte also nicht ein wissenschaftlicher Ethos, die Struktur, Funktion und Logik von Wissenschaft, sondern der soziale Prozess der Wissensproduktion und des wissenschaftlichen Handelns, kurz: die Forschung. Die empirische Soziologisierung der Wissenschaftstheorie fand in zwei Schritten statt: Zunächst durch die Etablierung der Soziologie wissenschaftlichen *Wissens*, zu welcher sich alsbald eine Soziologie wissenschaftlicher *Praxis* gesellte.

In den kontroversen Debatten der Wissenschaftstheorie in den 1960er Jahren wurde die sichere und wertneutrale Basis der Wissenschaft in Frage gestellt. Die Unterdeterminiertheitsthese widersprach der eindeutigen Falsifikation von Theorien durch Beobachtungsdaten und die These von der Theoriegeladenheit der Beobachtung proklamierte, dass keine Beobachtung voraussetzungslos sei.[4] Angeregt durch diese Debatten, verbunden mit den Namen Thomas Kuhn, Imre Lakatos, Norwood Hanson, Paul Feyerabend, Mary Hesse und vor dem Hintergrund klassischer Autoren der Wissenssoziologie wie Karl Mannheim und Émile Durkheim begründeten Barry Barnes und David Bloor eine Wissenssoziologie der (Natur-)Wissenschaft. Ihr Anliegen war es, die mannheimsche These der »Seinsverbundenheit des Denkens und Wissens« auch auf die Naturwissenschaften auszudehnen, denen Mannheim (1995) selbst noch einen epistemologischen Sonderstatus zugesprochen hatte. Bloor (1976) entwickelte das sog. »strong programme«, welches diese junge ›Disziplin‹ begründen und die ›Schwäche‹ der klassischen Wissenssoziologie gegenüber den Naturwissenschaften beheben sollte. Demnach sollte jede wissenschaftshistorische und wissenschaftssoziologische Untersuchung einer Naturwissenschaft, insbesondere wissenschaftlicher Kontroversen, nach den vier Kriterien der Kausalität, Neutralität, Symmetrie und Reflexivität vorgehen.

»These four tenets, of causality, impartiality, symmetry and reflexivity, define what will be called the strong programme in the sociology of knowledge: (1) It would be causal, that is, concerned with the conditions which bring about belief or states of knowledge. Naturally there will be other types of causes apart from social ones which will cooperate in bringing about belief. (2) It would be impartial with respect to truth and falsity, rationality or irrationality, success or failure. Both sides of these dichotomies will require explanation. (3) It would be symmetrical in its style of explanation. The same types of cause would explain, say, true and false beliefs. (4) It would be reflexive. In principle its patterns

---

4 Inzwischen ließe sich mit Hirschauer (2008) auch von einer »Empiriegeladenheit von Theorien« sprechen.

of explanation would have to be applicable to sociology itself. Like the requirement of symmetry this is a response to the need to seek general explanations. It is an obvious requirement of principle because otherwise sociology would be a standing refutation of its own theories.« (Bloor 1976: 7)

Wissenssoziologische Studien sollten also die Ursachen, welche wissenschaftliches Wissen erzeugen, unparteiisch bezüglich Wahrheit und Falschheit, Rationalität oder Irrationalität, Erfolg oder Misserfolg dieses Wissens erklären. Demnach müssten die wissenssoziologischen Erklärungen auch symmetrisch in ihrer Erklärung sein. Das heißt, wahre und falsche Wissensbestände müssten dem gleichen Typ von Erklärung folgen und nicht etwa nur soziale Ursachen als Grund für falsches Wissen und natürliche Ursachen für wahres Wissen heranziehen.[5] Dieses Symmetriepostulat beinhaltet indirekt, dass jegliches Wissen wissenssoziologisch erklärt werden kann, also auch naturwissenschaftliches, welches Mannheim noch von seiner These der »Seinsgebundenheit von Wissen« ausgenommen hatte (vgl. Heintz 1993). Allerdings sollte diese Wissenssoziologie, wie es im letzten Grundsatz des *strong programme* lautet, selbstreflexiv sein, in dem Sinne, dass dieselben Erklärungsprinzipien auch für sie gelten und auf sie angewendet werden können. Dieses Programm beinhaltet natürlich einen starken Relativismus, den die Wissenssoziologen gerne mit dem Verweis, dass das Gegenteil von Relativismus Fundamentalismus bzw. Absolutismus sei, verteidigen (vgl. Bloor 1976).

Die Soziologie wissenschaftlichen Wissens hat die *soziale* Welt der Wissenschaft betont, sei es an externen Einflussfaktoren, wie gesellschaftspolitischen und professionellen Interessen, als auch anhand kultureller Leitbilder und Milieus oder an wissenschaftsinternen Kommunikations- und Aushandlungsprozessen (vgl. Heintz 1993: 537-538, 1998: 72-76). Dadurch war folgender Schritt nicht mehr weit: »from science as knowledge to science as practice« (Pickering 1992b). In den späten 1970er und frühen 1980er Jahren entstanden, relativ unabhängig voneinander, verschiedene Untersuchungen, die sich konkret mit praktischem Forschungshandeln beschäftigten. Bruno Latour und Steve Woolgar (1979) spürten das *Laboratory Life* und seine »social constructions of facts« am renommierten *Salk Institute* in Kalifornien auf,[6] während Karin Knorr-Cetina

5 Knorr-Cetina (1988: 85-86) spricht vom »Feindbild des Sozialen« in der klassischen Wissenschaftstheorie und -soziologie, das letztlich aber auch noch im Interessenmodell der »neueren Wissenschaftssoziologie« wirksam ist.

6 Latour/Woolgar ließen das »social« in einer späteren Auflage aufgrund von Zweifeln am Sozialkonstruktivismus fallen: vgl. Latour/Woolgar (1979) mit Latour/Woolgar

(1984) auf Grundlage ethnographischer Forschung in Labors von Hochenergiephysikern und Mikrobiologen ebenfalls zu dem Ergebnis der *Fabrikation von Erkenntnis* kam. Harold Garfinkel und seine Schüler betrieben »ethnomethodological studies of work in the sciences and mathematics« (Lynch 1992a: 215-216; vgl. Lynch/Livingstone/Garfinkel 1983; Lynch 1985, 1993) und Sharon Traweek (1992) erforschte die symbolische Dimension der Partikelphysik-Kultur in Japan und den USA. Für sie alle stand nun »nicht mehr das Wissen, sondern die Praxis, nicht mehr die Theorie, sondern das Experiment« (Heintz 1993: 541) im Mittelpunkt der Untersuchung von Wissenschaft. Anstatt »Wissenschaft als Wissen« steht hier vielmehr »Wissenschaft als Handeln« im Zentrum des Untersuchungsinteresses (Heintz 1998: 72, 76).[7] Jedoch entwickelten sie unterschiedliche ›Theorien‹ oder ›Programme‹ aus ihren praktischen Einsichten, wovon wohl v.a. die *ANT* (Callon 1986; Law 2004; Latour 2005; Callon/Latour 2006), der *empirische Konstruktivismus* (Knorr-Cetina 1984, 1989, 1995, 2008), das »Empirical Programme of Relativism« (Collins 1983, 1985), das *reflexivity*-Programm (Ashmore 1989, Woolgar 1988) und die *Ethnomethodologie* (Lynch 1985, 1993) genannt werden müssen. Ersteres stellte dabei (zunächst) eine Mischung aus Ethnomethodologie, (post-)strukturalistischer Philosophie und Semiotik dar, zweites die Übertragung v.a. des Sozialkonstruktivismus à la Berger/Luckmann (1998) und mit ihr verbundener interpretativer Soziologien auf Wissenschaft, drittes die Fortführung der Wissenssoziologie der Wissenschaft, nun aber in ethnographischer Anwendung auf *inner*wissenschaftliche Aushandlungsprozesse und vor dem Hintergrund der Spätphilosophie Wittgensteins, viertes die Aufnahme der ›linguistischen Wende‹, der ›Krise der wissenschaftlichen Repräsentation‹ im Bemühen um ›neue literarische Formen‹, und letzteres ist die dezidierte Anwendung der Ethnomethodolgie auf wissenschaftliche Arbeit. Doch die methodologische Grundidee dieser Studien ist vergleichbar: eine Anthropologie der Naturwissenschaften. Mit den Methoden und Werkzeugen einer Ethnologin ausgerüstet galt es, eine fremd-exotische Kultur *in der eigenen* – ›westlichen‹, ›modernen‹, ›fortschrittlichen‹, oder mit anderen ähnlichen problematischen Adjektiven ausgestatteten – Kultur zu beschreiben, zu analysieren

---

(1986), insbesondere darin das Nachwort, S. 273-286. Latour (1992a, 2003a) hat sich in der Folge gerne als dezidierter Kritiker des Sozialkonstruktivismus dargestellt und eine Position eingenommen, die von manchen als »postkonstruktivistisch« bezeichnet (vgl. Degele/Simms 2004; Wehling 2006) und kritisiert wird (vgl. Kneer 2009b, 2010).

7 Dieser Wandel geht auch mit einem Wandel von *historischen* Studien zu primär *ethnographischen* Studien einher.

und zu erforschen. Nicht eine historisch, räumlich und ethnisch fremde Kultur wie die Trobriander, Azande, Nuer, Arapesh, Balinesen oder Javaner,[8] sondern eine professionelle Spezialkultur ›modernisierter‹, ›industrialisierter‹, ›westlicher‹ Gesellschaften war Gegenstand ihrer »dichten Beschreibung« (Geertz 2003). Aus dieser methodologischen Grundidee, welche diese Studien in der deutschsprachigen Rezeption als »Laborstudien« (vgl. Hasse et al. 1994; Knorr-Cetina 1995; Weingart 2003) und in der anglo-amerikanischen als *science studies* auszeichnete (vgl. Pickering 1992a; Latour 2002b), lassen sich zwei theoretische Grundannahmen festmachen. *Erstens* beinhaltet die Annahme, Naturwissenschaftlerinnen als fremde Kultur in der eigenen zu untersuchen, implizit eine Differenzierungsthese, wenn nicht die, dass sich im Modernisierungsprozess verschiedene Gesellschaftssysteme oder soziale Felder herausgebildet haben, so zumindest verschiedene Professionen und Institutionen (horizontale Differenzierung). *Zweitens* werden diese sozialen Formationen aber eben nicht als Profession oder Institution untersucht, sondern als Kultur. Gesellschaftstheoretisch und zeitdiagnostisch interessant ist eine Untersuchung der Wissenschaft, da sie gerade als Kern und Motor von Modernisierung und radikaler sozialer Transformationen ausgemacht wurde.[9]

Diese neue, alternative, eben kulturwissenschaftliche Beobachterperspektive bedeutet zunächst eine enorme Innovation, was die Erforschung und die Erkenntnisse der Wissenschaftsforschung angeht, aber insbesondere auch eine enorme Provokation.[10] Denn der Wissenschaft wurde dadurch ihr privilegierter, epistemischer und institutioneller Status genommen.

Die Studien zur *Praxis* der Naturwissenschaftlerinnen zeigen auf, mit wie viel sozialem, aber auch materiellem und technischem Aufwand Fakten geschaffen werden. Die »ready made science« (Latour 1987a: 4), so wie sie sich in wissenschaftlichen Papers, Schul- und Lehrbüchern und Wissenschaftssendungen präsentiert, ist lediglich eine ge- und bereinigte Wissenschaft. Eine Wissen-

8 Hiermit sind natürlich einige, wenn nicht *die* Klassiker der Ethnologie gemeint: Bronislaw Malinowski, Edward Evans-Pritchard, Margaret Mead und Clifford Geertz.

9 Gesellschaftstheorie ist in diesem Zusammenhang sehr allgemein zu verstehen und umfasst auch Modernisierungstheorien und Theorien sozialen Wandels (vgl. auch Kapitel 8.4).

10 In diesem Zusammenhang sollte Ludwig Fleck gewissermaßen als ›science studies scholar‹ *avant la lettre* Erwähnung finden, dessen *Entstehung und Entwicklung einer wissenschaftlichen Tatsache* übrigens genau zu der Zeit in Englisch veröffentlicht wurde, als sich Latour und Woolgar ins Labor von Roger Guillemin begaben (vgl. Rheinberger 2007: 47-55, 123-124).

schaft, die von den Untiefen der Arbeit und Praxis, die zum »standardized package« (Fujimura 1992) führt, abstrahiert. Eine Wissenschaft, deren blinder Fleck die soziokulturelle Seite ihres Tuns ist. In diesem Sinne öffnen die *science studies* die *black box* Wissenschaft, indem sie sich mit ethnographischen oder/und historischen Methoden dem Produktionsprozess von Wissenschaft widmen. Wie werden im Labor – als zentralen Ort moderner naturwissenschaftlicher Wissensproduktion – wissenschaftliche Fakten und Objekte gemacht? Welche Rolle spielen dabei die von der Wissenschaftstheorie und -philosophie unbeachteten oder gänzlich negativ besetzten sozialen Praktiken und kulturellen Kontexte?

Die ursprüngliche Grundthese der *science studies* ist die, dass soziale und kulturelle Praktiken des Alltags *grundlegend* für wissenschaftliche Arbeit sind. In der alltäglichen wissenschaftlichen Arbeit im Labor spielt die Unterscheidung von internen und externen Kräften keine Rolle. Ein Naturwissenschaftler ist ein »heterogeneous engineer« (Law 2006a), ein »entrepreneur« (Callon/Law/Rip 1986), der eine Vielzahl an heterogenen Ressourcen bündeln und strukturieren muss: »In a sense then, they [scientists, *M.W.*] are not only practising science – they are also practising politics, economics and sociology.« (Callon/Law/Rip 1986: 10) So hat es ein Naturwissenschaftler etwa mit Mäusen, Geräten und Maschinen, Technikern, Kollegen, Publikationen, Konferenzen, Forschungsanträgen und Visualisierungen zu tun. Erst durch diese heterogene und kollektive Arbeit wird Wirklichkeit hergestellt (vgl. Latour 1987a).[11]

Die Zentralität sozialer und kultureller Praktiken in der Laborpraxis hat beispielsweise Collins (1985: 51-78) in seiner schon klassischen Studie zum Nachbau eines TEA-Lasers gezeigt.[12] Seine Untersuchung stellt insbesondere die Abhängigkeit wissenschaftlichen Arbeitens von implizitem und praktischem Wissen heraus. Bereits bei früheren Nachbildungen von TEA-Lasern stellte sich heraus, dass dies keine triviale Sache ist und selbst bei gutem Informationsfluss viele Nachbauversuche scheiterten. Kein Versuch glückte, bei dem man sich ›lediglich‹ auf verschriftlichte Aufbauanweisungen stützte, noch funktionierte ein TEA-Laser, wenn zusätzlich ein Informant als ›Strohmann‹ zu erfolgreichen Laserbauern eingesetzt wurde. Ein funktionierender Nachbau klappte nur dann, und dies auch nur in manchen Fällen, wenn dieser Informant erstens tatsächlich

11 In diesem Sinne kann man auch anhand des ethnographischen Ansatzes der Wissenschaftssoziologie eine umstrittene Verschiebung von epistemologischen Fragen zu ontologischen feststellen (vgl. Heintz 1998: 77-78). Siehe hierzu ausführlicher Kapitel 4 und 8.

12 Beim TEA-Laser (*T*ransverse *E*lectrical discharge in gas at *A*tmospheric pressure) handelt es sich um die erste Generation von Gaslasern.

schon selbst einen funktionierenden Laser gebaut hatte, und zweitens dieser den Prozess lange begleitete (vgl. Collins 1985: 55).

»In sum, the flow of knowledge was such that, first, it travelled only where there was personal contact with an accomplished practioner; second, its passage was invisible so that scientists did not know whether they had the relevant expertise to build a laser until they tried it; and, third, it was so capricious that similar relationships between teacher and learner might or might not result in the transfer of knowledge.« (Collins 1985: 56)

Der von Collins intensiv durch teilnehmende Beobachtung untersuchte Fall ist in dieser Hinsicht besonders bemerkenswert, da er den Physiker Bob Harrison begleiten durfte, wie dieser einen TEA-Laser nachbaute und auch wenige Jahre später wie dieser erneut versuchte, einen zweiten, fast identischen zu bauen.[13] Trotz seiner großen Erfahrung mit Lasern und guten Kontakten zu anderen Experten, brauchte Harrison beim ersten Nachbau sechs Monate bis er den Laser ans Laufen bekommen hatte – einerseits durch pragmatische trial-and-error-Methode und andererseits durch physischen Kontakt zu seinem alten Labor und einen guten Schuss Zufall (vgl. Collins 1985: 58). Das Problem des Nachbaus lag nicht im mangelnden Zugang zu relevanten Informationen, sondern in der *praktischen* Erfahrung und Einübung des Aufbaus (vgl. Collins 1985: 62). Aufgrund der Erfahrung, bereits einen Laser gebaut und ein funktionierendes Beispiel zu haben, brachte Harrison seinen zweiten Laser innerhalb von zwei Tagen zum Laufen – allerdings auch nicht problemlos. Im Vergleich zum ersten Nachbau konnte Collins feststellen, wie sehr Harrison bereits ein eigenes implizites Wissen aufgebaut hatte, und somit andere Unterschiede und Gemeinsamkeiten zwischen den beiden Lasern als relevant erachtete als seine Mitarbeiter und auch Collins, der immerhin Physik studiert hat, und den ersten Nachbau aufmerksam begleitet hatte. Auch erschienen manche Sachen und Unterschiede, die noch beim ersten Bau als sehr relevant eingestuft wurden, nun als weniger wichtig oder gänzlich unwichtig.[14] Es wurde allerdings deutlich, dass sich Harrisons Fertigkeiten, einen Laser nachzubauen, erst durch die Praxis selbst zeigten (vgl. Collins 1985: 71-72). Folgende Schlussfolgerungen zieht Collins aus dieser Fallstudie:

---

13 Der einzige Unterschied zwischen den beiden Lasern lag darin, dass der zweite Laser nur einen anstatt zwei Sekundär-Kondensatoren hatte (vgl. Collins 1985: 64).

14 Erst wenn das Gerät nicht funktionierte, war Harrisons Routinewissen brüchig und er ließ ›wilde Spekulation‹ auch des beobachtenden Soziologen zu (vgl. Collins 1985: 70).

»Proposition One: Transfer of skill-like knowledge is capricious.
Proposition Two: Skill-like knowledge travels best (or only) through accomplished practioners. [...]
Proposition Three: Experimental ability has the character of a skill that can be aquired and developed with practice. Like a skill, it cannot be fully explicated or absolutely established. [...]
Proposition Four: Experimental ability is invisible in its passage and in those who possess it. [...]
Proposition Five: Proper working of the apparatus, parts of the apparatus and the experimenter are defined by the ability to take part in producing the proper experimental outcome. Other indicators cannot be found. [...]
Proposition Six: Scientists and others tend to believe in the responsiveness of nature to manipulations directed by sets of algorithm-like instructions. This gives the impression that carrying out experiments is, literally, a formality. This belief, though it may occasionally be suspended at times of difficulty, re-crystallizes catastrophically upon the successful completion of an experiment.« (Collins 1985: 73-76)

Es zeigt sich also die Bedeutung von verkörpertem und implizitem Wissen bei experimenteller und technischer Laborarbeit. Rein explizites Wissen in Form von Bedienungsanleitungen und Aussagen reicht nicht aus, um einen Apparat wie den TEA-Laser nachzubauen. Es bedarf impliziten Wissens, welches sich kaum oder nie völlig explizit machen lässt, da es im praktischen Tun zum Ausdruck kommt, weil es unsichtbar, vorbewusst und routinemäßig verinnerlicht ist und deswegen mit seinem Träger »reist« (vgl. Collins 1985).[15] Anhand dieser Fallstudie demonstriert Collins die Relativität der wissenschaftstheoretischen Grundprämissen der Reliabilität und Validität und zeigt auf, wie sehr Wissen einem kulturellen Lernprozess unterliegt, d.h. kultiviert werden muss und nicht algorithmisch angewendet werden kann (1985: 57-58, 76). Es ist, wie Andrew Pickering (1995) es später beschreiben wird, ein »tuning«; ein wechselseitiges Anpassen von Mensch und Apparatur.

Während Collins die Bedeutung des impliziten, praktischen Wissens für die Laborarbeit herausgearbeitet hat, hat Karin Knorr-Cetina (1988) aufgezeigt, wie bestimmte soziale Praktiken, z.B. der Dialog und Körperbewegungen, im Labor benutzt werden, um Wissenschaft zu betreiben. So wird auch der Dialog im Labor als technisches Instrument zur Wissenserzeugung gebraucht (vgl. Knorr-

15 Bis heute beteuern Collins und seine Schüler und Mitstreiter hierin auch die wesentliche Differenz zwischen menschlichen und nicht-menschlichen Akteuren anzusiedeln (vgl. Collins/Kusch 1998). Siehe hierzu ausführlicher Kapitel 4 und 8.5.

Cetina 1988: 93-96). Es finden ständig routinisierte Gespräche über die Interpretation bestimmter experimenteller Ergebnisse und Visualisierungen statt. Dieser Dialog hat eher den Charakter eines interaktiven und rekonstruktiven Lösungsfindens – auch von Problemen, die man gar nicht hatte oder die nicht Ausgangspunkt des Dialogs gewesen sind – als die Form des deduktiven Argumentierens. Darüber hinaus werden offensichtlich Streitgespräche zur Induktionsproduktion instrumentell eingesetzt. So werden im Labor Gespräche genutzt, um Daten und Ergebnisse zu produzieren, aber auch dazu eingesetzt, um verschriftlichte Daten, ob als Paper oder Protokoll, zu lesen und zu verstehen – meist sogar institutionalisiert als Teambesprechung. Neben Gesprächen und technischen Artefakten, spielt auch der Körper eine wichtige Rolle bei der Erkenntnisproduktion, trotz Entkörperlichung durch Instrumentalisierung im Verlauf der Geschichte moderner Wissenschaft(en) im Glauben einer damit einhergehenden Erkenntnis-Objektivierung (vgl. Knorr-Cetina 1988: 97-100). Zunächst gilt es natürlich, den Körper entsprechend zu schulen, zu »disziplinieren« in Foucaults (1976) oder »abzurichten« in Wittgensteins *parlance* (1984: 240). Dieser zugerichtete Körper ist ein stummes Gerät, welches als unhinterfragtes und ›authentisches‹ Messinstrument benutzt wird »*anstelle von* verbalen – oder mentalen – (Re-)Konstruktionen eines Geschehens« (Knorr-Cetina 1988: 97). Dem Körpersinn wird dabei eine Priorität eingeräumt, der Körper gilt »*als Garant von Wahrheit*« (Knorr-Cetina 1988: 98), auf den vertraut wird. Unhinterfragt sind körperliche Messverfahren in der Hinsicht, dass sie Übungssache sind und »keine methodische Kodifizierung, keine systematische Beschreibung [...] oder schriftliche Anleitung« (Knorr-Cetina 1988: 97) vorliegt. Eine weitere Nutzungsweise oder Funktion des Körpers im Labor ist die des Archivs. Jede Wissenschaftlerin verfügt über ein in der Ausbildung und im Forschungsprozess erworbenes verkörpertes Wissen, welches nur *in situ* und in Interaktion abrufbar ist. Dieses lässt sich schwerlich versprachlichen und weitergeben, da es, wie Collins herausgestellt hat, praktisch und ›heimlich‹ oder ›unsichtbar‹ erworben wurde. Ihre Feldforschungen führen Knorr-Cetina zu der häufig zitierten These der »Verdichtung von Gesellschaft im Labor«:

»Das Labor erscheint vielmehr als ein Ort, an dem gesellschaftliche Praktiken für epistemische Zwecke instrumentalisiert und in Erzeugungsverfahren von Wissen transformiert werden. Das Labor ist, um es anders auszudrücken, ein Ort der ›Verdichtung‹ – und nicht etwa ein Ort der ›Verdünnung‹ und epistemischen Irrelevanz – von Gesellschaft. [...] Die Wissenschaften werden vom ›Sozialen‹ nicht nur beeinträchtigt (kontaminiert und infiltriert), sondern sie ›bemächtigen‹ sich sozialer Praktiken als Instrumente der Erkenntnisfabrikation« (Knorr-Cetina 1988: 87)

Der kurze Exkurs zu den beiden Studien von Collins (1985) und Knorr-Cetina (1988) sollte die Bedeutung von sozialen und kulturellen Praktiken für den naturwissenschaftlichen Erkenntnisprozess beispielhaft verdeutlichen; sicher ließe sich noch eine Fülle an weiteren Studien und Einsichten dazu referieren (vgl. Knorr-Cetina/Krohn/Whitley 1981; Knorr-Cetina/Mulkay 1983; Pickering 1992a). Die *science studies* schenken dabei besondere Aufmerksamkeit wissenschaftlichen Kontroversen, denn an diesen lassen sich besonders die soziale und kulturelle Aushandlung von Wissenschaft als auch die argumentativen, finanziellen und materiellen Durchsetzungsprozesse verdeutlichen; oder wie Bruno Latour es in seiner ersten Regel der Wissenschafts- und Technikforschung formuliert: »We study science in action and not ready made science or technology; to do so, we either arrive before the facts and machines are blackboxed or we follow the controversies that reopen them.« (Latour 1987a: 258)

2.1 PUBLIKATIONEN

Neben diesen sozialen Praktiken spielt auch »Schreib- oder Papierarbeit« (vgl. Latour 2006c: 285, 293) eine zentrale Rolle im wissenschaftlichen Laboralltag. So hoben Bruno Latour und Steve Woolgar (1986) schon in *Laboratory Life*, dem Klassiker und Begründer einer *Anthropology of Science*, die besondere Bedeutung von »inscription devices«, von Darstellungen, Graphen, Diagrammen und anderen Visualisierungen hervor.[16] In ihrer Ethnographie des *Salk Institutes* zeichnen Woolgar und Latour den Weg nach, auf dem Fakten, letztlich Wirklichkeit und Natur, konstruiert werden. Diese Konstruktion ist nicht beliebig und individuell, sondern es bedarf viel gründlicher und kollektiver Arbeit. (Natur-) Wissenschaftliches Wissen ist weder Ausdruck einer sprechenden Natur noch bloße Konstruktion eines oder mehrerer Naturwissenschaftler. Wissenschaftliches Wissen wird in wissenschaftlichen Praktiken konstruiert. Dafür bedarf es nicht nur des verkörperten und routinisierten Wissens der Naturwissenschaftlerinnen, sondern auch verschiedener Texte. Denn, so folgern sie aus ihren Beobachtungen, scheint die Produktivität der »Faktenfabrik« (vgl. Knorr-Cetina 1984) in der Kombination verschiedener Formen von Schrift zu liegen. Einerseits Texte, die von außerhalb des Labors stammen, wie Forschungsberichte anderer Labors, Fachzeitschriftenartikel, Bücher usw. und andererseits ›Texte‹, die aus dem eigenen Labor stammen. Doch bevor wir unsere Aufmerksamkeit den

16 So heißt es etwa bei Latour/Woolgar (1986: 105): »We presented the laboratory as a system of literary inscription.«

Schriften und Texten im Labor schenken, widmen wir uns den Texten, welche am Ende der Laborpraxis stehen: die wissenschaftlichen Publikationen im Fachjournal.

Latour (1987: 21-62) hat beispielsweise zwei Artikel einer naturwissenschaftlichen Kontroverse im Hinblick auf die verwendeten rhetorischen Strategien untersucht. Es handelt sich um zwei zentrale Journalartikel, welche die biochemische Ursache von Kleinwuchs behandeln: Die Kontroverse zwischen A.V. Schally und R. Guillemin um das GHRH bzw. GRF,[17] welches Wachstum verursachen und somit Kleinwuchs heilen soll. Hieran verdeutlicht Latour verschiedene Strategien, die ein gutes wissenschaftliches Paper ausmachen. Zunächst zeigt er auf, wie ein Argument Autorität bekommt, etwa dadurch, dass es von einer ganzen Forschergruppe mit einem Nobelpreisträger an der Spitze in einem bestimmten Journal wie *Nature* veröffentlicht wurde und auf Forschungsergebnissen einer von renommierten Stellen wie die *National Science Foundation* finanzierten Institution basiert. »Bringing friends in« nennt Latour (1987: 31) die Strategie, welche renommierte Institutionen und Personen ins Spiel bringt, und allein schon aufgrund dessen, bereits an Autorität gewinnt. Begibt man sich auf die Ebene des Texts, so findet sich auch dort ein ganzes ›Netzwerk von Verbündeten‹, welches das Argument stützt und stabilisiert. Hierbei handelt es sich um die Verweise auf andere Studien. Dabei werden diese so referiert, dass sie das eigene Argument unterstützen, d.h. sie werden in den Kontext der eigene Studie übersetzt und dabei auch verändert, zugespitzt, isoliert usw.:

> »We cannot say that these deformations are unfair and that each paper should be read honestly as it is; these deformations are simply a consequence of what I called the activity of the papers on the literature; they all manage to do some carving out of the literature to put their claims into as favourable as possible a state.« (Latour 1987a: 40)

Doch nicht nur die Unterstützung alter bzw. anderer Texte mit ihren Theoremen und Ergebnissen lassen ein wissenschaftliches Fakt entstehen, sondern dieses muss auch in der Zukunft gestärkt werden, d.h. spätere Texte müssen darauf aufbauen und es stabilisieren: »Schally may adapt the literature to his end; but each of his assertions, *in turn*, needs other articles later on to make it more of a fact.« (Latour 1987a: 39) Erst wenn andere Studien auf der eigenen aufbauen, man zitiert wird, Ergebnisse oder Versuchsanordnungen Voraussetzung für andere Forschungen werden, wird aus dem Text ein Fakt. Ein Fakt wird kollektiv stabili-

17 Die Abkürzung GHRH steht für *Growth-Hormone-Releasing Hormone* (Schally) und GRF für *Growth-Hormone-Releasing Factor* (Guillemin).

siert. Manche Fakten können dann nach einiger Zeit so stabilisiert sein, dass Verweise obsolet werden, wie z.B. Lavosiers Schreibweise H_2O: »The original discovery will have become *tacit knowledge.*« (Latour 1987a: 43)

Neben Verweisen auf andere Texte und Institutionen, wie eine bestimmte Zeitschrift, gibt es natürlich noch weitere und mächtigere Alliierte: Darstellungen, Graphiken, Tabellen usw., die Ergebnisse präsentieren, die »*zeigen*, was der Text *sagt*« (Latour 1987a: 47, *Übers. M.W.*). Sie machen das Gesagte offensichtlich und verstärken dadurch die Argumentation, wenn auch nicht jeder sie lesen kann. Latour spricht von einem Stratifikationsprozess, der den wissenschaftlichen und technischen Text im Vergleich zu Prosa ausmacht.

»The difference between a regular text in prose and a technical document is the stratification of the latter. The text is arranged in layers. Each claim is interrupted by references outside the texts or inside the texts to other parts, to figures, to columns, tables, legends, graphs. Each of these in turn may send you back to other parts of the same texts or to more outside references.« (Latour 1987a: 48)

Je stratifizierter ein Text ist, desto wissenschaftlicher ist er, und desto schwieriger ist es, ihn anzugreifen: »Disbelieving will not only mean courageously fighting masses of references, but also unravelling endless new links that tie instruments, figures and texts together. Even worse, the dissenter will be unable to oppose the text to the real world out there, since the text claims to bring within it the real world ›in there‹.« (Latour 1987: 49) Je mehr Schichten ein wissenschaftlicher Text hat, d.h. je mehr Alliierte des Arguments aktiviert werden, desto besser ist er vor Einwänden geschützt. Wissenschaftliche Texte leisten also immer beides, sowohl die Übersetzung der Laborarbeit als auch die Überzeugung der Leserinnen durch Aufbringung einer Vielzahl an Verbündeten. Des Weiteren lassen sich Taktiken der Positionierung eines Autors feststellen. Die erste ist das ›Stapeln‹ wissenschaftlicher Aussagen. Die Vielzahl Verbündeter muss in eine logische Kette gebracht werden, die aufeinander aufbaut: »The stacking of a paper is similar to the building of a stone hut; each stone must go further than the one before. If it goes too far, the whole vault falls down; if not far enough, there will be no vault at all!« (Latour 1987a: 52-53) Die zweite Taktik ist das Rahmen oder Inszenieren des Arguments. Hierbei geht es darum, den Leser zu antizipieren, mögliche Einwände schon mit einzubeziehen und zu entkräften, und die eigene Forschungsleistung entsprechend, d.h. nicht zu selbstbewusst und nicht zu schüchtern, herauszustellen. Die Leserin muss zu einer Verbündeten gemacht werden, ohne den Glauben zu haben überredet, sondern überzeugt worden zu sein. Es geht also darum, den Leser ›in den Bann zu ziehen‹, ohne dass er viel hinterfragt und der Text logisch erscheint: »This is where *style* starts to count; a good scientific writer may succeed in being ›more logical‹ than a bad one.« (Latour 1987a: 58)

Die Quintessenz einer solchen Analyse der Darstellung wissenschaftlicher Erkenntnis ist, dass ihr Erfolg insbesondere von der Anzahl und der Art und Weise der Einbindung anderer als Verbündete abhängt.

> »The success of a given text lies in the extent to which its authors manage to enrol others such that the latter accept the picture proposed to them, offer the authors recognition and credit, cite the paper in their own publications, and make grants available to them in the future.« (Callon/Law/Rip: 11)

Für Latour (1987: 61) gibt es letztlich drei Lesarten von wissenschaftlichen Texten. Die erste ist Aufgeben (*giving up*), die zweite Nachvollziehen (*going along*) und die dritte Nachstellen (*re-enacting*). Alle Lesarten führen vom Text weg, da die erste ihn nicht aufgreift, die zweite ihn annimmt, aber wiederum verkürzt rezitiert, transformiert usw. und die dritte ihn überprüft, dabei aber ins Labor geht. Im Gegensatz zu Prosa reduziert wissenschaftliche Literatur somit seine Lesarten und Leserschaft. Der Unterschied zwischen Wissenschaft und bloßer Rhetorik ist jedoch der, dass erstere mehr externe Ressourcen mobilisiert. Je technischer ein Text ist, desto wissenschaftlicher ist er, da er eine Vielzahl an Alliierten eingebunden hat, die eine Aussage stabilisieren. Daraus folgt für Latour auch, dass je technischer ein Text ist, desto sozialer ist er, eben weil er eine Vielzahl an Ressourcen eingebracht hat: »This literature is so hard to read and analyse not because it escapes from all normal social links, but because it is *more* social than so-called normal social ties.« (Latour 1987a: 62)

Ein zentraler Punkt von Wissenschaft in der Prespektive der ANT ist, dass eine Vielzahl an ›externen‹ Ressourcen mobilisiert werden, damit eine Aussage zu einem Fakt *wird*. Dies lässt sich nicht nur bei der Analyse wissenschaftlicher Paper, dem Produkt wissenschaftlicher Arbeit, nachzeichnen, sondern auch in der Laborpraxis selbst.

2.2 INSKRIPTIONEN UND IMMUTABLE MOBILES

Eine Analyse von »Science in Action« bedarf nicht nur der Erforschung der Praxis wissenschaftlichen Schreibens und Argumentierens, sondern auch der Erforschung der Praxis im Labor. Was Latour und Woolgar im *Salk Institute* erstaunt hatte, war, dass bereits die Laborpraxis zum Großteil Papier- und Schreibarbeit ist. Das heißt, nicht nur das Endprodukt der Laborpraxis stellt einen Text dar, sondern bereits die Praxis im Labor lässt sich zum Großteil als eine Praxis mit Schrift im weiteren Sinne verstehen. Im Labor gibt es eine Vielzahl an Geräten und Maschinen, die Zeichen, Kurven, Punkte o.ä. produzieren, welche dann wiederum in andere Zeichensysteme übertragen und in Beziehung zueinander gesetzt werden. Diese verschriftlichten Zeichen bezeichnen Latour und Woolgar als Inskriptionen und demnach die Geräte eines Labors in erster Linie als Einschreibungsgeräte (*inscription devices*):

»An inscription device is any item of apparatus or particular configuration of such items which can transform a material substance into a figure or a diagram which is directly usable by one of the members of the office space.« (Latour/Woolgar 1986: 51)

Diese Einschreibungsgeräte sind für Latour und Woolgar von zentraler Bedeutung für die wissenschaftliche Laborarbeit. Sie verbinden die unterschiedlichen Orte des Forschungszentrums, wie das Labor mit dem Büro, und sie übersetzen Dinge in Zeichen – in Kurven, Diagramme, Zahlen usw. Dadurch verschiebt sich der Blick der Naturwissenschaftlerinnen von dem materiellen Untersuchungsgegenstand auf diese Zeichen. Man kann Verschriftlichungen auch als Kern naturwissenschaftlichen Arbeitens ansehen – ohne dies darauf zu reduzieren. Aber es sind Inskriptionen, die in Experimenten produziert und zirkuliert werden. Sie geben Rechenschaft ab über das Experiment, den Versuch oder das Phänomen. Sie erscheinen als Mittel wie auch Zweck wissenschaftlichen Arbeitens: »both as a goal (the publication of a scientific article) and as a means (a way to build a world and persuade others)« (Callon/Law/Rip 1986: 11). Texte, Abbildungen und Graphiken stellen die Verbindung zwischen verschiedenen Wissenschaftlern und Laboren her, aber auch zur Öffentlichkeit; ob Fach-, (forschungs-)politische oder allgemein interessierte Öffentlichkeit. Die wissenschaftliche Praxis gruppiert sich um die Geräte und die von ihnen produzierten Inskriptionen, die dann einen weiteren Transformationsprozess durchmachen, welchen es für den Wissenschaftsforscher, den Latour und die ANT vor Augen haben, zu folgen gilt. Dieser Transformationsprozess auf der Ebene der Inskriptionspraktiken bleibt in der Regel unsichtbar hinter den Fakten. Erst wenn ein Fakt in Zweifel gezogen wird und es zu einer Kontroverse kommt, wird die Arbeit im Labor relevant (vgl. Latour 1987a: 69).

Latour und Woolgar gehen sogar noch einen Schritt weiter und sehen in diesem Transformationsprozess keine einfache Repräsentation, sondern die Konstruktion des Gegenstandes bzw. Phänomens:

»It is not simply that phenomena *depend on* certain material instrumentation; rather, the phenomena *are thoroughly constituted by* the material setting of the laboratory. The artificial reality, which participants describe in terms of an objective entity, has in fact been constructed by the use of inscription devices.« (Latour/Woolgar 1986: 64)

Das heißt, Einschreibegeräte als Teil eines ganzen Netzwerks an Praktiken bringen erst Realitäten hervor: »›Out-there-ness‹ is the *consequence* of scientific work rather than its *cause.*« (Latour/Woolgar 1986: 182)

Latour und Woolgar machen deutlich, dass Laborarbeit keine Entdeckung der Natur unter künstlicher Bedingung ist, sondern – zumindest für den ›naiven‹ Beobachter – als »*Manipulation von Inskriptionen und Äußerungen*« (Law 2004: 27, *Übers. M.W.*) zu verstehen ist. Man sollte allerdings »Manipulation« nicht als beliebige Veränderung und »Inskriptionen und Äußerungen« als rein sprachlich verstehen. Denn schließlich kann eine wissenschaftliche Aussage bloß erfolgreich und aufrichtig sein, wenn sie auf ein großes Netz an ›Unterstützern‹ und ein ganzes Arrangement zählen kann. So stecken in Inskriptionen und wissenschaftlichen Aussagen eine ganze Reihe an Theorien und Theoremen, Handgriffen und Überlegungen sowie Techniken und Maschinen. Die Realität steckt in der wissenschaftlichen Aussage und wird durch ein ganzes Arrangement hervorgebracht. Es bedarf also einer materiellen Infrastruktur, die wiederum dazu dient Inskriptionen zu liefern, die dann Grund und Teil eines wissenschaftlichen Artikels werden können (vgl. Latour 1987a: 70). Im Labor findet man eine Kette von Stellvertretern oder Repräsentantinnen (*spokesperson*). Die Inskriptionen stellen das untersuchte Phänomen dar und die Wissenschaftlerinnen sprechen dann über diese Inskriptionen, lassen Geräte für sich und den untersuchten Gegenstand ›sprechen‹ und machen ihn sichtbar.

Die Wissenschaftspraxis wird von Latour als »Trials of strength« (Latour 1987a: 74-78, 1988a: 214) beschrieben, d.h. als eine Art Kräftemessen zwischen zwei gegensätzlichen wissenschaftlichen Aussagen und ihren Verbündeten (Inskriptionen, Geräte usw.). Auf allen Ebenen, etwa der Deutung von Inskriptionen, aber auch der Produktion von Inskriptionen, im Versuchsaufbau wie im Experiment, lässt sich solch ein Kräftemessen rekonstruieren – auch zwischen dem Wissenschaftler und dem von ihm untersuchten Gegenstand. Denn neue Akteure wie Pasteurs Mikrobe sind zunächst bloß eine »score list for a series of trials« (Latour 1987a: 89). Es zeigen sich Aktivitäten, die erst hinterher eine Kompetenz und einen Namen zugeschrieben bekommen. Dann sind sie auf dem besten Wege zu *black boxes* zu werden: Performanzen werden zu Dingen. Auf einmal wird aus einer Reihe von Performanzen eine Mikrobe oder Somastatin, um Latours Pasteur- bzw. Guilliminbeispiel zu bemühen. Das ist der Punkt, an dem

›Wirklichkeit‹, ›Wahrheit‹ oder ›Natur‹ emergiert (vgl. Latour 1987a: 93-94). Demnach ist ›Natur‹ die Konsequenz, also das Resultat einer Kontroverse und nicht ihre Ursache, sondern umgekehrt, die Kontroverse ist der Grund für die Repräsentation der Natur – Latours dritte Regel der Wissenschafts- und Technikforschung (vgl. Latour 1987a: 99). Dies gilt für »science-in-the-making« – für die Zeit einer Kontroverse. Wenn diese allerdings beigelegt ist, dann haben wir es mit Fakten zu tun:

> »Nature talks straight, facts are facts. Full stop. [...] We do not try to undermine the solidity of the accepted parts of science. We are realists as much as the people we travel with [...]. But as soon as a controversy starts we become as relativist as our informants.« (Latour 1987a: 100)

Jedoch ist »jedes Labor ein Gegenlabor« (Latour 1987a: 79, *Übers. M.W.*), so dass aus einem Fakt potentiell wieder eine Kontroverse werden kann. Allerdings bedarf es, um eine wissenschaftliche Aussage zu widerlegen oder zu modifizieren, eines Labors und weiterer nicht-menschlicher Akteure, die für einen handeln.

Später prägte Latour für Inskriptionen den Begriff »immutable mobiles«: die »unveränderlich mobilen Elemente« (Latour 1987a: 215-257, 2006c). Wissenschaft funktioniert für Latour, wie im Übrigen auch *Engineering*, über die »Mobilisierung von Verbündeten und [...] die Transformation schwacher Assoziationen in starke« (Latour 2006c: 301, Fn. 17; vgl. auch Latour 1987a, 1988a). Um diese Macht zu erlangen, und wissenschaftliche Kontroversen erfolgreich für sich zu entscheiden, werden unveränderlich mobile Elemente eingesetzt. Sie haben die Macht, andere an anderen Orten einzubinden und zu mobilisieren: »›Sie zweifeln an dem, was ich sage? Ich werde es Ihnen zeigen.‹« (Latour 1987a: 64, 2006c: 276).[18] Ein Blick in die Labore genügt, um die »außergewöhnliche[...] Besessenheit der Wissenschaftler von Papieren, Ausdrucken, Diagrammen, Archiven, Zusammenfassungen und Kurven auf Millimeterpapier« (Latour 2006c: 280) zu sehen. Es wird sehr viel Arbeit betrieben, »optische Konsistenz« herzustellen; eine »›Hin- und Rück‹-Beziehung zwischen Objekt und Figur zu etablieren« (Latour 2006c: 267). Genau um diese Konsistenz herzustellen, werden unveränderlich mobile Elemente eingesetzt.

Latour definiert die *immutable mobiles* wie folgt: »Kurz: Man muss Objekte erfinden, die mobil, aber auch unveränderlich, präsentierbar, lesbar und mitein-

---

18 In der foucaultschen Terminologie würde man von einer »Verknappung der Diskurse« durch die *immutable mobiles* sprechen (vgl. Foucault 2003).

ander kombinierbar sind.« (Latour 2006c: 266) Er macht eine Reihe an besonderen Eigenschaften solcher Inskriptionen aus (vgl. Latour 2006c: 285-286). Zunächst sind da ihre namensgebenden Hauptmerkmale: Mobilität und (relative) Unveränderlichkeit. Graphische, textliche oder bildliche Darstellungen können relativ problemlos weite Entfernungen und Räume überbrücken – heutzutage meist per Mausklick. Diese Mobilität ist den untersuchten ›Objekten‹ nicht möglich; man denke etwa an die Savanne oder die Mikrobe, um Beispiele aus dem latourschen Werk zu nehmen (vgl. Latour 2002b). Gleichzeitig sind diese Inskriptionen aber relativ unveränderlich bzw. wird »zumindest [...] alles getan, um dieses Ergebnis zu erhalten: Musterexemplare werden chloroformiert, Mikrobenkolonien in Gelatine eingelegt, sogar explodierende Sterne werden in jeder Phase ihrer Explosion auf Millimeterpapier aufgezeichnet.« (Latour 2006c: 285). Auch lässt sich der Forschungsprozess als eine »Kaskade immer simplifizierterer Inskriptionen« (2006c: 281), etwa von der Bodenstichprobe im Amazonasgebiet über den Pedokomparator und Millimeterpapier bis zur wissenschaftlichen Publikation (vgl. Latour 1996a: 191-248, 2002b: 36-95), beschreiben, so dass man sagen kann, dass Inskriptionen im Verlauf »*flach* gemacht« werden (Latour 2006c: 285). Der vierte Vorteil von Inskriptionen ist, dass man ihre Größe verändern, ihren Maßstab variieren kann, ohne aber ihren Inhalt dabei zu tangieren. Man denke hier an Landkarten oder Mikroskope. Des Weiteren lassen sie sich vergleichsweise einfach reproduzieren und somit »Zeit und Raum akkumulieren« (vgl. Latour 2006c: 272) oder im Vokabular von David Harvey und Anthony Giddens Raum und Zeit verdichten. Sie können an verschiedenen Orten und zu verschiedenen Zeiten ›gelesen‹ werden und sie können auch verschiedene Orte und verschiedene Zeiten darstellen. Aufgrund der bisher genannten Merkmale lassen sich Inskriptionen auch neu mischen und kombinieren (vgl. Latour 2006c: 286), dies noch potenziert dadurch, dass sie unterschiedlichen Ursprungs und Maßstabs sein können:

> »Es scheint eine unmögliche Aufgabe zu sein, Geologie und Ökonomie zu verbinden. Die Überlagerung der geologischen Karte mit einem Ausdruck des Rohstoffmarktes an der New Yorker Börse erfordert gute Dokumentation und ein paar Zentimeter.« (Latour 2006c: 286)

Ein weiterer besonderer Vorteil von Inskriptionen ist, dass sie in Texte, der Hauptwährung von Wissenschaft,[19] eingebaut werden können, und somit Konsi-

19 Vgl. zur Textualität von Laborwissenschaft folgende Zitate von Latour: »Ein heutiges Labor kann immer noch als einzigartiger Ort definiert werden, an dem ein Text ge-

stenz und Sicherheit herstellen (vgl. hierzu auch den Anhang von Knorr-Cetina 1984). Inskriptionen verstärken das Argument im wissenschaftlichen Text und fungieren gleichzeitig als Referenz zur Laborarbeit: »What is behind a scientific text? Inscriptions. How are these inscriptions obtained? By setting up instruments. This other world just beneath the text is invisible as long as there is no controversy.« (Latour 1987a: 69) Den neunten Vorteil und Mehrwert von Inskriptionen sieht Latour darin, dass ihr zweidimensionaler Charakter erlaubt *»mit der Geometrie zu verschmelzen«* (Latour 2006c: 287). Mit ihnen kann man arbeiten und trotzdem den *link* ›zur Welt‹ aufrechterhalten. »Besser noch: Aufgrund dieser optischen Konsistenz kann alles, gleichgültig, woher es kommt, in Diagramme und Zahlen umgewandelt werden; Kombinationen von Zahlen und Tafeln können verwendet werden, die noch einfacher zu handhaben sind als Wörter und Silhouetten.« (Latour 2006c: 287)

Zentral an Latours *immutable mobiles* ist ihre Mobilität, Stabilität und Kombinierbarkeit (vgl. Latour 1987a: 223). Es sind Symbolsysteme, die reisen können von der Savanne ins Büro in Paris, von dem Labor in Kalifornien zu dem in Deutschland. Das heißt, sie sind dekontextualisiert von ihren konkreten Raum/Zeit-Bezügen. Dennoch sind sie stabil oder eben unveränderlich, indem ihr Inhalt konstant bleibt.[20] Das heißt, sie sind trotzdem eindeutig und ohne Veränderung übertragbar. Und schließlich sind sie mit anderen Inskriptionen kombinierbar, so dass man die Inskriptionen als Spuren akkumulieren kann. Durch diese *immutable mobiles* lässt sich Kontrolle und Macht ausüben bzw. sie haben das Vermögen, Ressourcen über Raum und Zeit hinweg zu mobilisieren und zu manipulieren. Wissenschaftsforschung sollte deshalb die Inskriptionen erforschen, eine »careful anthropological study of formalism« (Latour 1987a: 246) durchführen, d.h. die »logistics of immutable mobiles« (Latour 1987a: 237) studieren. Eine zentrale Regel der Wissenschaftsforschung nach Latour ist also, den Transformationen einer Aussage zu folgen.

---

macht wird, um Dinge zu kommentieren, die alle noch präsent sind.« (Latour 2006c: 286) oder an anderer Stelle: »Ein Experiment ist ein Text über eine nichttextuelle Situation, der später von anderen getestet wird, um zu entscheiden, ob es bloß ein Text war oder mehr ist.« (Latour 2002b: 150)

20 Erhard Schüttpelz (2009: 70) nennt dies »Formkonstanz über Transformationen hinweg«.

2.3 ZIRKULIERENDE REFERENZ UND ÜBERSETZUNG

An der Wissenschaftspraxis interessiert Latour insbesondere, wie eine reversible Transformationskette etabliert wird. Er erforscht, wie die Verlagerung durch Transformation vom Untersuchungsobjekt zum wissenschaftlichen Paper gelingt, d.h. wie Referenz in den Wissenschaften erzeugt wird: Wie ist die Verbindung zwischen Welt und Wort? Diesen Prozess der Referenzierung verdeutlicht Latour beispielsweise in seiner Ethnographie französischer Pedologen im Amazonasgebiet. In dieser Studie verfolgt er die Kette von Transformationen von Einschreibungen vom Experimentalfeld im Amazonas bis zum veröffentlichten Artikel nach (vgl. Latour 1996a: 191-248, 2002b: 36-95). Wie wird aus einem Stück Urwald ein wissenschaftlicher Text mit Diagrammen und Karten? Mittels genauer Beobachtung jedes Arbeitsschrittes seiner Informanten und unter Zuhilfenahme von Fotos und eigener schematischer Darstellungen zeigt er die Fülle an Zwischenschritten auf, die von dem Urwald und der Fragestellung (Dringt der Wald in die Savanne vor oder umgekehrt?) zu der wissenschaftlichen Publikation und dem Folgeforschungsantrag (Untersuchung der Regenwürmer in jenem Gebiet) liegen. Dabei stellt er heraus, dass Wissenschaft ein mühseliger und langsamer Transformationsprozess ist, in dem eine Vielzahl an Vermittlern auch technischer Art dazwischengeschaltet ist. Zunächst wird der Urwald begangen, mittels Kompass und Gefällemesser eine bestimmte Stelle bestimmt, dann ein Stück Urwald abgegrenzt, der Pedologenfaden gespannt, Planquadrate nummeriert, sozusagen ein Labor im Feld geschaffen. Dann werden Bodenproben entnommen und in ein bestimmtes Fächersystem, dem Pedokomparator, archiviert und transportiert, mittels einer Farbtafel klassifiziert, Ergebnisse auf Millimeterpapier einer Karte übertragen und später dann mittels dieser Graphiken und Karten an einem ganz anderem Ort im Pariser Büro ein Artikel geschrieben, der die Frage, ob der Urwald in die Savanne vordringt, nicht beantworten kann, sondern verdeutlicht und plausibilisiert, dass dafür die Aktivität der Regenwürmer in der untersuchten Parzelle untersucht werden müsste. Das Faszinierende an Wissenschaft, und auch ihr Kern, ist für Latour jene Transformationsarbeit. So kommt er zu dem Schluss:

»Man hat die Wissenschaft für ein realistisches Gemälde gehalten und sich eingebildet, man würde exakt die Welt kopieren. Die Wissenschaft tut etwas ganz anderes [...]. Sie verbindet uns über sukzessive Schritte mit der Welt, die ihrerseits ausgerichtet, transformiert und konstruiert ist.« (Latour 1996a: 247)

Latour geht es darum, dass nicht bloß die Geschichte eines Objekts offengelegt wird, sondern die fortlaufende Modifikation von den Dingen nachgezeichnet wird (vgl. Latour 2002b: 196). Der latoursche ›Sozialforscher‹ erfasst Schritt für Schritt die Veränderung der Objekte in der Forschung. Minutiös zerlegt er den Forschungsprozess und versucht die »einzigartige[] Signatur und Bewegungsspur« offenzulegen (Latour 2002b: 196).

Artefakte sind für Latour die Mittler, die Medien zwischen Natur und Kultur. Auch wenn er von einer Beschreibung der Praktiken ausgeht, so sind diese für ihn bloß ephemer, erst durch Artefakte und auch Schrift werden sie stabilisiert, dauerhaft und produktiv (Latour 1991). Und auch Diskurse sprechen nicht zu sich selbst und Texte schreiben sich nicht selbst. Es bedarf sowohl der Praktiken diese zu erzeugen und der Artefakte diese zu artikulieren. So wie Kompass, Pedologenfaden, Pedokomparator, Nummerschildchen und Diagramme als auch der Umgang kompetenter Körper mit ihnen die Regenwürmer in die wissenschaftliche Debatte um Savanne und Urwald einführt. Wissenschaftspraxis mit ihren materiellen Vermittlern bringt oder »lädt« die Welt in den Diskurs (Høstaker 2005: 10). Es ist eine »mobilisation of the worlds« (Latour 1987a: 223).

Dieser Prozess der zirkulierenden Referenz wurde zu Beginn der ANT als Übersetzungsprozess beschrieben, woher sie auch ihren ursprünglichen Namen hatte: Soziologie der Übersetzung (vgl. Callon 1986).[21] Anhand einer Fallstudie über die Muschelzucht in der Bucht von St. Brieuc verdeutlicht Michel Callon (1986) ihre Theorie und Methode. Diese versteht er als einen neuen Ansatz der Machtanalyse; eine, welche die Rolle von Wissenschaft und Technik in der Strukturierung von Machtbeziehungen untersucht (vgl. Callon 1986: 197). Bevor er anhand des Fallbeispiels die vier Schritte eines Übersetzungsprozesses – Problematisierung, Interessement, Enrolment und Mobilisierung – verdeutlicht, stellt er drei methodologische Grundprinzipien auf (vgl. Callon 1986: 200-201). Das erste beinhaltet für ihn die Unparteilichkeit des Forschers, der jeden Akteur oder Informanten ernst nehmen soll – von ihm als Agnostizismus bezeichnet (Callon 1986: 200). Das zweite Prinzip der generalisierten Symmetrie bedeutet

21 Generell ist die Bezeichnung »Soziologie der Übersetzung« (Callon 1986) oder »Soziologie der Assoziationen« (Latour 2005a, 2006b) treffender als »Akteur-Netzwerk-Theorie«, da letztere eine Vielzahl an Missverständnissen geradezu nahelegt (vgl. hierzu auch Latour 2006f) – obwohl die ersten beiden auch: Textualismus-Missverständnis bzw. ›Esotherik-anything goes‹. Wenn, dann ist schon eher Michael Lynch recht zu geben, der von einer »Aktanten-Rhizom-Ontologie« gesprochen haben soll (vgl. Latour 2006f: 565). Allerdings ist die Assoziation von ANT mit Ameisen wiederum eine gar nicht so unpassende (vgl. Latour 2005a: 9).

den Versuch, wissenschaftliche und technische Kontroversen um ›Gesellschaft‹ und ›Natur‹ in der gleichen Sprache zu beschreiben und zu erklären. Das dritte Prinzip, das der »freien Assoziation« (Callon 1986: 200, *Übers. M.W.*), meint das berüchtigte »follow the actors« (Latour 1987a) bzw. das Unterlassen von *a priori* Differenzierungen wie ›technisch‹, ›natürlich‹, ›sozial‹, um die Produktion dieser durch die beteiligten Akteure zu entdecken.[22]

Callons Fallbeispiel ist das Ansiedeln der Muschelzucht in der Bucht von St. Brieuc in der Bretagne Anfang der 1970er Jahre einhergehend mit der ›Entdeckung‹ der ›Selbstverankerung‹ von französischen Muscheln – sozusagen als Kulturimport aus Japan, wo eine Gruppe von französischen Wissenschaftlern diese Zuchttechnik beobachtet hatte. Dieses Fallbeispiel wird aus der Sicht dieser Forschergruppe geschrieben. Sie haben die Verankerungsmechanismen der Muschellarven entdeckt bzw. Erkenntnisse darüber aus Japan und der dortigen Muschelart nach Frankreich übertragen, und somit den Grundstein für die Muschelzucht in der Bucht von St. Brieuc gelegt.

Der erste Schritt des Übersetzungsprozesses von Muschelfischerei zu Muschelzucht, d.h. der Domestizierung von Muscheln, ist die *Problematisierung*.[23] In dieser Phase wird zunächst etwas zu einem Problem, zum Gegenstand einer Debatte oder Kontroverse gemacht – in diesem Fall die Frage der Einführung einer Muchelzucht nach japanischem Vorbild in der Bretagne. Durch die Definition des Problems werden die zur Lösung in Frage kommenden Akteursgruppen und ihre Interessen definiert. Die Wissenschaftler definieren zunächst die beteiligten Akteursgruppen am Prozess, um ein neues Netzwerk aufzubauen. Die für die Forscher relevanten Akteursgruppen sind die Fischerleute von St. Brieuc, die mit dem Angeln der Muscheln ihr Geld verdienen, sich aber durch den schwindenden Muschelbestand bedroht fühlen, die wissenschaftlichen Kolleginnen, die von den neuen Erkenntnissen über Muscheln überzeugt werden müssen und die Muscheln der Bucht selbst, über die man bis zu diesem Zeitpunkt eigentlich nicht viel wusste, und sich die Frage stellt, ob sie sich selbst verankern können wie die japanischen Muscheln (vgl. Callon 1986: 204-205).

Die Definition eines sog. obligatorischen Knotenpunktes, der diese drei heterogenen Akteursgruppen aneinanderbindet, ist für die Wissenschaftler ›schnell‹

---

22 Diese drei methodologischen Prinzipien werden von Latour (2002a: 127-130) zum »verallgemeinerten Symmetrieprinzip« zusammengefasst.

23 Bei dem Begriff der Problematisierung sei übrigens an die späten Schriften und Vorlesungen Michel Foucaults verwiesen sowie an ihre Nutzung in der Wissenschaftsforschung von Paul Rabinow (2004).

gefunden: die Frage, wie und ob die in der Bucht vorkommende Muschelart (*pecten maximus*) ankert:

»The argument which they [the scientiests, *M.W.*] develop in their paper is constantly repeated: if the scallops want to survive (no matter what mechanisms explain this impulse), if their scientific colleagues hope to advance knowledge on this subject (whatever their motivations may be), if the fishermen hope to preserve their long term economic interests (whatever their reasons) then they must: 1) know the answer to the question: how do scallops anchor?, and 2) recognize that their alliance around this question can benefit each of them.« (Callon 1986: 205-206)

Der zweite Prozess, der des *Interressement*, gilt nun der praktischen Stabilisierung der um ein Problem angesiedelten Akteursgruppen und ihrer Identitäten. Mittels eines jeweils bestimmten Equipments wird versucht, bestimmte Akteursgruppen für das Problem zu gewinnen, ihr Interesse mittels Technik zu binden und zu stabilisieren und vor alternativen Identitätsentwürfen zu schützen (vgl. Callon 1986: 206-211).[24] Die Identität der Muscheln als selbstverankernde Muscheln wird durch eine besondere materielle Vorrichtung stabilisiert: durch eine Reihe von Kollektoren, die an einem Tau befestigt sind. Hier können die Larven sich vor äußeren Feinden geschützt festsetzen.[25] Diese Vorrichtung ist laut Callon (1986: 210) allerdings irrelevant, um die Fischer und die Fachkollegen zu interessieren. Diese müssen v.a. durch Texte und Gespräche von dem Forschungsprojekt überzeugt werden. Die Repräsentanten der Fischer werden über die Gründe des zunehmenden Muschelschwundes aufgeklärt, um so ihr Interesse und ihren Bedarf an dem Forschungsprojekt zu wecken. Die wissenschaftlichen Fachkolleginnen werden mit dem Mangel an Forschung, Wissen und Informationen über Muscheln, die inzwischen aber eine große ökonomische Bedeutung erlangt haben, überzeugt.

Das *Enrolment*, die nun folgende dritte Phase des Übersetzungsprozesses, bezeichnet das tatsächliche Einbinden der anderen Akteure in das eigene Netzwerk, also hier in das der Wissenschaftler (vgl. Callon 1986: 211-214). Meta-

24 Definition ist vielleicht ein zu starrer Begriff, da es Callon v.a. darum geht herauszustellen, dass diese Akteure keine feste Identität haben, sondern sich im Laufe des Übersetzungsprozesses verändern: »It would be absurd for the observer to describe entities as formulating their identity and goals in a totally independent manner. They are formed and are adjusted only during action.« (Callon 1986: 207)

25 Im Sinne Latours (2006a) könnte hier auch von einem Labor bzw. der Schaffung einer Laborsituation gesprochen werden.

phorisch – und somit mit Callon (1986) – gesprochen, ist damit der Verhandlungsprozess mit den Akteuren gemeint, um sie für ihr Projekt zu gewinnen. Am schwierigsten erweist sich, die Muschellarven dazu zu bringen, sich tatsächlich in den Kollektoren festzusetzen aufgrund einer Reihe von Ursachen wie der Strömung, den Seesternen, Besuchern, der Wassertiefe und des Materials der Kollektoren. Die Fachkolleginnen wollen den Wissenschaftlern trotz (noch) nicht zufriedenstellender Ergebnisse Glauben schenken, dass die Muscheln sich festsetzen können, wenn die Wissenschaftler bereits existierende Literatur, die das Ankern andeutet, anerkennen würden. Die Fischer bzw. ihre Repräsentanten müssen gar nicht weitergehend überzeugt werden, da sie voll der Wissenschaft vertrauen – oder, wenn es nicht klappt, so weitermachen wie bisher.

»This example illustrates the different possible ways in which the actors are enrolled: physical violence (against the predators), seduction, transaction, and consent without discussion. This example mainly shows that the definition and distribution of roles (the scallops which anchor themselves, the fishermen who are persuaded that the collectors could help restock the Bay, the colleagues who believe in the anchorage) are a result of multilateral negotiations during which the identity of the actors is determined and tested.« (Callon 1986: 214)

Der vierte Schritt, die *Mobilisierung*, bringt den Kern des Problems der Repräsentation zur Sprache (vgl. Callon 1986: 214-219). Denn Callon vertritt die Auffassung, dass die drei Wissenschaftler es geschafft haben, die Repräsentanten der jeweiligen Akteursgruppen für ihr Projekt zu mobilisieren. Die Funktionäre der Fischer für die französischen Fischer insgesamt, die mit ihrem Thema sich beschäftigenden Fachkolleginnen für die Fachwissenschaft insgesamt und auch – und darin liegt die Provokation – die am Versuch beteiligten Muschellarven als Vertreter für alle Muschellarven der Bucht und der Art. Die drei Wissenschaftler schaffen es, sich selbst als die Sprecher der drei Akteursgruppen zu installieren: im Falle der Muscheln durch eine Vielzahl an elaborierten Techniken und Visualisierungen (Tau mit Kollektoren; Graphen, die die steigende Anzahl an Larven zeigen usw.), bei den Fischern durch Verhandlungen mit den gewählten Repräsentanten der Fischer und in der Fachwissenschaft durch akademische Gespräche und Publikationen mit den durch Publikationen ausgewiesenen Expertinnen ihres Faches. So schaffen sie es, verteilte heterogene Entitäten zusammenzubringen und durch eine Vielzahl an Transformationen etwas Neues zu schaffen.

»At first, the scallops, fishermen, and specialists were actually dispersed and not easily accessible. At the end, three researchers at Brest said what these entities are and want.

Through the designation of the successive spokesman and the settlement of a series of equivalences, all these actors are first displaced and then reassembled at a certain place at a particular time.« (Callon 1986: 216-217)

Doch diese Verhandlungen sind durchaus konfliktreich und kompliziert. So ankern die Muscheln nach einer bestimmten Zeit nicht mehr in den Kollektoren, und die Wissenschaftler haben Schwierigkeiten, die Gründe dafür herauszufinden. Währenddessen werden einige Fischer ungeduldig und ›plündern‹ einen Versuchsabschnitt und einige Fachkolleginnen fangen an, an der Ankerthese der drei Wissenschaftler zu zweifeln (vgl. Callon 1986: 220). Die Fragilität des stabilisierten Fakts, d.h. Netzwerkes, stellt sich zunehmend heraus.

Das Konzept des Übersetzungsprozesses betont die Vielzahl an Verschiebungen, die während dieses Prozesses ›still und heimlich‹ ablaufen. Die Soziologie der Übersetzung, was Latour später »zirkulierende Referenz« oder »Vermittlung« nennen wird (Latour 2002b, 2006d), hat eine besondere Sensibilität für jede kleine Veränderung in der Zielsetzung, den Interessen, der technischen Hilfsmittel und der Identität der beteiligten Akteure. Neben diesem *ver*mittelnden Aspekt von Übersetzung betont Callon (1986: 221-224) gleichzeitig das Problem der Repräsentation und Repräsentativität: Sich als Sprecher (*spokesman*) anderer einzusetzen; die Interessen, Wünsche, Forderungen usw. anderer zu übersetzen, wobei gilt: »As the aphorism says, traduttore-traditore, from translation to treason there is only a short step.« (Callon 1986: 224) Und in diesem Sinne zeigt die Soziologie der Übersetzung die Macht der Wissenschaft und ihrer Objekte und Visualisierungen auf: »The social and natural ›reality‹ is a result of the generalized negotiation about the representativity of the spokesmen.« (Callon 1986: 218)[26]

Die ANT hat als Soziologie der Übersetzung folglich zwei Aspekte innerhalb der Wissenschaftsforschung verdeutlicht. *Erstens* gibt sie eine machttheoretische Lesart von Wissenschaft, die sie als einen Kampf um Stärke (*trials of strength*) skizziert, in der es darum geht, möglichst viele und v.a. kräftige, stabile und starke Akteure einzubinden. Es muss ein ganzes Netzwerk an Kräften bemüht

26 Eine andere, aber ähnliche Variante der Beschreibung dieses Übersetzungsprozesses liefert Pickering (1989, 1993, 1995). Für ihn handelt es sich auch um einen komplexen und kontingenten Prozess, bei dem das Faktum aus der Übereinstimmung von *phenomenal models* (theoretischer Annahmen), *instrumental models* (Annahmen bezüglich der Apparatur/Artefakte) und *material procedures* (Forschungshandeln) emergiert. Doch während Latour und Callon vor allem dem Faktor Raum Aufmerksamkeit schenken, interessiert sich Pickering stärker für den Faktor Zeit.

werden, um ein unhinterfragtes Fakt zu stabilisieren. Dabei schenkt die ANT wie die untersuchten Wissenschaftler den nicht-menschlichen Akteuren besondere Aufmerksamkeit, da es einerseits am schwierigsten ist, sie aufgrund ihrer Indifferenz gegenüber menschlichen Interessen einzubinden und zu mobilisieren, andererseits stellen diese eben aufgrund ihrer Indifferenz, wenn sie einmal erfolgreich eingebunden wurden, einen Widerstand dar, der nicht so leicht zu beheben ist und somit das Fakt stabilisiert. *Zweitens* wird Wissenschaftspraxis als ein Übersetzungsprozess beschrieben. Die Einbindung weiterer Akteure läuft über eine Arbeit der Transformation von Information über verschiedene Medien. Dadurch geraten auch diese Träger selbst in den Fokus des Beobachters und sind nicht bloße Mittel.

In *Laboratory Life* wurden die Träger der Information noch stark in Analogie zu Zeichen und Schrift als Inskriptionen gedeutet bzw. standen Inskriptionen im Vordergrund der Studie. Erst mit *Science in Action* und der Zusammenarbeit mit Michel Callon kommt Latour zu einem materialistischeren *approach*, der die verschiedenen *heterogenen* Elemente, die in die wissenschaftliche Arbeit miteingebunden werden, betont, wie Praktiken, Körper, Instrumente und Orte zum Beispiel. Schließlich sind die Mikroben Latours Paradebeispiel für nicht-menschliche Akteure, die vermittelt durch Inskriptionen, Technik und Apparate agieren (vgl. Latour 1988a, 2002b: 137-210). Damit ein wissenschaftliches Faktum sichtbar wird, damit ›Natur sprechen kann‹, bedarf es nicht nur ausgefeilter Rhetorik und eines bestimmten Stils, die weitere Literatur, Bilder, Graphiken und Zahlen mobilisieren, mögliche Leserinnen und ihre Einwände antizipieren und subtil die eigene Arbeit und deren Verdienst präsentieren, sondern eben auch einer materiellen Infrastruktur: Labore, Geräte, Maschinen, Tiere usw. Wissenschaftsforschung erstreckt sich nicht ›bloß‹ auf Diskursanalyse, Semiotik und Bibliometrie, denn Wissenschaft ist *in der Tat* nicht bloß Rhetorik.

2.4 WISSENSCHAFT-WERDEN

> »Science has two faces: one that knows, the other that does not know yet.«
> (LATOUR 1987A: 7)

Die *science studies* öffnen die *black box* Wissenschaft. Sie zeigen auf, wie Wissenschaft betrieben wird. Anstatt für die »ready made science« interessieren sich die Wissenschaftsforscherinnen für »science in the making« (Latour 1987a: 1-17). Das heißt entweder begibt man sich an die Orte, wo wissenschaftliche Fakten gerade gemacht werden bzw. man schaut zurück, wie sie entstanden sind, oder man erforscht die Kontroversen, welche bisherige Erkenntnisse, Theorien und Fakten in Frage stellen bzw. zu einem bestimmten Zeitpunkt in Frage stellten. Die erste Perspektive ist eine ethnographische und die zweite eine historische. In beiden Fällen geht es darum aufzuzeigen, dass wissenschaftliche Fakten gemacht werden und bei ihrer ›Entdeckung‹ kontrovers diskutiert werden. »Science in Action« zielt also darauf ab, sich den *Prozess*, wie ein wissenschaftliches Fakt entsteht, anzuschauen. Es geht um das Werden, nicht um das Sein eines Fakts.

In ihren detaillierten Fallanalysen und Laboruntersuchungen haben die *science studies* die soziale Welt der Labors aufgezeigt: die Interessenskämpfe, Machtspiele, impliziten kulturellen Vorannahmen und Kommunikationsprozesse. Insbesondere die ANT, aber auch andere wie Susan Leigh Star, Andrew Pickering, Karin Knorr-Cetina und Hans-Jörg Rheinberger, gehen noch einen Schritt weiter und thematisieren die Materialität der Wissenschaftspraxis. Sie betonen die materiellen Zwänge und Widerstände, welche neben Interessen und sozialen Praktiken eine Rolle in der Wissenschaftspraxis spielen bzw. nicht unabhängig von ersteren betrachtet werden können. Damit erweitern sie den Blick auf die Wissenschaftspraxis. Welche Praktiken, Werkzeuge, Geräte, Gelder, Rhetoriken, Visualisierungen, Institutionen, Kolleginnen, wissenschaftliche Erkenntnisse usw. waren notwendig, damit XY entdeckt bzw. erfunden wurde?

> »Instead of black boxing the technical aspects of science and *then* looking for social influences and biases, we realised [...] how much simpler it was to be there *before* the box closes and becomes black. With this simple method we merely have to follow the best of all guides, scientists themselves, in their efforts to close one black box and to open another.« (Latour 1987a: 21)

Mit den *science studies* ist demnach nicht nur ein »turn to practice« verbunden, sondern auch ein »turn to things« (Preda 1999) oder »turn to the material« (Bowker et al. 2010: 111).[27] Neben der Analyse der Praxis von Wissenschaftlern und Ingenieurinnen lenken sie ihre Aufmerksamkeit auf Instrumente, Artefakte, Daten und ihre Spuren und folgen den Wegen und Transformationen dieser Inskriptionen. Somit findet mit der zweiten Generation von *science studies* nicht nur eine Verschiebung von Wissen zu Praxis statt, sondern auch vom Diskurs zur materiellen Infrastruktur wissenschaftlicher Praxis. Gewissermaßen zeigen

27 So spricht auch Degele (2002: 127) in ihrer Darstellung der ANT von der »Rückkehr der Objekte« und Ruffing (2009: 17) von einem »Zurück zu den Dingen«.

sie auch die ›Apparategeladenheit‹ von Wissenschaftspraxis auf, denn moderne Wissenschaft zeichnet sich gerade durch hochtechnisierte Labore aus, die in die Welt intervenieren, auf Naturzustände zugreifen und diese zurichten (vgl. Hacking 1983; 1992). In Laboren findet eine »Rekonfiguration von Objekten« (Knorr-Cetina 1995: 105) statt. Naturobjekte werden in Laboren zu Modellsystemen und Technofakten, denn eine Labormaus ist keine Feldmaus (vgl. Amann 1994); oder man hantiert gar nicht mehr mit Objekten, sondern ihren Inskriptionen – »ihren visuellen, hörbaren, elektrischen oder anderen Spuren« (Knorr-Cetina 1995: 106).[28] In Laboren werden ›natürliche‹ Objekte und Prozesse von ihrem ›natürlichen‹ Kontext entkoppelt und in der Laborkultur rekonstituiert (vgl. Knorr-Cetina 1988: 88). Das Objekt wird im Labor ›seiner‹ Raum/Zeit-Ordnung enthoben und in die des Labors gestellt.[29] Durch die Schaffung der artifiziellen Umwelt des Labors kann das Untersuchungsobjekt oder der Untersuchungsprozess nun kontinuierlich präsent gehalten, miniaturisiert und beschleunigt werden (vgl. Knorr-Cetina 1988: 88). Das Untersuchungsobjekt muss nicht so sein, *wie* und *wo* es ›da draußen‹ ist, und es ist auch nicht zeitlich daran gebunden, *wann* es stattfindet (vgl. Knorr-Cetina 1995: 106). Im Labor werden ›natürliche‹ Objekte materiell und symbolisch transformiert (vgl. Amann 1994: 24). Das Labor macht unabhängig »in zeitlicher, räumlicher und sachlicher Hinsicht« (Heintz 1998: 79). Das Labor »tritt als Bezugsgröße der Wissensproduktion an die Stelle einer ›natürlichen Natur‹ [...] [und] bildet die lokal stabilisierte Umwelt für den epistemologisch bedeutsamen Übergang von der Maus als lebensweltlichem Organismus zu einem Modellsystem mit dem Namen Maus« (Amann 1994: 29). Damit erhalten die Labormäuse, aber auch die als ›Wildtyp-Maus‹ klassifizierten ›Kontrollmäuse‹, eine zweite Natur. Das heißt: »Plakativ gesagt: Natur im ursprünglichen Sinne des Wortes hat als Gegenstand keinen Platz (mehr) innerhalb der Grenzen des Labors.« (Amann 1994: 29) Und dies gilt nicht nur für die Biologie, sondern auch beispielsweise für die Physik und Astronomie (vgl. Knorr-Cetina 1988). Doch um bei Amanns Beispiel (1994) aus der Molekularbiologie zu bleiben, das Untersuchungsobjekt stellt, ob »Menschen, Mäuse oder Fliegen«, nicht ›nur‹ ein technisiertes Modellsystem dar, son-

28 Latour hat den Prozess, den er mit Woolgar im *Salk Institute* beschrieben hat, als »Transformation von Ratten und Chemikalien in Papier« (Latour 2006c: 262) bezeichnet.

29 Amann (1994: 30) spricht in diesem Zusammenhang in seiner Untersuchung der Molekularbiologie in Analogie und Differenz zu Biotopen von Laboratopen als »Umwelten für die neuen Objekte, die Technofakte der Biologie, die innerhalb von Laboratorien *erzeugt* werden«.

dern ist gleichzeitig auch Material und Ressource für weitergehende Experimente und Forschung – im Fall der Mäuse etwa als Schnittpräparat oder DNS- bzw. RNS-Fraktion. So sind sie auch Modellierungssysteme, in denen sich epistemische und materielle Infrastruktur kreuzen:

»Sie sind nicht mehr nur passive ›natürliche‹ Objekte, die in experimentellen Arrangements etwas von ihrem inneren Zusammenhalt preisgeben. Sie bringen als Resultat ihrer Modellierung vielmehr ein theoretisches Konzept zur körperlichen Erscheinung und liefern sich selbst als Material. Sie werden in ihrer zu (visuellen) Repräsentationen aufbereiteten Form zu empirischem Beweismaterial.« (Amann 1994: 34)

Mit dem Wissenschaftshistoriker Hans-Jörg Rheinberger (2001) und der Wissenschaftssoziologin Karin Knorr-Cetina (1999) gesprochen, handelt es sich bei den Inskriptionen und Technofakten der Labore um »epistemische Objekte«. Diese Objekte – ob tierisch, pflanzlich oder technisch – sind immer schon ein wissenschaftliches Produkt und »Träger theoretischer Eigenschaften« (Amann 1994: 34, *ohne Herv., M.W*). Sie sind im »Prozeß des material Definiert-Werdens« (Knorr-Cetina 1998: 95). Wissenobjekte können nach Knorr-Cetina (1998: 96) »als ständig nicht zuhanden und problematisch und ebenso als mögliche Zustände in der Biographie jedes beliebigen Dings« verstanden werden. Im Gegensatz zu technischen Instrumenten und Waren sind sie nicht »ready-to-hand« und bleiben nicht »extrinsisch zu unseren eigentlichen Interessen« (Knorr-Cetina 1998: 99).[30] Während Instrumente und Waren gebrauchs- und handelsfertig sind, sind epistemische Objekte »offen, Fragen-generierend und komplex [...] unbeschränkt ›entfaltbar‹ [...] im Prozeß materialer Definition« (Knorr-Cetina 1998: 99). Während Instrumente Mittel zum Zweck sind, sind epistemische Objekte Medien der Erkenntnis. Während Waren, ob als materialisierte Arbeit oder Zeichen, interessant für ihren Tauschwert sind (Geld oder Status) und Entfremdung von der eigenen Arbeit produzieren, werden epistemische Objekte wegen ihrer »inneren Eigenschaften geschätzt« und erfordern eine Identifizie-

30 Rheinberger (2001) differenziert Forschungsobjekte (epistemische Dinge) von technologischen Objekten, wobei er allerdings übersieht, dass »gegenwärtige Technologien sowohl benutzbare Gegenstände als auch epistemische Dinge im Prozess der Weiterentwicklung und Transformation darstellen« (Knorr-Cetina 1998: 96), wie z.B. Computersoftware. Deswegen unterscheidet Knorr-Cetina (1998) zwischen technischen Instrumenten und technologischen Objekten.

rung mit ihnen (Knorr-Cetina 1998: 98).[31] Hiermit wird, wenn auch Latour sicher nicht der Differenzierung von epistemischen Objekt, Instrument und Ware folgen würde (vgl. Kapitel 3.2), ein weiterer wichtiger Punkt der Laborarbeit angesprochen. Denn nicht nur die Identität des Objekts erscheint flüssig, sondern auch die Identität des Wissenschaftlers verschiebt sich im Forschungsverlauf, so dass Knorr-Cetina (1995: 107) auch vom »rekonfigurierten Wissenschaftler« spricht. Es kommt zu einer wechselseitigen Anpassung von Subjekt und Objekt.[32]

Die Konsequenz daraus, welche die ANT wohl am konsequentesten zieht, ist, dass eine strikte Trennung zwischen sozialen, natürlichen und technischen Komponenten nicht aufrechterhalten werden kann (vgl. Latour 1987a: 174-175). Die Wissenschaftspraxis geht weder in rein Natürlichem noch in rein Sozialem auf. Deswegen plädiert Latour (1992a) für einen weiteren *turn* nach dem »social turn« in der Wissenschaftsforschung und provoziert damit erbitterten Streit mit seinen Vorbildern, Freunden und Kollegen der *science studies community*.[33] Er ist der Meinung, dass *social (!) studies of science* auf dem gleichen falschen Referenzrahmen aufruhen wie der Szientismus. Während letzterer davon ausgeht, dass ›die‹ Natur Gesellschaft erklärt, erklären die Sozialwissenschaftler Natur mit ›der‹ Gesellschaft – beide mit gemäßigteren Zwischenpositionen. Dieser Dualismus von Natur vs. Gesellschaft beruht Latours Meinung nach auf Kants Kritik und der damit verbundenen Gegenüberstellung von dem Ding-an-sich und dem transzendentalen Ego (vgl. Latour 1988b, 1992a). Stattdessen plädiert Latour für einen neuen Referenzrahmen, der Natur und Gesellschaft in gleicherweise erklärt. Anstatt von zwei gegensätzlichen (ontologischen) Transzendenzen, Natur und Gesellschaft, auszugehen, sollte man von einer Transzendenz ausgehen bzw. von einer Immanenz. ›Natur‹ oder ›Gesellschaft‹ könnten nicht die Wissenschaftspraxis erklären, stattdessen wären sie das Ergebnis der Praxis, weshalb »the activity of nature/society making becomes the *source* from which societies and natures originate« (Latour 1992a: 282). Die Konsequenz, die Latour daraus zieht, ist folgende: »Objects and subjects are belated consequences of an experimental and historical activity that does not clearly differentiate if an

---

31 Hier übersieht Knorr-Cetina allerdings die neueren Diskussionen in der Konsumforschung, die auch das Vergnügen thematisieren (vgl. Miller 1991).

32 Es ist genau der *Prozess* der Objekt- *und* Subjekt*werdung*, den die ANT interessiert und weniger die Quellen des Handelns (vgl. insbes. Gomart/Hennion 1999).

33 Vgl. zu diesem Streit Kapitel 4.2. Im Übrigen ist es eine Debatte, die, zumindest was die Sichtbarkeit, Zitation und Fallstudien angeht, Latour und die ANT ›gewinnen‹ werden.

entity is ›out there‹ in nature or ›up there‹ in society.« (Latour 1992a: 284). Diese neue ›variable Ontologie‹ bringt eine Reihe an neuen Akteuren zum Vorschein, die vorher entweder naturalisiert oder soziologisiert wurden. Doch diese Hybriden oder Monster sind irreduzibel auf die beiden Vokabularien der (kantschen) Kritik (vgl. Kapitel 8.3).

Wenn das Augenmerk auf die Praktiken der Wissenschaften gelenkt wird, gerät auch die Vielfältigkeit von Wissenschaft ins Blickfeld. Folgt man dem Bild, welches die *science studies* von Wissenschaft zeichnen, so macht weder die Rede von der Einheit der Wissenschaft noch von den zwei oder drei Kulturen richtig Sinn (vgl. Snow 1967; Lepenies 1985; Schulte/McGuiness 1992). Vielmehr zeigt sich eine breite Bandbreite an verschiedenen »epistemischen Kulturen« (Knorr-Cetina 1999) oder negativ formuliert: die »disunity of science« (vgl. Galison/Stump 1996). Latour spricht in diesem Zusammenhang von *sciences* im Gegensatz zu »Science, with capital S« (Latour 1999b: 18). *Die* Wissenschaft und ihre universelle Logik ist eine Fiktion, deren Ursache Latour insbesondere in der neuzeitlichen Erkenntnistheorie begründet sieht (vgl. Latour 2002a), stattdessen zeigt sich einem teilnehmenden Beobachter eher die Vielzahl der Wissenschaften. Es mag zwar sein, dass die Wissenschaften kognitiv oder normativ einer Logik wie etwa dem Falsifikationsprinzip unterliegen – praktisch spricht dafür allerdings wenig. Nimmt man Handlungsvollzüge und den Umgang mit verschiedenen Artefakten in den Blick, so zeigen sich vielfältige Differenzen und unterschiedliche Kulturen – auch jenseits unterschiedlicher Schreibstile und Zitationsformen. So unterscheiden sich beispielsweise nach Knorr-Cetina (1988) verschiedene Formen von Laboren – der Molekularbiologie, Teilchenphysik, künstlichen Intelligenzforschung und plastischen Chirurgie – »in welcher Weise sie […] soziale Handlungsformen in wissenschaftliche Instrumente transformieren« (Knorr-Cetina 1988: 99-100). Und selbst der klassische Kronzeuge für die Wissenschaftstheorie, die Physik, ist durch eine Vielzahl von Subkulturen gekennzeichnet, so dass sich schwerlich von einer Einheitswissenschaft sprechen lässt.

> »Die Vorstellung einer linear fortschreitenden, kumulativen Wissensentwicklung mit einem teleologisch definierten Fluchtpunkt hat sich aufgelöst, ebenso wie die Vorstellung einer alles umfassenden Einheitswissenschaft mit ihrem vorgestellten Zentrum in der Physik« (Rheinberger 2007: 133)

Folgt man Callon und Latour, so ließe sich die Einheit der Wissenschaft eher in der Praxis der Übersetzung finden: den kleinen Schritten von Äquivalenzsetzungen mittels raffiniertester Techniken – sowohl verkörperlichter als auch materialisierter Art. *Wissenschaftlich* wird diese Transformationsarbeit durch unzählige Vermittler und gute Dokumentation.

Durch die Verschiebung des Analysefokus auf die Praxis der Wissenschaften haben die *science studies* ein neues Feld für die sozial- und kulturwissenschaftliche Untersuchung geöffnet: das Labor. Sie haben in ihren Studien die Besonderheiten dieses Ortes als auch seiner Kulturen herausgearbeitet. Sie verstehen das Labor zunächst als Produktionsort und nicht als Ort der Entdeckung. Wie anhand der Studien von Latour (1996a: 191-248, 2002b: 36-95) zur Pedologenexpedition in Boa Vista und Callons (1986) zur bretonischen Muschelzucht gesehen, kann das Labor aber auch im Feld etabliert werden.

Ein zentraler Punkt, der die *science studies* und insbesondere die ANT gesellschafts- und kulturtheoretisch interessant machen, ist, dass so sehr sich Naturwissenschaften meist nur innerhalb der engen Labormauern abspielen – in der »fortress of science« (Martin 1998) – so haben sie doch die Potenz, die Welt zu verändern (vgl. Krohn/Weyer 1989; Hagner 2006; Latour 2006a). Gerade die Naturwissenschaften intervenieren auch politisch in die Welt, denn »science is politics by other means« (Callon/Law/Rip 1986: 4; vgl. auch Latour 2006a: 131). Latour macht dies anhand seiner Studie zu Louis Pasteur deutlich (Latour 2006a). Pasteur hat es geschafft, durch seine wissenschaftliche Arbeit die Welt zu verändern – und nicht durch seine politische, in der er eher scheiterte (vgl. Latour 2006a: 119). Er hat Milzbrand, Geflügelcholera und Tollwut eingedämmt; die Mikrobiologie begründet und die Milchsäuregärung eingeführt. Pasteur hat geschickt das Interesse an sich und seinen Forschungen geweckt, konnte bei Versuchsinszenierungen überzeugen, hat es geschafft, immer mehr Akteursgruppen für sein Projekt zu gewinnen und einzubinden und dehnte so ›sein‹ Labor auf die Welt aus. An dem Fallbeispiel der Entwicklung des Impfstoffs gegen das Anthraxvirus hat diese Verschiebung wie folgt ausgesehen:

»Pasteurs Laboratorium ist nun im Zentrum der landwirtschaftlichen Interessen, mit welchen er vorher keine Beziehungen hatte; in den Bauernbetrieben wurde ein Element aus Paris (Impfstoffflakons) eingeführt; Tierärzte haben durch Unterstützung der ›Pasteur‹-Wissenschaft und der Impfstoffflakons ihren Status modifiziert: Sie besitzen nun eine Waffe mehr in ihren schwarzen Taschen, Schafe und Kühe werden vor einem schrecklichen Tod verschont, sie können dem Bauer mehr Milch und Wolle geben sowie mit größerem Profit geschlachtet werden. […] Ein letztes Element wird verschoben – der Anthrax-Bazillus. Wo immer der Tierarzt hinkommt, muss der kleine Parasit gehen. In dieser Abfolge von Verschiebungen kann keiner sagen, *wo das Laboratorium* und *wo die Gesellschaft ist.*« (Latour 2006a: 116)

Folglich ist für Latour eine Innen/Außen-Differenz (Labor/Gesellschaft), d.h. eine essentielle Unterscheidung von Mikro- und Makroproblemen (Laborversuch/Tierseuche), irrelevant. Die beiden ›Welten‹ werden über die Laborpraxis miteinander verbunden. Die Praxis der Vermittlung (Übersetzung, zirkuläre Referenz usw.) verbindet das Mikrogeschehen des Labors mit den Makroveränderungen der Gesellschaft. Die Praxis schiebt sich als Bindeglied zwischen Individuum und Gesellschaft oder Lebenswelt und System.[34] Letztlich gibt es kein ›Außen‹ des Labors, da das Labor erweitert wird, denn nur »die gleichzeitige Verbreitung der Laboratoriumsverfahren« (Latour 2006a: 118) sichert dem wissenschaftlichen Fakt sein Überleben – auch Pasteurs Impfstoff funktioniert nur unter bestimmten Bedingungen.

Pasteur und seine Gehilfen, allen voran die Mikrobe, haben die Welt verändert – vom Alltagsleben bis hin zur französischen Kolonialpolitik, und somit Politik gemacht:

»In seiner äußerst wissenschaftlichen Arbeit, im Innern seines Laboratoriums, modifiziert Pasteur aktiv die zeitgenössische Gesellschaft und er tut dies direkt – nicht indirekt –, indem er einige seiner wichtigsten Akteure verschiebt.« (Latour 2006a: 119)

Diese Transformation schafft Pasteur dadurch, dass er sich zum glaubhaften Sprecher eines neuen Akteurs macht: der Mikrobe (vgl. Latour 2006a: 120). Somit ist es nicht der Kontext, sondern die Arbeit im Labor, »die wahren Inhalte der Wissenschaft« (Latour 2006a: 123), welche die Gesellschaft verändern. Gerade Labore machen für Latour den Mikro/Makro-*Link* deutlich. Sie sind »the most extreme examples of how small innovations could, in the end, become a ›macro‹ feature of the ›whole‹ world« (Latour 2005a: 180). Hier lässt sich zeigen, wie lokale Interaktionen und Begebenheiten mit globalen verbunden sind, oder besser: *verbunden werden*. Der Sinn und die Funktion von Laboren sind für Latour gerade, dass sie den Unterschied zwischen Innen und Außen sowie zwischen Mikro und Makro obsolet machen und die Verbindungsstellen zwischen ihnen markieren (vgl. Latour 2005a: 105).

»Das Spezifische an der Wissenschaft ist nicht in den kognitiven, sozialen oder psychologischen Qualitäten zu finden, sondern in der speziellen Konstruktion von Laboratorien in einer Weise, dass der Maßstab der Phänomene invertiert wird, sodass Dinge lesbar wer-

---

34 Aus der Sicht der Praxis spielt es somit auch keine Rolle, ob es sich um einen individuellen, kollektiven oder materiellen Akteur handelt (vgl. Kapitel 8.5).

den, die Frequenz von Versuchen erhöht und zugelassen wird, dass viele Fehler gemacht und registriert werden.« (Latour 2006a: 129)

In Latours Beispiel passt Pasteur die Außenwelt den Laborbedingungen an, jedoch kann man auch noch einen Schritt weitergehen. Denn die Welt kann auch als Ganzes als Labor angesehen werden. Denn was passiert, wenn Laborwissen in die Welt transferiert wird? Wenn die Fakten wieder ihre künstliche und kontrollierte Umwelt im Labor verlassen und auf eine irreduzibel unkontrollierbare Welt treffen? Ob Ozonloch, Gen-Food, Maul- und Klauenseuche oder Vogelgrippe, es findet »[e]in Experiment von und mit uns allen« (Latour 2001b) statt. Es hat letztlich eine Entgrenzung der Labore stattgefunden und es finden kollektive Experimente wie die genannten statt. Die sich in Sicherheit gewiegte Wissenschaft gibt es nicht mehr, sondern sie wird politisch. Ihre Objekte sind (wieder) zu Dingen geworden; sie sind vielfältig und umstritten. Deswegen ist Latour auch der Meinung, dass man seine Geschöpfe nicht alleine lassen sollte wie Frankenstein (vgl. Latour 1996b). Er plädiert für eine Sozialisierung und Betreuung, wenn man so will, von Wissenschaft und Technik. Durch die Sichtbarmachung der Praxis der Wissenschaften werden *matters of fact* wieder zu *matters of concern* (vgl. Latour 2005a), was sie zu einer öffentlichen Debatte, einem *Thing* oder *Res*, macht, und dadurch statt einen Diskurs zu verknappen, um mit Foucault zu sprechen, ihn politisch öffnet (vgl. Latour 1999b, 2001a).

Nicht nur die Sichtbarmachung des kontroversen Konstruktionsprozesses eines wissenschaftlichen Fakts, sondern auch die Ausdehnung des Labors auf die Gesellschaft macht Wissenschaft zu einem politischen Anliegen: »making things public« (Latour 2005b). Latour ist an einer Sozialisierung und nicht an einer Soziologisierung der Natur gelegen: »Die Frage nach der Realität des Erforschten finde ich nicht so wichtig wie die andere, ob es demokratisch sozialisiert wird. Mich interessiert, wie sich in der Forschung soziale, ethische, ästhetische, politische, instrumentelle Aspekte durchdringen.« (Latour/Thadden 2000)

Die ethnographischen und historischen Analysen der Wissenschaftspraxis lassen sich folglich als eine Entzauberung der Wissenschaft verstehen. Sie decken die kontroversen, umstrittenen Facetten von wissenschaftlichen Innovationen, die inzwischen als gegeben und unhinterfragt gelten, auf. Sie situieren Wahrheitsansprüche in ihren zeitlichen, räumlichen wie materiellen Kontext. Doch die Entzauberung der Wissenschaft ist besonders für Latour mit einer (Wieder-)Verzauberung der Welt verbunden.[35] Eine Welt voller Überraschun-

35 Latour (2002b: 236) spricht in Anlehnung an Michel Serres von einer »Pragmatogonie«, einer mythologischen Geschichte der Objekte.

gen, welche es zu entdecken gilt, weil wir verlernt haben, diese zu sehen. Die ANT ist dabei für ihn Mittel oder besser Medium, Neues zu entdecken (vgl. Latour 2005a: 245). Für die Soziologie macht sie gewissermaßen ihr verdrängtes anderes – das Nicht-Soziale, das Materielle, das Natürliche – als Teil ihrer Selbst deutlich (vgl. Callon 1983: 157).[36]

36 Der Topos der Sachvergessenheit oder Technikvergessenheit der Soziologie ist auch in der deutschsprachigen Soziologie mehrfach thematisiert worden, ohne aber die internationale Sichtbarkeit der ANT zu erlangen (vgl. Linde 1972; Joerges 1996; Rammert 1998a).

3 »Technology-in-the-making« – Die Technikforschung der Akteur-Netzwerk-Theorie

Die Entdeckung der sozialen Seite des Labors hat schnell zu einer Verschiebung des Interesses auf seine materielle Infrastruktur, seine Artefakte und Technik geführt. Eine Differenz von Wissenschaft und Technik lässt sich heute schwerer denn je ziehen. Durch die wechselseitige Verstärkung der Verwissenschaftlichung technischer Innovationen und der Technisierung der Wissenschaften sowie Verschmelzungen zwischen den Disziplinen als auch zwischen Wissenschaft und Wirtschaft ist die Rede von der Technowissenschaft durchaus berechtigt (vgl. Heintz/Nievergelt 1998: 13-14). Gerade Michel Callon und Bruno Latour als Soziologen an einer renommierten technischen Universität haben somit schon früh nicht ›nur‹ Wissenschaftsforschung, sondern gleichzeitig auch Technikforschung betrieben. Schon Latours (1987a) *Science in Action* ist als grundlegendes methodisches und methodologisches Handbuch der Wissenschafts- *und* Technikforschung allgemein und in seiner französischen ANT-Version zu verstehen:[1] »How to follow scientists and engineers through society« – wie es im Untertitel heißt. Die Aufgabe der Wissenschafts- und Technikforschung ist demnach, sowohl Wissenschaft als auch Technik »in the making« zu verfolgen und beobachten. Folglich geht es auch darum, die Genese technischer Innovationen zu analysieren und die Kontroversen um neue Technologien zu erforschen. Allerdings

1 Vgl. hierzu die Einleitung, wo Latour explizit sagt, dass es ihm um eine Zusammenfassung der Methode des Feldes der Wissenschafts- und Technikforschung geht. Einerseits beschreibt er die Regeln, welche für das ganze Feld gelten können und andererseits seine persönlichen Prinzipien, die er aus seiner Forschung und seinem Studium anderer Studien des Feldes gelernt hat und zur Debatte stellt (vgl. Latour 1987a: 15-17).

sollte man in diesem Zusammenhang auf eine kleine Differenz aufmerksam machen. Denn im Gegensatz zu Naturwissenschaftlern verstehen sich Ingenieurinnen weniger als Entdecker, sondern als Konstrukteure. Insofern tangiert sie die konstruktivistische Argumentationslinie, ob sozial- oder postkonstruktivistisch, zunächst relativ wenig und so erscheint dieses Untersuchungsfeld auch weniger konfliktreich wie das der Naturwissenschaften. Doch der ANT geht es auch nicht darum, Naturwissenschaftler als ›bloße‹ Konstrukteure zu entlarven (vgl. Latour 2002b, 2004a), sondern Technik als Ort der Vermittlung von Natur und Gesellschaft herauszustellen. »Die *Technik* als Ort der Vermittlung, der Zusammensetzung von ›Hybriden‹, die die moderne Gesellschaft zusammenhalten, obwohl sie keiner ihrer ausdifferenzierten Wertsphären eindeutig zuzuordnen sind« (Balke 2008: 279).

In diesem Sinne ist eine Analyse von technischen Innovationsprojekten ein geradezu prädestiniertes Untersuchungsfeld. Für die Technikforschungen im Rahmen der ANT waren insbesondere zwei Ansätze bzw. Bücher zur Schärfung der eigenen Position von Relevanz: Der Sammelband der Soziologen Trevor Pinch und Wiebe Bijker (1987) *The Social Construction of Technological Systems* und die technikhistorische Studie zu Thomas Edison von Thomas Hughes (1983) *Networks of Power* (vgl. hierzu Callon 1986; Latour 1996b; Law 2006b: 352). Von den Sozialkonstruktivisten übernehmen sie, wie auch schon in der Wissenschaftsforschung, die Herausstellung von Kontroversen für technische Entwicklung, kritisieren aber ihren Sozialdeterminismus. Von der Technikgeschichte übernehmen sie die Heterogenität und Komplexität an Faktoren – technisch, wissenschaftlich, sozial, politisch und ökonomisch –, die ein technisches Artefakt oder Projekt ausmachen können (ohne soziale zu präferieren), dynamisieren aber Hughes Systembegriff zum Akteur-Netzwerk. Auch ist zu beachten, dass die ANT vor dem Hintergrund französischer Techniktheorien, etwa die von André Leroi-Gourhan oder die des in jüngster Zeit wiederentdeckten Gilbert Simondon, zu betrachten ist, welche das enge Zusammenspiel von Körper- und Werkzeugtechniken betont haben und damit den Blick von Technik als Objekt hin zu technisierten Handlungs- oder Operationsketten verschoben haben (vgl. Nitsch 2008).

Prinzipiell schärfen die Studien der ANT auf dem Feld der Technik ihre Position durch Abgrenzung gegenüber einem Technikdeterminismus auf der einen und einem Sozialdeterminismus auf der anderen Seite. Sicher hat diese Selbstpositionierung viel mit Polemik und im Sinne des ANTschen Wissenschaftsverständnises von *trials of strength* auch damit zu tun, die eigene Position klar und stark zu machen. So wurde zu Recht des Öfteren darauf hingewiesen, dass es sich bei den skizzierten technik- und sozialdeterministischen Positionen eher um

Papiertiger als um eine angemessene Beschreibung verschiedener Positionen handelt (vgl. Schulz-Schaeffer 2000: 31-32, 85-90). Denn sowohl eine rein sozialdeterministische als auch eine rein technikdeterministische Position lässt sich schwerlich in der soziologischen und auch kulturwissenschaftlichen Technikforschung finden. So lässt sich beispielsweise anhand der kultursoziologischen Technikforschung von Karl Hörning zeigen, wie dieser von einer explizit symboltheoretischen Position im Laufe der Jahre abgerückt ist und stärker die Praktiken des Umgangs und Gebrauchs von Technik und dadurch den Eigensinn der Technik in den Fokus gerückt hat (vgl. Hörning 2001; Wieser 2004).

Dennoch gilt festzuhalten, dass die ANT sich *erstens* genau vor diesem Gegensatz positioniert. Analog zu ihrer Kritik an der Soziologie wissenschaftlichen Wissens, kritisiert sie die explizite Übertragung des *strong programme* in die Technikforschung durch Pinch/Bijker (1987), wenn auch just jene Forscher im engen Austausch mit Autoren der ANT standen und stehen (vgl. Bijker/Hughes/Pinch 1987; Bijker/Law 1992).[2] Für eine technikdeterministische Position werden gar keine Theorien oder Studien explizit benannt, allerdings ist anzunehmen, dass damit beispielsweise Jacques Elluls These vom Autonomwerden der Technik gemeint sein könnte (vgl. Latour 2002c). *Zweitens* hilft die Selbstpositionierung der ANT jenseits der zwei idealtypisch skizzierten Positionen durchaus, ihr differenziertes Bild von Technik und auch neue Aspekte zu verdeutlichen bzw. zumindest einer breiteren (Fach-)Öffentlichkeit zugänglich zu machen.

Bevor auf das Konzept der ANT von Technik als Vermittlung näher eingegangen werden soll, werden zwei der bekanntesten Studien der ANT zu technischen Innovationen vorgestellt: Callons Analyse der Entwicklung des französischen Elektroautos und Latours Studie zum gescheiterten automatischen Nahverkehrsprojekt *Aramis* in Paris.

3.1 VOM SCHEITERN TECHNISCHER INNOVATIONEN

Neben Michel Callons Studie zur Kammmuschelzucht in der Bretagne, gilt seine Studie zur Entwicklung des Elektroautos in Frankreich als ein Klassiker der ANT (vgl. Callon 1983, 1987, 2006a). Wie auch in der Muschelstudie wird anhand des empirischen Falls das Akteur-Netzwerk-Konzept zur Analyse der

---

2 Vgl. auch die Kritik am Ansatz des *Social Shaping of Technology* bei Latour (2005a: 10), obwohl in einem gleichnamigen Sammelband auch ein Aufsatz von ihm zu finden ist (vgl. MacKenzie/Wajcman 1999).

»›Koevolution‹ von Wissenschaft und Gesellschaft« (Callon 2006a: 190) exemplifiziert und expliziert.[3] Während die Muschelstudie stärker die noch zu diskutierende Frage nach der Handlungsfähigkeit in den Vordergrund rückt (vgl. Kapitel 4.2, 8.5), zeigt die Elektroautostudie primär die Heterogenität in Bezug auf beteiligte Elemente, Akteure und Wissen sowie die Kontingenz in Bezug auf die Entwicklung eines technischen Innovationsprozesses auf.

Am »Fall des Elektrofahrzeugs« zeigt Callon (2006a) anhand der französischen Kontroverse um die Entwicklung des Elektroautos auf, dass diese nicht auf eine technische Kontroverse auf der einen Seite und eine soziale auf der anderen reduziert werden kann. Bei genauer Betrachtung lassen sich eine Reihe an heterogenen Gruppen und Interessen rund um das Elektroauto ausmachen und v.a. die Offenheit der Kontroverse nachzeichnen.

Doch worum geht es? In den 1960er Jahren plante der französische Staatskonzern *Electricité de France* (EDF) die Entwicklung und Einführung eines Elektroautos (*Véhicule Électrique*, VEL). Dafür hatte die EDF eine Reihe an weiteren Akteuren rekrutiert, d.h. in ihr Projekt miteingebunden, wie z.B. die *Compagnie Génerale d'Electricité* (CGE), welche den Motor und die Batterie entwickeln sollte, den französischen Automobilhersteller *Renault*, welcher die Karosserie und Chassis herstellen sollte, das Wirtschafts- und das Wissenschaftsministerium, welche Subventionen zur Förderung der Entwicklung und Verbreitung von Elektroautos erlassen sollten, Forschungszentren und Wissenschaftlerinnen, welche die Entwicklung von elektrischen Motoren, Batterien und Akkumulatoren vorantreiben sollten.[4] Eingebettet wurde das Vorhaben in einen sozialen Diskurs, der die Entwicklung und Einführung eines Elektroautos als notwendig und enorm wichtig für die Gesellschaft herausstellte. Dieser wurde im Aufkommen der postindustriellen Gesellschaft und neuer sozialer Bewegungen gefunden, welche nicht zuletzt aufgrund des Erfolgs von Alain Touraines Zeitdiagnose die französische Öffentlichkeit bewegte (vgl. Callon 2006a: 177).

Vier Grundcharakteristika zeichnen den Innovationsprozess des Elektroautos in Frankreich aus (vgl. Callon 1983: 141-142). *Erstens* geht es nicht ›nur‹ um Technik. Insbesondere die technische Entwicklung und die natur- und technik-

3 Empirische Grundlage von Callons Studie sind »die gesamten Debatten und Verhandlungen über das elektrische Fahrzeug (VEL) zwischen 1960 und 1975« (Callon 1983: 141). Unter der http://www.renault-5.net/renault5_electrique.htm [06.11.2010] finden sich urheberrechtlich geschützte Bilder und ein Video zum elektrischen R5.

4 Diese Gruppen sind zusätzlich intern recht heterogen. So spielten z.B. nicht nur angewandte Forscherinnen, sondern auch Grundlagenforscherinnen eine nicht unwichtige Rolle in der Kontroverse um das Elektroauto (vgl. Callon 1983: 141).

wissenschaftliche Grundlagenforschung stehen in engem Austausch. *Zweitens* gibt es im Verlauf eine Vielzahl an Lösungen technischer Art, aber auch allgemeine Diskussionen darüber, welche Art von Elektroauto wofür gebaut werden soll. *Drittens* gibt es eine Vielzahl an heterogenen Gruppen, wovon einige oben bereits genannt wurden. Und schließlich *viertens* die Offenheit der Kontroverse, in der sich »ohne Unterlaß wissenschaftliche, technische, politische oder wirtschaftliche Gesichtspunkte« vermischen mit ständig wechselnden Meinungsführern (Callon 1983: 142; vgl. auch Callon 1987: 84).

»Der Kampf um das Elektroauto« (Callon 1983) besteht aus einer Reihe von Kontroversen technischer, ökonomischer und sozialer Art. So lässt sich eine technisch-wissenschaftliche Kontroverse um Kinetik und Katalyse als Problem der Treibstoffbatterien feststellen, die gleichzeitig auch eine Kontroverse zwischen einer jungen und einer alten Elektrochemikergeneration ist (vgl. Callon 1983: 143). Neben diesem Konflikt um den Forschungsstand, der offensichtlich auch eine soziale Seite hat, lassen sich Kontroversen um die Bestimmung von Absatzmärkten und verschiedene Nutzungsformen des Elektroautos ausmachen. An den Kontroversen zeigt sich einerseits, wie diffus Wissenschaft, Technik, Politik und Soziales miteinander verwoben sind, d.h. Entdifferenzierungsprozesse festzustellen sind, aber andererseits, wie für die beteiligten Akteursgruppen Differenzierung als eine wichtige Identitätsbestimmung fungiert (vgl. Callon 1983: 145). Folglich erscheint der Innovationsprozess bei genauer Betrachtung eher als ein beständiger Kampf um Grenzbestimmungen anstatt eines geraden Innovationspfades.[5]

> »Im Allgemeinen handelt es sich um Funktionäre, Soziologen, Wirtschaftler oder Industrielle, die für ihre eigenen Zwecke eine Realität vereinfachen wollen, die sich ständig und überall wieder neu aufbaut – und deren allgemeine Definitionen sind unbestimmt, strittig oder bestritten.« (Callon 1983: 147)

Dieser Prozess zeigt, »wie die Protagonisten ständig Realität organisieren – eine Organisation, die sich gleichermaßen auf technische und soziale Aspekte wie die der Erkenntnis erstreckt« (Callon 1983: 144). Im Laufe der 1960er Jahre hat es die EDF nach »lange[r] und geschickte[r] Arbeit« (Callon 1983: 148) geschafft, sowohl das Elektroauto als auch seine soziale Umwelt zu definieren. Zum einen wurde ein sozialer Diskurs definiert, in dem das Elektroauto als Lösung gesell-

---

5 Vgl. hierzu auch das Konzept des »Grenzobjekts« (*boundary object*) in der pragmatistischen Wissenschafts- und Technikforschung (vgl. Star/Griesemer 1989; Strübing 2005: 255-266).

schaftlicher Probleme wie Umweltbelastung und Individualismus angesehen werden kann. Zum anderen wurde ein technischer Diskurs etabliert, der den Elektromotor als zwangsläufige Weiterentwicklung von Motoren ansieht, welcher bald Benzinmotoren ablösen wird (vgl. Callon 1983: 149-150). Die Zukunft der französischen Gesellschaft wurde mit der Entwicklung elektrochemischer Batterien verknüpft. Denn dem Elektroauto wurde die Möglichkeit zugeschrieben, die Konflikte und Probleme der postindustriellen Gesellschaft zu lösen.

»Das elektrische Auto könnte zu einer neuen Ära im öffentlichen Verkehr in den Händen einer neuen sozialen Gruppe führen, die darum kämpft, die Bedingungen in der Stadt durch Mittel von Wissenschaft und Technik zu verbessern.« (Callon 2006a: 177)

Zu Beginn der 1970er Jahre hat die EDF gewissermaßen die Deutungshoheit über das Elektroauto und seine Zukunft (wie auch der französischen Gesellschaft). In der Sprache der ANT schafft es die EDF, sich als Akteur-Welt, als zentrale treibende Kraft innerhalb eines Akteur-Netzwerkes zu positionieren, ihr Elektroauto als obligatorischen Passagepunkt einzusetzen, und dabei verschiedene Akteure einzubinden, zu definieren und zu mobilisieren.[6] Durch diesen Übersetzungsprozess schafft es die EDF, sich selbst als Repräsentant heterogener Gruppen einzusetzen. Die EDF spricht für Konsumenten, soziale Bewegungen, Ministerien, *Renault*, Naturwissenschaftlerinnen und Ingenieure, aber auch für »Akkumulatoren, Kraftstoffzellen, Elektroden, Elektronen, Katalysatoren und Elektrolyte« (Callon 2006a: 178). Dies schafft die EDF natürlich nicht bloß mit Worten, sondern durch »Symposien, Experimente, die Konstruktion von Prototypen, Testläufe und Investitionen« (Callon 2006a: 184). Doch bereits Mitte der 1970er Jahre zeigt sich die Fragilität der Übersetzung der EDF, welche auf einer großen Tagung 1973 noch keiner anzweifelte (vgl. Callon 1983: 147-152). Inzwischen hatte *Renault* es geschafft, die zuvor unorganisierte und zersplitterte

6 Die »Geographie von obligatorischen Passagepunkten«, welche die EDF etabliert, beschreibt Callon (2006a: 183) wie folgt: »Die EDF sagt zu ihren Konsumenten: Wenn ihr eure Verschmutzungs- und Transportprobleme lösen wollt, müssen wir zuerst ein elektrisches Fahrzeug erschaffen. Wenn wir aber das Problem lösen wollen, wie man ein elektrisches Fahrzeug baut, müssen wir zuerst das Problem der Kurzlebigkeit elektrochemischer Energiequellen lösen, die zur Ausstattung der elektrischen Fahrzeuge gebraucht werden. Forschungsinstitute können die Übersetzung weiter ausdehnen: Um die Leistung elektrochemischer Energiequellen zu verbessern, muss man zuerst unsere Laboratorien und Wissenschaftsteams durchlaufen, die die Wasserstoffkatalyse auf Platinoberflächen erforschen.«

›Opposition‹ des soziotechnischen Elektroauto-Projektes der EDF aus Erfindern, Wissenschaftlern und Gemeindevertreterinnen usw. seinerseits zu verbinden und zu mobilisieren, kurz: zu übersetzen und einen alternativen Diskurs zu etablieren. *Renault* stellte den vorherrschenden Diskurs der EDF auf den Kopf. *Renault* schaffte es, den technischen Diskurs der EDF als sozialen umzudeuten und die von der EDF skizzierte soziale Krise als ein technisches Problem: »Das VEL existierte 1973. 1976 wurde es von allen Seiten angegriffen« (Callon 2006a: 182). *Renault* zeigte beispielsweise auf, dass das technische Programm der EDF eher noch im Stadium einer Ideensammlung von elektroindustrieabhängigen Forschern war und die von der EDF skizzierte soziale Krise weniger dramatisch sei, und auch mit einer technischen Weiterentwicklung des Benzinmotors begegnet werden könnte (vgl. Callon 1983: 151-152).

»Renault [...] beugt vor der EDF den Rücken, richtet sich dann wieder auf und definiert neu, was sozial, was technisch ist, gibt dem Benzinmotor wieder eine Zukunft und erobert den Raum zurück, der ihm zusteht. Die Kontroverse reorganisiert sich [...]; neue Allianzen bilden sich, die Interessen werden neu verhandelt, die Protagonisten wechseln das Forum; Ausgeschlossene treiben Wortführer auf und sehen einen Diskurs entstehen, der ihren Interessen entspricht. [...] [D]ie Debatte wird verlagert und ihr Inhalt verändert sich.« (Callon 1983: 156)

Dies ist genau der Punkt, den Soziologinnen laut Callon anerkennen sollen: »Der Schmelztiegel, in dem Gesellschaft Form annimmt, ist derselbe wie der, worin Wissenschaft und Technik sich formen.« (Callon 1983: 158) Gesellschaft ist nichts Fixiertes und sollte auch nicht durch ein vorgefertigtes Set an Konzepten wie Klasse, Kultur oder Interesse beschrieben und analysiert werden. Stattdessen sollte man »Gesellschaft in ihrer Bewegung und ihrem permanenten Entstehen [...] erfassen« (Callon 1983: 158), denn »[d]iejenigen, die wir beschreiben, warten nicht darauf, daß wir an ihrer Stelle die Gesellschaft, in der sie leben, definieren. Sie schaffen und formen sie selbst ohne Unterlaß.« (Callon 1983: 157). Deswegen sieht Callon (1983: 159) die Aufgabe des Soziologen darin, sich eben jenen Formgebungsprozess anzuschauen und nicht erst, wenn alles schon geformt ist, oder diesen Formierungsprozess mit vorgefertigten Formen zu beobachten. Damit plädiert er nicht nur für eine Technikgenese- anstatt einer Technikfolgenforschung, sondern wie man von der Technik und den Ingenieuren Soziologie lernen kann (Callon 1987).[7] Callon (1987: 98) ist der Meinung, dass die

7 Zur Technikgeneseforschung in Deutschland vgl. Rammert (1993) und Weyer et al. (1997).

›reine‹ Soziologie von der ›schmutzigen‹ Soziologie der Ingenieure lernen kann, die keine Skrupel hat Zink, Luft, Batterien, *Renault* und Stadtabgeordnete miteinander zu verknüpfen. So kann man den Innovatoren und ihren Projekten folgen und den Innovationsprozess offenlegen. Neben dem Vorteil, somit den ganzen Prozess von einer Erfindung bis zu ihrer graduellen Institutionalisierung zu erklären und die Technikforschung zu bereichern, sieht Callon (1987: 100) in der ANT v.a. eine Herausforderung der Soziologie, da sie radikal auf eine Prozessperspektive setzt, die auch nicht vor der grundlegenden Differenz von Sozialem und Nicht-Sozialem haltmacht.[8]

»To transform academic sociology into a sociology capable of following technology throughout its elaboration means recognizing that its proper of study is neither society itself nor so-called social relationships but the very actor networks that simultaneously give rise to society and to technology.« (Callon 1987: 99)

Somit hat die Soziologie die Möglichkeit, sich »society in the making« (Callon 1987: 100) anzuschauen und nicht ›die Gesellschaft‹ mittels eigener vorgefertig-

8 Callon (1987) rahmt seine Fallstudie sozialtheoretisch vor dem Hintergrund der damaligen soziologischen Debatte um die ›Konsumgesellschaft‹ in Frankreich. Während Alain Touraine diese klassentheoretisch deutet zwischen Beherrschten und Herrschern (nur mit neuem Inhalt; eben Konsum und neue Technologien), analysiert Pierre Bourdieu sie in einer kulturtheoretischen Wendung der stratifikatorischen Differenzierung (vgl. Callon 1987: 87-88). Die Kontroverse um das Elektroauto lässt sich so einerseits als Konflikt zwischen Technokraten und Protestlern (Touraine) oder vor dem Hintergrund eines resistenten Habitus (Bourdieu) verstehen. Die Ingenieure von EDF haben sozusagen eine tourainesche Argumentation und Strategie gewählt, während die Ingenieure von *Renault* quasi der bourdieuschen Soziologie gefolgt sind. Die EDF propagierte die Revolution, auf die alle gewartet haben: das Elektroauto. *Renault* schaffte es aber diese ›Geschichte‹ in sich zusammenbrechen zu lassen und setzte auf das ›alte‹ Auto. Allerdings musste auch dieses einige ›kleine‹ Veränderungen durchlaufen, wie etwa spritärmer sein und weniger die Umwelt belasten (vgl. Callon 1987: 89-92). Allerdings lassen sich beide Versionen der Kontroverse um das Elektroauto vereinen, indem man weder Bourdieu noch Touraine folgt, sondern den »heterogeneous associations« der Akteur-Netzwerke (Callon 1987: 92). Diese heterogenen Assoziationen übersehen Touraine und Bourdieu. Zwar kann Bourdieus Ansatz das Scheitern des Elektroautos erklären, aber wäre ein billigerer Katalysator gefunden worden, hätte Touraine recht gehabt (vgl. Callon 1987: 97).

ter Begriffe und Kategorien.[9] Dafür muss die Soziologie allerdings »den einengenden Rahmen der soziologischen Analyse mit ihren vorgefertigten sozialen Kategorien und ihrer Trennung zwischen Sozialem und Natürlichem [...] verlassen« (Callon 2006a: 191) und ein erweitertes Repertoire an Entitäten in ihre Analyse miteinbeziehen sowie den Glauben an Prognosen und allgemeine Regeln hinter sich lassen. Denn die ANT verdeutlicht die Heterogenität, Komplexität, Kontingenz und Konflikthaftigkeit technischer wie wissenschaftlicher Projekte (vgl. Law 2006a).

Etwa zehn Jahre später wird Bruno Latour beauftragt, ein ähnlich ambitioniertes Technologieprojekt in Frankreich, das gescheitert ist und in das Unsummen an staatlichen Subventionen geflossen sind, zu untersuchen: das Nahverkehrsprojekt *Aramis*. Bei *Aramis* handelt es sich um ein fehlgeschlagenes U-Bahn-Projekt im Pariser Süden. Hier wurde versucht, ein zukunftsweisendes Zugsystem zu produzieren. Die technische Idee war, einen ›individuellen‹ Zug umzusetzen (vgl. Abbildung 1). Der Zug sollte aus verschiedenen kleinen Waggons bestehen, die lediglich per Computer miteinander verbunden sind. Die einzelnen Waggons sollten sich sehr flexibel von ›ihrem‹ Zug entkoppeln lassen, um dann ihre ›eigenen Wege‹ zu gehen. Das heißt, die Passagiere in den einzelnen Waggons bestimmen den Weg. Sie sind nicht auf vorgegebene Linien angewiesen, sondern können diese sozusagen miteinander kombinieren, so dass z.B. das Umsteigen entfällt. Die Waggons eines ›ganzen Zuges‹ teilen nur gewisse Fahrabschnitte, bevor einzelne Waggons sich lösen und anderen Zügen anschließen. Durch diese beiden Grundprinzipien entfällt nicht nur das Umsteigen, sondern auch – zum großen Teil oder teilweise auch ganz – das Anhalten an Zwischenstationen. Während ein Waggon eines Zuges an einer Station hält, weil einer oder mehrere seiner wenigen Fahrgäste aussteigen wollen, kann der restliche Zug weiterfahren: »Man kann den Zug neu zusammenstellen, so dass einge Fahrzeuge anhalten, um Fahrgäste ein- und aussteigen zu lassen, während die übrigen weiterfahren.« (Latour 1998a: 154) Das Verkehrsnetz von *Aramis* ist also ein »Netz ohne feste Linien, jedes einzelne Fahrzeug fährt innerhalb des Netzes frei von verschiedenen Punkten aus zu den jeweiligen Fahrzielen« (Latour 1998a: 155).

9 Es handelt sich eben um ein performatives und kein ostentatives Verständnis des Sozialen (vgl. Strum/Latour 1999; Callon/Latour 2006 und Kapitel 8.5).

Abbildung 1: Die vier Prinzipien von Aramis

Principles of Aramis: 1

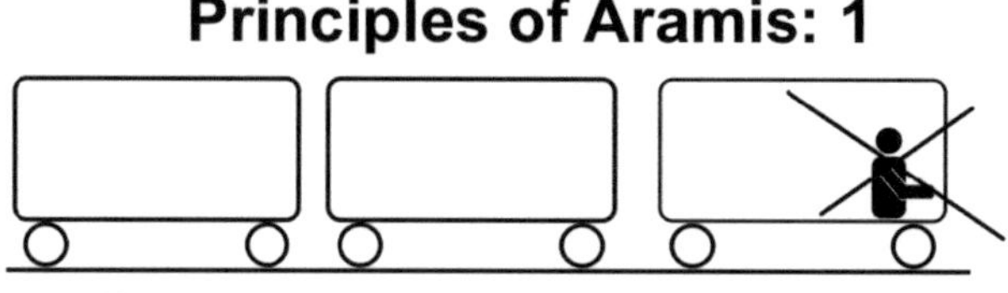

Traditional trains or subways are connected by sturdy couplings: in a few subways (Atlanta, VAL) the driving is automated

Computers calculate relations so that cabins do not touch each other

In Aramis not only are the cabins automated but there are no physical connections between cabins, which allows them to be much lighter and fluid - like cars - on a road. It is the principle of the "immaterial link".

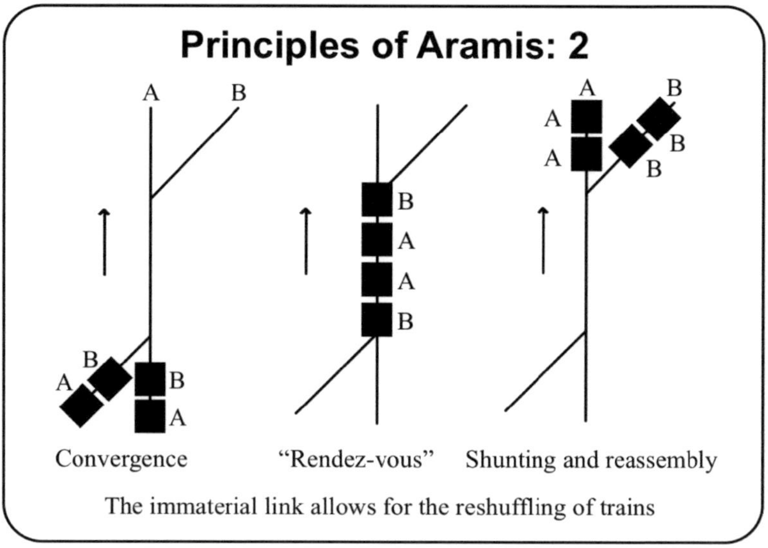

Principles of Aramis: 2

Convergence

"Rendez-vous"

Shunting and reassembly

The immaterial link allows for the reshuffling of trains

Principles of Aramis: 3

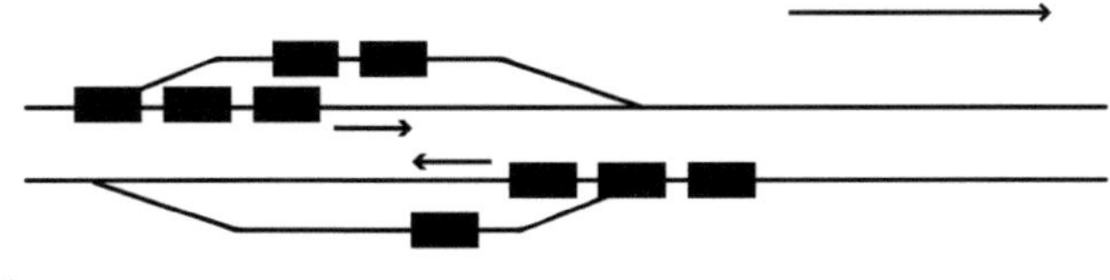

"Stations en derivation" allows to get rid of intermediary steps along the way;
only riders who need to get off stop at station

Principles of Aramis: 4

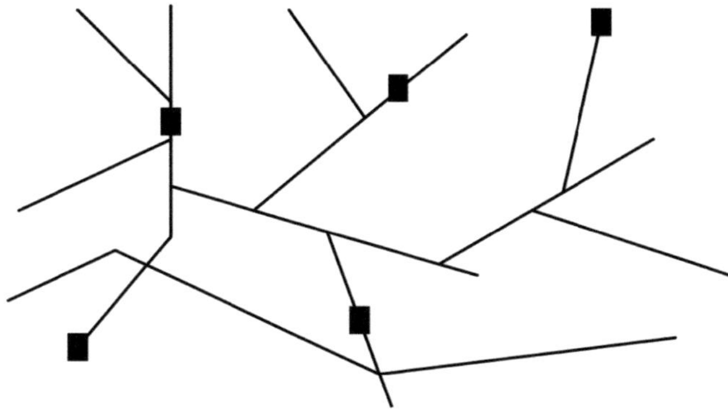

The flexible network allows to get rid of the fixed lines and of correspondances;
each car may trace a different trajectory

Quelle: Latour (1998a: 153-156)

Bei seiner Untersuchung des ›Falles *Aramis*‹[10] zeigt Latour zunächst auf, dass es sich wie bei jedem technischen Projekt um eine Zusammenkunft einer Vielzahl an verschiedenen Akteuren mit unterschiedlichen Interessen und Visionen, die sie mit der neuen Technologie verbinden, handelt. Den Grund warum das Projekt letztlich gescheitert ist, sieht er gerade darin, dass die beteiligten Akteure dies nicht wahrgenommen haben oder nicht wahrhaben wollten, denn sie dachten, dass die Technik das Problem bzw. den Konflikt löst:

»Wir erwarten von Technik, dass sie widersprüchlichen Anforderungen gerecht wird und Konflikte der Gesellschaft löst. Diese Herren vertreten vollkommen gegensätzliche Standpunkte, die die Technik miteinander in Einklang bringen soll, indem *sie* politische Entscheidungen trifft, die die Menschen nicht selbst treffen können.« (Latour 1998a: 158)

Aufgrund der verschiedenen Interessen und Anforderungen an die Technik ist das Projekt aber immer komplexer geworden und hat sich durch eine Vielzahl an Kompromissen ständig verändert, so dass es am Ende unmöglich war, es umzusetzen und einige Millionen Francs in den Sand gesetzt wurden. Es ist zu keiner ernsthaften Zusammenkunft der verschiedenen Akteure oder besser Repräsentanten – auch jene der nicht-menschlichen Akteure wie z.B. der Softwareprogrammierer – gekommen, in der sie über das Projekt verhandelt haben. Besonders haben sie den Fehler gemacht zu glauben, Technik und Politik seien getrennte Welten und nicht ineinander verschränkt, worin Latour den Hauptgrund für das Scheitern des Projekts sieht. Letztlich zeigt Latours Analyse, dass jedes technische Projekt ein Verhandlungsprozess ist, bei dem eine Vielzahl von Akteuren mit unterschiedlichen Interessen agiert und sich durch diesen Prozess transformiert. *Aramis* scheiterte im Gegensatz zum Nahverkehrsprojekt *Val* in Lille, weil »Aramis, das die Transaktionen nicht aufrechterhalten konnte, […] in zwei nicht in Einklang zu bringende Teile auseinandergedriftet [ist]: soziale Interessen auf der einen Seite, Technik auf der anderen« (Latour 2006g: 59). Denn »[e]in Objekt kann nicht entstehen, wenn die Interessen, die sich um das Projekt herum sammeln, sich nicht überschneiden. Natürlich können Interessen modifiziert werden und ebenso Projekte. Aber das Objekt kann nicht real werden, wenn die zweiseitige Bewegung, die Interessen zu übersetzen und das Projekt zu modifizieren, unterbrochen wird.« (Latour 2006g: 52) *Aramis* steht für Latour paradigmatisch für seine Idee von Technik als *Ding*, *thing* oder *res*, d.h. als Zusammenkunft.

10 In der Tat ist *ARAMIS, or the Love of Technology* im Stile einer Detektivstory eines Professors und seines Studenten geschrieben (vgl. Latour 1996b).

3.2 DAS TECHNISCHE, VERMITTLUNG UND INTEROBJEKTIVITÄT

Neben einer politisch-kriegerischen Beschreibung des Übersetzungsprozesses als »trials of strength« (Latour 1987a, 1988a, 2006b) beschreibt Latour diesen auch beständig durch anderes, v.a. semiotisches Vokabular (vgl. Latour 2002b: 211-264, 2006d: 483-528). So unterscheidet er in einem programmatischen Beitrag vier verschiedene Bedeutungen von technischer Vermittlung als Transformationsprozess: Übersetzung von Handlungsprogrammen, Komposition, *blackboxing* und Delegation. Zunächst stellt technische Vermittlung (Mediatisierung) eine Verschiebung von Handlungsprogrammen dar. Handlungsprogramm bezeichnet in der symmetrischen Sprache der ANT das, was einen Akteur handeln lässt – das, was bei menschlichen Akteuren i.d.R. als Intentionen oder Ziele und bei technischen Akteuren als Funktionen bezeichnet wird (vgl. Latour 2006d: 488). Ein Akteur stößt bei einer Handlung auf einen Widerstand, weshalb er einen Umweg gehen, zu einer List greifen muss. Dafür bedient er sich einer Technik, akquiriert einen weiteren Akteur mit eigenem Handlungsprogramm. Die zweite Bedeutung der Vermittlung liegt in dieser Komposition. Eine Vermittlung ist immer ein aus heterogenen Elementen zusammengesetzter Prozess: Der Mensch mit der Waffe oder der Hotelgast mit dem Zimmerschlüssel. Beides zusammen macht eben die »Unsicherheit über Ziele« (Latour 2006d: 487) in Handlungssituationen aus; kurz: die Kontingenz von Handlungen. Für Latour entsteht ein neuer, ein dritter Akteur, wenn der Mensch zur Waffe greift. Der dritte Aspekt einer technischen Vermittlung als Übersetzungsprozess ist der seiner ›Unsichtbarmachung‹. Viele Hybride erscheinen oft als bloße Objekte, Mittel und Werkzeuge, weil durch *blackboxing* die verteilte Handlung unsichtbar gemacht wurde. Meist wird erst durch eine Störung deutlich, wie viel Wissen und Gesellschaft in einem Ding stecken – etwa wenn der Overhead-Projektor ausfällt, dann eröffnet sich ein ganzes neues Netz von Aktanten (vgl. Latour 2005a: 39, 2006d: 491-492). Dann wird erst sichtbar, welche Vielzahl an Zeiten, Räumen und Akteuren notwenig gewesen ist, eine Folie an die Wand zu projizieren. *Black boxes* sind etablierte Fakten und Artefakte oder in Latours parlance stabilisierte Netzwerke oder »Sequenzen kompetenter Handlungen« (Latour 2006d: 493). Sie sind Produkt von Vermittlungen und gleichzeitig auch wieder Ausgangspunkt für neue, weitere Vermittlungen; gleiches gilt für Akteure, Institutionen und Organisationen, auch sie werden zu *black boxes*.[11] Sicherlich ist *blackboxing* auch ein not-

11 An anderer Stelle bezeichnet Latour den *blackboxing*-Prozess in Anlehnung an Computerarbeit als »Doppelklick-Information« (Latour 2006d: 562). Ein anderer Begriff,

wendiger Prozess, um überhaupt handlungsfähig zu sein: »simplification or ›black boxing‹ is a necessary part of agency.« (Law 2009: 147)[12] Würde ein Akteur ständig reflektieren und kalkulieren, so wäre er oder sie handlungsunfähig, genauso wenn er oder sie nicht auf – in Giddens (1997) Worten – Expertensysteme vertrauen würde. Die vierte Bedeutung von technischer Vermittlung, die Latour betont, ist die Delegation. Denn wenn ein Handlungsablauf ins Stocken gerät und ein anderer Akteur oder ein anderes Handlungsprogramm aktiviert wird, wird das Handlungsziel weitergegeben, also delegiert. Dies gilt nicht nur für einen menschlichen Boten, sondern auch für Objekte wie die Straßenschwelle. Dieser Übersetzungsprozess ist letztlich einer von Zeichen oder Lauten in Materie und könnte auch als ›Objektivierung‹ bezeichnet werden.[13] So wird etwa die Anweisung ›An der Schule langsam vorbeifahren!‹ in den Beton der Straßenschwelle gegossen, so dass die Rückübersetzung nun primär ›Schonen Sie Ihre Stoßdämpfer!‹ lautet (vgl. Latour 1996a: 9). Oder die Bitte ›Schlüssel bitte an der Rezeption abgeben!‹ wird in einen schweren und sperrigen Schlüsselanhänger eingeschrieben, d.h. übersetzt (vgl. Latour 1991, 1996a: 50-61). Mit dem Begriff der Delegation entgeht Latour geschickt einigen Untiefen verwandter Konzepte, etwa Marshall McLuhans Theorem der Organerweiterung (*extensions of man*) oder Arnold Gehlens Kompensationsthese von der Technik als Organersatz. Dass der Mensch Tätigkeiten und Handlungsvollzüge an Dinge delegiert, heißt für ihn nicht, dass dies zur Leistungssteigerung oder Hilflosigkeit führt. Im Gegenteil, eine technische Einparkhilfe beim Auto kann auch hinderlich beim Einparken sein; ob hilfreich oder nicht, die alltägliche Praktik des Einparkens verschiebt, d.h. verändert sich. Ein wichtiger Punkt an der Delegation ist, dass eine Handlung nicht einfach durch eine andere ersetzt wird, sondern auch anders zum Ausdruck gebracht wird. Es ist ein medialer Unterschied, eine andere Form

---

den er für Technik benutzt, die als bloße Übermittlung erscheint, anstatt ihren transformierenden Charakter zu offenbaren, ist *intermediary* – im Gegensatz zu *mediators* (vgl. hierzu Latour 2005a: 37-42).

12 Luhmann würde von Komplexitätsreduktion als wichtige Funktion von Systemen sprechen und die interpretative Soziologie in der Nachfolge von Alfred Schütz wie auch die Praxistheorien von Pierre Bourdieu und Anthony Giddens von der Zentralität von Routinen, des praktische Wissens und des *knowing how*. Vgl. zu ersterem Belliger/Krieger (2006b) und zweiterem Reckwitz (2000a) und Schatzki (1996).

13 Zum Konzept der Objektivierung vgl. Miller (2005), dessen Studien zur materiellen Kultur viel von der ANT gelernt haben, aber auch von Latours Antipode Bourdieu, wie der Begriff Objektivierung bereits anzeigt.

der Artikulation.[14] Darüber hinaus beinhaltet diese neue Artikulation – beispielsweise Mensch mit Hammer – eine Vielzahl an unvorhersehbaren Möglichkeiten.

»Those who believe that tools are simple utensils have never held a hammer in their hand, have never allowed themselves to recognize the flux of possibilities that they are suddenly able to envisage. [...] all technologies incite around them [...] [a] whirlwind of new worlds. Far from primarily fulfilling a purpose, they start by exploring heterogeneous universes that nothing, up to that point, could have foreseen and behind which trail new functions.« (Latour 2002c: 250)

Dieses Verständnis von Übersetzung, besonders in seiner Bedeutung von materiell heterogener Komposition und Delegation, führt Latour zu seinem Theorem der Interobjektivität (Latour 1991, 2001c).[15] Erst durch die Vermittlung der Dinge sind menschliche Interaktionen delokalisiert, was sie von anderen Primaten unterscheidet. Erst durch das Mitwirken der Dinge sind Interaktionen über Räume und Zeiten hinweg möglich: »Jedes Mal wenn eine Interaktion in der Zeit andauert und sich im Raum ausweitet, dann heißt das, dass man sie mit einem nicht-menschlichen Akteur geteilt hat.« (Latour 2001c: 248)

Dies ist für Latour der spezifische Unterschied an der Sozialität von Pavianen gegenüber jener von Menschen (Strum/Latour 1999; Latour 2001c). Neuere Untersuchungen in der Pavianforschung u.a. von Latours Mit-Autorin Shirley Strum hätten gezeigt, dass auch Paviane über ein sehr soziales Leben verfügen würden. Vieles was der symbolische Interaktionismus bei Menschen festgestellt hat, gilt auch für Paviane: Sie verhandeln miteinander, testen sich, schätzen sich ein, beobachten sich usw. So ließe sich durchaus von einem komplexen Sozialleben von Pavianen sprechen.[16] Dennoch ist Latour der Meinung, dass es einen Unterschied zwischen Pavianen und Menschen gibt. Paviane können nicht loka-

---

14 Artikulation verweist hier nicht auf den Bereich des Symbolischen oder Imaginären, sondern ist im Realen anzusiedeln ähnlich der Aktualisierung bei Deleuze/Guattari (1997).

15 Vgl. hierzu das anders konnotierte Interobjektivitätskonzept von Rammert (1998b), welches Interaktivitäten zwischen Objekten in den Blick nimmt.

16 Die Kritik Latours am Interaktionismus, dass dieser die Rolle von Objekten und Artefakten bei Interaktionen vernachlässige, beruht auf der Zuspitzung seines Arguments und übersieht eine Reihe an interaktionistischen Studien, welche sich mit Artefakten beschäftigen und als *workplace studies* bezeichnet werden. Vgl. zu dieser Kritik Lynch (1996: 248).

lisieren und globalisieren (Latour 2001c: 242). Sie sind bei der (Wieder-) Herstellung von sozialer Ordnung begrenzt in ihren Ressourcen – etwa Körper, soziale Fertigkeiten und Strategien – und begrenzt auf die *face-to-face*-Situation. Menschen hingegen haben die Möglichkeit, noch weitere Ressourcen ins Spiel zu bringen, um Sozialität zu stabilisieren und aufrecht zu erhalten: »extrasomatic resources« (Strum/Latour 1999: 122) – materielle Dinge und Symbole. Diese Sozialität nennen Latour und Strum (1999) kompliziert. Durch die zunehmende Mobilisierung von Dingen und Symbolen konnte die Menschheit in ihrer Evolution die Komplexität ihres Soziallebens reduzieren, hat es damit allerdings verkompliziert (vgl. Strum/Latour 1999: 121, 123):

> »Here we have the human case where the creation of society uses material resources and symbols to simplify the task. Social interactions become more *complicated* but not more complex. Much now of the skill necessary to achieve society in other, baboon-like, option now resides in the creation of symbolic and material bonds.« (Strum/Latour 1999: 123)

Mittels der ›außersozialen‹ Ressourcen, v.a. Technologien, kann Gesellschaft in einem größeren Maßstab hergestellt werden und das soziale Band ›fester‹ geknüpft werden: »technology is society made durable.« (Latour 1991) Relative Stabilität erhalten die sich ständig durch Performanz transformierenden Netzwerke besonders durch Technik und materielle Kultur. Die Arbeit der Lokalisierung und Globalisierung wird erst durch ein Ensemble von zwischengeschalteten Dingen möglich. Sie sind das vergessene Bindeglied zwischen Handlung und Struktur, zwischen Mikro- und Makroebene. Es besteht keine Kluft zwischen ihnen, sondern bloß Relationen.

Die anthropologische These Latours ist, dass das Menschliche nicht unabhängig von Technik gedacht werden kann: »Without technological detours, the properly human cannot exist.« (Latour 2002c: 252) Anstatt einer klaren Trennung von Subjekt und Objekt ließe sich im Anschluss an Michel Serres (1987) besser von Quasi-Subjekten und Quasi-Objekten sprechen.

Latour (2002c) versteht Technik nicht als ein Objekt, sondern als eine Bewegung, d.h. was ihn interessiert, ist eher das Technische als die Technik. Das Technische definiert er als Falte und Umweg. In eine technische Handlung werden Zeit, Raum und Typen von Akteuren gefaltet (Latour 2002c: 248-249). So falten sich selbst in einem Hammer verschiedene Zeiten, Räume und Akteurstypen. Die Mineralien seines Kopfes verweisen auf eine urzeitliche Vergangenheit, das Holz seines Stiels auf wieder eine andere wie die Fabrik, in der er gefertigt wurde. Genauso verbindet der Hammer unterschiedliche Orte wie den Ardenner Wald mit den Ruhr-Minen, einer deutschen Fabrik, einem Werkzeugladen im

Bourbonnais und mit dem Werkzeugkeller eines Heimwerkers. Und schließlich sind auch verschiedene Akteure in eine Handlungssituation mit einem Hammer gefaltet. Einerseits, auf einer paradigmatischen Achse, all jenes, was in der gegebenen Situation den Hammer ersetzen könnte, etwa ein Stein oder die Faust, um den Nagel in die Wand zu hauen. Andererseits stellt auf einer syntagmatischen Achse die Verbindung von Hand, Arm und Hammer der Hand und dem Arm eine neue Qualität von Kraft, Richtung und Bestimmung bereit: »thanks to the hammer, I become literally another man, a man who has become ›other‹.« (Latour 2002c: 250)[17] Um diesen Veränderungsprozess geht es Latour im Zusammenhang mit Technik: »the mediation of technology experiments with what must be called *being-as-another*.« (Latour 2002c: 250) Es geht nicht darum, wer wen beherrscht, sondern um den Vermittlungsprozess, die Übersetzung, den Umweg. Denn der Umgang mit Technik verschiebt unsere Intentionen und verändert die Pläne, die wir vorher hatten. Technik ist ein Medium[18] und kein Instrument oder Mittel.

»The very complexity of the apparatuses, which is due to the accumulation of folds and detours, layers and reversals, compilations and re-orderings, forever denies the clarity of right reason, under the aegis of which technologies have been first introduced.« (Latour 2002c: 251)

So stellt die ANT bezogen auf das Technische zweierlei heraus. Einerseits wird der materielle Widerstand von Technik betont, der einen menschlichen Akteur zwingt einen Umweg zu gehen. Mehr noch, technische Artefakte üben eine soziale Kontrolle und Disziplinierung aus, etwa mittels des Berliner Schlüssels die Tür hinter sich zu verschließen. Das heißt, Normen oder gar Moral ist in ihnen eingeschrieben (vgl. Latour 1996a, 2002c). Andererseits betont die ANT aber auch gleichzeitig die Flexibilität und »fluidity« des Technischen (de Laet/Mol 2000; Latour 2002c). Technik eröffnet eine Vielzahl an Möglichkeiten, Umgangsformen, Disputen und Kontroversen, sie ist adaptierbar, flexibel und gestaltbar. Latours Punkt ist, dass das Technische sich immer *zwischen* der Normierung und der Beherrschbarkeit bewegt: »We never tame technologies [...] be-

17 In diesem Zusammenhang verweist Latour (2002c: 250) auf den Begriff der *affordance* in der Wahrnehmungspsychologie von James Gibson (1986), der schwer ins Deutsche übersetzbar ist, aber auf die Handlungsmöglichkeiten, die materiellen Dingen eigen ist, verweist. Latour spricht von der Gleichzeitigkeit von Erlaubnis und Versprechen in dem Begriff (vgl. auch Michael 2000).

18 Medium wird hier im Sinne Sybille Krämers (1998) als Spur und Apparat verstanden.

cause they are a true form of mediation.« (Latour 2002c: 250) Anstatt eines Mittel-Zweck-Verhältnisses handelt es sich um eine mediale Form: »there are *no masters anymore* – not even crazed technologies.« (Latour 2002c: 255) Im Prozess der Vermittlung findet eine Verschiebung von Subjekt *und* Objekt statt. Die ANT versteht Technologien als Medien. Dadurch verschiebt sich die Perspektive von der Annahme einer gegebenen Effektivität und Funktionalität von Technik hin zu der Frage, ob und wie Technik effektiv und funktional gemacht wird. Somit rückt Technik als etwas, das in spezifischen Situationen produziert, adaptiert und benutzt wird, in den Blick.

»Technology for Latour is a form of mediation that allows us to express a being through a relation with the other. Humans do not just use technologies but are themselves mediated by them. Through this idea of mediation as a material relation an ontological dignity is given back to the human. Rather than the humanist way of treating the human as the measure of all things, the human becomes here something constituted of and for other things.« (Pels/Hetherington/Vandenberghe 2002: 17)

Wie sich gezeigt hat, haben die *science studies* und insbesondere die ANT schon früh nicht nur Wissenschaftspraxis, sondern auch Ingenieurspraxis in den Blick genommen. Auch hier gilt es, den Geneseprozess einer technischen Innovation nachzuverfolgen. Durch die *science studies* im Ganzen, aber durch Latours *Aramis* und Callons Elektroauto im Besonderen wurde die techniksoziologische Debatte neu aufgemischt. Anstatt Technikfolgen zu thematisieren, haben sie »technology-in-the-making« analysiert. Dabei haben sie aufgezeigt, wie viel Soziales und Kultur schon in der Technik steckt, aber gleichzeitig auch die Widerständigkeit von Artefakten thematisiert: Technik als »*Tat*-Sachen« (Latour 2001a: 132) verbunden mit dem »Ziel […] die Teilung zwischen materialistischen und kulturalistischen Darstellungen zu beenden« (Latour 2006g: 32). So werden die (Re-) Konfigurationen und Transformationen der Identität von Menschen und ihren (technischen) Artefakten im Innovationsprozess verdeutlicht. Somit zeigt sich eine endogene Dynamik von ›Technikultur‹. Es gibt kein Äußeres von materieller Kultur. Artefakte können Situationen beeinflussen, normieren und determinieren, aber sie stehen nicht außerhalb von Kultur, wie im technikdeterministischen Modell, denn in sie sind Normen, Werte und Interessen als Handlungsvorschriften eingeschrieben. Genauso ist Kultur abhängig von ihren Materialitäten und Technologien, die jenseits ›ihrer‹ Intentionalität liegen.[19]

19 In diesem Zusammenhang ist auf Latours (1996a: 53-61, 2002c) provokative These der Moralität von Artefakten zu verweisen.

4 Von Wissenschaftskriegen an mehreren Fronten

Sicher haben die *science studies*, und die ANT im Besonderen, eine Reihe an kritischen Kommentaren auf sich gezogen. Diese Debatten wurden sehr vehement, was die Mittel betrifft, – von einem ›Wissenschaftsbetrug‹ bis zu kriegerischen Metaphern in der Wortwahl und der öffentlichen Aberkennung jeglicher Wissenschaftlichkeit – ausgetragen. Darüber hinaus verläuft dieser ›Wissenschaftskrieg‹ an mehreren Fronten, zumindest was die ANT angeht, so dass auch von mehreren Wissenschaftskriegen gesprochen werden kann. Eine Front besteht zwischen Naturalismus und Konstruktivismus, ein ›Kampf‹, der vor dem Hintergrund der Differenz von Natur- und Kulturwissenschaften ausgetragen wird. Eine zweite Front besteht zwischen den *science studies* und klassischeren Formen der Wissenschaftstheorie und -forschung, insbesondere zwischen institutionalistischer Wissenschaftsforschung auf der einen und wissens- *und* praxeologischer Wissenschaftsforschung auf der anderen Seite. Und schließlich gibt es eine mindestens genauso vehement ausgetragene und fast schon unübersichtliche Kontroverse *innerhalb* letzterer, in der es schon fast so scheint, dass jede Autorin eine eigene distinkte Position einnimmt.[1] Diese Kämpfe, um die Frage des Status und der Erforschung von Wissenschaft und darüber hinaus, sollen im Folgenden, immer mit Blick auf die ANT, erörtert werden.

1 Ein Großteil der internen Debatte ist aus einer gemeinsamen und wohl bewusst kontrovers konzipierten Tagung, deren Beiträge bei Pickering (1992a) zu finden sind, entstanden.

4.1 DIE *SCIENCE WARS*

> »Wenn die Wissenschaftsforschung insgesamt irgend etwas erreicht hat, [...] so hat sie der Wissenschaft Realität *hizugefügt*, nicht jedoch entzogen.«
> (LATOUR 2002B: 9)

Dass auch naturwissenschaftliches Arbeiten eine soziale Seite hat, verwundert zunächst niemanden und wird auch nicht in Zweifel gezogen. Im Gegenteil: Die untersuchten Wissenschaftler finden sich bzw. ihren Arbeitsprozess oft gar nicht schlecht dargestellt von den Wissenschaftssoziologinnen (vgl. Collins 1985, Latour/Woolgar 1986). Allerdings, wenn es an die Schlussfolgerung daraus geht, geraten die Gemüter in Wallungen, wie in den berüchtigten *science wars* rund um die sog. Sokal-Affäre. Kern dieser Kontroverse, wie anderer zuvor, ist die Frage nach dem epistemologischen Sonderstatus von naturwissenschaftlichem Wissen (vgl. Heintz 1998: 88).

Der nicht nur in verschiedenen wissenschaftlichen Kreisen, sondern auch in den allgemeinen Medien auf Anklang gestoßene Wissenschaftskrieg Mitte der 1990er Jahre wurde angestoßen durch die *hoax* des Physikers Alan Sokal. Im Sommer 1996 erschien in der Zeitschrift *Social Text*,[2] eine im Umfeld von *cultural studies*, kritischer Theorie und Dekonstruktion bedeutende Zeitschrift, Sokals Artikel *Transgressing the Boundaries. Towards a transformative hermeneutics of quantum gravity* (Sokal 1996a). Gleichzeitig offenbarte er in einer anderen Zeitschrift, dass es sich bei diesem Artikel um einen ernstgemeinten Scherz handle, der testen wollte, ob »a leading North American journal of cultural studies – whose editorial collective includes such luminaries as Fredric Jameson and Andrew Ross – publish an article liberally salted with nonsense if (a) it sounded good and (b) it flattered the editors' ideological preconceptions« (Sokal 1996b). Sein Publikationsexperiment würde die Unwissenschaftlichkeit von *cultural stu-*

---

2 Der Anlass für dieses Sonderheft zum Thema »Science Wars«, wie auch für Sokals Experiment, war die Veröffentlichung von Gross/Levitt (1994), in der bereits eine ausführliche Kritik an einem diagnostizierten Trend zu angeblich antiwissenschaftlichem Denken an amerikanischen Universitäten in Form von *cultural studies*, Postmoderne, Dekonstruktion und feministischer Kritik geübt wurde. Das heißt, der Wissenschaftskrieg war eigentlich schon im Gange, fand aber erst durch die Sokal-Affäre breite internationale und mediale Aufmerksamkeit (vgl. auch Ross 1996 – allerdings ohne den Text von Sokal).

dies und postmoderner Philosophie entlarven. Hier ist nicht der Ort, um die Differenzen zwischen *cultural studies* und *science studies* sowie zwischen Postmoderne, Poststrukturalismus und Dekonstruktion herauszuarbeiten, wichtig ist, dass dieser Angriff auf *cultural studies* auch die Wissenschafts- und Technikforschung meinte und traf.[3] So findet sich etwa in der ›Monografie zum Skandal‹, *Eleganter Unsinn* (Sokal/Bricmont 1999), auch ein Kapitel zu Latour. Darüber hinaus wurde die Sokal-Affäre von vielen Autorinnen der *science studies* aufgegriffen und thematisiert (vgl. u.a. Fuller 2000; Hacking 2001; Scharping 2001; Bammé 2004).[4] Die Kernkritik ist die, dass es sich bei den genannten ›Disziplinen‹ wie bei den Philosophien, auf die sie sich berufen, schlicht um Unsinn handelt, der in eine mehr oder weniger elegante Sprache gepackt wird. Sie würden einem Irrationalismus und Relativismus das Wort reden und sich gegen den Rationalismus und die Logik der Naturwissenschaften stellen. Insbesondere die Verweise auf naturwissenschaftliche Erkenntnisse etwa der Quantenmechanik oder Chaostheorie würden von Fehlern, unzulänglichen Verallgemeinerungen und Interpretationen strotzen. In den Debatten im Anschluss an die Sokal *hoax* wurden insbesondere von naturwissenschaftlicher Seite eine Reihe an Gegensätzen bemüht, wie z.B. Naturwissenschaft vs. Kulturwissenschaft, Realismus vs. Relativismus, Objektivismus vs. Subjektivismus, Wissenschaft vs. Obskurantismus, die schnell den Eindruck einer »Einteilung der Welt in gute, rationale Realisten und böse, irrationale Antirealisten oder relativistische Konstruktivisten im Hinblick auf die ›Science Studies‹ ergeben« (Scharping 2001b: 11). Eine Reihe an unterschiedlichen Positionen innerhalb der *science studies,* etwa zur Rolle und Bedeutung nicht-sozialer Faktoren in der Wissenschaftspraxis oder verschiedener Formen von Relativismus, wurden dabei übergangen.

Auch von wissenschaftstheoretischer Seite gibt es natürlich Kritik. So kritisiert beispielsweise Mario Bunge (1991: 524-525) die neuere Wissenschaftsforschung aus einer Reihe von Gründen, die sich im Prinzip von denen Sokals und anderen nicht groß unterscheiden. Zunächst ist das ihr Externalismus, der Wissenschaft von ihr äußeren Gründen her bestimmt sieht. Es sei der soziale Kontext, der die Inhalte der Wissenschaft bestimme, ohne ihre innere eigene Logik anzuerkennen. Dies würde mit einem Konstruktivismus verbunden, der Fakten als bloß vom Forscher konstruiert ansieht, was zu einem Subjektivismus und Relativismus führen würde, der jegliche Objektivität und Wahrheit ablehnen würde.

---

3 Dies wird in Kapitel 11 aufgegriffen, aber um die in den Feldern selbst wenig thematisierten Gemeinsamkeiten von *cultural* und *science studies* herauszustellen.

4 Vgl. auch Isabelle Stengers (2000) Auseinandersetzung mit den Wissenschaftskriegen *vor* der Sokal-Affäre.

Des Weiteren kritisiert er ihren Pragmatismus, der die Wissenschaftspraxis, die Handlungen und Interaktionen überbetone, zu Lasten der Rolle von Ideen und der Differenz von Wissenschaft und Technik. Dadurch würde Wissenschaft ihres besonderen Status enthoben und zu gewöhnlichem Handeln degradiert. Diese Einebnung von Wissenschaft und Alltag ließe somit keine Unterscheidung mehr gegenüber Pseudowissenschaft oder ideologisch betriebener Wissenschaft zu. Schließlich würden, und darin sieht er wohl auch den Hauptgrund für ihre, seiner Meinung nach, Unredlichkeit, irrationale und unwissenschaftliche Philosophien wie Phänomenologie, kritische Theorie, Poststrukturalismus und Semiotik anstatt ›klassische Philosophien‹ wie Positivismus und Rationalismus verwendet. Einer solchen Kritik lässt sich natürlich schwer etwas entgegensetzen bzw. unterbindet sie jegliche konstruktive Debatte, da sie ihre eigene Situiertheit nicht reflektiert und absolut setzt, so dass man letztlich schlicht ihren Internalismus, Objektivismus und Universalismus, naiven Realismus und Rationalismus (genauso gut) kritisieren kann. Abgesehen davon sind einige der genannten Kritikpunkte bezogen auf die ANT einfach unzutreffend, da sie beispielsweise eben genau *nicht* einem Sozialkonstruktivismus oder Subjektivismus das Wort redet und im Gegenteil scharf verurteilt, weshalb Latour sich immer als zu Unrecht in die *science wars* verwickelt angesehen hat (vgl. Latour 2002b, 2004a). Latour lehnt eine *sozial*konstruktivistische These im Sinne des *strong programme* genauso ab wie eine ›naiv‹ realistische, die den »Traum von der Natur als homogener Einheit« träumt (vgl. Latour 2002b: 18). Latour versucht auf seine Weise Konstruktivismus und Realismus miteinander zu verbinden.[5] Es geht ihm um einen »realistischen Realismus« (Latour 2002b: 25) genauso wie um einen »relativistischen Relativismus« (Latour 2002a: 149-152). Seiner Ansicht nach steht die ANT zwischen den Fronten, »in einem Niemandsland zwischen den zwei Kulturen« (Latour 2002b: 28), denn auf der einen Seite zeigen sie die Sozialisierung nicht-menschlicher Wesen auf, und auf der anderen Seite betonen sie die Bedeutung der nicht-menschlichen Wesen für Mensch und Gesellschaft.

Eine zentrale Differenz der *science wars* ist der, dass die einen von Wissenschaft als Prozess, den sie untersuchen, reden, und die anderen dies als Angriff auf Wissenschaft als Produkt, eine Ansammlung von ›Wahrheiten‹ oder zumindest ›Zwangsläufigkeiten‹ verstehen (vgl. Hacking 2001: 67). Ian Hacking (2001) macht darauf aufmerksam, dass sich hinter den *science wars* eine Reihe an klassischen Debatten der Philosophie verstecken. Er macht deutlich, dass es in der Debatte drei *sticking points* gibt, die fundamentale Differenzen über den

5 Die These, dass etwas zugleich konstruiert und real ist, vertritt auch Ian Hacking (2001), allerdings mit anderen Mitteln.

Status der Naturwissenschaften zwischen Realisten und Konstruktivisten verdeutlichen. Der erste Punkt ist die Frage der Kontingenz. Sind wissenschaftliche Entwicklungen kontingent? Oder sind wissenschaftliche Aussagen kontingent? Bezieht sich die Kontingenz auf die Inhalte oder die Form von Wissenschaft? Pickering verficht eine starke Kontingenzthese, dernach Kontingenz nicht Unterdeterminiertheit, sondern überhaupt gar keine Determiniertheit meint. Wissenschaft besteht in einem »mangle of practice« (Pickering 1993; 1995), indem sich Theorien, Apparate, Modelle und Objekte wechselseitig anpassen und widerstehen. Das Ziel wissenschaftlicher Arbeit besteht darin, eine Stabilität oder Robustheit in diese Assemblage zu bekommen, wobei allerdings jeder Aspekt kontingent ist.

»Before a robust fit has been achieved, it is not determined what that fit will be. Not determined by how the world is, not determined by technology now in existence, not determined by social practices of scientists, not determined by interests or networks, not determined by genius, not determined by anything.« (Hacking 2001: 73)

Der zweite Knackpunkt ist Nominalismus. Lässt sich die Struktur der Welt entdecken – zumindest annähernd? Oder lässt sich gar nicht von einer inhärenten Struktur der Welt sprechen? Die nominalistische Position spitzt Hacking wie folgt zu:

»The world is autonomous, so much to itself, that it does not even have what we call structure in itself. We make our puny representations of this world, but all the structure of which we can conceive lies within our representations. [...] The nominalist hopes only to be true to experience and interaction. The scientific nominalist is the more self-demanding, having to be true to the way in which apparatus does not work, having to accomodate, constantly, to the resistance of the material world.« (Hacking 2001: 83-84)

Diese Position findet sich bereits in Latour und Woolgars *Laboratory Life* (vgl. Hacking 2001: 81), und bringt Latour (1987a: 99, 258) in seiner dritten Regel der Wissenschaftsforschung auf den Punkt, dass ›Natur‹ nicht die Ursache, sondern die Konsequenz der Wissenschaftspraxis ist. »Latour and Woolgar are surely right. We should not *explain* why some people believe p by saying that p is true, or corresponds to a fact, or the facts.« (Hacking 2001: 81) Der dritte Punkt in den Wissenschaftskämpfen zwischen Konstruktivisten und Realisten ist die Erklärung der Stabilität von wissenschaftlichen Erkenntnissen. Latour sieht die Stabilität eines wissenschaftlichen Fakts in dem mobilisierten Netzwerk an Verbündeten begründet. Aus der Sicht Steven Weinbergs, eines Nobelpreisgewürdigten Physikers, der in den *science wars* Sokal zur Seite sprang, führt Latour externe Gründe für die Stabilität an (vgl. Hacking 2001: 91). Latour würde aber aufgrund des zweiten Knackpunkts der Debatte (Nominalismus) niemals behaupten, diese Gründe wären außerhalb der Wissenschaft(en) (vgl. z.B. Latour 2006a). Im Gegenteil wird er nicht müde zu betonen, dass diese geradezu konstitutiver Bestandteil von Wissenschaften sind – v.a. die benutzten nicht-menschlichen Wesen, aber für die Naturwissenschaftler wie Weinberg sind es eben unwichtige, dem wissenschaftlichen Inhalt äußere Gründe. Doch für Latour existiert keine Trennung von internen und externen Faktoren, beide sind bloß die äußeren Eckpunkte ein und desselben Kontinuums. »Alles Wichtige spielt sich *dazwischen* ab, in beiden Richtungen lassen sich die einzelnen Übersetzungsschritte mit Hilfe der gleichen Erklärungen nachvollziehen.« (Latour 2002b: 111) Hackings (2001: 68) Punkt ist, dass diese drei Knackpunkte – Kontingenz/Zwangsläufigkeit, Nominalismus/inhärenter Strukturismus und interne/externe Erklärungen für die Stabilität der Naturwissenschaften – letztlich unlösbare Differenzen bilden. Darüber hinaus macht er noch auf zwei weniger philosophische Punkte in der Debatte aufmerksam, die aber durchaus vor dem Hintergrund dieser zu verstehen sind. Erstens ist dies die großteils demaskierende Geste der Wissenschaftsforscher, welche die Autorität der Naturwissenschaftler infrage stellt (Hacking 2001: 92-95).[6] Zweitens die politische und ethische Frage, wer ›links‹ ist und sich als Verbündeter von Marginalisierten und Unterdrückten ansieht. Denn ein Impuls des Angriffs Sokals rührte auch nach eigener Aussage daher, dass die von ihm kritisierten Wissenschaftler sich selbst als ›links‹ verstehen – so wie von Gross/Levitt (1994) auch dargestellt: *The Academic Left and Its Quarrels with Science*. Denn seiner Auffassung nach kann nur die Wissenschaft im Dienste der Unterdrückten und für die Emanzipation stehen, nicht aber jedoch jemand, der die Objektivität der Wissenschaft infrage stellt.

Soziologisch lässt sich die Kritik der Naturwissenschaftler als ›Kampf um Bedeutung‹ verstehen, d.h. als Machtkampf um Deutungshoheit wie auch materielle Mittel (vgl. Hacking 2001: 93; Latour 2002b: 30). So schreibt beispielsweise Arno Bammé:

»Dass Naturwissenschaftler sich gegen den ›postmodernen Unsinn‹ und ›epistemischen Relativismus‹ der neueren Wissenschaftsforschung wenden, vermag nicht weiter zu ver-

6 Latour (2002b: 19-27) spricht in diesem Zusammenhang von der »Angst vor der Herrschaft des Mobs«, womit er das Missverständnis der Kritiker der Wissenschaftsforschung meint, dass mit ihr ein radikaler Relativismus gemeint sei, wonach jeder behaupten könnte, was Realität sei.

wundern, geht es dabei doch um die eigene Identität und um harte Interessenkonflikte, etwa bei der Finanzierung geplanter Großforschungsvorhaben, deren Sinnhaftigkeit nun vor dem Hintergrund der neueren Wissenschaftsforschung grundsätzlich in Frage gestellt wird.« (Bammé 2009a: 210)

Darüber hinaus verweist die Sokal-Affäre aber noch viel weitergehend »auf die gesellschaftliche Marginalisierung und zunehmende Irrelevanz der traditionellen akademischen Wissenserzeugung« (Bammé 2004: 218). Sie ist Symptom des Wandels zu einer postakademischen oder besser post-universitären Wissenschaft, in der Wissenschaft und Gesellschaft sich angenähert haben durch die zunehmende Vergesellschaftung der Wissenschaft und die Verwissenschaftlichung der Gesellschaft (vgl. Bammé 2004). Latour (2002b: 31) bezeichnet diesen Wandel als einen von Wissenschaft zu Forschung, für den im Zuge der *science wars* »die Wissenschaftsforschung als Geisel genommen« wird.

4.2 Von epistemologischen Hasenfüßen und anderen Differenzen in der Wissenschaftsforschung

Die *science studies* haben auch innerhalb der Wissenschaftssoziologie Kritik hervorgerufen, insbesondere natürlich von der von ihnen angegriffenen klassischen und institutionalistischen Wissenschaftssoziologie mertonscher Prägung. So kritisiert beispielsweise Thomas Gieryn (1982) schon früh zum einen die Redundanz ihrer empirischen Ergebnisse, die weder überraschend noch neu seien, und zum anderen den Rückzug von der für ihn für die Wissenschaftssoziologie konstitutiven Frage nach der Spezifität und Besonderheit von Wissenschaft in ihrer historischen wie analytischen Dimension. Was die Redundanzen angeht, so ist er der Meinung, dass die Feststellung, dass soziale und kulturelle Faktoren wesentlichen Anteil an der Konstruktion wissenschaftlichen Wissens haben, gerade die Konstitutionsbedingung für eine Wissenschaftssoziologie sei. Dass Wissenschaft in und für eine Gesellschaft von sozialen Wesen betrieben wird, wäre sozusagen die Grundvoraussetzung, um Wissenschaftssoziologie zu betreiben.[7] Eine weitere Redundanz wäre die Verhandelbarkeit von wissenschaftlichem Wissen. Es ist gerade die Eigenschaft wissenschaftlichen Wissens, dass es nicht

7 Dabei übersieht Gieryn, dass es der klassischen Wissenschaftssoziologie lediglich um die besonderen Merkmale und Funktionen von Wissenschaft geht, nicht aber um die Praxis der Wissenschaft.

vom Himmel fällt, dass man ihm sich annähern muss, dass es unsicher und fehlbar ist. Und schließlich sei die dritte Redundanz der empirischen Ergebnisse der konstruktivistischen Wissenschaftssoziologie, dass neues Wissen auf altem aufbauen würde und dadurch beeinflusst und einschränken würde. Den Rückschritt, den Gieryn mit der neueren Wissenschaftsforschung verbindet, sieht er zum einen in einem soziologischen Reduktionismus, der für wissenschaftliches Wissen ausschließlich soziale und kulturelle Gründe anführe und nicht auch sachliche, also physikalische, biologische oder chemische Vorgänge für die Konstruktion von wissenschaftlichem Wissen berücksichtige. Diese Kritik richtet er allerdings primär an Harry Collins und nicht an Latour, der Collins ebenfalls dafür kritisiert (vgl. 4.2.1). Zum anderen sieht Gieryn, und da bezieht er sich wieder auf alle Laborstudien, ein Problem darin, dass diese ausschließlich auf einer Mikroebene verharren würden und lediglich lokale Zuschreibungen erforschen würden. Diskursanalytische und ethnographische Beobachtungen könnten lediglich zeigen »*how* scientists make their stories seem ›objective‹, but we learn little of *why* such a story becomes the preferred one« (Gieryn 1982: 290).

Gieryn verteidigt eine institutionalistische Analyse von Wissenschaft, weil nur diese die Spezifität und Einzigartigkeit von Wissenschaft herausstellen kann. Eine Analyse der institutionellen Prozesse, die die Produktion wissenschaftlichen Wissens regulieren, kann die Differenz von Wissenschaft zu anderen sozialen Institutionen und somit ihre Besonderheit herausstellen. Doch darin liegt in der Tat eine andere Fragestellung, wie Bammé (2009a: 213) feststellt, weil sie auf die Grenzen der Wissenschaft anstatt ihrer Entgrenzung abzielt. In eine ähnliche Richtung wie Gieryn verweist Bourdieus (2004) Kritik an den *science studies*, der diese dafür kritisiert, dass sie nicht den Wandel der Wissenschaft, insbesondere die zunehmende Kommerzialisierung erfassen (können). Dafür bedürfe es eines Ansatzes, der sowohl die Besonderheit wissenschaftlichen Wissens herausstelle als auch makrosoziologische Probleme in den Blick nehme und nicht nur auf die Laborpraxis fokussiere.

Hasse et al. (1994) schließen an die Kritik von Gieryn an, dass mit den frühen Laborstudien das spezifisch Soziale der Wissenschaft verloren gehe.[8] In der

8 Darüber hinaus führen sie auch eine Reihe von bekannten Vorwürfen an. Sie werfen den Laborstudien Internalismus vor, der blind für externe Faktoren sei, ein naturalistisches Forschungsideal, welches beanspruche theoriefrei zu sein, aber die Theoriegeladenheit der Naturwissenschaften nachweise und somit von einer Distanzlosigkeit von Beobachter und Beobachteten zeuge und bloße Beschreibungen und keine Erklärungen liefere. Schließlich sei die Anwendung des Konstruktivismus auf Technik trivial, da es sich eben um Konstrukteure handele (vgl. Hasse et al.: 251).

ANT sehen sie eine Radikalisierung der Laborstudien, welche sich gänzlich von der Soziologie verabschiedet, weil ihr »die Kategorie des Sozialen überhaupt abhanden« komme (Hasse et al. 1994: 223). Sie ebne durch Sozio- und Technomorphismus die Differenz von Sozialem und Nicht-Sozialem ein. Sie weise einerseits mittels des erweiterten Symmetriepostulats auch naturwissenschaftlichen Untersuchungsgegenständen und den benutzten Artefakten Sozialität und Handlungsstatus zu; gleichzeitig würde aber auch ein Technomorphismus betrieben, der die Zentralität von Apparaturen und Artefakten für die Laborarbeit und die Naturwissenschaften insgesamt herausstelle, somit aber »[d]ie kognitiven und sozialen Leistungen der beteiligten Forscher, die sich nicht nur auf die Arbeit in bereits ausgestatteten Laboratorien beschränken«, systematisch übersehen und abgewertet würden (Hasse et al. 1994: 248). Dieser Implosion des Labors (Hasse et al. 1994: 246-249), bei der das spezifisch Soziale der Wissenschaft verloren gehe, würde durch eine komplementäre »Explosion« des Labors ergänzt. Doch Latours Losung (2006a) »Gebt mir ein Laboratorium und ich werde die Welt aus den Angeln heben«, welche die Ausdehnung des Labors auf die Gesellschaft thematisiere und letztlich Labore als den politischen Ort gesellschaftlicher Transformationen ausmache, sei »übersimplifiziert« und »falsch« (Hasse et al. 1994: 250).

Latour sieht in dieser Kritik eine Verteidigung einer »sociology of *scientists* (as opposed to a sociology of *science*)« (Latour 2005a: 95). Diese Soziologie bietet eine soziale Erklärung von Wissenschaft unter Ausklammerung kognitiver und technischer Faktoren, was dem in dieser Hinsicht holistischen Anspruch Latours widerspricht. Ihm zufolge haben die Untersuchungen der Praxis der Wissenschaften, das Versagen einer bloßen sozialen Erklärung gezeigt, so dass eine neue Soziologie entworfen werden müsse (Latour 2005a). Die häufig vorgebrachte Kritik, dass es sich bei den *science studies* bloß um Mikrostudien handeln würde, die nicht die makrosoziologische Bedeutung herausstellen könnten, begegnet Latour mit seinem Beharren darauf, dass es keine unterschiedlichen Ebenen gebe, sondern dies bloß Maßstabsverschiebungen sind. Aufgrund des performativen Verständnisses des Sozialen muss ein ›Makroproblem‹ immer lokal hergestellt werden. Der Weg von einem biologischen Forschungsprojekt zum Verkauf der dort entwickelten Produkte lässt sich nachverfolgen. Auch die Kommerzialisierung von biologischer Forschung muss *gemacht*, produziert, hergestellt werden und hinterlässt Spuren; auch ein Makroakteur ist *vor Ort* sichtbar. Mikro und Makro wird durch die Vermittlungsarbeit miteinander verbunden.

Die *chicken debate*

Schließlich gab es innerhalb der Studien zur Wissenschaftspraxis selbst eine scharfe Auseinandersetzung (vgl. Pickering 1992a). Denn auch die Vertreter der Soziologie wissenschaftlichen Wissens wollen der Radikalisierung ihrer Annahmen durch die ANT nicht folgen.[9] Die Kritik richtet sich primär gegen die Erweiterung des Symmetriepostulats.

Die frühe Kritik an der Symmetriethese Latours und Callons in der Wissenschaftsforschung etwa von Steven Shapin (1988) und Simon Schaffer (1991) kulminierte Anfang der 1990er in der als *chicken debate* bekannt gewordenen Kontroverse zwischen Harry Collins und Steven Yearley (Wissenssoziologie), Steve Woolgar (Reflexivismus) und Bruno Latour und Michel Callon (ANT). Collins/Yearley (1992a) kritisierten in Verteidigung der wissenssoziologischen Wissenschaftsforschung zwei neuere Tendenzen, die sich als vermeintliche Weiterentwicklungen ausgeben würden. Doch in Woolgars Reflexivitätsthese sehen sie eine Radikalisierung der Relativismusthese, welche zu einem reflexiven Regress führt, und in der ANT eine Radikalisierung der Symmetriethese, welche sich von einer humanistischen Soziologie verabschiede. Im Folgenden soll diese Debatte unter Ausklammerung Woolgars nachgezeichnet werden.

In erster Linie sehen Collins/Yearley die ANT als einen Rückschritt innerhalb der Wissenschafts- und Technikforschung zu einer Vorstellung von Wissenschaft als Repräsentation von Wirklichkeit an. Denn ihrer Meinung nach gibt es im Prinzip nur zwei Varianten, Wissenschaft zu analysieren: Entweder soziologisch, indem man die Beschreibungen (*accounts*) der Wissenschaftler über ihre Praxis und ihre Geräte mit sozialwissenschaftlichen Theorien, Methoden und Begriffen erforscht, versteht und erklärt oder wie die ANT, wie zuvor die ›traditionelle‹ Wissenschaftstheorie und -forschung, materielle Handlungsfähigkeit ernst zu nehmen, und sich so dem Fachwissen der Wissenschaftlerinnen zu unterwerfen.

Collins und Yearley kritisieren Callon und Latour dahingehend, dass diese bildlich gesprochen das »chicken game« mit ihnen auf dem Feld der Epistemologie spielen. Anstatt die Letzten und Mutigsten zu sein, die die Straße überqueren, bevor die anrasenden Autos sie erfassen, um zu zeigen, dass sie kein Hasen-

9 Auch die ethnomethodologische Wissenschaftsforschung hat ihren Disput mit der Soziologie wissenschaftlichen Wissens gehabt (vgl. Bloor 1992; Lynch 1992a, b). Hier ging es um die Auslegung der Frage des Regel-Folgens im Spätwerk Wittgensteins und seine Auswirkung auf eine »skeptische« oder »nicht-skeptische« empirische Erforschung wissenschaftlichen Handelns.

fuß (*chicken*) oder hasenfüßig sind, haben sie eigentlich schon lange die Straße überquert »well before the traffic was in sight, leaving only their ventriloquist's voices echoing between the curbs« (Collins/Yearley 1992a: 323). Callon und Latour meinen mutiger und radikaler zu sein und die Wissenschaftssoziologie somit weiter voran zu bringen, schießen aber über ihr Ziel hinaus. Das heißt, aus der Sicht von Collins/Yearley sind Callon/Latour mit ihrer Radikalisierung der Wissenschaftssoziologie zu weit gegangen, und das *strong programme* der wissenssoziologischen Wissenschaftsforschung bleibe die bessere Alternative.

»The French actor-network model is philosophical radical, but when we ask for its use, it turns out to be essentially conservative – a poverty of method making it subservient to a prosaic view of science and technology.« (Collins/Yearley 1992a: 323)

Collins/Yearley (1992a: 304) treten für einen »epistemologischen Agnostizismus« und einen »methodologischen Relativismus« ein. Es kann kein abschließend entscheidendes epistemologisches Argument geben, das Autorität für sich beansprucht. »In the relativist's world you have to decide what you have to do; epistemology does not make the decision for you. But once you have decided what to do, all there is left is to do it.« (Collins/Yearley 1992b: 382) Ihr Punkt ist, dass sie für einen »sozialen Realismus« eintreten, d.h. für ein dezidiert *sozialwissenschaftliches* Erklärungsprogramm (Collins/Yearley 1992a: 308). Anstatt sich wie Woolgar in einem endlosen reflexiven Regress zu verzetteln oder wie die ANT den Sozialitätsbegriff auszudehnen, sollte der Soziologe oder die Sozialwissenschaftlerin die soziale Welt naiv als gegeben annehmen, genauso wie die Naturwissenschaftlerinnen die Natur.

Der Kernpunkt ihrer Kritik an der ANT ist deren Radikalisierung der Symmetriethese. Durch den semiotischen Akteursbegriff wird die Frage der Repräsentation in der Wissenschaft dezentriert. Entgegen dieser These treten Collins/Yearley entschieden für einen Humanismus ein – ein »human-centered universe« (Collins/Yearley 1992a: 311). Menschen schreiben in sozialen Prozessen der natürlichen Welt Kräfte und Eigenschaften zu (vgl. Collins/Yearley 1992a: 310).

Ihre Kritik geht in drei Schritten anhand einschlägiger ANT-Studien vor. Zunächst stellen sie eine methodische Differenz zwischen ihren wissenssoziologischen Studien und denen der ANT. Bereits in *Laboratory Life* (Latour/Woolgar 1986) steht die Macht der »inscription devices«, die nicht-menschliche agency, im Mittelpunkt. Inskriptionen erlangen im Forschungsprozess relativ feste und autonome Macht. Sie sind »unveränderliche Mobile« und sie machen nach Latour einen wesentlichen Punkt von Forschung aus. Doch Collins/Yearley sind der Meinung, dass diese Betonung nicht-menschlicher Handlungsmacht ein methodisches Artefakt sei, d.h. von Latours Methode der Beobachtung mittels (be)fremden(den) Blicks herrührt. Denn stärker interpretative Ansätze, welche explizit in der Tradition verstehender Soziologie stehen, wie sie selbst, betonen stärker die Teilnahme im Feld und die Rekonstruktion der Sichtweise der untersuchten Experten. Dann würde nämlich das glatte Gegenteil die sozialwissenschaftliche Forscherin überraschen: »The participant is struck by this mutability whereas the stranger sees immutable forces.« (Collins/Yearley 1992a: 311) Für die beforschten Naturwissenschaftlerinnen ist letztlich alles veränderlich und kann Gegenstand von Kontroversen werden. Sie sind sich der Relativität und Instabilität ihrer Inskriptionen bewusst. Es bedarf einiges an Ausbildung und Übung, um sie entsprechend zu interpretieren. Das heißt, für den interpretierenden und teilnehmenden Sozialforscher zeigt sich »the granting of authority to inscriptions and other representations as an active and revocable process« (Collins/Yearley 1992a: 312). Pointiert formuliert, hängt der Grad der Zuschreibung von Handlungsfähigkeit bzw. autonomer Wirkkraft von Inskriptionen nach Collins/Yearley von dem Grad der Teilnahme des Forschers am Feld ab. Je stärker der Forscher am Feld teilnimmt, desto stärker wird der soziale Aushandlungsprozess deutlich. Wenn sich die Forscherin allerdings nur darauf beschränkt, mittels ihres fremden Blicks Erkenntnisse zu gewinnen, so staunt sie über die autonome Kraft der Inskriptionen.[10]

Der zweite Argumentationsschritt setzt sich mit Callons Muschelstudie und der These der Symmetrie von Menschen und natürlichen Dingen auseinander. Folgt man der Symmetriethese der ANT, verfügen nicht nur Artefakte wie Inskriptionen oder *immutable mobiles* über Handlungsfähigkeit, sondern auch natürliche Organismen. Hier zielt die Kritik darauf ab, dass Callons symmetrische Beschreibung der Wissenschaftler, Fischer und Muscheln keinen Erkenntnisgewinn mit sich bringt. Stattdessen fällt Callon, Collins und Yearley zufolge, sogar eigentlich hinter die Erkenntnisse der wissenssoziologischen Studien zurück. Denn er behauptet, dass die Muscheln gleichberechtigte ›Verhandlungspartner‹ im Forschungsprozess sind, anstatt die Probleme, ob, wann und wie die Muscheln ankern, abhängig von »human-centered *accounts* of the complicity of the

---

10 Collins/Yearley werfen Latour, entgegen seiner Forderung nach *just follow the actors*, mangelnde Teilnahme vor, die ihre Erkenntnisse schlicht aus dem fremden exotischen Blick und der Differenzerfahrung ziehe. Collins/Yearley fordern eine ›wirkliche‹ Teilnahme, die sich auf die technischen Details der untersuchten Wissenschaften einlässt, unter gleichzeitiger Beibehaltung einer distinkten, weil soziologischen, Perspektive.

scallops« (Collins/Yearley 1992a: 315, *Herv. M.W.*) anzusehen. Folglich macht er sich abhängig von den naturwissenschaftlichen Experten, da ihm als Soziologe nun keine qualifizierten biologischen Kenntnisse zu unterstellen sind:

»But if he really means what he says about the importance of the scallops as actors, and yet he persists with the scientists' secondhand reports of scallops' behaviour rather than providing firsthand expertise, then he gives us a pre-SSK study open to all the problems of asymmetry.« (Collins/Yearley 1992a: 317)

Das heißt, Collins und Yearley werfen Callon vor, den Anspruch einer soziologischen Erklärung wissenschaftlichen Handelns und Wissens oder zumindest eine angemessene Beschreibung des *sozialen* Prozesses des naturwissenschaftlichen Forschens aufzugeben. Anstatt die unterschiedlichen sozialen Zuschreibungen und Aushandlungen *über* das Verhalten der Muscheln zu thematisieren, behandelt er Muscheln als Akteure.

In ihrem dritten Argumentationsschritt beschäftigen sich Collins und Yearley erneut mit dem methodischen Problem der ANT in Auseinandersetzung mit Latours Konzept der Delegation, also der sozialen Kontrolle durch Artefakte, in seiner »Sociology of a Door-Closer« (Latour als Johnson 1988). Latour – so kritisieren Collins/Yearley hier – benutzt weder interpretative Methoden wie die Soziologie wissenschaftlichen Wissens noch natur- oder ingenieurwissenschaftliche Methoden, sondern die Methode der konterfaktischen Hypothese (vgl. Collins/Yearley 1992a: 318). Das Problem dabei ist, dass die Kontrolle darüber beim Erzähler, sprich Latour, liegt, und somit kein methodisch kontrolliertes Vorgehen gegeben ist. Latour erzählt stattdessen bloß »convincing stories« (Collins/Yearley 1992a: 320). Letztlich akzeptieren Collins/Yearley Latour nicht als qualifizierten Experten, der über die Materialität der Wissenschaft oder in diesem Falle des Alltags spricht (vgl. bes. Collins/Yearley 1992a: 320, Fn. 18).

Folglich sind es drei Punkte, die Collins/Yearley Latour vorwerfen: die fragwürdige Methode der konterfaktischen Erklärung, die Abhängigkeit von technischem Expertenwissen und schließlich, unter Missachtung der Erkenntnisse der Soziologie wissenschaftlichen Wissens, die Differenz von menschlichem Handeln und technischer Wirkung. Summa summarum geht es also um die schon an Callon geübte Kritik der Aufgabe des soziologischen Standpunktes, welcher trotz radikalen Gestus und erzählerisch-amüsanten Geschicks letztendlich konservativ sei, indem er asymmetrische Geschichten der Wissenschaft reproduziere.

»The consequences of the semiotic method amount to a backward step, leading us to embrace once more the very priority of technological, rule-bound description, adopted from scientists and technologists, that we learnt to ignore. This backward step has happened as a consequence of the misconceived extension of symmetry that takes humans out of their pivotal role.« (Collins/Yearley 1992:a 322)

Unterm Strich kritisieren sie die ANT dafür, dass ihre generalisierte Symmetriethese lediglich ein elaboriertes Beschreibungsvokabular anstatt eine soziologische Erklärung bietet. Sie suspendiere die Warum-Frage zu Gunsten bloßer Formbeschreibungen (vgl. Collins/Yearley 1992a: 323). Collins/Yearley bekennen sich als Relativisten und schlagen vor, zwischen den Welt(sicht)en der Naturwissenschaftlerinnen und der Sozialwissenschaftler zu alternieren. Keine der Positionen hat (absolute) Autorität, aber, entgegen einer vermischenden Perspektive à la ANT, in sich Plausibilität: »you have to decide what to do; epistemology does not make the decision for you.« (Collins/Yearley 1992a: 324)

In ihrer nicht minder polemischen Antwort verteidigen Callon/Latour (1992) ihren posthumanistischen Ansatz.[11] Sie sind unzufrieden mit dem Stand der Wissenschaftsforschung, sowohl der Wissenssoziologie von Bloor, dem *empirical programme of relativism* von Collins als auch der eigenen ANT, denn es hätte sich gezeigt, dass eine rein soziale Erklärung von Wissenschaft nicht ausreiche (vgl. auch Latour 1992a). Deswegen wollen sie über den erreichten Stand der Dinge hinaus, anstatt an der einmal etablierten Soziologie wissenschaftlichen Wissens festzuhalten: »Our deficiencies spur us to go on looking for alternatives, original methods, and yes, a still more radical definition of the field.« (Callon/Latour 1992a: 344)

Nachdem Callon/Latour Collins/Yearley für ihre selektive Auswahl der Texte kritisiert haben,[12] skizzieren sie den philosophischen Hintergrund ihrer Kritik an Collins/Yearley. Denn deren Argumentation baue auf einem Dualismus von Natur und Gesellschaft bzw. Naturalismus und Konstruktivismus auf. Dieser

---

11 Callon/Latour (1992: 345) fassen den Hauptkritikpunkt von Collins/Yearley wie folgt gut zusammen: »The major criticism made by our colleagues is that even if our position is philosophically radical and justified, its practical effect on the use of empirical material is prosaic, reactionary, and dangerously confusing. [...] we are accused of going back to the realist position to explain scientific facts and to technical determinism to account for artifacts.«

12 Die beiden Studien zum Türschließer und zur Muschelzucht bezeichnen sie selbst als »ontological manifestos« bzw. »ontological experiments« (Callon/Latour 1992: 344, 345).

Dualismus wäre eigentlich ein Kontinuum zwischen zwei Maximalpositionen. Auf der einen Seite stände ein »natural realism«, welcher davon ausgehe, dass die Natur und ihre Objekte der Gesellschaft vorrangig sind, und auf der anderen Seite ein »social realism«, wie Collins/Yearley ihre eigene Position selbst kennzeichnen, der davon ausgeht, dass Wissenschaft und Natur gesellschaftlich konstruiert und verhandelt werden (Callon/Latour 1992: 345). Das Prinzip der Alternierung, welches Collins/Yearley (1992a) vorschlagen, würde versuchen, zwischen diesen beiden Positionen zu wechseln: »The alternation they advocate is that we should switch from natural realism when we are scientists to social realism when we play the role of sociologists explaining science.« (Callon/Latour 1992: 346) Dies würde dazu führen, dass Collins sehr gut im Öffnen von Kontroversen wäre, im Beschreiben der Verhandlungen über Gravitationswellen und der Fertigkeiten mit Lasern, aber das Schließen von Kontroversen anderen überlassen würde: »Collins has nothing to say about the closing of controversies, the non-negotiability of facts, and the slow routinization that redistribute skills.« (Callon/Latour 1992: 355)

Callon/Latour betonen, dass sie keine *soziale* Erklärung von Wissenschaft geben wollen. Denn entgegen des Natur/Gesellschafts-Spektrums gehen sie davon aus, dass sowohl Gesellschaft als auch Natur das Ergebnis einer dritten Aktivität sind: »We call it network building, or collective things, or quasi-objects, or trials of force [...] and others call it skill, forms of life, material practice.« (Callon/Latour 1992: 348) Für sie sind ›Gesellschaft‹ als auch ›Natur‹ Resultate einer Performanz, welche sich nicht dingfest machen lassen lässt, weder sozial noch technisch oder natürlich.[13] Folglich kritisieren Callon/Latour sowohl »natural realists« als auch »social realists«. Die einen gehen von einer *a priori* Natur, die anderen von einer *a priori* Gesellschaft aus. Stattdessen geht es ihnen um die »Koproduktion von Gesellschaft und Natur« (Callon/Latour 1992: 349, *Übers. M.W.*). Anstatt der Annahme eines Kontinuums mit fixen Endpunkten, gehen sie von einem »indefinite gradient of agencies which are not combinations of any pure forms« (Callon/Latour 1992: 350) aus. Anstatt sich auf eine der fixen Perspektiven, entweder ›Gesellschaft‹ oder ›Natur‹, einzulassen, konzentrieren sie sich auf die Performanz: »the very activity of shifting out agencies.« (Callon/Latour 1992: 350) Somit sind dann auch weder Natur noch Gesellschaft kausale Gründe, welche den Inhalt wissenschaftlicher Praktiken und Handlungen

13 Pickering paraphrasiert dies wie folgt: »nature and society are intimately entangled in scientific and technological practice. Practice is where nature and society and the space between them are continually made, unmade, and remade.« (Pickering 1992b: 21)

erklären. Stattdessen gibt es verschiedene Versionen oder Stadien von Gesellschaften und Naturen, welche durch die Aktivitäten von Wissenschaftlerinnen und Ingenieuren zusammen mit ihren nicht-menschlichen Akteuren (als Alliierte) hervorgebracht werden (vgl. Callon/Latour 1992: 350). Weil Collins/Yearley aber von der »Gesellschafts-Position« des Natur/Gesellschafts-Spektrum argumentieren, muss ihnen, wie Pickering (1992b: 21) feststellt, Callons und Latours erweitertes Symmetriepostulat wie ein Rückschritt vorkommen. Doch aus deren Sicht ist die Argumentation von Collins/Yearley ein soziologischer Reduktionismus.

Die Konsequenz der Koproduktion von Gesellschaft und Natur für ihre Erforschung sehen Callon/Latour darin, dass dem Forscher nichts anderes übrigbleibt, als den Spuren dieser zu folgen:

> »the only observables are the traces left by objects, arguments, skills, and tokens circulating through the collective. We never see either social relations or things. We may only document the circulation of network-tracing tokens, statements, and skills.« (Callon/Latour 1992: 351)[14]

Die Crux der Argumentation von Collins/Yearley sei letztlich, dass sie zwischen »Dingen an sich« und »Menschen unter sich« unterscheide (Callon/Latour 1992: 366, *Übers. M.W.*). Doch erstens sind Wissenschaftler keine naiven Realisten und reden nicht nur untereinander. Zweitens müsste das Vokabular symmetrisiert werden, um die vielen Formen oder ontologischen Positionen der Wissenschaftspraxis zu erfassen. Und schließlich drittens gäbe es keine vorgegebenen Rollen für Dinge und Menschen. Man sollte den Attribuierungen von Rollen folgen, dann würden auch nicht-menschliche Dinge als Teilnehmer an Disputen sichtbar. Die Symmetrie sei methodologisch zu verstehen (Callon/Latour 1992: 356).

In ihrer Replik auf die Entgegnung von Callon/Latour (1992), bringen Collins/Yearley (1992b) noch einmal ihr Unverständnis gegenüber der ANT zum

---

14 Latour (1988b) sieht in der von ihm genannten »Infrareflexivität« den Ausweg aus dem infiniten reflexiven Regress der Reflexivitätsthese Woolgars. Es bedeutet die Aufgabe eines Erklärungsmodells als auch eines privilegierten Standpunktes des Forschers oder Beobachters – Callons (1987) Soziologie-Lernen von Naturwissenschaftlern oder Technikerinnen und umgekehrt. Es beinhaltet »risky accounts« von »Spurensuchungen« *(tracing)*. Gesättigte Beschreibungen reichen als Erklärungen aus. Zur Kritik der Infrareflexivität vgl. Ashmore (1989: 60) und Schulz-Schaeffer (2000: 133-138).

Ausdruck, welche ihrer Meinung nach ein Rückschritt hinter die Erkenntnisse der empirisch-konstruktivistischen Wissenschaftsforschung sei, diesen nur durch Rhetorik und philosophische Radikalität verschleiere. Sie kommen sich vor wie auf einem fernen, seltsamen Planeten, der sich bei genauerer Betrachtung als Erde herausstellt, allerdings in lang vergangener Zeit.[15]

Die Bloor/Latour-Kontroverse

Die *chicken debate* hatte dann Ende der 1990er noch ein kleines Nachspiel, als David Bloor den *Anti-Latour* ausrief (vgl. Bloor 1999a, b; Latour 1999a).[16] Nun kommt es zum tatsächlichen Showdown zwischen *strong programme* und ANT, welcher bereits bekannte gegenseitige Kritikpunkte nochmal auf den Punkt bringt. So kreist auch diese, mit einiger (kriegerischer) Wortmächtigkeit geführte Debatte um die Fragen des Sozialkonstruktivismus, der Handlungsfähigkeit von Dingen und des Szientismus (vgl. Greif 2002).

Bloor wirft Latour Obskurantismus vor, der nicht zwischen Epistemologie und Ontologie sowie nicht zwischen Tatsache (Ding) und Aussage (Wort/Wissen) unterscheiden könne. Dinge verfügen lediglich über eine kausale *agency*, während jegliches Wissen gesellschaftlich sei, weshalb die Subjekt/Objekt-Differenz durchaus ihren Sinn habe. Latour hingegen bezweifelt diese Differenz. Er sieht in Bloors *strong programme* lediglich die komplementäre Umkehrung des Naturalismus in einen Soziologismus. Anstatt soziale Phänomene naturalistisch zu erklären, erklären sie natürliche Phänomene sozial. Dieses Nullsummenspiel zwischen Szientismus und Sozialkonstruktivismus führe erstens nicht weiter, und übersehe zweitens die tatsächliche Handlungsfähigkeit der Dinge, die das ›rein‹ Soziale durchkreuze.

Hajo Greif (2002) stellt die Differenz der beiden Positionen wie folgt dar. Während Bloor dezidiert von einer sozialen Konstruktion von Wissen spricht, ist bei Latour die Konstruktion nicht ausschließlich ›sozial‹, bezieht sich aber auf Wissen und Gegenstände. Bloor ist ontologischer Realist und epistemologischer Antirealist, während Latour eine neue Ontologie begründen will bzw. einer an-

---

15 Dies bringen sie durch ihre Anspielung im Titel an die bekannte britische Fernsehserie *Journey Into Space* zum Ausdruck (vgl. Collins/Yearley 1992b). Der Titel der Serie ist auch in der Hinsicht passend, weil die ANT sich als eine topologische Heuristik des Verfolgens versteht (vgl. Latour 2005a).

16 In der deutschsprachigen Soziologie haben beide Kontroversen derzeit unter dem Titel Sozial- vs. Postkonstruktivismus ein Comeback (vgl. Holzinger 2009; Kneer 2009b, 2010).

deren in Anlehnung an Michel Serres, Gilles Deleuze und Alfred N. Whitehead folgt. Er lehnt die Trennung von Subjekt und Objekt der Erkenntnis ab und will die daraus gefolgerte Trennung von Natur und Gesellschaft überwinden. Handlungsfähigkeit wird von ihm nicht auf Intentionalität zurückgeführt, sondern auf Wirksamkeit, wodurch Dinge von sich aus bedeutungsvoll sein können. Bloor folgt dem ›klassischen‹ wissenschaftlichen Modell, während Latour, wie auch Callon, absichtlich eine anti-szientistische Methode wählt:

»Theorien sind für ihn [Latour, *M.W.*] schlicht heuristische Werkzeuge mit geringer Halbwertszeit. [...] Dies ist kein nebensächlicher Punkt, sondern von systematischer Wichtigkeit bezüglich des epistemischen Status des ganzen Projekts. Es versteht sich als eine empirische Wissens*praxis*. So verstanden, ist alle Theorie und sind alle Texte, welche im Rahmen der Akteur-Netzwerk-Theorie produziert werden, reine Instrumente zur Positionierung in einem akademischen Feld – ungeachtet ihrer Inhalte. Dies wäre die soziale Konstruktion der Wissenschaft *in action*.« (Greif 2002: 41)[17]

Der Wandel »from science as knowledge to science as practice« (vgl. Pickering 1992b) und die damit einhergehenden Kontroversen lassen sich als Spaltung der *science studies* in einen humanistischen und einen posthumanistischen Strang ansehen (vgl. Pickering 2008; Schatzki 2002). Die zentrale Differenz zwischen humanistischer und posthumanistischer Wissenschafts- und Technikforschung, so Pickering (2008), liege in der unterschiedlichen methodologischen Herangehensweise an Wissenschaftskultur. Die ›klassische‹ wissenssoziologische Wissenschafts- und Technikforschung der Edinburgh- und Bath-School sucht nach Erklärungen *hinter* den Dingen, d.h. den untersuchten Phänomenen.[18] Sie sieht diese als Oberflächenphänomene an und führt sie auf eine Tiefenstruktur zurück. Demnach ist sie einem humanistischen und aufklärerischen Gedanken verpflich-

17 Bammé (2009c) sieht in der Bloor/Latour-Kontroverse letztlich eine Wiederholung der Durkheim/Tarde-Kontroverse, welche Latour in den letzten Jahren wiederentdeckt hat. Vgl. hierzu die von Bruno Latour, Bruno Karsenti und Dominique Reynié nachgestellte und inszenierte Debatte unter http://www.bruno-latour.fr/expositions/debat_tarde_durkheim.html [12.01.2011] und die englische Übersetzung des Skripts, das auf Zitaten aus den Werken Durkheims und Tardes beruht, unter http://www.bruno-latour.fr/expositions/TARDE-DURKHEIM-GB.pdf [12.01.2011].

18 Mit *Edinburgh-School* wird in der Wissenschafts- und Technikforschung die Soziologie wissenschaftlichen Wissens von David Bloor (1976) und Bary Barnes (1974) bezeichnet, wenn auch letzterer schon lange nicht mehr dort lehrt. *Bath-School* meint den Ansatz von Harry Collins (1985) u.a., der als legitime Variante ersterer gilt.

tet. Demgegenüber sind posthumanistische Ansätze der Wissenschafts- und Technikforschung »theories of the visible« (Pickering 2008: 292). Sie analysieren die Welt der Wissenschaftlerinnen und Ingenieure wie sie *ist* bzw. wie sie sie vorfinden, ohne auf ein Außen, also ein externes Explanandum zu verweisen. In Pickerings Worten:

»If the instruction in the humanist STS is to reduce the complexity of the visible by finding (or, one might say, constructing) a hidden social order behind the scenes; the instruction in posthumanist STS is to stay with the visible and try to make sense of that.« (Pickering 2008: 292)

Wie Pickering (2008) kommt auch Greif (2005) zu dem Schluss, dass letztlich die ANT, was Prominenz, Zitation und Studien angehe, als Sieger aus diesen Debatten innerhalb der Wissenschafts- und Technikforschung hervorgegangen ist. Allerdings sieht er im Gegensatz zu Pickering die Dominanz der ANT nicht in der Überzeugungskraft ihrer Argumente begründet, sondern gerade wegen »all ihrer theoretischen Unklarheiten«, der »schillernden Vielschichtigkeit«, die »akademisches Kopfzerbrechen« verursache, womit sie der empirischen Wissenschaftsforschung »einen hinlänglich flexiblen theoretischen Überbau« verschaffen würde (Greif 2005: 118-119). Gleichzeitig kann man mit Arno Bammé (2008) die Akteur-Netzwerk-Theorie und die Schriften von Bruno Latour auch als Symptom einer »Wissenschaft im Wandel« verstehen. Der von vielen Kommentatoren festgestellte Wandel einer akademischen zu einer post-akademischen Wissenschaft (Gibbons et. al. 1994; Nowotny et. al. 2001; Bammé 2004) wird von Latour »beschrieben und nahe gelegt, aber nicht vollzogen« (Bammé 2008: 133). Die Entdifferenzierung von Wissenschaft und Gesellschaft, die sich ausbreitenden Hybriden aus Natur, Technik, Gesellschaft und Kultur sowie das »Parlament der Dinge« beschreiben den Wechsel von *Mode 1* zu *Mode 2* bzw. sind Stichwortgeber für diese Gegenwartsdiagnose. Die Rede von postakademischer Modus-2-Wissenschaft beschreibt den Wandel von einer Wissenschaft, die disziplinär, homogen und hierarchisch verfasst ist und auf ›reinen‹ wissenschaftlichen Erkenntnisgewinn abzielt, der universell, kontextfrei und reliabel ist und innerhalb der wissenschaftlichen Gemeinschaft bewertet wird und ihren Sonderstatus als Expertinnen auszeichnet, zu einer postakademischen Wissenschaft. Diese ist durch Transdisziplinarität, Heterogenität, Heterarchie gekennzeichnet und produziert »sozial robustes« Wissen für Anwendungskontexte und wird öffentlich, d.h. auch jenseits des Wissenschaftsbetriebs, diskutiert und kommuniziert (vgl. Bammé 2004: 176-204). Einerseits verliert das wissenschaftliche Wissen sein Privileg der Autonomie, das es seit der (Nach-)Renaissance gewonnen hat, und wird eingebunden in ›Anwendungskontexte‹ der Wirtschaft oder des Staates. Andererseits findet außerhalb der Wissenschaft in Betrieben, der Verwaltung und auch im Alltag ›wissenschaftliche‹ Wissensproduktion statt, wie auch das Alltagswissen der *Experten des Alltags* (Hörning 2001) eine Aufwertung erhält.

»In Zukunft wird es ein in sich abgeschottetes gesellschaftliches Subsystem ›Wissenschaft‹ in der tradierten Form als zentrale Instanz der Wahrheitsfindung nicht mehr geben. Es wird sich in den gesellschaftlichen Alltag hinein auflösen in dem Maße, wie dieser sich verwissenschaftlicht.« (Bammé 2008: 128)

Ohne selbst Forschung im Sinne des Modus 2 zu betreiben, so zeigt Latour doch diese Entwicklung auf, wenn er etwa vom Übergang von Wissenschaft zu Forschung (Latour 2002b), vom »Experiment mit uns allen« (Latour 2001b), oder vom Weg der Wissenschaft in die Demokratie (Latour 2001a) spricht. Auch schafft er durch seine Schreib-Form seine eigene Version von der Verwischung der Grenzen von Wissenschaft und Gesellschaft (vgl. auch Greif 2002). Allerdings sollte man aufpassen, Latour damit zu unterstellen, dass er allgemein Auftragsforschung oder ökonomisch-industriell anwendbarer Forschung das Wort redet; nicht ohne Grund hat er die Wende zu solch einer Art von Wissenschaft selbst nicht vollzogen. Denn vieles – aber natürlich nicht alles – was unter diesen Etiketten an Forschung läuft, würde er als ›zu schnell‹ oder als ›Doppelklick-Information‹ kritisieren. Sein Plädoyer für eine Anerkennung der Entdifferenzierung von Wissenschaft und Gesellschaft zielt auf eine Regulation und Verlangsamung des Prozesses (vgl. Latour 2002a: 188-189). Außerdem fordert er (zumindest implizit) einen reflexiven Umgang der Akteure (und Artefakte) miteinander und will gerade Wissenschaft als kollektive Leistung verstehen, welche nicht auf ein Kalkül, sei es z.B. ein ökonomisches oder politisches, zurückgeführt wird, wie man ›Auftragsforschung‹ im engeren Sinne (und hoffentlich kaum vorkommend) verstehen könnte. Im Gegenteil glaubt Latour, dass Wissenschaft und Technik letztlich scheitern, wenn sie nicht kollektiv, reflexiv und diplomatisch durchgeführt werden (vgl. Latour 2001a, 2006g). Schließlich will er auch nicht das Verhältnis Wissenschaft und Gesellschaft umkehren, und die Wissenschaften zu Gunsten der Gesellschaft oder sozialer Interessen auflösen, was genau seine Kernkritik an der sozialkonstruktivistischen Wissenschaftsforschung ist, wie soeben an den Kontroversen mit Collins und Bloor gesehen. Die Entdifferenzierung von Wissenschaft und Gesellschaft mag jedoch auf der Gegenstandebene sehr treffend sein, führt aber auf der Ebene praktischer und politischer Entscheidungen zu einer Ratlosigkeit wie Reiner Keller und Christoph Lau argumentieren:

»In einer entgrenzten Welt gibt es auch keinen fest umrissenen und institutionell ermächtigten Ort, dem Entscheidungen zugeschrieben werden können. Als empirische Beschreibung einer Welt, in der alle, auch die scheinbar hierarchisch Mächtigen, ›Getriebene‹ sind, mag dies angehen. Als Problemlösung bleibt es unzureichend.« (Keller/Lau 2008: 332)

Grenzziehungen bleiben notwendig gegenüber Entgrenzungen, die Unsicherheiten und mehr Entscheidungszwänge produzieren. Allerdings sollte man die Grenzziehungen als pragmatische Fiktionen verstehen, um politisch handlungsfähig zu sein (vgl. Keller/Lau 2008: 329-334). Die Problematik des Entdifferenzierungstheorems der ANT wurde auch bereits von Joerges (1996: 84-118) kritisiert. Er fordert nach der ganzen Entdifferenzierungsarbeit, den Blick für die Differenzierungsarbeit nicht zu verlieren:

»Der Akzent auf Hybridisierungen, ein wissenschaftssoziologisch vordringliches Interesse an einem Überspielen der Grenzen und Verflachen der Unterschiede lassen die *Frage der Differenz unbearbeitet.* [...] Praktiken der Härtung und Versiegelung bestimmter Wirklichkeitsbereiche als fraglos natürlich, technisch oder sozial verdienen mehr Aufmerksamkeit.« (Joerges 1996: 278)

Joerges interessiert sich demnach dafür, wie trotz der verschlungenen Pfade von Technischem und Menschlichem, diese Differenz immer wieder alltäglich und wissenschaftlich, aber auch z.B. juristisch, reproduziert, neu verhandelt und neu produziert wird; um im Bild Latours (2002a) zu bleiben, wie weiterhin der »Akt der Reinigung« und seine Zuweisung zum Zwei-Kammer-Kollektiv vollzogen wird. Die Differenz wird nicht aufgehoben oder suspendiert – höchstens zeitweise –, sondern wieder neu definiert (vgl. auch Preda 2000; Schulz-Schaeffer 2008: 137-140).

In der Technikforschung wurde und wird insbesondere die Symmetriethese und die damit verbundene Frage der *agency* von Artefakten kritisch diskutiert (vgl. Rammert/Schulz-Schaeffer 2002a; Berger/Getzinger 2009). Auf der einen Seite wird die Betonung technischer Wirksamkeit, welche Handlungen einschränkt und generiert, aufgegriffen, aber auf der anderen Seite ein simplifizierender Handlungsbegriff als auch Objektbegriff kritisiert.[19] Die Handlungsfähig-

19 Ingo Schulz-Schaeffer (2009) erscheint die Frage nach der Handlungsträgerschaft der Technik, wie sie insbesondere die ANT aufgeworfen hat, aus drei Gründen sinnvoll:

keit der Dinge würde in der ANT als zu mächtig und die Handlungsfähigkeit der Menschen als zu schwach beschrieben. Die alltägliche und kontingente Techniknutzung, der Umgang mit *ready-made-technology*, würde zu Gunsten einer zu starken Konzentration auf die Technikgenese nicht ausreichend berücksichtigt (vgl. Schulz-Schaeffer 2000: 139-145; Hörning 2001: 211; Hillebrandt 2002). Insbesondere wird zweierlei kritisiert: Erstens verbliebe die ANT primär in der normativen Forderung, den Dingen einen angemessenen Platz in den Sozial- und Kulturwissenschaften einzuräumen, anstatt detailierter, empirischer Studien, die die Handlungsfähigkeit von Technik herausstellen (vgl. Weyer 2009). Darüber hinaus würde in den Gedankenexperimenten Latours die geforderte Nivellierung der Unterscheidung von Technischem und Sozialem empirisch nicht durchgehalten (vgl. Schulz-Schaeffer 2000: 139-145; Lindemann 2008). Zweitens mache der schwache Handlungsbegriff blind für qualitative Differenzen in der Handlungsfähigkeit unterschiedlicher Technologien.

Weitere Einwände gegenüber der ANT und ihrer Kritik an der Soziologie und ihrer Konzeption von Gesellschaft, an gesellschaftlicher Modernisierung und einem menschlichen Handlungsbegriff sind zahlreich formuliert worden. Im zweiten Teil der Arbeit wird z.T. darauf eingegangen, wenn Latours Soziologie der Entdifferenzierung in den Kontext der Differenzphilosophie gesetzt wird (vgl. Kapitel 8).

Die Kritikpunkte zusammengefasst und aus einer ANT-Perspektive betrachtet, kann man erstens festhalten, dass sie in der Tat einen Ausstieg aus der Soziologie, wie wir sie kannten, betreibt, und stattdessen ein anderes Verständnis von Sozialem und ›seiner‹ Erforschung vorschlägt, welche man, meiner Meinung nach, am besten – aber mit Einschränkungen – als eine poststrukturalistische Perspektive auf das Soziale bezeichnen kann. Zweitens sind damit tatsächlich ein Abschied von humanistischen Vorstellungen und ein Plädoyer für eine andere Ontologie verbunden, welche auf eine Überwindung des Subjekt/Objekt-Dualismus zielt.[20] Bevor wir uns diesen sozialphilosophischen Aspekten der ANT widmen, folgen wir ihr jedoch in andere Forschungsfelder. In den letzten

---

Erstens substituiert Technik zumindest teilweise Handlungszusammenhänge und ist in welche eingebunden, zweitens stellen eine Reihe an Sozialtheorien und soziologischen Studien den sozialphilosophischen unterstellten Regelfall bewussten und sinnhaften Handelns für den Großteil sozialen Verhaltens in Frage, drittens machen aktuelle avancierte Technologien insbesondere der Informationstechnik, Stichwort Softwareagententechnologie, virulent.

20 Vor dem Hintergrund dieses Anliegens, ist auch seine Hinwendung zur Prozessphilosophie Whiteheads und zum Monismus Tardes zu verstehen (vgl. Kapitel 10).

ca. zehn Jahren ist sie auch außerhalb der Wissenschafts- und Technikforschung aufgegriffen worden und erforschen auch ihre Protagonistinnen andere Dinge mittels der Heuristik, die sie in der Erforschung der Naturwissenschaften und technischer Innovationen gewonnen haben (vgl. auch Abbildung 2, S. 103).

5 Jenseits der Technowissenschaften

»Today actor-network theory is everywhere«
(BINGHAM/THRIFT 2000: 281)

Seit den 1990er Jahren hat sich die ANT trotz oder wegen ihrer Provokation nicht nur in der Wissenschafts- und Technikforschung durchgesetzt, sondern auch zunehmend Aufmerksamkeit in anderen Feldern der Kultur- und Sozialwissenschaften erlangt. Apropos Provokation, insbesondere Bruno Latours (2002a) *Wir sind nie modern gewesen*, markiert den Beginn dieser Entwicklung. Diese Entwicklung ist nicht nur durch eine gesteigerte Rezeption der ANT, im Besonderen Latours, gekennzeichnet, sondern auch dadurch, dass Autorinnen der ANT die Tragweite ihres Programms über das spezielle Feld der Wissenschafts- und Technikforschung hinaus verdeutlichen und auch in anderen Forschungsfeldern zur Geltung bringen. Dabei finden zunächst wie auch bei anderen Wissenschafts- und Technikforscherinnen besonders zwei Wissenschaften Aufmerksamkeit, die wie die Natur- und Technikwissenschaften in ihrer Praxis viel mit Visualisierungen, Modellierungen, Apparaturen und Artefakten zu tun haben: die Wirtschaftswissenschaft und die Medizin.

Michel Callon (1998a) hat inzwischen eine »Anthropologie des Marktes« etabliert, welche v.a. die marktkonstituierende Macht der Wirtschaftswissenschaften und ihrer Theorien, Modelle und *devices* untersucht. Callon sieht drei zentrale Punkte, die seine und auch Latours Wissenschafts- und Technikforschung mit seiner Wirtschaftsforschung verbinden (vgl. Callon/Barry/Slater 2002: 285). Zunächst stellt auch die Wirtschaftswissenschaft eine Wissenschaft dar, die genauso untersucht werden kann wie die Natur- und Ingenieurwissenschaften. Zweitens sind auch in ökonomischen Prozessen Technik und Artefakte zentral, um diese zu strukturieren und aufrecht zu erhalten: »It is impossible to think of markets and their dynamics without taking into account the materiality of markets and the role of technological devices.« (Callon/Barry/Slater 2002: 285) Und drittens schließlich lässt sich die Performativität von Wissenschaft besonders verdeutlichen, was vielleicht weniger provokant ist als in den Naturwissenschaften, aber umso anschaulicher. Callon (1998b) kritisiert die Wirtschaftssoziologie dahingehend, dass sie bisher den Artefakten der Wirtschaft und vor allem denen der Wirtschaftswissenschaft zu wenig Bedeutung zugemessen hat. Denn diese Artefakte, so seine These, schaffen erst die Märkte inklusive ihrer rational kalkulierender Akteure mit. Nicht nur naturwissenschaftliche Laborpraxis, sondern auch ökonomische Prozesse sollten als sozio-technische Assemblagen analysiert werden (vgl. auch Barry/Slater 2002a; Callon/Millo/Muniesa 2007; MacKenzie/Muniesa/Siu 2008).[1] Callons zentrale These dabei ist, »that economics, in the broad sense of the term, performs, shapes and formats the economy, rather than observing how it functions« (Callon 1998b: 2). Die Wirtschaftswissenschaften lassen sich besser als Motoren, die Märkte hervorbringen und am Laufen halten, anstatt als Kameras, die sie beobachten, verstehen, wie MacKenzie (2006) dies pointiert formuliert. Wirtschaftswissenschaftliche Theorien, Modelle und Artefakte bringen ihren Untersuchungsgegenstand, den sie vorgeben zu beschreiben, aktiv mit hervor. Für die Übertragung oder besser Übersetzung der in der Wissenschafts- und Technikforschung entwickelten ANT in die Wirtschaftssoziologie führen Andrew Barry und Don Slater (2002b) vier Berührungspunkte an. Der erste ist der Zusammenhang zwischen ökonomischem und technischem Wandel. In dieser Hinsicht trägt die ANT zu einer Dekonstruktion der in der Wirtschafts- und Innovationsforschung lange vorherrschenden Vorstellung von Technik als externen, unabhängigen und determinierenden Faktor auf wirtschaftlichen Wandel bei. Stattdessen versteht sie zweitens ökonomische Prozesse analog zur wissenschaftlichen Praxis als ein heterogenes Netzwerk:

»Economic processes can themselves be treated as just another kind of socio-technical-discursive arrangement, like cars or nuclear physics [...], comprising heterogeneous actors whose properties emerge from specific but contested material arrangements.« (Barry/Slater 2002b: 180)

Anstatt wirtschaftliche Prozesse von anderen – technischen, politischen, sozialen usw. – Prozessen zu trennen und zu fragen, wie sie sich gegenseitig beeinflussen, sollte herausgestellt werden *wie* bestimmte Praktiken als ökonomische herge-

1 Auch andere Forscherinnen der Wissenschafts- und Technikforschung haben sich mittels der dort entwickelten Methoden und Theorien der Wirtschaft, ihren Praktiken, Artefakten und Medien zugewendet, insbesondere der Finanzwirtschaft und den Finanzmärkten (vgl. Preda 2001; MacKenzie/Millo 2003; Kalthoff 2004; Knorr-Cetina/Preda 2004; Knorr-Cetina/Brügger 2005; MacKenzie 2006, 2009; MacKenzie/Muniesa/Siu 2007).

stellt und von anderen abgegrenzt werden. Dies führt dazu, die Vielfalt von beispielsweise Märkten in Hinsicht auf ihre Akteure, Artefakte, Ideen usw. zu verdeutlichen und wirkt der Homogenisierung des Marktes in den *mainstream*-Wirtschaftswissenschaften entgegen (vgl. Callon/Barry/Slater 2002). Eine solche Perspektive führt drittens dazu, die Mikro/Makro-Unterscheidung in der Hinsicht zu umgehen, dass man nicht von zwei Ebenen ausgeht, sondern von einer Vielzahl an spezifischen Praktiken, die miteinander *verbunden* sein können und erst dadurch als ›Makro‹-Prozess oder -Akteur erscheinen können (vgl. Barry/Slater 2002b: 180-181). »The question of how contingent, or how local or global, particular economic forms are, is a matter for empirical investigation.« (Barry/Slater 2002b: 180)

Auch diese Heuristik ist aus der Wissenschaftsforschung der ANT übernommen und von Callon und Latour als *Die Demontage des großen Leviathans* (Callon/Latour 2006) bezeichnet worden oder von Latour (2006a) mit Verweis auf seine Pasteur-Studie auf die Losung *Gebt mir ein Laboratorium und ich werde die Welt aus den Angeln heben* gebracht (vgl. Kapitel 2.4). Schließlich besteht die Parallele zwischen naturwissenschaftlicher und ökonomischer Praxis in der zentralen Bedeutung von Kalkulationen, so dass Callon (1998b) von Quasi-Laboren spricht. Diese Praktiken repräsentieren nicht die Wirklichkeit, sondern bringen neue Realitäten hervor. Kalkulationen sind immer umstritten, d.h. nur zeitweise stabilisierte ›Fakten‹ und potentiell immer offen für Kontroversen. Außerdem sind sie abhängig von technischen Artefakten und Diskursen.

Mit diesem Ansatz grenzt sich Callon von mehreren Positionen in der Wirtschaftsforschung ab (vgl. Barry/Slater 2002b: 182-184). Erstens ist dieser Ansatz ein Angriff auf die etablierte Wirtschaftswissenschaft, in der Hinsicht, dass sie sowohl die ›Reinheit‹ ökonomischer Prozesse als auch den rationalen, berechnenden Akteur in Zweifel zieht. Dabei bezweifelt Callon allerdings nicht die Existenz von Märkten und ökonomischer Akteure, sondern lediglich ihre Naturalisierung in der Ökonomie. Der ANT in der Wirtschaftsforschung ist daran gelegen, die Konstruktion und Produktion von Märkten und kalkulierenden Akteuren, d.h. des Homo oeconomicus, aufzuzeigen. »Was erklärt werden muss, ist genau das, was wir in der üblichen Beschreibung des Marktes als offensichtlich betrachten: die Existenz berechnender Agenten, die Verträge unterschreiben.« (Callon 2006b: 550) Zweitens nimmt Callon aber auch dadurch eine distinkte Position zu einer Reihe an wirtschaftssoziologischen und -ethnologischen Positionen ein, indem er, auch hier analog zu seiner und Latours Kritik innerhalb der Wissenschaftsforschung an Bloor und Collins, die Homogenisierung von Gesellschaft oder Kultur als externe Erklärungsgröße bezweifelt. Der rationale Akteur soll weder durch Werte, Normen, kulturelle Leitbilder oder ähnliches humanisiert werden, noch als vereinfachtes Menschenbild denunziert werden. Stattdessen geht es darum, Märkte und kalkulierende Akteure als Akteur-Welten, d.h. als umstrittene sozio-technische Arrangements, zu beschreiben. Es geht darum aufzuzeigen, was den Homo oeconomicus ausmacht; seine Technik, Ausrüstung und materielle, metrologische und prozedurale Einrichtung darzulegen und nicht darum, welche Werte oder Gefühle ihm fehlen: »in fact it should be trying to understand ›his simplicity and poverty‹.« (Barry/Slater 2002b: 183) Ökonomische Praxis wird somit nicht einem menschlichen und individuellen Akteur zugeschrieben wie in ökonomischen Theorien, aber dieser Akteur wird auch nicht wie in der ›neuen Wirtschaftssoziologie‹ in soziale und kulturelle Strukturen, interpersonale Netzwerke, Institutionen, Konventionen usw. eingebettet. Stattdessen wird ökonomisches Handeln in einem hybriden Kollektiv produziert. Sozio-technische Arrangements aus Menschen, aber auch technischen Hilfsmitteln, Algorithmen, Ideen usw. bringen den ökonomischen Akteur hervor (vgl. Callon 2005: 4). Drittens wendet sich der ANT-Ansatz in der Wirtschaftsforschung gegen die strukturalistischen Annahmen der politischen Ökonomie. Anstatt von Strukturen oder Mächten hinter ökonomischen Praktiken und Prozessen auszugehen, wie zum Beispiel ›das Kapital‹, geht Callon von der Kontingenz der Netzwerke aus, d.h. »the structuring economic institutions and processes [...] through the alignment of heterogeneous arrangements« (Barry/Slater 2002b: 184). Callon ist daran interessiert wie z.B. ›Kapitalismus‹ produziert wird und folgt man den Praktiken und Artefakten, die ihn produzieren, zeigt sich die Vielfalt seiner Formen (vgl. Callon/Barry/Slater 2002: 297-299).

Iain Hardie und Donald MacKenzie (2007) haben den callonschen Performativitätsansatz vor dem Hintergrund ethnographischer Feldforschung eines bestimmten ökonomischen Akteurs auf Finanzmärkten veranschaulicht: den Hedgefonds. Sie stellen das sozio-technische Arrangement aus wenigen Menschen und vielen Bildschirmen, die eine sehr große Anzahl an Informationen aus aller Welt darstellen, heraus. Das Handeln mit Hedgefonds in dem untersuchten Londoner Büro ist verteilt auf mehrere Menschen in dem Raum – die ›Haupthändlerin‹, ihren Assistenten, einen *strategist* und einen *operating officer* (vgl. Hardie/Mackenzie 2007: 63) –, den Bildschirmen und ihren vielfältigen Darstellungen der für den Handel relevanten Märkte und weiteren ökonomischen und politischen Informationen und Nachrichten, die für Kauf- und Verkaufentscheidungen von Bedeutung sein könnten, einem *back office*, welches in Dublin ist, einem *prime broker* einer Investmentbank, mit dem man elektronisch verbunden ist, sowie E-Mails anderer Händler, die die Aufmerksamkeit des Händlers auf bestimmte Informationen lenkt. Die Handlung ist also nicht nur innerhalb des Büros verteilt, sondern auch über den Globus. Erst dieses Netzwerk bringt den

Hedgefonds hervor. Hardie/MacKenzie (2007: 75-76) verdeutlichen auch die Performativität ökonomischer Theorien, z.B. indem sie aufzeigen, dass die Kolleginnen und Assistenten des Haupthändlers diesen beeinflussen durch Motivation und emotionaler Unterstützung, damit dieser nicht in die Fallen der Erwartungstheorie geht.

Neben den Wirtschaftswissenschaften und ihren Märkten und *trading floors* ist den medizinischen Wissenschaften besondere Aufmerksamkeit geschenkt worden. Eine Reihe an Studien haben sich der Medizin und dem paradigmatischen Ort dieser *technoscience*, dem Krankenhaus, gewidmet (vgl. Hirschauer 1991; Berg/Mol 1998; Law/Singelton 2000; Mol 2003).[2] Annemarie Mol (2003) hat beispielsweise eine ungewöhnliche Ethnographie der medizinischen Praktiken mit der Krankheit Arterienverkalkung in einem holländischen Krankenhaus verfasst. Dabei zeigt sie, methodologisch betrachtet, wie eine »empirische Philosophie« aussehen kann, einen Begriff, den Latour mit Freude aufnehmen wird (vgl. Latour/Roßler 1997).[3] Inhaltlich und theoretisch gesehen, führt sie die Mannigfaltigkeit dieser Krankheit vor Augen. Sie stellt dar, wie viele Körper – technische, fleischliche und konzeptionelle – eine alltägliche Krankheit wie Arterienverkalkung haben kann. Ihre Studie zeigt die vielfältige Wirklichkeit einer Krankheit in der Praxis.

Neben den ›Expertenmaschinen‹ wie das Elektroauto und das Nahverkehrsprojekt *Aramis*, wird zunehmend die *agency* von alltäglichen Artefakten betont, so dass sich Wissenschafts- und Technikforschung und *cultural studies* annähern.[4] Auch Schlüsselanhänger, Straßenschwellen, Sicherheitsgurte und der »Berliner Schlüssel« sind »missing masses« konventioneller Sozialwissenschaft (Latour 1992b, 1996a). Auch sie agieren mit: Sie beeinflussen, normieren, rahmen und provozieren ›unser‹ Handeln. Diesen Punkt nimmt Michael (2000) in seinen Studien zur *co(a)gency* auf. Sein Konzept der *co(a)gency* ist letztlich nichts anderes als das latoursche Aktanten-Netzwerk: das ineinander verflochtene gegenseitige Handeln menschlicher und nicht-menschlicher Akteure. Der

---

2 Davon inspiriert, aber sich abgrenzend und stärker auf dem Pragmatismus und symbolischen Interaktionismus bzw. die philosophische Anthropologie aufbauend: Schubert (2006) und Lindemann (2002).

3 Abgesehen davon wählt Mol (2003) auch eine, gewissermaßen ANT-typisch, unkonventionelle Form, indem sie die ethnographische Analyse parallel mit ihrer philosophischen und sozialtheoretischen Reflexion auf jeder Seite unterteilt laufen lässt.

4 Zur Annäherung und Komplementarität von *cultural studies* und *science studies* vgl. Pickering (1995: 217-229) und Kapitel 11.

Clou seiner, wie er auch selber eingesteht, nicht sehr schönen Wortschöpfung liegt darin, dass *co(a)gency* sich sowohl auf *cogency*, d.h. Stichhaltigkeit, Macht oder Druck als auch auf *co-agency*, d.h. Mit-Handeln bezieht. So zeichnet er in seinen Studien zum Hund-an-der-Leine-führen, Auf-der-Couch-sitzend-Fernsehen-gucken, Autofahren und Wandern, wie sehr die Hybriden aus Mensch und Technik auch in der Alltagskultur zu finden sind. Also auch die *couch potatoe* und der Urlaubswanderer mit Hightech-Trekkingschuh sind soziotechnische Hybride und nicht nur Mikroben, Vakuumpumpen, Elektroautos und Kammmuscheln.[5] Michael greift somit den von Latour (1992b) angedeuteten Weg der Erforschung alltäglicher Artefakte und den häufig an der ANT kritisierten Punkt der Vernachlässigung der kontingenten Artefaktnutzung im Alltag auf.[6] So berichtet Michael (2000) beispielsweise von seinem Naturerlebnis in der Samariaschlucht auf Kreta. Er zeigt auf, wie dieser vermeintlich direkte erhabene Naturzugang durch eine Reihe gewöhnlicher Faktoren mediatisiert wird, was einem meist erst auffällt, wenn diese Faktoren nicht so funktionieren, wie sie sollten. So muss die Natur – vermittelt durch Meteorologie und Park-Ranger – ›bereit sein‹. Einmal blieb Michael sein erhabenes Naturerlebnis versagt, da es in der Schlucht zu stürmisch war. Des Weiteren müssen die Technik-Mensch-Interaktionen problemlos funktionieren; etwa der Bus, der einen vom Ende der Schlucht zurück zum Ferienort oder Ausgangspunkt bringt und v.a. die Wanderschuhe, die Michael einmal solche Schmerzen bereiteten, dass er sich gar nicht seinem Naturerlebnis hingeben konnte.[7] Und letztlich müssen auch die Mensch-Mensch-Interaktionen stimmen. Denn es gibt nichts Schlimmeres, als wenn man feststellt, dass man nicht der Einzige ist, der dem Naturerlebnis frönen will und Massen durch die Schlucht geschleust werden und dann wohlmöglich noch ›plappernd-gaggernd daher wackeln‹ anstatt andächtig und respektvoll flanieren. Es kann also kein direktes Naturerlebnis geben, sondern immer nur ein vermitteltes. So zeigt Michael in seinen Fallstudien, wie sehr Beziehungen zwischen Mensch und Natur, Tier, Alltagstechnologie und Medien durch insbesondere unscheinbare Dinge wie die Wanderschuhe, die Fernbedienung oder die Hundeleine mediatisiert werden.

---

5 Dies sind die inzwischen schon klassischen Beispiele in Latour (1988a), Latour (2002a) und Callon (1986).

6 Vgl. hierzu auch Michael (2006) und Dant (1999) sowie die *Material Culture Studies* von Miller (1991, 1998, 2005).

7 Michaels Wanderschuhe sind auch sein Hauptgegenstand, an dem er die vielfältigen Verbindungen von Körper, Kultur und Natur aufzeigt.

Mit Tony Bennett (2005, 2007) hat ein sehr prominenter Vertreter der *cultural studies* neben den *governmentality studies* die ANT und die Wissenschafts- und Technikforschung allgemein aufgegriffen und analysiert Museen als Labore. Er vergleicht Museen mit Laboren, um herauszustellen, dass diese so etwas wie kulturelle oder »zivile Laboratorien« (Bennett 2005) sind. Er versteht Museen als Assemblage von Dingen, Texten, Präsentationen usw. Dieses charakteristische Set an Ressourcen stellt neue Technologien der Intervention in das Soziale und dessen Steuerung (*governance*) bereit. Museen mobilisieren und inszenieren oder besser ›performieren‹ ein spezielles ziviles Programm. Kulturelle Institutionen wie Museen als Assemblagen stellen für ihn »working surfaces« auf das Soziale dar und sind keine bloßen kulturellen Konstrukte. In Analogie zu den *science studies* plädiert er für »culture studies«, in dem Sinne, dass Kultur analysiert werden sollte »as a distinctive form of public organisation, an assemblage of certain artefacts, buildings, people and practices with the purpose to acting upon the social in certain ways and so forming the human character« (Bennett/Dodsworth/Joyce 2007: 541). Kultur stellt keinen bestimmten Gegenstand oder Stoff dar, der bislang meist als das Symbolische, d.h. als Zeichen und Repräsentation verstanden wurde. Kultur sollte besser als ein Effekt materiell heterogener Praktiken des Ordnens analysiert werden. Kultur als Assemblage differenter Entitäten unterscheidet sich dann von anderen Assemblagen durch ihre Form, d.h. in ihrer öffentlichen Organisation (vgl. Bennett 2008: 6). Solche Analysen der Produktion kultureller Assemblagen könnten dann zeigen, wie Kultur als ein öffentlich differenzierter Bereich von Gesellschaft gemacht wird.

Die ANT und andere Wissenschafts- und Technikforscherinnen haben die Zitadellen der Naturwissenschaften verlassen[8] und sich nicht nur auf die *trading floors* und in die Krankenhäuser begeben. Die ANT hat ihr Netzwerk inzwischen auf sämtliche ›Bereiche‹ und ›Gegenstände‹ der Sozial- und Kulturwissenschaften ausgeweitet: auf Alltagskultur, Recht, Politik, Kunst und Religion, um nur einige zu nennen.[9] Darüber hinaus hat insbesondere Bruno Latour verstärkt die Provokation der ANT für die allgemeine Sozialtheorie herausgearbeitet (vgl. La-

---

8 Die häufig formulierte Kritik an den Laborstudien, dass sie in deren engen Mauern verbliebe, wurde von Emily Martin (1998) in einer der ANT nicht unsympathischen deleuzianischen Kritik aufgegriffen, in der sie von Zitadellen spricht.

9 Vgl. beispielsweise zu Kultur: Hennion (2004, 2007), Pinch/Bijsterveld (2004), Bennett (2005, 2007); zu Politik: Barry (2001), Latour (2003b), Latour/Weibel (2005); zu Recht: Latour (2002d); zu Kunst: Latour/Weibel (2002, 2005), Born/Barry (2010), Latour/Lowe (2011); und zu Religion: Latour (2001d, 2002e), Latour/Weibel (2002).

tour 2001a, 2002a, 2005a). Inzwischen gibt es eine nicht mehr zu überblickende Vielzahl an empirischen Studien, die in ganz unterschiedlichen Bereichen und anhand verschiedener Untersuchungsgegenstände sich des Vokabulars der ANT bedienen – meist explizit, nicht immer entsprechend rekonstruiert. In einer Reihe von Disziplinen der Sozial- und Kulturwissenschaften wird sie inzwischen breit rezipiert, in ihren ›natürlichen‹ Disziplinen Soziologie, Ethnologie und etwas weniger in der Philosophie, aber auch beispielsweise in der Geographie (vgl. Thrift 1996), Kunstwissenschaft sowie Architektur und Design. Trotz ihrer Nähe zu poststrukturalistischen Philosophien haben die Medienwissenschaften die ANT und ihre Medientheorie der Technik erst vor kurzem entdeckt. Dieser Diskussion soll im Folgenden etwas ausführlicher gefolgt werden.[10]

10 Die Auswahl hierfür kann ausschließlich mit der Situierung des Autors begründet werden und nicht nach anderen Kriterien. Kurz, die Studie ist zum Teil im Arbeitskontext im Bereich »Medien und Kulturtheorie« entstanden und eben nicht in der Wirtschaftssoziologie oder Religionssoziologie beheimatet.

6 Akteur-Netzwerk-Theorie und Medien- und Kommunikationswissenschaften

»Latour's approach [...] has proven to provide an excellent tool kit for analysing our mediated being-in-the-world.«
(VAN LOON 2008: 128)

Die Akteur-Netzwerk-Theorie lässt sich auch als eine Medientheorie[1] und eine Heuristik für die Medienforschung begreifen – ein Aspekt, den die Medienwissenschaften selbst lange Zeit vernachlässigt haben.[2] Theoriegeschichtlich und konzeptionell überrascht die späte Beachtung der ANT innerhalb der Medien- und Kommunikationswissenschaften, gerade weil sie explizit und schon seit ihrer ›Entstehung‹ Anfang der 1980er Jahre auf der Philosophie von Michel Serres und der Semiotik von Algirdas Greimas aufbaut. Denn so ist z.B. Serres' (1993b) *Philosophie der Gemenge und Gemische* in erster Linie eine Kommunikations- und Medienphilosophie. Doch Serres nimmt bis heute eine Randposition in der Diskussion um Medien und Kommunikation ein und wird eher als Wissenschafts- und Naturphilosoph wahrgenommen (vgl. Gehring 2006).[3] Zugege-

1 Vgl. hierzu auf dem inzwischen schon unüberblickbaren Markt an Einführungs- und Überblicksdarstellungen sowie Anthologien zum Thema z.B. Hartmann (2000), Kloock/Spahr (2000), Münker/Roesler/Sandbothe (2003), Lagaay/Lauer (2004), Pias/Vogl/Engell (2004), Mersch (2006).

2 Vgl. hierzu die Beiträge im zweiten Abschnitt des Sammelbands von Kneer/Schroer/Schüttpelz (2008) sowie Couldry (2006) und van Loon (2008). Auch im Strategiepapier der *Gesellschaft für Medienwissenschaft* wird die ANT inzwischen als zentrale Medientheorie genannt (vgl. GfM 2008). In der deutschsprachigen Kommunikationswissenschaft ist sie bislang nicht existent.

3 So wurde sein explizit kommunikationstheoretisches Frühwerk aus den End-1960er und 1970er Jahren erst in den 1990ern ins Deutsche übersetzt. Die Übersetzung der

benermaßen sind beide, Serres und Greimas, vielleicht nicht Kern eines natürlich immer fragwürdigen Kanons ›der‹ Medien- und Kommunikationswissenschaften. Serres ist allerdings keine unwichtige Quelle innerhalb der konstruktivistischen Medien- und Kommunikationsforschung (vgl. Bardmann 1997; Schmidt 2000) und ähnliches gilt für Greimas in der sprachwissenschaftlichen Kommunikationsforschung (vgl. Eco 1994; Withalm 2003). Als eine »ruthless application of semiotics« (Law 1999: 3) ist die ANT theoriegeschichtlich geradezu prädestiniert für eine ›Anwendung‹ in der Medien- und Kommunikationsforschung. Allerdings haben sich auch die Proponenten der ANT wie Michel Callon, Bruno Latour und John Law nur selten bis gar nicht mit Medientechnologien beschäftigt (vgl. aber Hennion/Latour 2003; Latour 2006f).

Doch bevor die Medientheorie der ANT genauer skizziert und ihr Potential für die Medienforschung, insbesondere in Anbetracht gegenwärtigen Medienwandels, herausgestellt wird, soll zunächst verdeutlicht werden, in welche Lücke der Medien- und Kommunikationswissenschaft die ANT stößt.[4]

6.1 MEDIENKOMMUNIKATIONSWISSENSCHAFT OHNE MEDIEN?

Ließe sich analog zur Erzählung einer »Soziologie ohne Objekt« (Latour 2001c) oder der »Technikvergessenheit der Soziologie« (Rammert 1998a) auch eine Medien- und Kommunikationswissenschaft ohne Medien rekonstruieren?

Nimmt man als Ausgangspunkt das klassische und technische Modell von Kommunikation, das vieldiskutierte und umstrittene Sender/Empfänger-Modell als Folie zur analytischen Einteilung medienkommunikationswissenschaftlicher Studien und Ansätze, dann lassen sich diese in drei Gruppen aufteilen: Diejenigen, die die eine Seite des Kanals (Produktion) thematisieren, diejenigen, die die andere Seite (Konsum/Rezeption/Aneignung) betonen und schließlich diejenigen, die die Botschaft zwischen Sender und Empfänger behandeln (Film- und Fernsehanalysen). Bei letzteren lässt sich meist unterscheiden zwischen denjeni-

vier Hermes-Bände wurde auch nicht vom Suhrkamp Verlag, bei dem *Der Parasit* (1987), *Elemente einer Geschichte der Wissenschaften* (1994b) und *Der Naturvertrag* (1994c) erschienen sind, sondern vom auf französische Gegenwartsphilosophie spezialisierten Merve Verlag bewerkstelligt. Ins Englische wurde lediglich ein *best of* aus den Hermes-Büchern übersetzt (vgl. Serres 1982).

4 Dieses Kapitel geht auf die Zusammenarbeit und die intensiven Diskussionen mit Jan-Henrik Passoth zurück, dem ich dafür sehr danke.

gen, welche die in einem Film, einer Serie oder Show dargestellten Inhalte stärker auf die Produktionsbedingungen von denjenigen, die sie auf die Rezeptionsbedingungen beziehen und schließlich von denjenigen, die versuchen ›text‹-immanent Strukturen, Narrative und Typen festzumachen. Der Kanal selbst bleibt in den meisten Arbeiten unberücksichtigt, sieht man einmal von ein paar zur Medienforschung konvertierten Literaturwissenschaftlern wie Marshall McLuhan und Friedrich Kittler ab; doch dazu später mehr. Eine Medienanalyse mittels der ANT nimmt nun genau den Kommunikationskanal ins Visier, um von dort ausgehend die Praktiken der Produktion und Rezeption zu rekonstruieren. Dabei geraten dann die Medien eben als solche – als Medien oder in der Sprache der ANT als Mediatoren – in den Blick und sind nicht bloße Mittel von Interessen, sei es der Produzenten oder der Konsumenten. Medien sind aktive Schaltstellen in der Kommunikation von X und Y.[5] Somit könnte man überspitzt sagen, geht es um die Aneignung der Medien und nicht die Aneignung der Produzenten oder der Nutzer. Obwohl letzteres mitgedacht und angedeutet ist, etwa in den entsprechenden Verweisen auf subversives Handeln mit Technik und eigentlich prinzipiell die Differenzierung von Produktion und Aneignung in einem Akteur-Netzwerk eben genau hinfällig ist, so dass man eigentlich den vorangegangenen Satz wie folgt formulieren muss: Es geht immer *auch* um die Aneignung der Medien und nicht nur die Aneignung der Produzenten oder der Rezipienten.[6]

»ANT gives empirical credibility to McLuhan's aphorism that media are extensions of human faculties (but also to its opposite, namely that humans are extensions of media) by showing how alliances can be forged between ›humans‹ and technologies in establishing temporally stable everyday work settings.« (van Loon 2008: 128)

Die Crux der Lasswell-Formel – wer sagt was durch welchen Kanal zu wem mit welchen Effekten (vgl. Lasswell 1971) – ist, abgesehen davon, dass sie Medienkommunikation als einen unilinearen kanalförmigen Prozess missversteht, die,

5 Medien sind das Dritte in der Sprache des Spiritus Rector der ANT des französischen Wissenschafts- und Kommunikationsphilosophen Michel Serres (z.B. 1987). In *dieser* Hinsicht trifft sich die ANT mit McLuhans (2001: 7) Losung, dass Medien die Botschaft sind.

6 Hierauf weist auch Wolfram Nitsch (2008: 226) hin, wenn er schreibt: »Latours Bestimmung technischer Vermittlung wendet sich gegen die bei den Pionieren der Technikanthropologie bisweilen erkennbare Tendenz, vornehmlich das Werkzeug im Lichte des Menschen, nicht aber zugleich den Menschen im Lichte des Werkzeuges zu betrachten.«

dass sie dazu verführt, die verschiedenen Momente und Akteure dieses Prozesses als relativ klar voneinander getrennte zu betrachten – folglich auch die Differenzierung in Medienproduktions- und Kommunikatorforschung, Inhaltsanalyse, Medienanalyse, Publikumsanalyse und Wirkungsforschung.[7] Stattdessen könnte dieser Prozess der Medialisierung als Zusammenkunft oder Versammlung von Menschen (Produzenten, Konsumenten, Distributoren, Instandhalter usw.), Artefakten (Kabel, Bildschirmen, Kameras usw.) und Bildern sowie Texten verstanden werden; als eine Versammlung, aus der Affekte, Intentionen und Aktionen emergieren.

Die eingangs gestellte Frage nach einer Medienkommunikationswissenschaft ohne Medien wieder aufgreifend, lässt sich feststellen, dass die Beantwortung der Frage nicht einfach ausfällt. Denn die erst in ihren Anfängen befindliche Rezeption der ANT in den Medienwissenschaften hat zwei Seiten. In den anglophonen *media studies* wird sie genau zu dem Zweck rezipiert, die Medienblindheit großer Teile der Medienforschung zu überwinden (vgl. van Loon 2008). In der deutschsprachigen Diskussion hingegen wird sie als Chance für eine Medientheorie ohne technisches Apriori verstanden (vgl. Seier 2009).

Im Kontext des ersten Stranges der Medienforschung lässt sich die These der Medienwissenschaft ohne Medien durchaus gut begründen. Denn hier ist in den meisten und prominentesten Ansätzen die Medientechnik in den Hintergrund getreten. Die Medientechnik tritt zurück hinter die kulturellen, sozialstrukturellen oder sozioökonomischen Bedingungen, die sie unter der Hand bestimmen oder die verhindern, dass ihre Möglichkeiten ausgeschöpft werden. So hat die kritische Theorie die Mächte hinter den Medien thematisiert, sei es die Kulturindustrie (Horkheimer/Adorno 1969: 128-176) oder Bewusstseinsindustrie (Enzensberger 1970), welche den Bürger manipuliere, in unkritische Passivität versetze und zur Verdummung führe. Dies hätte den Zerfall und die zunehmende Vermachtung von bürgerlicher Öffentlichkeit zur Folge (Habermas 1990). Pierre Bourdieu (1998) spricht in seiner Kritik des Fernsehens von einer »unsichtbaren Zensur« und von »symbolischer Gewalt«, welche den ökonomischen Zwängen des Marktes einerseits und den soziokulturellen Zwängen des journalistischen Milieus und Habitus andererseits geschuldet sei. Die kommunikationswissenschaftliche Medienökonomie reduziert jegliches Handeln von, mit und durch Medien auf ökonomische Wettbewerbs- und Marktregeln sowie individuelle, nutzenmaximierende Kalküle. Während diese Ansätze die Mächte *hinter* den Medien betonen, sei es die Kräfte des Marktes, die Gesetze des Kapitalismus

7 So hat sich auch Lasswell selbst primär für einen Aspekt, die Wirkungsforschung, in seinen Studien zur Propaganda interessiert.

oder die Kultur des Journalismus, so haben andere gewissermaßen die Kräfte *vor* den Medien thematisiert. Während die klassische, behaviouristische Medienwirkungsforschung noch von einem einseitigen Wirkmechanismus von Medienbotschaft (Werbung, Propaganda) zu einem passiven Publikum ausgegangen war, thematisieren andere Ansätze den tatsächlichen Gebrauch von Medien (vgl. Bonfadelli 2004). Ihre Differenz liegt nicht im Gegenstand, der Mediennutzung, sondern in ihrer Modellierung begründet. Mediennutzung wurde im *uses-and-gratifications*-Ansatz utilitaristisch und in den *cultural media studies* hingegen sozial, interpretativ und expressiv konzipiert (vgl. Göttlich 2006). Letztere konnten damit in empirischen Studien die Aktivität und Produktivität von Rezipientinnen und vielfältige Lesarten von Medientexten herausstellen sowie, entgegen der Annahme eines kulturindustriellen Massenbetrugs, Massenmedien als ein Terrain des Kampfes um Bedeutung sozialer Gruppen herausstellen (vgl. Hall et al. 1987; Winter 2001). Dennoch wird in diesen Ansätzen den Medien selbst und dem Prozess der Medialisierung wenig Aufmerksamkeit geschenkt. Auch in der literaturwissenschaftlich informierten Medienforschung, welche die Semiotik und Ästhetik von Medientexten herausstellt (vgl. Eco 1980; Nöth 1997), bleibt die technisch-apparative Dimension ein blinder Fleck. Diese zeichentheoretischen und inhaltsanalytischen Ansätze interessieren sich ausschließlich für die Bedeutung und Struktur einer Medienbotschaft.

Überspitzt und polemisch formuliert hat sich die Medien- und Kommunikationswissenschaft zum Großteil nie wirklich für Medien interessiert. Die Medien selbst und der Prozess der Vermittlung treten in diesen Varianten der Medienforschung in den Hintergrund und stattdessen stehen Produktionsverhältnisse, Aneignungskontexte, Verhaltensreaktionen und Textbedeutungen im Vordergrund. In den oben angesprochenen Ansätzen werden Medien als *black boxes* betrachtet. Sie sind immer nur Mittler von etwas, das außerhalb ihrer selbst liegt (vgl. van Loon 2008). Medien sind bloß Kanäle oder Folien sozialer, politischer und wirtschaftlicher Effekte. Entweder wurde die (politische) Ökonomie der Medien(-Industrie) beschrieben, die Bedeutung von Medientexten als Spiegel sozialer, politischer und wirtschaftlicher Interessen und Ideologien oder zumindest gesellschaftlicher Diskurse herausgestellt oder schließlich den sozialpsychologischen Wirkungen von Medien nachgegangen. Die Medien selbst blieben oft unberücksichtigt, man interessierte sich immer für etwas anderes: Märkte, Industrien, Organisationen, Regulationen, Wirkungen, Texte und *empowerment.* Oder man reduzierte, wie im Falle der luhmannschen (1996) Theorie der Massenmedien, diese auf eine exklusive gesellschaftliche Funktion, die sie zu einem geschlossenen sozialen Funktionssystem macht, welches nach einer binären Logik operiert (Information/Nicht-Information). Wenn auch Luhmanns Vorstellung von Technik (1991: 97) als »*funktionierende Simplifikation*« Ähnlichkeit mit dem latourschen Verständnis von Technik als *black box* hat, so ist seine Differenzierungstheorie schwer mit Latours Entdifferenzierungstheorie und Irreduktionismus vereinbar (vgl. aber Belliger/Krieger 2006b).

Empirische Medienforschung hat sich meist auf die Trias Medienindustrie – heute auch gerne im Plural gebräuchlich und mit Kreativität markiert (*creative industries*) –, Publikum/Nutzer und Medientext konzentriert (vgl. van Loon 2008: 113). Dies gilt insbesondere für die angloamerikanischen *media studies*. Aber auch in den deutschsprachigen Medien- und Kommunikationswissenschaften konnte man eine gewisse Arbeitsteilung beobachten, dahingehend, dass der Medientext und seine Wahrnehmung den Film- und Literaturwissenschaften überlassen wurde, was aufgrund ihrer philologischen und bildwissenschaftlichen Expertise auch naheliegend ist, während sozialwissenschaftlich orientierte Ansätze stärker auf Mediensysteme, -ökonomie, -wirkungen und -nutzung abzielten.[8] Diese Arbeitsteilung wurde dann aber einerseits durch die Rezeption der transdisziplinären *cultural studies*, welche insbesondere soziologische und semiotische Methoden zusammenführten und Produktion, Rezeption und Text in einen zirkulären Konnex stellten (vgl. Winter 2001)[9], sowie einer integrativen Perspektive wie Siegfried J. Schmidts (2000) systemtheoretisch begründete Medienkulturwissenschaft durchbrochen. Die Akteur-Netzwerk-Theorie ist nun ein weiterer Akteur auf der medien- und kommunikationswissenschaftlichen Bühne, welcher insbesondere darauf pocht, den *Prozess der Medialisierung* (*mediation*) genauer unter die Lupe zu nehmen, welcher tatsächlich Medienindustrie, Nutzer und Text miteinander *verbindet*.

Sicherlich gibt es auch noch eine Reihe an Ansätzen in der Medienforschung und Medientheorie, welche tatsächlich das Medium und insbesondere die Medientechnik ins Zentrum der Aufmerksamkeit gerückt haben. Denn natürlich haben wir z.B. Marshall McLuhans (2001: 7-23) Losung »the medium is the message« und die je eigenen Fortführungen der Toronto-Schule in Frankreich und Deutschland zum Beispiel. Allerdings neigen viele *Techniktheorien der Medien*

---

8 Hierin liegt auch noch die wohlgehegte Differenz von Medienwissenschaft und Kommunikationswissenschaft in Deutschland, welche auch gerne an der Bedeutung der Ästhetik für die einen und der Bedeutung sozioökonomischer (und psychischer) Strukturen für die anderen festgemacht wird.

9 Die *cultural studies* verbinden Semiotik, politische Ökonomie, interpretative Soziologie und Handlungstheorie, weshalb den *cultural studies* in Deutschland schon fast die Vermittlungsrolle zwischen den Fronten von Medien- vs. Kommunikationswissenschaft zukommt.

(Hartmann 2003) dazu, eine allzu generalisierende und determinisierende Mediengeschichte zu erzählen. Ihre Kritik an der Konzentration auf Inhalte, Botschaften und Bedeutungen in anderen Ansätzen zielt auf eine große Geschichte der Medienevolution, die dann in der totalen Externalisierung aller Sinne im elektronischen Zeitalter (McLuhan 2001), in der Universalität der Turingmaschine (Kittler 1985, 1986), der totalen Simulation (Baudrillard 2005) oder im nachgeschichtlichen medialen Apparat (Flusser 1990) an ihr Ende gekommen ist.

Die ANT ließe sich durchaus auch als eine Techniktheorie der Medien kennzeichnen. Die Aufmerksamkeit des symmetrischen Anthropologen sollte den Dingen gelten und nicht den Repräsentationen – eher den *Formen* der (Re-) Präsentationen. In diesem Sinne gilt auch für die ANT, dass das Medium die Botschaft ist. Allerdings betont McLuhan (2001) besonders die transformativen Effekte von Medientechnik für die Wahrnehmung von Menschen und Gesellschaftsstrukturen. Die ANT hingegen betont die Wechselseitigkeit von Technik und Mensch.[10] Subjekt, Gesellschaft und Kultur sind Effekte von Akteur-Netzwerken, die immer schon technisch, sozial, natürlich und diskursiv sind. Anstatt der Analyse der Veränderung der Wahrnehmungsfähigkeit der Menschen durch Medientechnik, fokussiert die ANT auf die Handlungssituation. Sie wirft die Frage von medientechnischer Handlungsfähigkeit (*agency*) auf. Medien sind dann keine Organerweiterungen, sondern Delegierte, die sich nicht immer an ihren Auftrag halten, menschliche Intentionen durchkreuzen oder menschliche Akteure disziplinieren können, aber auch dazu gebracht werden können, etwas anderes zu tun. Die ANT interessiert sich im Detail mehr für die Entwicklung und den Umgang mit konkreter Medientechnik als dafür, eine allgemeine Kultur- und Gesellschaftsgeschichte als Mediengeschichte, von der voralphabetischen Epoche über die Gutenberg-Galaxis bis zum elektronischen Zeitalter, zu schreiben.[11]

---

10 Bei McLuhan macht es den Anschein, als sei die Medientechnik die treibende Kraft und der *pull*-Faktor, der sich die Kultur ergeben müsste. Vgl. hierzu z.B. seinen direkten Verweis auf die *cultural lag*-These von Ogburn (McLuhan 2001: 22-32). In diesem Zusammenhang sollte allerdings darauf hingewiesen werden, dass eine technikdeterministische Lesart von McLuhan, so wie es in den Medien- und Kommunikationswissenschaften schon zur Routine geworden ist, einem zweiten, genauen Blick nicht unbedingt standhält (vgl. van Loon 2008: 30-48).

11 McLuhan neigt auch zur Dichotomisierung von Technik und Gesellschaft etwa in seiner Beschreibung heißer und kalter Gesellschaften entsprechend ihrer heißen oder kalten Medien. Auch Latour wird von solchen *shortcuts,* wohl auch im Sinne polemischer Provokation gedacht, hin und wieder übermannt, etwa wenn er von komplexen vs. komplizierten Gesellschaften spricht (vgl. Schüttpelz 2008: 246).

Die populäre These von McLuhans Schüler Neil Postman (1985), dass wir uns durch Fernsehen zu Tode amüsieren, steht einer kulturpessimistischen Medienkritik à la Frankfurter Schule fast schon näher als ihrem eigenem Ursprung. Mit den audiovisuellen Medien verbindet Postman eine Trivialisierung und Infantilisierung der Gesellschaft, die er allerdings weniger in den Mächten hinter dem Medium, sondern in der Medientechnik selbst verortet. Visuelle Medien, von der Fotographie über Film und Fernsehen bis hin zum Computer, führen zu einer Bilderflut und Reizüberflutung, welche die Rationalität von Schrift und Sprache zersetzen würden. In einer eigentümlichen Interpretation der Einsicht seines Lehrers McLuhan, dass die Medien die Botschaft sind, kritisiert er, dass in visuellen Medien nur noch die Form, die Show und die Präsentation und nicht mehr der Inhalt und die Bedeutung wie in der Schriftkultur zähle. Eine solch emphatische Aufladung der Schriftkultur ist nicht Sache der ANT – und im Übrigen auch nicht McLuhans, der schon eher dazu neigte, das Ende der Gutenberg-Galaxis zu feiern. Die ANT thematisiert eher Elisabeth Eisenstein (1997) folgend die Macht der Technik des Buchdruckes als »agent of change«, der die medientechnische Vormachtstellung des Westens mitbegründete (vgl. Latour 2006c, Schüttpelz 2009).

Friedrich Kittlers Geschichte der Medientechnologien ist mit ihrer dezidierten Kritik an der Technikvergessenheit hermeneutischer Geisteswissenschaften und dem Pochen auf der Materialität von Kommunikation sicher sehr ähnlich mit der ANT. In der Gemeinsamkeit eines Programms der *Austreibung des Geistes aus den Geisteswissenschaften* (Kittler 1980) und den gemeinsamen poststrukturalistischen Wurzeln mag auch der Grund für die verzögerte Rezeption der ANT in der deutschsprachigen Medienforschung und der derzeit gemeinsamen Rezeption im englischsprachigen Raum liegen. Allerdings spielt für Kittler neben Alan Turing, v.a. Foucault und das Werk von Jacques Lacan eine wichtige Rolle, welches die latourschen Heroen Deleuze und Guattari mit Nachdruck kritisiert haben.[12] Kittler geht im Gegensatz zur ANT von einem »medientechnischen Apriori« aus. Die ANT positioniert sich explizit als Alternative zum Technik- und So-

12 An den Differenzen von Kittler und Latour ließe sich vielleicht Angermüllers (2004) These untermauern, dass es in Frankreich keinen Poststrukturalismus gegeben hat bzw. dass in diesem Fall Lacan und Deleuze nicht über einen Kamm zu scheren sind, wo die beiden Bände »Kapitalismus und Schizophrenie« von Deleuze und Guattari gerade eine Kritik an Lacans Psychoanalyse darstellen. Vgl. hingegen aber Slavoj Žižeks (2005) Versuch, Deleuze mit Lacan gegen den Strich zu lesen und Henning Schmidgens (1997) Analyse, die Guattari als den eigentlichen Lacan-Kritiker rekonstruiert.

zialdeterminismus. Anstatt die Vorgängigkeit der Medientechnik zu betonen, rückt die ANT die Kollektive von menschlichen und nicht-menschlichen Wesen und den Prozess der Übersetzung in den Vordergrund. Wenn man von einem Apriori der ANT sprechen möchte, dann – Deleuze, Serres, Tarde und Whitehead folgend – von einem der Differenz, der Gemische und des Chaos. Anstatt von einem medientechnischen Apriori lässt sich mit Schüttpelz (2008: 237) von einem »Postulat einer Vorrangigkeit der sozialen und technischen Operationsketten vor allen involvierten Einheiten« in der ANT sprechen. Es ist genau dieses »Denken in Operationsketten« (Schüttpelz 2008: 236), was die indeterministische Heuristik der ANT ausmacht und ›uns Modernen‹ so schwerfällt zu folgen.

»Personen, Artefakte und Zeichen (etwa operative Bilder, Schriftstücke und Zahlen) werden durch Operationsketten gebildet, die Personen, Artefakte und Zeichen gleichermaßen *in Mitleidenschaft ziehen* und dabei transformieren. Alle von der Akteur-Netzwerk-Theorie dargestellten Abläufe sind auf ihre Weise ›medialisiert‹ und bilden dabei auch eigenständige Medien heraus: Messinstrumente, Standardisierungen, Papierverkehr, Monitore, Signalapparate.« (Schüttpelz 2008: 238, *Herv. M.W.*)

Die ANT spürt den kleinen Veränderungen nach, verfolgt die Assoziationen und Relationen, durch welche Dinge und Praktiken miteinander verbunden werden. Sie wählt, wie ihr englisches Akronym schon sagt, die Ameisen- statt Vogelperspektive. Sicher können diese kleinen Veränderungen große nach sich ziehen, wie Pasteurs Experimente (Latour 1988a, 2006a), können Mikroakteure zu Makroakteuren mutieren (Callon/Latour 2006), aber die große Erzählung von Epochenumbrüchen folgt daraus nicht; wenn schon die, dass der größte aller Epochenumbrüche, die Modernisierung, praktisch gar nicht stattgefunden hat, aber das ist eine andere Geschichte (Latour 2002a; vgl. Kapitel 8.4). Der zentrale Unterschied zwischen Medientheorie und ANT liegt darin, dass diese ethnographisch-empirisch ist, während McLuhan (2001) und Kittler (1985, 1986) große medienhistorische Umbrüche im Blick haben; die ANT stärker an Praktiken und letztere stärker an Erfahrungen und Wahrnehmungen orientiert sind. Doch in ihrer Herausstellung der (Handlungs-)Macht von Medientechnik, ihres Widerstandspotentials, und in der Kritik einer nur auf Inhalte, Bedeutungen und menschlicher Handlungsfähigkeit konzentrierten Sozial- und Kulturwissenschaft, und damit auch Medien- und Kommunikationswissenschaft, sowie gewissen Zweifeln an der Rationalität der Moderne, sind durchaus Gemeinsamkeiten zu sehen (vgl. van Loon 2008).

Dennoch lassen sich grob zwei verschiedene Positionen der Medien- und Kommunikationswissenschaft feststellen: Auf der einen Seite gibt es die Tendenz, Technik hinter kulturellen, sozialstrukturellen oder sozioökonomischen Bedingungen zurücktreten zu lassen. Auf der anderen Seite wird in einer sehr generalisierenden Mediengeschichte der Medientechnik eine allgemeine determinierende Wirkung zugewiesen. Einerseits haben wir Theorien, welche Medien in einen bloßen Vermittlungszustand versetzen und als bloße Instrumente von Botschaften, Ideologien, Interessen usw. modulieren, welche dann wirken, Verhalten beeinflussen oder kreativ angeeignet werden. Aber dem Prozess der Mediatisierung wird wenig Aufmerksamkeit geschenkt, d.h. der Formung der Information; ihrer Transformation im Transport. Andererseits haben wir Theorien, welche die Macht der Medientechnologien überbetonen und zur Triebfeder einer allgemeinen Epochengeschichte generalisieren.

Die ANT tritt nun genau in die Lücke zwischen diesen beiden Varianten der Medienforschung und -theorie. Sie versucht, sich diesen beiden Optionen zu entziehen, indem sie radikal den Blick auf den Prozess der Medialisierung lenkt. Medien sind weder durch ein technisches Apriori gekennzeichnet, noch werden sie von Kulturen oder sozialen Strukturen determiniert. Die ANT betrachtet Medien nicht länger als Objekt, sondern als Versammlung unterschiedlichster Elemente, als bloß temporär stabilisierte sozio-technische Arrangements, die jeweils dazu gebracht werden, etwas zu tun. Die ANT versteht Medientechniken nicht als Intermediäre, sondern als Mediatoren, die verändern, transformieren, verschieben, modifizieren, wovon man denkt, dass sie es transportieren, übermitteln und weitergeben.[13]

6.2 MEDIEN ALS AKTEUR-NETZWERK

Latour (2002a, 2005a) versteht gerade nicht-menschliche Aktanten als *mediators* anstatt *intermediaries*. Diese Unterscheidung entspricht in etwa der in den Medienwissenschaften formulierten Differenz von technischer Kommunikationstheorie als Sender-Empfänger-Modell und Kommunikation als medialer Prozess (vgl.

13 Denn für Medien gilt wie für Infrastrukturen: Effektivität durch Invisibilisierung (der Unwahrscheinlichkeit des Funktionierens). Ähnliche Vorhaben liegen im Übrigen in Form der »Software Studies« von Lev Manovich (2001, 2008) und Mathew Fuller (2008) oder einer »Ethnographie der Infrastruktur« von Geoff Bowker und Susan Star vor, die sich auch wechselseitig mit der ANT befruchten (vgl. Star 1999; Star/Bowker 2002; Bowker et al. 2007). Im Kontext der deutschen, medien*theoretischen* Debatte ist die Perspektive der ANT kompatibel mit Sybille Krämers (2008) Überlegungen zu Medien und Medialität.

z.B. Krämer 1998; Hall 1999a). So entsprechen *intermediaries* der landläufigen Vorstellung, dass Technik und Medien bloße Vermittler, Bedeutungstransporteure darstellen, die aber an dem vermittelten Inhalt keine Spuren hinterlassen. Sie sind quasi unsichtbar und Mittel zum Zweck. *Mediators* hingegen – wie inzwischen auch im deutschen Sprachraum im Kontext von interpersoneller oder intraorganisationaler Konfliktregelung geläufig – sind aktive *Ver*mittler. Mediatoren haben Einfluss auf den Kommunikationsstrom zwischen zwei Parteien und fungieren als ›Drittes‹ und machen erst die Kommunikation zwischen zwei gegensätzlichen Kommunikationspartnern oder -parteien möglich. Ähnliches gilt für das Medium im religiösen oder spirituellen Kontext durch das erst die Kommunikation mit dem Jenseits aufgenommen werden kann. Demnach involviert Mediatisierung (*mediation*) im Gegensatz zur Interaktion immer ein Drittes (van Loon 2008: 130-131).[14] Sicher hat das Medium keine alleinige determinierende Kraft, dennoch hinterlässt das Medium eine Spur (vgl. Krämer 1998), prägt die Kommunikation oder Handlung, diszipliniert und zwingt einen gar zu bestimmten Dingen (Latour 1996a). So zwingt mich SMS zu kurzen Sätzen, Abkürzungen und Icons oder die an den Anschaltgurt kurzgeschlossene Wegfahrsperre in bestimmten Autos sich anzuschnallen. In der Sprache der ANT sind in Technologien *prescriptions* – Werte, Normen, Moral, Handlungsanweisungen im weitesten Sinne – eingeschrieben (vgl. Akrich/Latour 2006). Latours bekannteste Beispiele sind der Hotelschlüsselanhänger, in dem die Anweisung »Den Schlüssel bitte an der Rezeption abgeben!« eingeschrieben und materialisiert ist, wie die Bitte, die Türe zu schließen im automatischen Türschließer oder die Aufforderung, langsamer Auto zu fahren in Straßenschwellen (vgl. Latour 1996a). Die Disziplinierung besteht allerdings, auch für Latour, nie absolut. Es besteht prinzipiell die Möglichkeit, sich der Disziplinierung zu entziehen, etwa wenn der Hotelschlüssel vom schweren Anhänger getrennt wird oder trotz allem einfach mitgenommen wird, anstatt ihn an der Rezeption abzugeben, genauso wie man den Berliner Schlüssel manipulieren kann, so dass die Türe nicht hinter einem verschlossen werden muss (vgl. Latour 1996a: 46-47; 59). Allerdings bestehen hier natürlich unterschiedliche Grade der Möglichkeit zu subversivem Gebrauch, die, folgt man der ANT, durch die Anzahl der eingebundenen Aktanten und der Materialität dieser begründet liegt (Latour 1991). Doch das latoursche Delegati-

14 Abgesehen davon sollte man sich mit dem Begriff ›Interaktion‹ nicht der fälschlichen Annahme hingeben, dass *face-to-face*-Kommunikation eine nichtmediatisierte Urform von Kommunikation ist, wie es bei vielen Autoren zu finden ist (Luhmann 1996; Krotz 2001a). Auch hier operieren Medien, wie der Köper, die Stimme und die Sprache, welche in die Interaktion zwischen zwei Menschen eingreifen.

onsprinzip hat nicht nur eine Disziplinierungsdimension, sondern verweist auch auf eine Ermöglichungsdimension. So kann ich dank eines GPS-Navigationsgerätes ein beliebiges Ziel erreichen, ohne vorher eine Karte zu konsultieren oder eine Person um eine Wegbeschreibung zu bitten. Aber natürlich diszipliniert es einen auch, indem es einen zwar nicht zum Einhalten der Verkehrsgeschwindigkeit und des vorgeschlagenen Weges direkt zwingt, aber doch recht penetrant darauf besteht. Eine neue Technologie ist im Sinne der ANT *immer* eine Erweiterung der Welt, nie bloße Kompensation, wie man das Konzept der Delegation missverstehen könnte. Eine Medientechnologie ist immer schon eine Komposition verschiedener vorausgegangener Medieninnovationen,[15] worin sich auch das Interesse der ANT an der Genese von Medientechnologien begründet.[16] Übertragen auf das Beispiel des GPS-Navigationsgeräts gilt es dann natürlich herauszuarbeiten, wie sich darin die Technik der Kartierung und des Navigierens mit Satellitentechnik und Softwaretechnologie kreuzt (vgl. hierzu auch Thielmann 2008).

Die Macht der Medialität wird gerne übersehen, weil es gerade die Logik von Medien wie auch anderer Infrastrukturen ist, unsichtbar oder zumindest unscheinbar zu sein. Um effektiv zu funktionieren, tritt das Medium in den Hintergrund, ist aber durchaus sichtbar, ob als Bildschirm oder Kabel – zumindest mehr als die Gesellschaft, der Markt oder die Motive. Um effektiv zu funktionieren, darf die Unwahrscheinlichkeit des Funktionierens selbst nicht ständig sichtbar sein. Wie man diese stillen Teilnehmer an den diversen Produktions-, Rezeptions- und Distributionspraktiken zum Sprechen bringt, ist dabei die methodologisch schwierigste Frage. Die Herausforderung ist es, diese unscheinbaren und vielleicht langweiligen Dinge sichtbar zu machen und zu zeigen, wie sehr sie eigentlich verändern, transformieren, verschieben und modifizieren, wovon man denkt, dass sie es transportieren, übermitteln und weitergeben.[17]

---

15 Die Vorstellung von Medien als (Welt-)Erweiterung und das neue Medien immer alte mit beinhalten, aber auch transformieren, wie die Schrift die Sprache oder das Fernsehen Film und Radio, zeigt gewisse Parallelen zu McLuhan (2001).

16 Neben der Grundlegung für eine alternative Sozialtheorie, besteht hierin ein weiteres Interesse der ANT an den Schriften von Gabriel Tarde und Alfred N. Whitehead und ihren Beitrag zur Innovationsforschung, welche Innovationen als Komposition heterogener Elemente und Ereignis beschrieben haben (Tarde) und die Produktivität und Kreativität der Methode der Erfindung (*invention*) im Gegensatz zur Vorstellung von »Entdeckung« (*discovery*) herausgestellt haben (vgl. Barry 2005).

17 Vgl. auch Susan Leigh Stars »Aufruf langweilige Dinge zu erforschen« in ihrer »Soziologie der Infrastrukturen« (Star 1999: 377, *Übers. M.W.*).

Inzwischen haben einige Studien das Potential der ANT für die Medienforschung aufgegriffen.[18] Emma Hemmingway (2008) folgt ihren Aktanten *Into the newsroom*: dem soziotechnischen Netzwerk der digitalen Produktion der regionalen BBC-Nachrichten. Dabei kann sie zeigen, wie sehr Alltagspraktiken und nicht-menschliche Agenten Teil der Produktion von Nachrichten sind und eben auch dieses Medienprodukt ausmachen. Gleiches gilt für Jan Teurlings (2004) in seiner Arbeit über die beiden belgischen dating shows *Blind Date*, welche dem einen oder der anderen Deutschen als *Herzblatt* in Erinnerung sein wird, und *Streetmate*. Dabei macht er deutlich, wie sehr das materielle Setting eine solche Sendung prägt und auch mit über ihren Erfolg entscheidet. So ist beispielsweise *Blind Date* viel besser darin, nicht-menschliche Agenten wie Kamera und Fernsehstudio in ihr Netzwerk einzubinden und für sie arbeiten zu lassen als *Streetmate*. *Streetmate* ist mit sehr viel mehr Kontingenzen konfrontiert, insbesondere aufgrund der schlechten und unkontrollierten Einbindung nicht-menschlicher Akteure. Das Fernsehstudio fungiert bei *Blind Date* analog zum Labor, während *Streetmate* gewissermaßen im freien Feld agiert. Mehr noch, Teuerlings zeigt das asymmetrische Machtgefüge von Produktionsteam und Kandidaten auf, ohne die politische Ökonomie zu bemühen, sondern durch die Analyse der Organisation menschlicher und nicht-menschlicher Akteure. Dabei macht er deutlich, dass man mittels solider Feldforschung die Macht der Medien aufzeigen kann ohne auf ›das System‹, den ›bösen Kapitalismus‹ oder sonstige Verschwörungstheorien Bezug zu nehmen, sondern dies auf der Ebene von Praktiken, auf der sich ständig Menschen und Dinge verbinden und verflechten. Terry Austrin und John Farnsworth (2010) haben gezeigt, wie eine ANT-Perspektive durch die Betonung der Materialität sozialer Praktiken hilft, deren Transformation nachzuzeichnen. So haben sie z.B. das Pokern in seiner *face-to-face*-, Fernseh- und Onlineversion analysiert und stellen dabei heraus, wie es durch Einbindung weiterer Bestandteile und die Etablierung stabilerer und festerer Verbindungen von einer Vielzahl lokalisierter und kopräsenter Ereignisse zu einem global mediatisierten Phänomen mit enormer wirtschaftlicher Bedeutung gewachsen ist. Die Spielregeln mögen die gleichen sein, die Motive, es zu spielen auch, dennoch hat sich die soziale Praktik des Pokerspielens verändert, und mit ihr auch ganze soziale Welten.

Neben diesen konkreten Studien lässt sich zusammenfassend und auf einer allgemeineren Ebene das Potential der ANT für die Medienforschung in mehrfacher Hinsicht herausstellen.

---

18 Ich danke Nick Couldry für den Hinweis auf die im Folgenden genannten ANT-inspirierten Medienanalysen.

In *theoretischer* Hinsicht ist solch eine Herangehensweise interessant, weil ihr konsequentes Prozessdenken sich gegen den Funktionalismus und Essentialismus einer Reihe von medienkommunikationswissenschaftlichen Ansätzen stellt (vgl. Couldry 2006). Sie stellt die Performativität und Materialität sozialen Handelns sowie die Medialität von Technik heraus. Ihre »indeterministische Heuristik« (Schüttpelz 2008: 239) vermag, wie zuvor gezeigt, zweier Fallstricke medienkommunikationswissenschaftlicher Ansätze zu entgehen. So vermag sie einerseits die Technikblindheit handlungs- und verhaltensorientierter Medien- und Kommunikationsforschung zu überwinden helfen, andererseits aber auch den impliziten oder latenten Technikdeterminismus gern als postmodern gescholtener Medientheorien.[19] Sie nimmt den Prozess der Medialisierung direkt in den Blick und rekonstruiert ihn nicht als etwas Sekundäres der politischen Ökonomie, der sozialen Interaktion oder der kulturellen Repräsentation (vgl. van Loon 2008). Ein weiterer interessanter Aspekt der ANT ist, dass sie sich der Mikro/Makro-Differenz entzieht. Sie liefert keine Makroerklärung und zweifelt prinzipiell an jeglichen Erklärungen mit Verweis auf Gesetze, Strukturen usw. Allerdings setzt sie auch nicht die Mikroebene mit individualistischer Auswahlentscheidung gleich. Lediglich die Vernetzungen, die Verkettungen (*agencement*) zählen. So kann man auch ihre »schwache« Theorie als Vorteil deuten:

> »Die schwächere Theorieanlage einer bloßen Heuristik lässt bei ihrer Durchführung alle stärkeren Theorien und Geschichtsschreibungen unterliegen, denn sie entzieht der asymmetrischen Zuordnung von Ursachen und Folgen den ontologischen Boden.« (Schüttpelz 2008: 239)

Im Kontext der deutschen medientheoretischen Debatte ist die Perspektive der ANT höchst kompatibel mit Sybille Krämers (2008) Überlegungen zu Medien und Medialität. Ihre »Medienreflexion ohne Medienapriori« (Krämer 2005: 15) versteht Medienkommunikation, wie die ANT von Michel Serres gelernt hat, aus einer Botenperspektive, die den Vermittlungsakt in den Vordergrund stellt. Die von ihr herausgestellten Aspekte von medialer Vermittlung oder Übertragung, welche sie an den drei Übertragungstypen Engel, Geld und Virus festmacht, finden sich in ähnlicher Form in den Arbeiten der ANT. Der Aspekt der *Hybridizität* findet sich unter gleicher Bezeichnung in der ANT und meint die Mittlerposition eines Mediums, welches verbindet ohne zu synthetisieren. Der Aspekt der *Indifferentialität* findet sich im Symmetriepostulat der ANT und meint die Neu-

19 Vgl. hierzu die polemische Abrechnung von Faulstich (2004: 14-15) mit McLuhan, Baudrillard, Virilio und anderen.

tralisierung inhaltlicher Unterschiede und, im Fall von Geld, die Formulierung qualitativer Differenz in inhaltslose Quantität, aber in konkreter materieller Gestalt. Das Prinzip der *Transkriptivität* verweist auf den Begriff der Übersetzung in der ANT, der immer auch schon die potentiell widerständige Verschiebung miteinschließt. Im Gegensatz zu Latour und anderen macht Krämer (2005: 21-22) auch deutlich, wie diese Aspekte dabei helfen können, den Computer als Medium zu verstehen. Denn hier machen sich Computerviren den Aspekt der Transkriptivität zu eigen, treibt das Prinzip der Digitalisierung den Aspekt der Indifferentialität auf die Spitze und verdeutlichen Mensch-Maschine-Konfigurationen leiblich-semiotischer Zwitterwesen die Hybridisierung.

In *methodischer* Hinsicht ist die ANT bereichernd, weil sie das insbesondere durch die *cultural studies* katalysierte Interesse für ethnographische Medienforschung verstärkt (vgl. Bachmann/Wittel 2006). Ein guter Anknüpfungspunkt ist sie dahingehend, weil sie nicht systematisch zwischen (Medien-)Produktion und (Medien-)Nutzung trennt, sondern den Operationsketten ihrer untersuchten Akteure folgt. Allerdings hat sie ein dezidiert empiristisches Verständnis von Ethnographie, welches Theorie auf empirischen Beobachtungen und Beschreibungen gründet und empirische Phänomene für sich selbst sprechen lassen will, ohne sie auf bestimmte Konzepte zu reduzieren, aber sich dabei gleichzeitig ihrer eigenen Situiertheit, auch ihrer Beschreibung, bewusst ist.[20] Die ANT »is thus an attempt to refocus an analytical logic away from metaphysical assumptions (for example, about human nature) and onto the event of analysis itself« (van Loon 2008: 116). Eine Stärke der Methode des *tracings* der ANT ist die damit einhergehende Betonung der räumlichen und materiellen Dimension von Macht, die allerdings zu Lasten der Thematisierung ungleicher Machtverhältnisse geht (vgl. Couldry 2006).

Und schließlich in *empirischer* Hinsicht kann die ANT, wie bereits angesprochen, die Analyse von Medienproduktion mit neuen und reichhaltigeren Einsichten bereichern (vgl. Teuerlings 2004; Hemmingway 2008), doch nicht nur dort, wie schon mit Verweis auf Austrin/Farnsworth (2010) angedeutet wurde. Denn generell erscheint die ANT gerade im Hinblick auf gegenwärtigen Medienkulturwandel, der gerne unter den Stichworten Medienkonvergenz oder gesteigerter Konnektivität geführt wird (vgl. Hepp et al. 2006), von besonderer Nützlichkeit. Denn sie vermag die kleinen feinen Differenzen, Verschiebungen und Konnektivitäten herauszuarbeiten, anstatt alles in der digitalen Universalma-

20 »›Follow the actors!‹, die große heuristische Maxime der Akteur-Netzwerk-Theorie, führt zu ihrer Vorlage zurück und schließt sie weiterhin ein: ›Follow the natives!‹« (Schüttpelz 2008: 256)

schine aufgehen zu lassen. Anstatt von epochalen Medienumbrüchen auszugehen, beschreibt sie »die Einrichtung, Etablierung, Nutzung, Umnutzung, Historisierung und Abschaltung medientechnischer Infrastrukturen selbst als komplexe soziale Prozesse der Ermöglichung und Einschränkung je aktuell möglicher Praxisformen« (Passoth 2010: 211). Dadurch vermag sie nicht nur die Arbeit nichtmenschlicher Akteure sichtbar zu machen, sondern die zunehmende Vernetzung der bei früheren Medien als getrennt und linear gedachten Prozesse (Produktion, Allokation/Distribution, Rezeption/Aneignung) nachzuzeichnen. Die ANT als Prozesstheorie ermöglicht methodisch der Mobilität gegenwärtiger Medienkommunikation gerecht zu werden, indem sie den Aktanten folgt.[21]

Doch nicht nur die verschlungen Stränge gegenwärtiger Medienentwicklung, sondern auch den beschriebenen »Metaprozess Mediatisierung« (Krotz 2001, 2007) kann die ANT empirisch anreichern. Die Diskussionen um die Informations- und Mediengesellschaft haben sich in den letzten Jahren von der Betonung struktureller Merkmale hin zur stärkeren Thematisierung der Prozesshaftigkeit sozialen Wandels durch Medien (Informations- und Kommunikationstechnologien) gewandelt. Zunehmend wird weniger der allgemeine soziale Wandel anhand der beruflichen Sektoren, der Bildungsexpansion und der ›Verwissenschaftlichung‹ von Arbeit, sondern immer mehr die Allgegenwart von Medien in jedem sozialen Bereich besprochen. Dies hat beispielsweise David Lyon schon vor Jahren schön auf den Punkt gebracht: »we are indeed wrapped in media.« (Lyon 2001: 146) Scott Lash (2002: 13-25) spricht in diesem Zusammenhang von »technologischen Lebensformen«, die ohne Mobiltelefon, Computer und Onlinedienste gar nicht mehr funktionieren können. Diese Debatte wird zunehmend unter dem Begriff der Mediatisierung oder Medialisierung (*mediatization*) geführt (vgl. Krotz 2007; Livingstone 2009; Lundby 2009).[22] Einer differenzierungstheoretischen Konzeptualisierung von Medialisierung würde die ANT widersprechen. Denn die Crux dieses Ansatzes ist es, dass sie von verschiedenen sauber getrennt Gesellschaftssystemen oder gesellschaftlichen Bereichen ausgeht und diese dann auf den ›Einbruch‹ der Medien hin untersucht. So wird beispielsweise die Medialisierung der Politik untersucht, welche die zunehmende

21 Vermischung und Vernetzung ist in der ANT nicht als Vermischung getrennter (sozialer, wirtschaftlicher, kultureller) Bereiche oder Entitäten (Menschen, Zeichen, Artefakte/Medien) zu verstehen, sondern immer schon als irreduzible Hybride gedacht. Die Elemente eines Netzwerks definieren sich durch ihre Relationen zueinander und nicht über ihre Eigenschaften.

22 Krotz (2007) grenzt sein Konzept der Mediatisierung explizit von Konzepten wie einerseits Medialisierung und andererseits Mediation ab.

Bedeutung und Beeinflussung von Fernsehen, Internet und Presse bzw. generell einer Medienlogik auf politisches Handeln meint (vgl. Donges 2005; Vowe 2006). Letztlich wird hier die Frage gestellt inwiefern Medien das System Politik kolonialisieren oder parasitisieren. Doch bedarf Politik nicht schon immer Medien? Gibt es nicht-mediatisierte Politik? Lässt sich Repräsentation oder Öffentlichkeit ohne Medien herstellen? Sind Parlamente nicht komplexe Technologien? (vgl. Latour 2003b, 2005b).

Friedrich Krotz (2001, 2007) hat ein anders gelagertes, kultur- und handlungstheoretisches Konzept von »Mediatisierung als Metaprozess« in die Diskussion eingeführt. Darunter versteht er die zunehmende Ubiquität von Medien im Alltag als einen allgemeinen Prozess sozialen und kulturellen Wandels, vergleichbar mit anderen solchen Metaprozessen wie Globalisierung, Individualisierung und Kommerzialisierung. Die ANT ist solchen Ansätzen und ihrer Erklärungskraft kritisch gegenüber eingestellt, denn es gilt diesen Prozess zu erklären und nicht ihn selbst als Erklärung heranzuziehen. Gewissermaßen geht es um die empirische Mikrofundierung dieses analytisch beschriebenen Metaprozesses.[23] Die Differenz zu holistischen oder makrosoziologischen Ansätzen bringt Latour wie folgt pointiert zur Geltung:

»whenever anyone speaks of a ›system‹, a ›global feature‹, a ›structure‹, a ›society‹, an ›empire‹, a ›world economy‹, an ›organization‹, the first ANT reflex should be to ask: ›In which building? In which bureau? Through which corridor is it accessible? Which colleagues has it been read to? How has it been compiled?‹.« (Latour 2005: 183)

Demnach könnte man fragen, *wo* und *wie* findet Mediatisierung statt? Welche Akteure sind wie eingebunden? Dies lässt sich nur am konkreten empirischen Fall zeigen, wie etwa Austrin/Farnsworths (2010) Analyse des Pokerns. Dabei zeigt sich dann, dass die verschiedenen Metaprozesse sich nicht sauber voneinander trennen lassen, weil sie in der Praxis immer zusammenfallen. Interessanterweise sieht auch Krotz (2007: 11-12) den Metaprozess Mediatisierung nicht als einen durch unsichtbare Strukturen oder Regeln am Laufen gehaltenen Prozess, sondern durch die Praktiken von Akteuren und realisierten Potentialen von Medien. Allerdings neigt er erstens dazu die Aneignung von Medien durch menschliche Akteure zu privilegieren, und zweitens, Medien als Text zu verstehen. In den meisten Studien unter dem Konzept Mediatisierung spielen die eigentlichen Mediatoren keine Rolle. Man konzentriert sich auf den Umgang der

23 In ähnlicher Weise haben Knorr-Cetina/Brügger (2005), MacKenzie (2006) und Potthast (2007) Mikrostruktur(ierung)en der Globalisierung beschrieben.

Menschen mit Medien und behandelt letztere als Text. Dadurch wird die aktive Rolle von Medien beim Formen von sozialen Beziehungen übersehen. In Bezug zur ANT könnte man z.B. die kulturellen Implikationen von Software herausarbeiten. Wie die Codes, Algorithmen, Applikationen, Programme und Plattformen die Welt, in der wir leben, formen. Die Kalkulationen von Software positionieren das Subjekt und die Gemeinschaft viel mehr als die Diskurse, die damit verbunden werden, wenn man beispielsweise an *social network sites* denkt.[24] Gerade wenn man von einer allgemeinen und zunehmenden Mediatisierung des Sozialen ausgeht (vgl. Krotz 2007; Livingstone 2009; Lundby 2009), dann hilft ein genauer Blick auf solche Versammlungen, der die Möglichkeit eröffnet, diesen Metaprozess zu verstehen.

Darüber hinaus bietet die ANT, analog zu der von ihr in der Wirtschaftssoziologie herausgestellten Performativität der Wirtschaftswissenschaft (Callon 2007), die Möglichkeit, die Medien- und Kommunikationswissenschaften selbst und ihre medienwirklichkeitsproduzierenden Techniken und Modelle unter die Lupe zu nehmen. So hat beispielsweise die kommerzielle Fernsehforschung mit ihren Verfahren und Technologien keinen geringen Anteil an der Formung von Medienökonomie, Medienpolitik und Mediennutzung (vgl. Ang 1991).[25] Auch für die Medien- und Kommunikationswissenschaften gilt, dass ihre Theorien, Modelle, Simulationen und Messungen den untersuchten Gegenstand mit formen und nicht nur beschreiben oder zu erklären versuchen.

Sicher lässt sich die ANT in mehrerer Hinsicht kritisieren, insbesondere zum einen – wie auch schon in der techniksoziologischen Debatte – für ihren weiten, undifferenzierten oder gar mangelnden Handlungsbegriff und zum anderen für ihren weiten und undifferenzierten Medienbegriff.

Nick Couldry kritisiert aus einer mediensoziologischen Perspektive die ANT für eine mangelnde Beachtung des Nutzungskontextes. Er wirft ihr eine »relative Vernachlässigung der Zeit« vor (Couldry 2006: 108). Denn die ANT schenke dem Faktor Zeit nur in ihrer Konzentration auf Geneseprozesse Aufmerksamkeit. Doch wenn erst einmal ein Produkt hergestellt ist und ein Netzwerk stabilisiert ist, wird es zur *black box*, die selten hinterfragt wird – weder in ihren Studien noch angeblich von den menschlichen Akteuren. Demnach vernachlässige die ANT die ›Anschlusshandlungen‹; die Dynamik, welche nach Fertigstellung eines Artefakts entstehe. Dadurch vernachlässige sie auch die Machtasymmetrien im

24 Vgl. hierzu, wenn auch vor einem anderen theoretischen Hintergrund, Wehner (2008).

25 Ien Angs (1991) sehr instruktive Diskursanalyse der Quotenforschung berücksichtigt allerdings zu wenig deren materielle Performativität.

Konsum von Artefakten und »die langfristigen Machtkonsequenzen« (Couldry 2006: 109). Sie hat nur einen Blick für die Mikromachtstrukturen bei der Etablierung eines Netzwerkes und nicht für größere Machtstrukturen und ihrer Herausforderung bzw. für Widerstand. Darüber hinaus fällt der ANT aufgrund ihres Posthumanismus ein Beurteilen von Machtasymmetrien schwer (vgl. Couldry 2006: 110). Zusätzlich bleibt die Dimension der Interpretation der fertigen Produkte ausgeschlossen. Die Vielzahl an Umdeutungen durch Gebrauch, das kontinuierliche Uminterpretieren von Gegenständen jenseits ihres Entstehungskontextes wird in der ANT ausgeblendet: »Man könnte auch sagen, die ANT versucht, ›die Kultur‹ auszuschließen, den ganzen Bereich der symbolischen Produktion, wo er nicht direkt zur Etablierung stabiler Akteur-Netzwerke beiträgt.« (Couldry 2006: 110) Grund für das mangelnde Gespür der Einschätzung von Machtasymmetrien und einer mangelnden Wertschätzung des Umgangs und Konsums von Objekten wird oft in ihrem foucaultschen Anti-Humanismus gesehen. Ihr radikaler Gestus gegenüber ›dem Sozialen‹ als auch ›dem Subjekt‹ wird somit zum Problem, argumentiert Couldry. »Die Schwierigkeit besteht darin, die selbstauferlegten Grenzen der ANT als Soziologie der Netzwerke zu überwinden und die notwendige Verbindung zu einer Soziologie der Handlung herzustellen.« (Couldry 2006: 112) Den Vorteil, die Anregung und Herausforderung der ANT sieht Couldry (2006: 107) in ihrem Anti-Funktionalismus und Anti-Essentialismus, welcher sie zu einer Soziologie im paradoxen Sinne mache, weil sie »die Existenz des offenkundigen Gegenstands der Soziologie hinterfragt, nämlich ›die Gesellschaft‹ oder ›das Soziale‹« (Couldry 2006: 103). Eine weitere große Stärke der ANT sei die Betonung der räumlichen Dimension von Macht. Doch gerade die Überbetonung des ›Anti-Soziologismus‹ (gegen ›Subjekt‹, ›Gesellschaft‹ und ›Soziales‹) und die einseitige Konzentration auf ›Netzwerk-Koordinierungen‹ mache sie problematisch. Die ANT versteht aber gerade ihren mangelnden Handlungsbegriff als Vorteil (vgl. Latour 1996d; Callon 2006b; Kapitel 8.5).

Nicht nur Latours Handlungsbegriff ist problematisch, sondern auch sein Medienbegriff. Mit Hilfe der Diskussionen der neueren Medienphilosophie ließe sich Latours Medienbegriff als ein viel zu undifferenzierter kritisieren. So macht Latour keinen Unterschied zwischen Medium und Mittel. Jedes Artefakt oder Ding, vom Berliner Schlüssel bis hin zum hochkomplexen, vollautomatischen Zugsystem *Aramis*, hat für ihn Vermittlungsmacht im Übersetzungsprozess. Doch lässt sich analytisch v.a. an zwei Merkmalen eine Differenz von Medium und Mittel ziehen. Während dem Mittel immer ein Zweck vorausgeht, ist beim Medium eine Gleichzeitigkeit von Zweck und ›Mittel‹ gegeben. Das Mittel ist nur hinreichende Bedingung für das Gelingen des Akts, während das Medium immer notwendige Bedingung ist. Latour würde beides wohl vehement bestreiten. Denn einerseits betont er, dass selbst wenn ein Zweck einer Handlung, einem ›Mittelgebrauch‹ vorausgeht, dieser *im* Gebrauch durch das ›Mittel‹ durchkreuzt werden *kann* (vgl. Latour 2006d). Latour geht von einer vollkommenen Kontingenz von Handlungssituationen aus. Demnach ist ein Artefakt auch nur vorübergehend ein Mittel. Es ist nur eine Zeitlang stabilisiert durch seine *spezifische* Materialität einerseits und durch *entsprechende* Praktiken, die es stabilisieren (und somit zu einer Institution machen), andererseits. Durch ein Ereignis können sie allerdings wieder zu einem Medium werden.

»Latours Medienbegriff impliziert, dass Medien nur im operativen Gebrauch zu Medien werden. Zur Beschreibung der Mediatoren und Medialisierungen scheint dabei die Differenz zwischen Ding und Zeichen, zwischen Form und Inhalt entbehrlich.« (Thielmann 2008: 212)

Trotz der genannten Kritikpunkte lohnt es, sich der Heuristik der ANT zu bedienen, um Medienentwicklungen, Medieninfrastrukturen, aber auch organisatorischen Abläufen ›mit‹ Medien empirisch auf die Spur zu kommen. So wird die Medienkommunikationswissenschaft auch ihrem Namen gerecht, denn die ANT kann uns dabei helfen, tatsächlich Medienwissenschaft zu betreiben (vgl. Austrin/Farnsworth 2007), indem man erforscht wie Aktanten mediatisieren, kommunizieren, d.h. zusammenkommen, verhandeln und übersetzen.

7 Akteur-Netzwerk-Theorie, Wissenschafts- und Technikforschung und darüber hinaus – Fazit Teil I

Die ANT ist vor dem Hintergrund der Empirisierung wissenschaftstheoretischer Debatten der 1960er Jahre entstanden. Diese verlief in zwei Schritten. Zunächst trat in den 1970ern die Wissenssoziologie (natur-)wissenschaftlichen Wissens in Erscheinung, die Naturwissenschaften mit sozialwissenschaftlichen Methoden untersuchte und erklärte. Wissenschaftliches Wissen ist demnach ein Produkt sozialer Interessen und Durchsetzungsprozesse. In einem zweiten Schritt entstand eine Reihe an unterschiedlichen empirischen Studien, die Naturwissenschaften allgemeiner als Praxis und Kultur untersuchten. Hier stand weniger das wissenschaftliche Wissen im Zentrum der Studien, sondern stärker das forschungspraktische Handeln insgesamt. Anstatt einer allgemeinen, normativen und idealtypischen Theorie der Wissenschaft, die von der ›unsauberen‹ Praxis abstrahiert, einte und eint die Wissenschaftsforschung die empirische Erforschung dieser Praxis und, im unterschiedlichen Maße, die Herausstellung ihrer sozialen Dimension. Allerdings unterscheiden sie sich beispielsweise darin, ob sie stärker das Sinnverstehen der Akteure, die Bedeutungskonstruktion, Sprache und verbale Interaktion oder die Materialität des Forschens und den Teilnahmestatus nicht-menschlicher Akteure betonen. Aufgrund der hochgradigen Technisierung der Naturwissenschaften und der Verwissenschaftlichung von Technik wurde alsbald aus der Wissenschaftsforschung die Wissenschafts- und Technikforschung: Sowohl Wissenschaft als auch Technik werden in Aktion erforscht. Wie anhand zweier Studien von Callon gezeigt, lässt sich weder die Muschelzucht noch das Elektroauto auf Wissenschaft oder Technik oder eben auch Gesellschaft reduzieren, womit ein Kernpunkt der ANT angesprochen ist (Kapitel 2.3, 3.1).

Wissenschaft, Technik und Gesellschaft lassen sich nicht voneinander trennen, sie werden in der Praxis ständig ineinander verwoben. Wissenschaft kann nicht ohne Budget, ohne verkörperte Skills, Interessen, Leidenschaften, Instrumente, Artefakte usw. betrieben werden – gleiches gilt für ein technisches Projekt, wie das zum Elektroauto oder zum Pariser Nahverkehr *Aramis*, oder auch für den Handel mit Hedgefonds (Kapitel 2.4, 3.1, 5).

Die ANT erforscht Wissenschaft und Technik als Akteur-Netze und Übersetzung. Diese beiden Konzepte beschreiben zunächst auf einer sehr allgemeinen Ebene die Vernetzung verschiedener Akteure, die sich gegenseitig beeinflussen. So hat beispielsweise Latour bereits bei seiner Untersuchung wissenschaftlicher Publikationen aufgezeigt, wie im Text verschiedene Akteure aktiviert werden, um ein Netz zu spannen, welches schließlich ein wissenschaftliches Fakt stabilisiert (Kapitel 2.1). Dieses Modell gilt für die ANT nicht nur für Texte, sondern auch für die Praxis. Besonderes Merkmal dieser Programmatik ist es, dass die von ihr thematisierten Akteure der Praxis nicht nur menschliche sind. In ihren empirischen Fallstudien, Gedankenexperimenten und theoretischen Abhandlungen hat die ANT die Bedeutung der Inskriptionen und zunehmend allgemein der Objekte, Artefakte, Maschinen und Geräte für die Wissenschafts- und Ingenieurspraxis und ihre ›soziale‹ Dimension herausgearbeitet. Daraus folgert sie, dass der bisherige Objektbegriff überdacht werden muss, denn nicht Passivität und Fixiertheit, sondern Konkretheit, Pluralität, Heterogenität, Eigendynamik und Umstrittenheit kennzeichne die untersuchten ›Objekte‹ (Kapitel 2.4, 3.2). Am Fall der Technikentwicklung und Laborpraxis haben sie gewissermaßen die Materialität der Kultur und die Kulturalität von Materialitäten herausgestellt.

Die ANT hat sowohl aus ihrer Feld- und historischen Forschung heraus als auch durch bestimmte sozial- und naturphilosophische Einflüsse – die Gegenstand des zweiten Teils der Arbeit sind – eine distinkte Position innerhalb der Wissenschafts- und Technikforschung eingenommen, welche die nicht-menschlichen Entitäten der Praxis als Akteure und nicht als soziale Konstruktionen behandelt. Sie verankert sich einerseits in dem Diskurs der Wissenschafts- und Technikforschung, profiliert sich aber andererseits innerhalb dieser, was sich beispielsweise an den Debatten mit Bloor und Collins/Yearley zeigt (Kapitel 4.2). Die ANT setzt sich von ›rein‹ wissenssoziologischen, reflexivistischen und ethnomethodologischen ab bzw. versucht diese, zumindest ihrem eigenen Anspruch und ihrer eigenen Wahrnehmung nach, weiterzuentwickeln.[1] So ist die generalisierte Symmetriethese der ANT eine Weiterentwicklung der Symmetriethese Bloors, aber auch eine viel diskutierte Radikalisierung, die zum Bruch in-

1 In diesem Zusammenhang macht Bammé (2009a: 177-178) zu Recht darauf aufmerksam, dass die vehementen und polemischen Kontroversen innerhalb der Wissenschafts- und Technikforschung insbesondere aus den unterschiedlichen theoretischen Herleitungen entspringen, in der Forschungspraxis aber eher gering sind.

nerhalb der Wissenschafts- und Technikforschung führt, der sich fast zeitgleich mit der massiven öffentlichen Kritik an der Wissenschaftsforschung insgesamt im Zuge der Sokal-Affäre vollzog (Kapitel 4). Die ANT – aber auch z.B. Andrew Pickering, der ursprünglich aus der wissenssoziologischen Edinburgh-Schule stammt – versucht durch die Betonung der Materialität einen reinen Sozialkonstruktivismus zu überwinden. Die Erforschung von Wissenschaft und Technik als materielle Praxis führt die ANT weg von der Idee, das Soziale als etwas von der Natur oder der Technik Getrenntes zu denken. Sie baut auf der sozialkonstruktivistischen Kritik an einem naturalistischen Verständnis von Wissenschaft und einem deterministischen Verständnis von Technik auf, versucht aber das Modell der sozialen Erklärung zu überwinden (Kapitel 2.4).

Die ANT beschreibt Wissenschaftspraxis und technische Projekte als einen Übersetzungsprozess, der nicht auf rein soziale Determinanten reduziert werden kann. Ein Fakt oder ein technisches Artefakt wird durch ein hybrides oder heterogenes Netzwerk produziert. Die Identität eines Aktanten, eines menschlichen oder nicht-menschlichen Akteurs wird immer durch ein Netzwerk aus heterogenen Elementen hervorgebracht. Das Konzept der Übersetzung (oder zirkulierenden Referenz oder Vermittlung) ergänzt dieses Prinzip der Heterogenität und Relationalität der beteiligten Elemente um den prozeduralen Charakter der ›Identitätsbildung‹ eines Akteurs bzw. Netzwerks. Des Weiteren betrachtet die ANT den Übersetzungsprozess der Akteur-Netze als einen politischen Prozess im Sinne eines Wechselspiels der Kräfte, in dem sich die Elemente gegenseitig modifizieren – jeder neue Akteur modifiziert das Kollektiv und dies gilt besonders für die nicht-menschlichen Akteure der Wissenschaft und Technik (Kapitel 2.3, 2.4, 3.2).

Die ANT betont also insbesondere drei Aspekte, welche sie zu ihrem Anti-Dualismus oder, soziologisch betrachtet, zu ihrer Entdifferenzierungsthese führt: Erstens betont sie den Aspekt des *in-the-making*, der Performativität. Das heißt, sie interessiert sich dafür wie Wissenschaft, Technik, Ökonomie, Medien, Recht usw. gemacht werden. Von der Ethnomethodologie und der Ethnographie übernimmt sie den Fokus auf die lokalen Praktiken der Herstellung sozialer Ordnung. Es geht um ein Werden, einen Prozess und das Ordnen und nicht um Reproduktion oder Strukturen sozialer Ordnung: »soziale Struktur als Verb und nicht als Substantiv« (Law 2006c: 437). Allerdings bleibt sie nicht auf vermeintliche Mikrosituationen begrenzt, weil sie auch den involvierten Materialien ihre Aufmerksamkeit schenkt, die lokale Praktiken miteinander verbinden beispielsweise in Form von Inskriptionen und unveränderlich mobilen Elementen. Zweitens hebt die ANT demnach die *Materialität* der jeweiligen Praxis und ihre spezifische Rolle für diese hervor. Schließlich stellt sie drittens die *Relationalität* der heterogenen Elemente in einem Netzwerk heraus. Erst durch ihre Beziehungen zueinander produzieren sie das, was wir Wissenschaft und Technik nennen. Die ANT versteht sich als eine Heuristik, diese materiell heterogenen Netzwerke zu kartographieren.

Durch diese Elemente hat die ANT eine Programmatik vorgelegt, mit der auch weitere Felder produktiv erforscht werden können wie z.B. die Ökonomie oder die Medien (Kapitel 5, 6), denn methodischer Impuls der Erforschung von Wissenschafts- und Ingenieurspraxis ist es, eine »Ethnographie der eigenen Kultur« (*ethnography at home*) zu betreiben. Diese hat insbesondere Latour im Laufe der Zeit zu einer »Anthropologie der Modernen« (vgl. 2008b: [7]) ausgebaut, welche dafür aber eben nicht auf modernistische Annahmen zurückgreift, denn die Frage, die er sich stellt, ist folgende:

»Wenn wir diese Verwirrung von Computerchips, Organisationen, Subjektivität, Software, rechtlichen Vorgaben, Routinen und Märkten beschreiben müssten, ohne modernistische oder postmodernistische Begrifflichkeiten zu verwenden – wie würden wir vorgehen?« (Latour 2006e: 543)

Ziel ist nicht mehr ›nur‹ eine Anthropologie der Wissenschaft und Technik, sondern verschiedene Praktiken ›der Modernen‹. In diesem Sinne hat in den letzten ca. zwanzig Jahren eine Verallgemeinerung der ANT oder eine Diffusion der ANT aus der Wissenschafts- und Technikforschung heraus stattgefunden (vgl. Abbildung 2). Diese wurde in Kapitel 5 allgemein skizziert und in Kapitel 6 ausführlich in Bezug auf die Medienforschung dargestellt. Dabei wurde insbesondere die theoretische, aber auch methodische und empirische Herausforderung der ANT für die Medien- und Kommunikationswissenschaften herausgestellt.

Die Rekonstruktion der ANT im ersten Teil der Arbeit ist gewissermaßen eine historische und soziologische anhand einiger ausgewählter Studien. Sie hat gezeigt wie die ANT im Rahmen der Wissenschafts- und Technikforschung entstanden ist und sich zunehmend zu einer allgemeinen, fruchtbaren und umstrittenen Heuristik in den Sozial- und Kulturwissenschaften entwickelt hat. Die ANT hat sicherlich zwei Seiten, wie Schüttpelz (2008) und Schulz-Schaeffer (2008) zu Recht betonen: Einerseits lebt sie von der ontologischen Provokation, die Differenzen von Sozialem, Technischem, Kulturellem, Natürlichem, Diskursivem usw. als Effekte von Assoziationsprozessen ansieht, andererseits ist ihre antireduktionistische Heuristik des Nachverfolgens von heterogenen Verknüpfungen – ihr »Denken in Operationsketten« (Schüttpelz 2008: 236) – empirisch sehr produktiv, denn sie lenkt den Blick auf den Prozess der Vermittlung, der wechselseitigen Gestaltung von Artefakten, Menschen und Zeichen.[2] Im zweiten Teil der Arbeit wird nun eine stärker philosophische Rekonstruktion der ANT geleistet, die deutlich macht, welche theoretischen und philosophischen Werkzeuge die ANT auf dem in Teil I dargestellten Weg aufgegriffen hat, um ihre Forschung zu verdeutlichen, plausibilisieren und voranzutreiben. Die Darstellung dieser Denkwerkzeuge wird mit der Argumentation verbunden, dass es sich um eine poststrukturalistische Soziologie handelt.

Abbildung 2: Die Entwicklung der Akteur-Netzwerk-Theorie

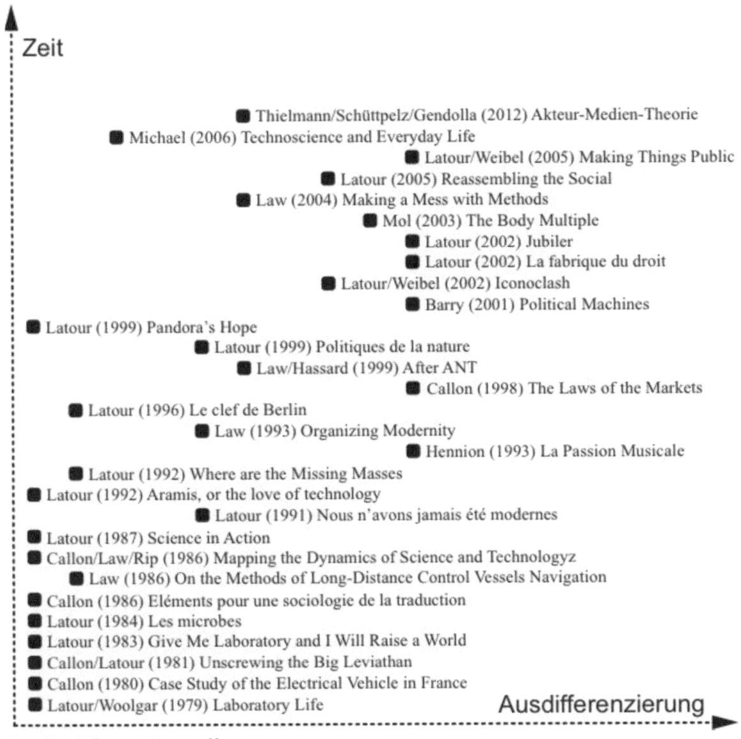

Quelle: Eigene Darstellung

2 In diesem Januskopf von Beobachtertheorie und Ethnotheorie sieht Schulz-Schaeffer (2008) im Gegensatz zu Schüttpelz das grundlegende *Problem* der ANT, welches Latour sich bislang weigere aufzulösen.

Teil II.
Die Geburt der Akteur-Netzwerk-Theorie aus dem Geist des Poststrukturalismus

8 Poststrukturalismus und Akteur-Netzwerk-Theorie

»Deleuze is the greatest French philosopher (along with Serres).«
(LATOUR/CRAWFORD 1993: 263)

Das im obigen Zitat gegebene Bekenntnis zu Deleuze und Serres ist vielsagend für Bruno Latour und die ANT. Wenn auch Bruno Latour ein Mann von polemischen Zuspitzungen, Übertreibungen und Provokationen ist, so finden sich in seinem Werk – vielleicht aufgrund dessen – eher wenige und indirekte Verweise auf theoretische Einflüsse.[1] Zunächst ist es nicht verwunderlich, dass sich ein französischer Soziologe im Rahmen der zeitgenössischen französischen Philosophie situiert. Denn für Frankreich gilt ähnliches wie für z.B. Deutschland: Trotz Internationalisierung von wissenschaftlichen Diskursen und wissenschaftlicher Kommunikation stellen gerade die Geistes-, Kultur- und Sozialwissenschaften ein recht abgeschlossenes, nationales und selbstreferentielles Netzwerk dar.[2] So

1 Michel Callon ist in dieser Hinsicht expliziter, allerdings muss man Latour zu Gute halten, dass er in den letzten Jahren, und spätestens mit seiner ›Einführung‹ in die Akteur-Netzwerk-Theorie, in diesem Punkt gewissenhafter geworden ist (vgl. Latour 2005a). Darüber hinaus scheint es, wenn man sich etwa die Verweise im Werk von Bourdieu anschaut, doch so etwas wie ein französischer Stil zu sein, bei dem wohl mehr Wert auf die Ästhetik des eigenen Arguments gelegt wird, als in der stärker philologisch geprägten deutschen Tradition.

2 Dieser nationalkulturelle und sprachlich geprägte Diskussionszusammenhang galt insbesondere in den 1980er Jahren und wird nach meiner Einschätzung erst so langsam im Laufe der 1990er und mehr noch in den 2000ern aufgebrochen. So ist die soziologische Diskussion in Deutschland in den 1980er Jahre noch stark von Habermas,

sind Latours mehr als gelegentliche und v.a. polemischen Schelten gegenüber Émile Durkheim und Pierre Bourdieu auch als Positionierungen im akademischen Feld der *sciences humaines* zu verstehen. Darüber hinaus ist es angesichts des inzwischen internationalen Erfolgs der *French theory* – von Barthes, Baudrillard, Derrida, Foucault, Kristeva, Lyotard und in den letzten zehn Jahren zunehmend von Deleuze und Guattari – durchaus verständlich, sich auf Theorien und Konzepte seiner Landsleute zu beziehen. Und natürlich, wie Latour selbst gern ironisch kommentiert, hat dies auch mit französischem Stolz und gewisser Skepsis gegenüber angloamerikanischen und auch deutschen Traditionen zu tun.[3]

Ein wenig verwunderlich ist das Zitat allerdings, wenn man bedenkt, dass Latour nach seiner Ausbildung in die USA gegangen ist, sein erstes einer breiten Öffentlichkeit zugängliches Buch zuerst auf Englisch publiziert wurde (vgl. Latour/Woolgar 1986) wie einige spätere Veröffentlichungen auch und er im Gespräch mit Michel Serres gesteht, sich der angelsächsischen Welt mehr zugehörig zu fühlen (vgl. Serres/Latour 2008: 56). Insbesondere für nicht-französische Rezipientinnen ist das Zitat interessant, wenn man weiterliest und es heißt: »I have read Deleuze carefully and have been influenced by his work more than by Foucault or Lyotard.« (Latour/Crawford 1993: 263) Gerade die beiden, neben Derrida, international Wirkmächtigsten dessen, was außerhalb Frankreichs ›Poststrukturalismus‹ oder *theory* genannt wird (vgl. hierzu Angermüller 2004, 2007), werden eher verschmäht und stattdessen der in dieser Rezeption lange als kryptisch verschrieene Deleuze und der weitestgehend unbekannte Serres bevorzugt. Im Folgenden soll nun dieses Bekenntnis ›gefüllt‹ werden, denn in der deutschsprachigen Rezeption der ANT werden ihre provokanten Thesen gerne ohne Rücksicht ihres Entstehungskontextes jenseits der Wissenschaftsforschung und ihrer zu Grunde liegenden intellektuellen Haltung diskutiert.

Natürlich sollte festgehalten werden, dass der ›Poststrukturalismus‹ eine Konzeption der v.a. angloamerikanischen, aber auch deutschen und inzwischen

---

Luhmann und dann Beck bestimmt. In den 1990ern kommt es dann zur Rezeption von beispielsweise Bourdieu und Giddens und erst in den 2000ern kommt es zu einem zeitlich direkten Aufgreifen von englisch- und französischsprachigen Theorien und Studien. Daran sieht man auch, dass sich die Internationalisierung immer noch in Grenzen hält, da sie einen deutlichen ›westlichen‹ Bias hat und den ›globalen Süden‹ ausschließt.

3 In diesem Zusammenhang sollte aber auf die nicht unwesentliche Bedeutung ›deutscher‹ Philosophien, insbesondere Marx, Nietzsche, Freud, Husserl und Heidegger für französische ›post/strukturalistische‹ Philosophien hingewiesen werden.

internationalen Rezeption ist, und in Frankreich selbst lange nicht als eine einheitliche theoretische Bewegung wahrgenommen wurde (vgl. Angermüller 2007: 9-13). Abgesehen davon sind sich die darunter gefassten Autorinnen nicht immer Freund gewesen.[4] So schreiben auch Münker und Roesler in einer Einleitung in ›den‹ Poststrukturalismus (2000: 171):

»*Den* Poststrukturalismus [...] gibt es nicht: Der Begriff ›Poststrukturalismus‹ ist eine Erfindung seiner Leser (bzw. derer, die über ihn schreiben). Die philosophische Haltung, die er beschreibt, hat sich in keinem gemeinsamen Programm oder Manifest seiner Vertreter niedergeschlagen.«[5]

Demnach spricht auch Latour nicht von poststrukturalistisch.[6] Dennoch ist unverkennbar der Einfluss von Michel Serres, Gilles Deleuze, Algridas Greimas und auch von Michel Foucault oder Jacques Derrida auf die Entwicklung der Akteur-Netzwerk-Theorie. Insbesondere John Law (2004) versucht diese im Kontext des ›Poststrukturalismus‹ zu verorten. Doch bevor es um die Lesart der ANT als poststrukturalistische *Soziologie* geht, sollen einige Grundideen und Gemeinsamkeiten, welche Münker/Roesler (2000) anhand einiger französischer Nachkriegs- bzw. ›68er‹-Philosophen verdeutlichen, aufgezeigt werden.[7] So lässt

---

4 Baudrillards (1983) *Oublier Foucault* sagt in dieser Hinsicht schon im Titel alles und auch Latours (2002a) nicht gerade zimperlichen Umgangs mit Dekonstruktion und ›den Postmodernen‹ könnte man hier neben vielen Animositäten anführen.

5 Bereits in der Einleitung stellen (Münker/Roesler 2000: IX) Folgendes fest: »Anstelle einer bestimmten philosophischen ›Schule‹ mit festumrissenen Grenzen bezeichnet der Terminus eine mehr oder weniger eindeutige Tendenz der Entwicklung von Teilen der [französischen, *M.W.*] Philosophie und verwandter geisteswissenschaftlicher Disziplinen zwischen ca. 1965 und heute. [...] Es gibt folglich keinen Text oder vergleichbares Material, welches man als das Programm oder Manifest des Poststrukturalismus bezeichnen könnte – wohl aber in der Form der Werke unterschiedlicher Autoren verschiedene Programme des Poststrukturalismus, aus denen sich charakteristische Merkmale rekonstruieren lassen. [...] Überspitzt kann man deswegen sagen: Über den Poststrukturalismus schreiben heißt, ihn zu erfinden.«

6 Auch das Label ›postmodern‹ bereitet Latour (2002a) einiges Unbehagen, wird aber in neueren Publikationen – eben wohl in Anbetracht der nicht-französischen Rezeptionsgeschichte – durchaus benutzt für eine ihm sympathische philosophische Bewegung (vgl. Latour 1999b, 2007c).

7 Münker/Roesler (2000) beschränken sich in ihrer Einführung auf Ferdinand de Saussure, Claude Lévi-Strauss, Jacques Lacan, Roland Barthes, Michel Foucault, Jacques

sich der Poststrukturalismus in erster Linie als »ein allgemeines Plädoyer für die Differenz« lesen (Münker/Roesler 2000: X). Dieses Plädoyer ist mit vier kritischen Reflexionen eng verbunden: (1) der Kritik an Totalisierungsansprüchen philosophischer Theorien, (2) der Kritik an der Moderne und Modernisierung, (3) der »Kritik des Logozentrismus« (Derrida) der westlichen Rationalität und (4) der Kritik am modernen Subjektbegriff (vgl. Münker/Roesler 2000: X-XIV).[8] Als Philosophien der Differenz thematisieren die dem Poststrukturalismus zugeschriebenen Autorinnen *das Andere* – der Moderne, der Sprachrationalität und des Subjekts –, was ihnen den Ruf einbrachte, als Irrationalisten und Anti- oder Inhumanisten zu gelten. Darüber hinaus ist die Abgrenzung von Hegel und der Einfluss von Nietzsche genauso typisch wie die Kritik am Strukturalismus Saussures, Lévi-Strauss' und Lacans und ein bestimmter – oft als nicht eingängig und abstrus beschriebener – Schreib- und Denkstil. All diese Merkmale des Poststrukturalismus, aber auch Kritikpunkte an ihm, lassen sich, wie noch zu zeigen sein wird, auch bei Bruno Latour und der ANT wiederfinden.

Zunächst ist festzustellen, dass es sich beim Poststrukturalismus nicht um einen Anti-Strukturalismus handelt. Stattdessen hat er sich in Auseinandersetzung und auch als kritische Weiterführung des Strukturalismus entwickelt, so dass Manfred Frank (1984) gar – zwar polemisch-kritisch gemeint – vom »Neostrukturalismus« gesprochen hat. So eint Strukturalismus und Poststrukturalismus die These von der ›Unhintergehbarkeit der Sprache‹ und die damit eng gekoppelte ›Dezentrierung des Subjekts‹. Doch verweist der Poststrukturalismus über den Strukturalismus hinaus, indem er die Flüchtigkeit und Unkontrollierbarkeit von Sprache, und generell kultureller Codes, Konventionen und Regeln betont. Die Unhintergehbarkeit der Sprache und die logische Folge, dass Sinn und Subjekt nicht Ursprung, sondern Effekt dieser Struktur sind, werden gewissermaßen radikalisiert, indem die im Strukturalismus tendenziell angenommene Starrheit und Geschlossenheit dieser Struktur in Frage gestellt wird. Es gibt kein Zentrum, sondern Strukturen sind immer unabgeschlossen und offen. Die Regeln und Co-

Derrida, Gilles Deleuze, Félix Guattari, Jean-François Lyotard und Jean Baudrillard und streifen ›poststrukturalistische‹ Autorinnen, wie Hélène Cixous und Luce Irigaray nur am Rande (vgl. Münker/Roesler 2000: XI, 147-152) – Julia Kristeva findet interessanterweise gar nicht erst Erwähnung.

8 Die ersten beiden Kritiken werden auch gerne mit Lyotards (1986) Losung vom »Ende der großen Erzählungen« und letztere mit Barthes (2000) »Tod des Autors« oder mit folgendem Satz Foucaults verbunden: »Der Mensch verschwindet wie am Meeresufer ein Gesicht im Sand.« (Foucault 1974: 462)

des der Sprache, der Mode oder fremder Kulturen sind fragil, kontingent und unkontrollierbar.

»Der Poststrukturalismus ist vor allem die Kritik an einer phantastischen Metaphysik: der Metaphysik der wissenschaftlichen Weltauffassung des Strukturalismus, die davon ausgeht, dass die starren Strukturen der Sprache zugleich die des Geistes und der Materie sind: kurz die absolute Ordnung.« (Münker/Roesler 2000: 31)

Demnach eröffnet das Fehlen eines Zentrums oder einer Kontrollinstanz über die Strukturen und Regeln das Spiel der Differenzen. Sinn und Bedeutung einer sprachlichen Äußerung oder einer kulturellen Praktik sind uneindeutig und flüchtig. Sie sind nicht bloße Aktualisierung eines ›dahinter liegenden‹ oder virtuellen (Regel-)Systems.[9] Strukturen sind erstens in Bewegung und zweitens verweist der Sinn einer sprachlichen oder körperlichen Äußerung auf das Nicht-Sinnhafte. Das heißt, Strukturen bringen die Identität von Subjekt und Objekt hervor, doch diese Strukturen sind dezentral und ihre Identität und Bedeutung sind nicht fixiert.

Die Differenzlogik oder den Relationismus des Strukturalismus weitergedacht, verweist auch der Sinn immer auf das Nicht-Sinnhafte. Nur der Ausschluss des Nicht-Sinnhaften, des Anderen lässt eine Struktur stabil, eindeutig und kontrollierbar erscheinen – lässt Sinn sinnvoll erscheinen. Wird das Andere der Ordnung sichtbar gemacht, erweist sich diese als Illusion (vgl. Münker/Roesler 2000: 39). Dieser Ausschluss ist eng verbunden mit dem Differenzplädoyer:

»An die Kritik am Ausschluss des methodisch inkompatiblen ›Anderen‹ schließt der Poststrukturalismus sein Plädoyer für Differenz an – ein Plädoyer, das nun als Stellungnahme für das Offene und Unkontrollierbare des Spiels zugleich zur Parteinahme für das *konkrete*, je ausgeschlossene Andere wird; sei dies wahlweise der ›Nicht-Sinn‹, das ›Parasitäre‹, der ›Delinquent‹ oder der ›Wahnsinn‹.« (Münker/Roesler 2000: 32)

Der entscheidende Punkt am Poststrukturalismus ist diesem Zitat zur Folge auch, dass nicht nur »die Einsicht in die Unendlichkeit der Interpretation oder das Fehlen eines Zentrums« (Münker/Roesler 2000: 33, *ohne Herv. M.W.*) gegeben sein

9 ›Unhintergehbarkeit der Sprache‹ heißt in diesem Zusammenhang nicht nur dieser als Subjekt unterworfen zu sein, sondern auch, dass es keine ideale Weise der vollständigen Bedeutungsvermittlung gibt, wie alltägliche Missverständnisse aber auch Ironie und Anspielungen zeigen (vgl. Münker/Roesler 2000: 37-38).

muss, sondern zusätzlich deren Bejahung. Diese Bejahung des Spiels der Differenzen und des Nicht-Sinnhaften befördert einerseits den metaphernreichen und literarischen Stil poststrukturalistischer Texte, und andererseits auch die Kritik an diesem Stil und am ›Feiern‹ des Irrationalismus (vgl. hierzu v.a. Frank 1984; Habermas 1985).

Folgt man Münker/Roeslers (2000) Darstellung,[10] welche performativ heterogene und sich untereinander abgrenzende Philosophien unter ein Paradigma inszeniert, so sind es drei Kriterien, welche den Poststrukturalismus kennzeichnen:

> »Drei Kriterien sind es, die zusammengenommen die Einordnung in das Paradigma des Poststrukturalismus rechtfertigen: Die kritische Abgrenzung vom Strukturalismus, die thematische Durchführung des Plädoyers für die Differenz und der jeweilige Versuch, dieses Plädoyer auch stilistisch zu reflektieren und in eine literarische Praxis umzusetzen.« (Münker/Roesler 2000: 171)

Greift man nun diese Kriterien auf, so lässt sich mit einigem Recht die ANT diesem ›Paradigma‹ zuordnen.[11] Um diese Annahme zu begründen, wird zunächst der Kritik am Strukturalismus gefolgt, die sich bei der ANT wie bei den als poststrukturalistisch bezeichneten Philosophien durchaus am Strukturalismus anlehnt, aber darüber hinausweist. Daran schließt sich eine besondere Diskussion des im einleitenden Zitat genannten Michel Serres und seines Einflusses auf die ANT an. Darauf folgt eine Diskussion des Plädoyers für Differenz der ANT; zunächst als Universalismuskritik, dann als kritische Reflexion der Moderne und schließlich als Kritik am modernen Subjektbegriff. Dann wird der literarische Stil der ANT betrachtet als Abgrenzung von gewohnten wissenschaftlichen und soziologischen Schreibstilen. Abschließend wird die ANT als »poststrukturalistische Soziologie« (Stäheli 2000) skizziert, die Anleihen bei Theorien sozialer Praktiken macht.

---

10 Eine umfassende und kritische theoriehistorische Darstellung findet sich in Dosse (1999).

11 Ich zögere hier, von Paradigma ohne Anführungsstriche zu reden, da nicht nur in der Soziologie, Wissenschaftstheorie und -forschung dieser Begriff eng mit Thomas Kuhns (1973) *Struktur wissenschaftlicher Revolutionen* verbunden ist. In diesem Fall bin ich mir unsicher, wenn nicht gar im Zweifel, ob ›der Poststrukturalismus‹ nach Kuhns Verständnis ein Paradigma begründet. Versteht man Paradigma aber lediglich seinem Wortsinne nach als Beispiel oder Muster, so ist es gerade die These dieses Kapitels, die ANT als dem poststrukturalistischen Muster zugehörig zu befinden.

In der ANT findet sich einerseits selbst ein direktes Anknüpfen an den Strukturalismus, und zwar in der Rezeption[12] der strukturalen Linguistik von Algridas Greismas und den Analysen zu Kommunikation und Wissenschaften von Michel Serres, andererseits indirekt durch die Bezüge zu Deleuze (und Guattari), teilweise vermittelt durch Serres.[13] Somit sind besonders drei (post-)strukturalistische Autoren zentral für Bruno Latour und die ANT, welche gerade in der deutschen Rezeption in der Konzentration auf Foucault,[14] Derrida[15] wie auch Baudrillard, Lyotard und Virilio kaum Beachtung finden.

---

12 Rezeption ist im Falle der ANT und Bruno Latour im Besonderen eher im Sinne von Derridas Iterabilität, Deleuzes Differenz in der Wiederholung oder im Sinne der ›Aneignung‹ in den *cultural studies* zu verstehen, anstatt als ›bloße Anwendung‹ oder ›treuer Schüler‹.

13 Gerade anhand von Michel Serres lässt sich wie auch bei Michel Foucault und Roland Barthes die prekäre Grenze zwischen Strukturalismus und Poststrukturalismus verdeutlichen. Auch wenn »Serres als Vertreter des klassischen Strukturalismus« gilt und sich »[b]is heute« entgegen philosophisch-theoretischer Trends »von dem Etikett, er sei Strukturalist, [...] nicht distanziert« hat (Gehring 2006: 472-473) wie etwa Foucault und Deleuze, so führt er gerade in seinen die Grenzen von Wissenschaft, Geschichte und Literatur durchkreuzenden Schriften die Instabilität von Strukturen, verbunden mit einem Plädoyer für Differenz (und Blick fürs Singuläre) vor. Dementsprechend versteht Christian Jürgens ihn auch als Poststrukturalist bzw. genauer als »poststrukturalistische Variante von Heideggers Analyse der Aneignung durch Bilder« (Jürgens 1997: 198, Fn. 3).

14 Foucaults Konzept des Dispositivs oder auch seine Überlegungen zur »Problematisierung« haben sicher Einfluss auf Latours Werk (vgl. Latour/Crawford 1993: 252-253; Latour 1998a, 2005a: 86; Gomart/Hennion 1999). Vor dem Hintergrund seiner Bewunderung für Deleuze, wie es im Zitat zu Beginn des Kapitels deutlich wird, ist anzunehmen, dass insbesondere Deleuzes Interpretation von Foucault (vgl. Deleuze 1997b) dabei eine Rolle spielt. Nimmt man Paul Rabinows (2004) Überlegungen zu Wissenschaft und Technik, welche besonders intensiv auf seinen Lehrer Michel Foucault Bezug nehmen, und vergleicht sie mit denen Latours, so lassen sich viele allgemeine Ähnlichkeiten und Parallelen finden, obwohl Latour seine Zweifel an einem solchen Vorhaben hat: »You could of course try a Foucauldian study of the hard sciences, but I don't think Foucault's vocabulary and concepts would lead you very far because, for cosmology and chemistry, the slash [between knowledge/power and discourse/society, *M.W.*] is not enough.« (Latour/Crawford 1993: 252)

15 Trotz Latours (2002a) scharfer Kritik an Derrida in *Wir sind nie modern gewesen* lassen sich einige Parallelen zwischen Derrida und Latour ziehen, wie etwa der dekon-

Dieses Anknüpfen an Autoren des Post/Strukturalismus soll im Folgenden beispielhaft an Michel Serres ausgeführt werden. Doch zuvor soll das direkte Anknüpfen der ANT an den Strukturalismus – in Form der Semiotik von Greimas – und ihre kritische Abgrenzung gegenüber dem Strukturalismus verdeutlicht werden. Dabei sind der ANT nicht ›nur‹ die Philosophien Serres' und Deleuzes hilfreich, sondern auch ein amerikanischer, soziologischer und handlungstheoretischer Strukturalismuskritiker: Harold Garfinkel.

8.1 GREIMAS + GARFINKEL = ANT?

> »It would be fairly accurate to describe ANT as being half Garfinkel and half Greimas: it has simply combined the two of the most interesting intellectual movements on both sides of the Atlantic and has found as to tap the inner reflexivity of both actor's accounts and of texts.«
> (LATOUR 2005A: 54, FN. 5)

Das Geständnis Latours in einer Fußnote seiner Einführung in die ANT, dass diese eine Kombination von Greimas und Garfinkel sei, ist sowohl erhellend als auch irreführend. Es ist erhellend, weil es die zwei ›Paradigmen‹ der ANT benennt, und irreführend, wenn man ›Garfinkel‹ und ›Greimas‹ zu wörtlich nimmt und nicht als Platzhalter für ein bestimmtes theoretisches und methodisches Argument ansieht. Das latoursche Bekenntnis zur Ethnomethodologie und Narratologie muss vor dem Hintergrund der spezifischen Rezeption in der ANT gesehen werden, und weiter gefasst werden als ein Bekenntnis zur Praxeologie und zum Poststrukturalismus. ›Greimas‹ und ›Garfinkel‹ stehen für die Verbindung der amerikanischen und der französischen Strukturalismuskritik, welche die ANT betreibt – das ist das theoretische Argument. Das methodische Argument ist das

---

struktive Gestus, welcher letzterer aber stärker zu überwinden sucht, sowie religiöse Motive und mystizistische Denkfiguren, wenn auch bei Latour christlich und nicht jüdisch geprägt, und das Interesse für die Materialität von Form und schließlich das Verständnis von wissenschaftlicher Rationalität und linearer Fortschrittstheorie als Mythos der Moderne (vgl. hierzu auch Greif 2006). Auch sei an die »literary devices« in *Laboratory Life* (Latour/Woolgar 1986) und das Prinzip der »zirkulären Referenz« (Latour 2002b) erinnert, die offensichtlich an Derridas erweiterten Schriftbegriff anschließen (vgl. Schmidgen 2008a, b).

eingangs zitierte ›Anzapfen‹ der inneren Reflexivität mündlicher wie schriftlicher Aussagen. Garfinkel und Greimas stehen somit stellvertretend für die zwei zentralen methodischen Prinzipien von Latours Studien: die Ethnographie und die Textexegese. Sie stehen stellvertretend für das Interesse an Praktiken und Inskriptionen.

In den Texten der ANT, insbesondere jener Latours, vermischen sich in der Tat semiotisches (Aktant, paradigmatisch, syntagmatisch usw.) und handlungstheoretisches (Handeln, Interesse usw.) Vokabular, v.a. aber auch politisches Vokabular (*trials of strength*, Allianzen, Alliierte, Sprecher, Mobilisierung usw.).[16] Diese Verbindung verschiedener Vokabularien lässt sich somit besser als eine Hybridisierung oder Übersetzung verstehen, anstatt als eine orthodoxe ›Anwendung‹ der Ethnomethodologie oder Semiotik.[17] Latour und auch andere ANTler sind sicher keine Ethnomethodologen im engeren Sinne. Sie bedienen sich einer Reihe von Einsichten und Konzepten Harold Garfinkels und vermischen diese mit anderen Theorien, was ihnen auch Kritik der Ethnomethodologen eingebracht hat (vgl. Lynch 1996). Hierin liegt wohl auch die Faszination, Ambivalenz und Komplizität der ANT begründet: dass sie soziologische und methodologische Einsichten eines Praxeologen wie Garfinkel heranzieht – und von ihrer phänomenologischen Herkunft kappt – und diese mit der zeitgenössischen französischen Philosophie mischt. In dieser Hinsicht ist der zweite Teilsatz des obigen Zitats Latours hilfreich. Denn nach der Feststellung, die ANT sei zur Hälfte Greimas und zur anderen Garfinkel, schreibt Latour, dass die ANT die beiden spannendsten intellektuellen Bewegungen auf beiden Seiten des Atlantiks vermischt habe. In diesem Zusammenhang sollte man daran erinnern, dass Latour in den 1970er Jahren nach seinem philosophischen und theologischen Studium und seiner stärker ethnologischen Promotion in die Vereinigten Staaten gekommen ist, um in Kalifornien zusammen mit Steve Woolgar die Labore des *Salk Institute* zu erforschen; eben dort, wo Garfinkel lehrte und seine Schriften gerade von einer Vielzahl an jungen Soziologinnen als eine Art Befreiung von der Vorherrschaft des parsonschen Strukturfunktionalismus verstanden wurde (vgl. Joas/Knöbl 2004: 220-250). Ähnlich muss es dem jungen Franzosen ergangen sein, dem offensichtlich Garfinkels Durkheim-Kritik gefallen hat bzw. die

16 Letzteres wurde auch schon früh innerhalb der *science studies* als machiavellistisch kritisiert (vgl. Star 1991; Haraway 1997). Darüber hinaus lässt sich eine Nähe zur politischen Philosophie Carl Schmitts feststellen (Latour 2001a, 2007d) und kritisieren (vgl. Greif 2006).

17 An anderer Stelle bezeichnet Latour die ANT auch als Hybridisierung von »Garfinkel for humans and Greimas for non-humans« (Latour 2003c: 40).

Kritik an Parsons Strukturfunktionalismus und dessen Durkheim-Rezeption.[18] Für Garfinkel und die Ethnomethodologie ist die Praxis des Alltags der fundierende Aspekt sozialer Ordnung. Soziale Ordnung wird in alltäglichen Praktiken, in *practical accomplishments*, hergestellt. Soziale Ordnung ist dann nicht, wie bei Parsons und Durkheim, durch Normen und Regeln, welche das Handeln bestimmen, charakterisiert. Es lässt sich eher von einem Beharren auf der Konkretheit sozialer Tatsachen, die durch komplexe soziale Praktiken produziert werden, welche wiederum von Teilnehmern sozialer Ordnung *enacted* (aufgeführt/erlassen) werden, sprechen. Die ANT übernimmt von Garfinkel sowohl seinen Empirismus als auch sein *Faible* für theoretische Empirie. Latour wird nicht müde zu betonen, wie zentral wichtig Garfinkels buchstäbliche Aufrichtigkeit gegenüber den Untersuchten ist (vgl. z.B. Latour 1987a, 2005a). Latours (1987a) berühmter ANT-Slogan »follow the actors« ist im Grunde eine Paraphrase der Ethnomethodologie und Latours Hommage an Garfinkel. Dieses ›Ernst nehmen‹ der Erforschten und die Erforschung ihrer Ethnomethoden »demands nothing less than to give up the notion that the work of social science like sociology is a positive study of the stable laws of social order« (Lemert 2002: xi), oder in den Worten Latours:

»Social scientists raise the same questions as any other social actor and are themselves ›performing‹ society, no more and no less than nonscientists. They may, however, have different practical ways of enforcing their definition of what society is.« (Strum/Latour 1999: 117)

Diese Relativierung der Wissenschaft ist Latour als empirischem Wissenschaftssoziologen nicht fremd. Anders formuliert: Mit Garfinkels Theorem der Analyse der Methoden der Menschen in alltäglichen Interaktionen – den Ethnomethoden – im Gepäck macht sich Latour auf, die Ethnomethoden des Alltags von Naturwissenschaftlerinnen im Labor zu erforschen (vgl. Kapitel 2). In diesem Zusammenhang ist natürlich auch darauf zu verweisen, dass in den 1970ern erst die sog. qualitative Sozialforschung oder interpretative Soziologie[19] mit den Schrif-

18 In jüngerer Vergangenheit wurde entgegen den anti-soziologischen Interpretationen der Ethnomethodologie betont, dass sie eigentlich Durkheims Aphorismus über die Objektivität sozialer Tatsachen wirklich ernst nehmen würde (Garfinkel 2002).

19 Der Begriff ›interpretative Soziologie‹ ist gerade im Zusammenhang mit Latour und der ANT sehr fragwürdig, denn die Deutschen Max Weber und Alfred Schütz liegen ihm schon allein aufgrund ihres eher strengen Rationalismus fern. Noch ferner liegt ihm der Begriff der Interpretation, wenn er Hermeneutik, Semiotik und Diskurstheorie

ten Garfinkels, Beckers und Goffmans aufkam bzw., um nicht das Erbe der *Chicago School* zu verheimlichen, sehr populär wurde (vgl. Giddens 1984; Joas/Knöbl 2004: 183-250). Sowohl teilnehmende Beobachtung, eine *ethnography-at-home* als auch die Möglichkeit, so etwas wie eine »theoretische Empirie« (Kalthoff/Lindemann/Hirschauer 2008) zu betreiben, wurde in dieser Zeit erst salonfähig.

Wenn auch Latour Garfinkel nicht in allen Einzelheiten folgt wie beispielsweise Lynch (1985, 1993), so ist er sich mit der Strukturalismuskritik, die das Herstellen sozialer Ordnung in lokalen *setttings* herausstellt, als auch mit dem garfinkelschen Agnostizismus des Forschers gegenüber dem Erforschten, welchen Latour allerdings weiter ausdehnt, einig. Doch wie passt ein klassischer Strukturalist wie Algridas Greimas in dieses Bild?

Algridas Greimas ist neben Roland Barthes einer der prominentesten und bedeutendsten französischen Semiotiker. Doch während letzterer in Deutschland auch außerhalb der Semiotik, Sprach- und Literaturwissenschaft bekannt ist, gilt dies für Greimas deutlich weniger. Dies hängt wohlmöglich damit zusammen, dass Greimas nicht wie Barthes (2003) oder auch Umberto Eco (1980) die *Mythen des Alltags*, d.h. die Zeichen der Populärkultur, analysierte, sondern vornehmlich Sprache und Literatur. Darüber hinaus ist Greimas dem Strukturalismus treu geblieben und somit für das zunehmende Interesse am Poststrukturalismus uninteressant (gewesen) (vgl. Thaewan 2002: 1-2). Greimas Narratologie begründet in der Sprachwissenschaft eine Methode der Textanalyse in der Tradition Ferdinand de Saussures und Louis Hjelmslevs, verbunden mit Konzepten und Begriffen wie semiotisches Viereck, Isotopie, narratives Programm, Aktantenmodell. Genau an diesem Punkt schließt auch Bruno Latour an Greimas und die ›Pariser Schule‹ an: An die Narratologie, welche Sprache als Prozess analysiert und nicht an die Arbeiten zur Sprache als System. Ihm dienen Greimas' Konzepte und auch schon seine Idee einer Semiotik der Naturwelt als Vorlage für seine Methodologie und Methode.[20]

Roar Høstaker (2005) hat die Parallelitäten zwischen Greimas' Semiotik und Latours ANT herausgearbeitet. Latours garfinkelscher Agnostizismus, lediglich den Akteuren zu folgen, findet seine Parallele in der Analyse von Aussage- und

---

für ihre Signifikationsthese und ›Dingvergessenheit‹ kritisiert wie beispielsweise folgendes Zitat pointiert zum Ausdruck bringt: »Leave hermeneutics aside and go back to the object–or rather, to the thing.« (Latour 2005a: 145)

20 Latour verweist in der Regel auf das semiotische Wörterbuch von Greimas und Courtès (1979), welches ihm als Steinbruch für seine eigenen Gedankenexperimente und empirischen Studien dient.

Inhalts*formen* bei Greimas. Demnach hat ein Satz eine bestimmte Aussage- und Inhaltsform, aber die Substanz der Äußerung und des Inhalts kann variieren – ersteres phonetisch, letzteres je nach Diskurs. Dem vergleichbar ist Latour nur an den Praxis- oder Handlungsformen interessiert und lässt einen indeterminierenden Rest den Akteuren offen (vgl. Høstaker 2005: 8-10).

In Latours Interpretation des berühmten Mikrobenartikels von Louis Pasteur (Latour 2002b: 137-174) zeigt er auf, wie verschiedene im Labor zu beobachtende Performanzen, die zunächst mit einem Aktionsnamen versehen werden, zunehmend an Kompetenz gewinnen und schließlich am Ende die Mikrobe als voller kompetenter Akteur erscheint, der immer schon da gewesen ist. Hier bedient sich Latour des semiotischen Aktantenmodells, kehrt aber das Verhältnis von Kompetenz und Performanz um, denn bei Greimas bestimmen die Modalitäten der Kompetenz (wissen, wollen, dürfen, müssen) die Performanz in einer Erzählung (Høstaker 2005: 10-12).

»Latour's use of semiotic theory in this connection may be described as a bit unorthodox. An ›actantial‹ analysis of a scientific text like Pasteur's in a more Greimasian vein would probably have concentrated on a play of possession and dispossession of an object. [...] The aim of a scientific article in this view would be to liquidate the lack of knowledge and gain possession of the object. This is a formula that would have gone counter to the Latourian notion of a symmetrical description of human and non-human actors.« (Høstaker 2005: 12)

Auch Latours Konzept der »zirkulierenden Referenz« (Latour 2002b: 36-95), welches die Übersetzung oder Re-Präsentation von Realität in transportierbare ›Zeichen‹ beschreibt, so dass eine zurückverfolgbare Spur bleibt, bedient sich semiotischen Vokabulars. Denn die Referenzkette vom abgegrenzten und nummerierten Stück Urwald über die Bodenproben, den Pedokomparator bis hin zu graphischen Darstellungen und dem abschließenden Forschungsbericht beschreibt, semiotisch betrachtet, die Produktion eines internen Referenten in einer Wissenschaft durch die Technik des *shifting out* und *shifting in* (vgl. Høstaker 2005: 12-14). Doch während Greimas einen externen Referenten voraussetzt, ist solch eine Vorstellung für Latour bedeutungslos.

»For Latour, however, every notion of an external referent is meaningless. Reference can only mean the chain of translations of internal referents. To what degree scientists speak truthfully about nature depends upon the quality of this chain.« (Høstaker 2005: 14)

Schließlich findet Latours (Latour 1991; 2006d) Beschreibung des technischen Vermittlungsprozesses als Handlungsprogramme mit Gegenprogrammen, Subprogrammen und ihrer Unsichtbarmachung seine Parallele in Greimas' narrativen Programmen. Insbesondere das Delegationskonzept legt Gemeinsamkeiten mit Greimas' Modalitäten und semiotischem Viereck nahe (vgl. Høstaker 2005: 14-17). So ist die vierteilige Modalstruktur von müssen (*devoir*) vergleichbar mit der beschriebenen Delegation. Die bekanntesten Beispiele Latours wie der Hotel-Schlüsselanhänger, die Straßenschwellen und der Berliner Schlüssel betonen die Modalitäten von *müssen*. Sie zeigen auf, wie technische oder generell materielle Objekte Handeln verordnen (*prescribe*) oder verbieten (*proscribe*), erlauben (*allow*) oder nahelegen bzw. begünstigen (*afford*). Im Vokabular der ANT finden sich aber auch Äquivalenzen für die Modalitäten von *wollen* (subscription und de-inscription) und *können* (pre-inscription) (vgl. Akrich 2006; Akrich/Latour 2006).

Latour greift also auf eine Reihe von semiotischen Begriffen Greimas' zurück, ohne dessen Semiotik systematisch zu folgen. Insbesondere um menschliche und nicht-menschliche Akteure symmetrisch zu halten, kehrt er das Verhältnis von Kompetenz und Performanz um. Kompetenz ist für Latour immer eine Zuschreibung und keine Voraussetzung von Performanz. Sie steht immer am vorläufigen Ende eines Konstruktions- bzw. Formgebungsprozesses, wenn eine Entität als Objekt oder auch Subjekt Substanz gewonnen hat.

Die eingangs zitierte Verbindung von Garfinkel und Greimas bedeutet letztlich eine Verbindung von Praxistheorie und Diskurstheorie: Garfinkels Ethnomethodologie, welche entgegen Parsons Systemtheorie die *practical accounts*, die situativen *accomplishments* von Akteuren betont und Greimas' Textsemiotik, dessen Aktantenmodell Handlungsträger in Texten ungeachtet ihres ›Wirklichkeitsbezugs‹, sondern in Bezug auf ihre Position bzw. Relation in der Erzählung analysiert. Das Wissen, die Aussagen, Interpretationen und Handlungen von untersuchten Akteuren werden mit Garfinkel ernst genommen und nicht auf dahinter liegende unsichtbare Mechanismen oder Faktoren erklärt – was die Generalkritik Latours an Durkheim, Bourdieu und selbst an Derrida ist (Latour 2002a). Die ANT verbleibt an der Oberfläche, bezweifelt eine dahinter oder darunter liegende Grammatik oder Struktur: »we have to try to keep the social domain completely *flat*. [...] It might seem odd at first but we have to become the Flat-Earthers of social theory.« (Latour 2005a: 171-2; vgl. hierzu auch Latour 1996c) Mit Greimas analysiert die ANT dann die Beziehungen, d.h. die Relationen zwischen den Entitäten der Oberfläche. So werden die Bezüge, Verweise und Zuschreibungen von Handlungsträgerschaft deutlich. Denn Handlungsmacht ist für die ANT immer verteilt auf verschiedene ›Akteure‹ – menschliche wie nicht-menschliche.[21] Die ANT interessiert sich für das praktische lokale Herstellen des Großen oder Ganzen und sieht neue Objekte oder Theorien als Ressourcen weiterer neuer Handlungsformen an, aber nicht als Erklärung von Handlungen.

8.2 VON PARASITEN, ENGELN UND HERMES – MICHEL SERRES' PHILOSOPHIE DER PRÄPOSITIONEN

> »Serres just provides the soundtrack of this movie: the world. It is in that modest sense that he offers ›the Enlightment, without the Critique‹.«
> (LATOUR 1987B: 97)

Michel Serres steht am Beginn der ANT als »Soziologie der Übersetzung«, welche schon fast parallel und unmittelbar immer wieder Motive seiner Werke aufnimmt, diese gewissermaßen soziologisiert und auf eigene empirische wie theoretische Forschung bezieht.[22] Ganz im Sinne von Serres' Bildern und Figuren der *Nord-West-Passage* und *Hermes* (Serres 1991, 1992a,b, 1993a, 1994a), versucht auch die ANT sich zwischen den Polen Natur und Kultur zu positionieren – dieses labyrinthische ›Niemandsland‹ zu erwandern. In diesem Sinne streben beide, Serres und die ANT, die Verbindung von Natur- und Geisteswissenschaften und die zwischen Wissenschaft und Kultur an. Zunächst ist es wenig verwunderlich, dass Serres' Schriften als Verschränkung von Naturwissenschaft und Kultur – etwa von Mathematik, Navigation und Kybernetik mit antiken Mythen, Gemälden von Turner und Äsops Fabeln – Einfluss auf Sozial- und Kulturwissenschaften haben, welche sich wie die ANT schon allein aus institutionellen Gründen besonders mit Wissenschaft und Technik auseinandersetzen müssen.[23] Serres hat

---

21 Diese Kritik am Oberfläche/Tiefenstruktur-Modell des Strukturalismus dürfte Leserinnen von Deleuze und Guattari (1997) vertraut sein.

22 Ein Beleg dafür ist neben unzähligen Verweisen in Artikeln und Büchern, dass Bruno Latours (1988a) *Pasteurization of France* Michel Serres gewidmet ist.

23 Die Geburts- und Heimatstätte der ANT ist das *Centre de Sociologie de l'Innovation* an der französischen Kaderschmiede für Ingenieure *École de Mines* in Paris. Dort haben Michel Callon als Professor und Leiter des Forschungszentrums, Bruno Latour zunächst als Assistent, John Law und Madeleine Akrich zunächst als postgraduierte Forscherinnen die ANT entwickelt.

sich in der französischen Philosophie erfolgreich eine Nische geschaffen, in der er seine eigene Form von Wissenschaftsgeschichte und Wissenschaftsphilosophie betreiben kann, welche mit der Tradition Gaston Bachelards, die scharf zwischen Natur- und Geisteswissenschaften trennt, bricht (vgl. Serres/Latour 2008: 48-56).[24] Nicht nur, weil er Schüler und später in Clermont-Ferrand und Vincennes Kollege von Michel Foucault war, wurde er gerne der strukturalistischen Bewegung zugeordnet. Allerdings betont er, dass sein Strukturalismus sich nicht aus der strukturalen Linguistik speist, sondern aus dem Strukturalismus der Algebra und Topologie.[25] Dementsprechend schätzt er auch den Einfluss des Werks von Claude Lévi-Strauss, dem ›Ahnherrn‹ der Übertragung der strukturalen Linguistik Saussures in die Kulturwissenschaften, für seine Philosophie als sehr gering ein (Serres/Latour 2008: 57) – was ihn zu einem untypischen französischen Strukturalisten macht.

Neben dem Interesse für Naturwissenschaften übernimmt die ANT von Michel Serres' Philosophie eine ganze Reihe an Motiven und Denkfiguren: die Thematisierung der »*unlöslichen Nähe* von nichtwissenschaftlicher Lebenswelt und Wissenschaft« (Gehring 2006: 472, *Herv. M.W.*), das räumliche bzw. topologische Denken, die verallgemeinerte Kommunikationstheorie, die verschiedenen Figuren des Dritten, insbesondere des Quasi-Objekts, und die Problematisierung sowie Verabschiedung von Kritik (im kantschen Sinne).[26] Diese Punkte sollen im Folgenden kurz dargestellt werden, dafür wird insbesondere auf eine frühe Darstellung von Serres' Philosophie durch Bruno Latour (1987b) als auch den Gesprächsband der beiden (Serres/Latour 2008) zurückgegriffen.

Die herausgestellte Nähe und Verbindung von Natur(-Wissenschaften) und Kultur(-Wissenschaften) funktioniert bei Serres über ein zirkuläres oder nichtlineares Verständnis von Zeit, welches die Gegenwärtigkeit der Vergangenheit herausstellt. Serres' Methode ist es, die Aktualität alter und mitunter abwegiger Quellen für aktuelle Debatten herauszuarbeiten. So nimmt er beispielsweise die für überholt erklärten Schriften Lukrez her, um Verbindungen zur aktuellen Physik aufzuzeigen, oder er stellt die Thermodynamik *avant la lettre* in den Roma-

---

24 Rheinberger (2007) und Schmidgen (2008a) kritisieren diesen Bruch mit Bachelard und Canguilhem und halten ihn für übertrieben. Sie stellen ihre Wissenschaftsforschung in die Tradition der beiden.

25 Bevor Michel Serres sich der Philosophie widmete, erlangte er einen Hochschulabschluss in Mathematik.

26 Vgl. hierzu auch die sehr instruktive Darstellung von Bingham/Thrift (2000) zu Michel Serres und Bruno Latour, welche die Gemeinsamkeiten ihrer Arbeiten und die mediatisierende Rolle Latours für die Ideen Serres' herausstellt.

nen Émile Zolas heraus (vgl. Serres 1975, 1977; Serres/Latour 2008: 81-87). Verbunden ist diese Methode mit einem Zweifel an Fortschritt, d.h. »Zeit als irreversible Linie von Errungenschaften und Erfindungen« (Serres/Latour 2008: 75). Stattdessen arbeitet Serres an der Reversibilität des vermeintlich Irreversiblen (Latour 1987b: 83-84), einem Wiederaufleben der Geschichte oder, wie Serres selbst sagt, an einer »Wiederauferstehung von toten Texten« (Serres/Latour 2008: 87). Durch diese Methode versucht Serres einerseits dem Historizismus der Geisteswissenschaften als auch dem A-Historischen der Naturwissenschaften zu entgehen. Anstatt Lukrez ›in seiner Zeit‹ zu verorten, zu kontextualisieren und zu rekonstruieren, oder ihn *ad acta* zu legen und für überholt zu erklären, wird er als Kommentator zeitgenössischer physikalischer Probleme rekonstruiert. Durch diese Methode wird eine Symmetrie von wissenschaftlichen und kulturell-ästhetischen ›Produkten‹ hergestellt (vgl. Latour 1987b: 84-85). Anstatt beide in unterschiedliche Sphären zu trennen, zielt Serres auf die Verbindungen zwischen ihnen ab und bringt sie miteinander ins Gespräch. Serres' komparatistische Methode, die ungleiche Autoren und Wissenschaften und Zeiten kreuzt und zusammenbringt, hängt eng mit seinem Verständnis von Zeit zusammen. Für ihn ist Zeit gefaltet oder zerknittert und nicht linear (vgl. Serres/Latour 2008: z.B. 97, 117). Das heißt, er denkt Zeit topologisch. Zwei so differente Wissensbestände wie Lukrez' Naturphilosophie und die Hydrodynamik können sich so auf einmal sehr nah sein, obwohl sie Jahrhunderte trennt. So wie sich die Topologie einer Kugel und eines Glases gleichen, können sich Zolas Roman und die Thermodynamik ähneln oder die Fabeln des Äsop und die Informationstheorie. Latour beschreibt Serres' Methode auch als »Serres-Test«. »Dieser lautet nicht: hält, die angeblich irrationale, Vergangenheit einer historischen Rekonstruktion stand, sondern: erweist sie sich als ebenso solide wie die allerneuste und zeitgenössischste Vernunft?« (Serres/Latour 2008: 96)

Latour verortet einen anti-kantischen Gestus in Serres' Philosophie, der nicht die Erkenntnis über die Welt stellt (Latour 1987b: 85-92), sondern »Verstehen und Erkennen [...] als leibhaftige Bewegung« versteht (Gehring 2006: 476). Serres hat Zweifel an einer kritischen Metasprache, die eine Erklärung liefert und über den Text herrscht (Latour 1987b: 86-87). Die Einebnung, wenn nicht gar Umkehrung des Verhältnises von Text und Kommentar, aber auch von Vergangenheit und Gegenwart, Objektivität und Mythizität, Sprache und Dingen, Wissenschaft und Welt, Ordnung und Chaos sowie die Vorstellung (und Praxis!), dass Sprache und Schreibstil Teil des Arguments sind und nicht bloße Bedeutungsübermittler, würden dies zeigen. Die Grundlogik, die Latour bei Serres ausmacht, welche man, wie er selbst sagt, auch als naiv bezeichnen kann (Latour 1987b: 83), ist die Indifferenz gegenüber Gegensätzen und Dualismen oder, vielleicht besser ausgedrückt, der Zweifel an gesicherter Erkenntnis. Serres bezweifelt, dass alte Texte und Erkenntnisse irrelevant und überholt sind sowie dass wissenschaftliche Erkenntnis über ästhetischen Einsichten oder Mythen steht und dass Dinge ›an sich‹ anders (*different in kind*) sind als menschliche Subjekte. In dieser Hinsicht ist es eine grenzenlose Philosophie: »Serres never overcomes anything. Serres' philosophy is free from negation. [...] There is no divide, no camps, no *limes*, no boundaries that are worth a crime.« (Latour 1987b: 91-92) Was Serres – und auch Latour – interessiert, ist, wie diese Grenzen gemacht werden – besonders in den Naturwissenschaften:

»Instead of believing in divides, divisions, and classifications, Serres studies how any divide is drawn, including the one between past and present, between culture and science, between concepts and data, between subject and object, between religion and science, between order and disorder and also of course, divides and partitions between scholarly disciplines.« (Latour 1987b: 93)

Folglich steht für Latour im Zentrum von Serres' »Anthropology of science« (Latour 1987b: 92) das, was er selbst das »Öffnen der black box« oder später die »Praktiken der Reinigung« genannt hat (vgl. Latour 1987a; 2002a, b). In diesem Zusammenhang bedarf es einer kurzen Erläuterung, warum Latour Serres als *Anthropologen* der Wissenschaft und auch sein eigenes Projekt als »symmetrische *Anthropologie*« (Latour 2002a) bezeichnet. Schließlich stellen sie genau die ›Lehre vom Menschen‹ in Frage, und Bezüge zur philosophischen Anthropologie finden sich bei Latour keine – abgesehen davon, wenn man die Verbindung über Serres zu René Girard schlägt, der allerdings Latour zufolge die Rolle von Objekten nicht ernst genug nimmt (vgl. Latour 1987b: 92-93, 2002a: 63-64). Latour versteht Anthropologie im Sinne von *anthropologie sociale* oder *cultural anthropology*, was man beides im Deutschen eher noch mit den Begriffen Volkskunde und Ethnologie verbindet. Anthropologie stellt für ihn eher ein Verfahren dar, »to make sense of [...] beliefs and cultures« (Latour 1987b: 93). Dieses wurde von ihm und anderen Autorinnen der *science studies* auf (Natur-) Wissenschaften übertragen (vgl. Knorr-Cetina 1984; Latour/Woolgar 1986 und Kapitel 2). Wissenschaft wird demnach als Kultur mit seinen eigenen Sprach-, Bedeutungs- und Symbolsystemen, Riten, Praktiken und Artefakten beschrieben, deren Kern die Reinigung und Disziplinierung der Welt ist: »the works, deeds and rites of purification« (Latour 1987b: 94).[27]

27 Hier besteht die Verbindung, die Latour zu Garfinkel zieht, denn auch die Ethnomethodologie interessiert sich dafür, wie (soziale) Ordnung gemacht wird – ohne die-

Wie andere Autorinnen der 1960er Jahre in Frankreich ist auch Serres fasziniert von Strukturen. Doch betont er das Konkrete und Einmalige als andere Seite der Medaille von Struktur. »Deutlicher als andere hat Serres einerseits die abstrakte Seite der Struktur akzentuiert, andererseits aber die Struktur an das Bunte und Einmalige des Konkreten gebunden.« (Gehring 2006: 473) Struktur ist für Serres ein formaler Begriff, der aber eben nicht auf etwas Verborgenes der Welt verweist. Strukturen werden nicht symbolisiert, sondern realisiert. Eine Struktur ist »Resultat einer Entdeckungsleistung« (Gehring 2006: 473) und Aufgabe aller Wissenschaften. Wissenschaft, Philosophie und Technik versuchen

> »die Welt zu kartographieren, die unendliche Komplexität des Realen durch Buchstaben abzudecken und so auszulöschen. Doch wie der an Chaostheorien geschulte Mathematiker Serres immer wieder betont, ist das Reale nicht rational, also begrifflich auflösbar, sondern fraktal. Rationalität, Ordnung und Struktur sind für Serres nur unwahrscheinliche Inseln im Meer des chaotischen Hintergrundrauschens.« (Jürgens 1997: 198-199)

Latour ist, wie er schon früh an Serres zeigt,[28] fasziniert von einer neuen oder anderen Ontologie – einer Ontologie des Werdens. Anstatt Ordnung als gegeben und primär, Chaos hingegen als sekundär anzusehen, ist Ordnung die eigentliche Ausnahme: »order from noise« (Latour 1987b: 95), oder wie es bei Prigogine/Stengers (1984) heißt: »Order out of Chaos.« Wissenschaft wird somit als Praxis oder als ›Arbeit‹ verstanden, wie Latour (2002b) in Anlehnung an die Ethnomethodologie sagt. Die lokalen *achievements* der Wissenschaften, welche nicht die Welt abbilden oder auf eine bestimmte Logik reduzieren, sondern diese erweitern, stehen im Mittelpunkt des Interesses. Die Wissenschaften kann man so als »Weisen der Welterzeugung« (Goodman 1990) verstehen.[29]

Gerade Serres' Topologie, sein vom mathematischen Strukturalismus abgeleitetes räumliches Denken, fasziniert Latour und Callon. Serres' Bücher sind

---

se selbst dem Untersuchungsgegenstand von außen aufzuoktroyieren, sondern sie selbst sprechen zu lassen. Allerdings geht es der Ethnomethodologie eher darum, wie *Menschen* im *Alltag soziale* Ordnung und somit Differenzen und Asymmetrien herstellen –, ob *doing ordinary* (Sacks 1984), *doing gender* (West/Zimmerman 1987) oder *scientific practice* (Lynch et al. 1983; Lynch 1993).

28 Somit bestehen also Zweifel, zwischen einem frühen und späten Latour zu unterscheiden, der erst mit der Zeit die zunächst geforderte methodologische Symmetrie zu einer ontologischen ausbaut (vgl. Preda 2000).

29 Laut Ian Hacking (2001: 229-230, Fn. 4) muss Nelson Goodman dementsprechend sehr fasziniert von Latour/Woolgars (1986) *Laboratory Life* gewesen sein.

gespickt mit Reise-, Wander- und nautischen Metaphern. Doch wie alle Wissenschaften versteht Serres auch die Philosophie nicht als ein Aufdecken von Strukturen, sondern als Bewegung durch solche: Philosophie als Bewegung durch Zeit und Raum.

»Serres' Methode beginnt als Topologie, als Wanderung, die lokale Gegebenheiten erkundet. [...] Stets jedoch versucht Serres, ›mit mehreren Stimmen zu reden‹ und eine ›Logik der Unschärfe‹ schreibend zu praktizieren.« (Jürgens 1997: 198)

Wenn die Welt in Bewegung ist und Zeit und Raum nicht als konstante Größen, sondern als das Resultat der Relationen heterogener Körper verstanden werden, dann soll auch ihre Beschreibung beweglich und topologisch sein und sich dem *timing* und *spacing* widmen, d.h. sich auf die Reise begeben.

»In this way, Serres and Latour begin to confuse the traditional distinction between what the world is actually like (the ontological question), and what can actually be known about that world (the epistemological question).« (Bingham/Thrift 2000: 290-291)

Es ist eine Methode, die Karten zeichnet, allerdings nicht als Spiegel einer gegebenen Welt, sondern als »modes of access, ways of orienting ourselves to the concrete world we inhabit« (Boisvert 1996: 65 zit. n. Bingham/Thrift 2000: 292).

Serres begibt sich auf die »Suche nach Struktur(en) in der Vielfalt des Kulturellen« (Gehring 2006: 474), wobei er auch die kultivierte Natur mit einbezieht. Solch eine mobile Philosophie, welche an Deleuze und Guattari (1996) erinnert, beansprucht Latour auch gerne für die ANT (vgl. Latour 1996d, 2005a, 2006f). Serres' Methode, wie die des *tracing* oder *following* der ANT, ließe sich auch als Anti-Methode verstehen, da diese auf Erfindung abzielt und nicht auf Beherrschbarkeit. Nicht Wiederholbarkeit und Berechenbarkeit oder Vorhersagbarkeit, sondern neue Einsichten stehen hierbei im Vordergrund.[30] Serres' Philosophie könnte man auch als »nomadisches Denken« (Deleuze/Guatarri 1996) beschreiben. Er wandert von Gegenstand zu Gegenstand und schafft neue Begriffe bzw. legt Mehrdeutigkeiten von Begriffen offen.[31] Er selbst bevorzugt es, sein

---

30 In diesem Sinne ist auch John Laws (2004) *After Method* zu verstehen.

31 So ist auch Serres' Bewunderung für Deleuze, die er im Gespräch mit Latour äußert, zu verstehen (vgl. Serres/Latour 2008: 63-4). Deleuze ist für ihn nah am Idealbild eines Philosophen, welches Serres auch für sich reklamiert: »Die Debatte und die Kritik führen nicht weiter, außer auf dem sozialen Schachbrett und bei der Eroberung der

Denken als eine »Philosophie der Präpositionen« zu bezeichnen (vgl. Serres/Bardmann 1997: 192; Serres/Latour 2008: 187). Für ihn hat sich die Philosophie viel zu sehr auf die Substantive wie ›Sein‹ und ›Individuum‹ oder auf die Verben wie ›denken‹, ›erkennen‹ und ›fühlen‹ konzentriert. Er will aber die Beziehungen, d.h. Relationen betonen und deshalb interessieren ihn die Präpositionen, da sie auf eine Bewegung verweisen: »›in‹, ›zu‹, ›durch‹, ›mit‹ usw.« (Serres/Bardmann 1997: 192). Nicht ohne Grund wählt Serres den Götterboten Hermes als Titel für seine frühen, kommunikationstheoretischen Schriften, welche die Initialzündung für die ANT gegeben haben. Mittels Hermes stellt Serres den Vermittlungsaspekt von Kommunikation in den Vordergrund: »Hermes ist der Bote, sein Ort das ›Zwischen‹.« (Jürgens 1997: 202) Hermes *steht* nicht zwischen Sender und Empfänger, sondern *verbindet* sie, d.h. er stellt eine Beziehung her.[32] Doch um diese Relation herzustellen, muss er sich bewegen.

»Kommunikation läßt sich für Serres also nur über eine Theorie der Relationen beschreiben, nicht über die Statik eines Systems von Sender und Empfänger. Entscheidend sei nicht die Position, sondern die Beziehung, denn die Übertragung verändere Träger und Empfänger der Botschaft.« (Jürgens 1997: 202)

Hermes ist notwendig, um die Beziehung herzustellen, aber gleichsam besteht seine Ethik darin, zu verschwinden und unsichtbar zu sein (vgl. Serres/Bardmann 1997: 193). Doch nicht umsonst ist er auch der Gott der Diebe, denn er kann seine Vermittlerrolle ausnutzen, oder auch einen Umweg nehmen oder aufgehalten werden. Somit versinnbildlicht Hermes »als Gott der Übertragung nicht nur ein fließendes, in ständiger Veränderung begriffenes Netz der Kommunikation, vielmehr ist das Hintergrundrauschen hier dem Netz immanent. Keine Botschaft ohne white noise und ›Interferenz‹.« (Jürgens 1997: 202)

Macht. [...] Was in der Philosophie, aber auch in den Wissenschaften Fortschritte bringt, ist die Erfindung von Begriffen, und diese Erfindung vollzieht sich stets in der Einsamkeit, in der Unabhängigkeit und Freiheit, ja, im Schweigen.« (Serres/Latour 2008: 59) Serres stellt sich im Gespräch mit Latour stark als *Outcast* und Solitär dar, der es durch den Krieg generell, aber auch später in der Nachkriegszeit, wissenschaftlich schwer hatte, sich durchzusetzen. Latour bleibt im Übrigen skeptisch gegenüber *dieser* Einschätzung der Philosophie durch Serres. Er habe nur gute Erfahrung mit kollaborativer Arbeit sowie Debatte und Diskussion gehabt (vgl. Serres/Latour 2008: 60).

32 Die Beziehung, die Hermes in den gleichnamigen Büchern Serres' (1991, 1992a,b, 1993a, 1994a) herstellt, ist jene zwischen Natur- und Kulturwissenschaften.

Serres Auseinandersetzung mit der Kybernetik und Informationstheorie führen ihn zu der Deutung des Sozialen als Kommunikation und der Welt als Kommunikationsnetz, welche sich erst durch Botschaften und Boten konstituiert (vgl. Gehring 2004, 2006). Zentral hierbei ist die Idee, dass das Rauschen konstitutiver Teil von Kommunikation ist: »Das Geheimnis der Kommunikation ist, dass sie funktioniert, weil sie nicht funktioniert.« (Gehring 2006: 475) Die Störung ist konstitutiv für Kommunikation. Dies macht Serres (1987) sehr schön in *Der Parasit* deutlich, wo er dessen verschiedene Bedeutungen durchdekliniert: Der Parasit in seiner informationstechnischen, sozialen und biologischen Bedeutung, denn im Französischen kann Parasit mindestens dreierlei bedeuten. In der Biologie bezeichnet man mit Parasit ein meist kleines Lebewesen, welches sich bei einem anderen Lebewesen einnistet, von ihm ernährt und dabei schadet. Solch Schmarotzertum wird auch in die Sozialwelt der Menschen übertragen und man spricht von Parasiten, wenn jemand sich Vorteile ohne Gegenleistung erschleicht und dabei den anderen schadet, was Serres (1987) am Beispiel von *Tartuffe* verdeutlicht. Das heißt, ein Parasit ist »jemand, der die Gastfreundschaft eines anderen mißbraucht« (Serres/Bardmann 1997: 177), oder im zeitgenössischen öffentlichen Diskurs, diejenige, die staatliche Leistungen einstreicht ohne selbst Leistung zu zeigen. Und schließlich in der Informations- und Kommunikationstechnik meint der Parasit eine Kommunikationsstörung, das Rauschen, welches die Übermittlung einer Botschaft von Sender zu Empfänger stören kann und den Informationskreislauf gar mitunter unterbricht. Serres arbeitet dabei zweierlei heraus. Erstens ist der Parasit konstitutiv für das System. Er ist Teil des Systems. Zweitens ist Uneindeutigkeit das Kennzeichen des Parasiten. Er kann Wirt, Störer und Parasit zugleich sein bzw. alle drei Positionen einnehmen (vgl. Serres/Bardmann 1997). Die erste These ist praktisch die Umkehrung der technischen Kommunikationstheorie, die Kommunikationsoptimierung in der Reduktion des Rauschens, in dem Ausschluss des Parasiten sieht. Serres hingegen erhebt den Parasiten zum Kern von Kommunikation: »Systeme funktionieren [...] nicht trotz, sondern gerade wegen der Parasiten. Sie funktionieren immer nur, weil sie schlecht funktionieren.« (Jürgens 1997: 204) Folglich gibt es für ihn kein System ohne Parasiten (vgl. Serres/Bardmann 1997: 179). Er geht sogar so weit zu sagen, dass der Missbrauch vor dem Brauch steht (vgl. Serres 1987: 352).[33] Damit

---

33 Für Serres ist Parasitentum in menschlichen Beziehungen ein Überbleibsel ihres animalischen Ursprungs, wobei es Ziel jeder Pädagogik ist, diesen Parasitenzustand abzulegen. Dies geht nur durch das Ablegen der animalischen Natur und einen zwischenmenschlichen Vertragsschluss: »Eine ›menschliche‹ Gesellschaft kann nur durch die Herstellung von Tauschverbindungen entstehen, was aber mit der Ablehnung des

meint er, dass Subversion, Widerstreit und Unregelmäßiges erst konstitutiv für etwas Geregeltes, Strukturiertes oder Systemisches ist. Der zweite entscheidende Punkt, den Serres herausarbeitet, ist die Uneindeutigkeit und vermeintliche Unsichtbarkeit des Parasiten. Ein Parasit versteckt sich und agiert im Verborgenen, weil er Angst hat ertappt zu werden, so wie die beiden Ratten beim Steuerpächter in den *Fables d'Esope* von Boursault, mit denen Serres sein Buch eröffnet. Die Parasiten sind ›real‹, ob als Ratte in der Speisekammer, als Schallwelle des Geräuschs an der Tür oder als Steuerpächter, der Renten einstreicht. Dennoch ist es gerade ihre Eigenart, sich anderen zu entziehen: »Es ist gerade so, als ob die Beobachtung das zu betrachtende Phänomen vertreiben würde.« (Serres/Bardmann 1997: 181) Diese vermeintliche Unsichtbarkeit bedeutet auch gleichzeitig die Uneindeutigkeit und Unschärfe des Parasiten. Ist er Mensch, Tier oder Geräusch? Schafft es der Parasit sich der Beobachtung zu entziehen, und somit das System zu unterwandern und gar zu töten? Oder wechselt er mittels Vertragsschluss von einem parasitären Verhältnis in ein symbiotisches (vgl. Serres 1994)? Oder ändert sich das System so, dass es immun gegen den Parasiten wird und ihn abwehrt?[34] Serres ist fasziniert von den Strategien und Tricks, mit denen der Parasit sich zu verbergen weiß.

»Das Hauptmerkmal [...] der Parasitenfigur ist ihre Unsichtbarkeit. Es ist eine sehr positive Wirkung: Um eine Botschaft zu übertragen, muß man verschwinden, man muß für die Botschaft transparent werden. Aber gerade diese Fähigkeit verleiht einem auch eine beträchtliche Macht. Unsichtbarkeit und Macht stehen in einer engen und tiefgehenden Verbindung zueinander.« (Serres/Bardmann 1997: 192)[35]

Wenn auch nicht offensichtlich sichtbar und uneindeutig in seinem Tun, so verändert der Parasit doch das System:

---

parasitären Zustandes einhergeht.« (Serres/Bardmann 1997: 180) In diesem Zusammenhang verweist Serres auf drei Stadien von Beziehungen: animalisches Stadium (negierte Wirt-Parasit-Beziehung), menschlich-soziales Stadium (Austausch), Mutter-Kind-Beziehung (positive Wirt-Parasit-Beziehung; Liebe). Liebe ist das letzte, beste und erfolgreichste Stadium einer Beziehung, unterliegt aber auch der Gefahr, wieder in Parasitentum umzuschlagen.

34 Vgl. zu diesen verschiedenen Arten der Uneindeutigkeit Serres/Bardmann (1997: 184-185).

35 Dieser Zusammenhang von (Un-)Sichtbarkeit und Macht ist natürlich auch auf seine Weise von Michel Foucault (1976) beschrieben worden.

»Der Parasit verändert das System, in dem er operiert. Weil der Parasit niemals bezahlt, durchkreuzt er die etablierten Schemata eines Systems, indem er neue Logiken und Währungen erfindet. [...] Er ist der typische eingeschlossene ausgeschlossene Dritte, weil er jede Beziehung anzapft. [...] der Parasit kann in einem System sämtliche Positionen einnehmen, es endlos transformieren, nur darf er niemals seinen Wirt ausschließen. Dann stirbt er mitsamt dem System.« (Jürgens 1997: 204)

Das heißt, der Parasit ist einerseits sehr machtvoll, weil er ungesehen das System beeinflusst. Andererseits steht er aber auch in Abhängigkeit zum System, zum Wirt, weil ohne diesen er selbst keine Lebensgrundlage mehr hat.

Das besondere Kennzeichen des Parasiten, welches Serres herausarbeitet, ist dessen Uneindeutigkeit. Er kann Wirt, Störer und Parasit zugleich sein bzw. alle drei Positionen einnehmen. Er ist wie der Joker, der jeden Wert annehmen kann, dessen Identität sich genau aus seiner Indifferenz speist (vgl. Serres 1987: 243): »Identisches und Unterschiedenes wechseln den Platz mit dem Dritten.« (Serres 1984: 85) Die in den Sozial- und Kulturwissenschaften in den letzten Jahren vermehrt diskutierte Figur des Dritten (vgl. Bedorf/Fischer/Lindemann 2010; Eßlinger et al. 2010) nimmt eine prominente Stellung in Serres' Werk ein. Seine ganze Philosophie kreist im Grunde um diese Figur. Er versucht ›das Dritte‹ anhand verschiedener Metaphern[36] zu denken; neben Hermes, dem Parasiten und dem Joker, sind dies beispielsweise der Harlekin und die Engel (vgl. Serres 1995b). Es ist die Unbestimmtheit und Unschärfe, die ihn an den Figuren des Dritten interessieren.[37] Es ist unklar, ob Hermes nun Bote oder Dieb ist. Es geht Serres um die Bewegung, die Mittler, das Dazwischen:

»Man muss begreifen oder sich vorstellen, wie Hermes fliegt und sich fortbewegt, wenn er die Botschaften transportiert, die ihm die Götter anvertrauen; oder wie die Engel reisen. Und dazu muss man die Räume beschreiben, die zwischen den bereits registrierten Dingen liegen, Räume der *Interferenz*, entsprechend dem Titel des zweiten Hermes-Bandes. Dieser Gott oder diese Engel gehen in der gefalteten Zeit vorbei, daher die Millionen Ver-

36 Hier sei daran erinnert, dass Metapher für Serres insbesondere Transport bedeutet (Serres/Latour 2008: 102).

37 Die Figuren des Dritten sind gleichzeitig das Charakteristikum seiner Philosophie: »Die Wahl der Figuren ist ein Versuch, ›die Metapher mit der Theorie zu versöhnen‹. [...] Serres' Figuren folgen nicht dem Prinzip der Synthese, sondern dem des Jokers. Der Joker kann alle Werte simulieren. Sein Wert ist es, keinen bestimmten Wert zu haben. So folgen die Figuren der Logik der Mehrwertig- und Mehrdeutigkeit. Sie sind unscharf.« (Jürgens 1997: 207)

knüpfungen. *Zwischen* erschien mir stets und erscheint mir immer noch eine Präposition von grundlegender Bedeutung.« (Serres/Latour 2008: 99)

Hier zeigt sich die deutliche Parallele zur ANT, welche den Aktanten folgt, der Bewegung des Sozialen nachspürt und so die Vermittlungsschritte von einer Idee zum Produkt oder von einer Forschungsfrage zum wissenschaftlichen Fakt Schritt für Schritt beschreibt. Das Trickreiche des Parasiten oder Hermes ist, dass sie unsichtbar sind bzw. als unsichtbar erscheinen und im Verborgenen agieren. Die ANT überträgt dies nun auf die verborgenen materiellen Medien unseres Handelns, d.h. auf die Infrastruktur unserer Sozialität. Auch sie hält eine Reihe an Begriffen für das ›Dritte‹ zwischen Subjekt und Objekt bereit: Aktant, Delegierter und Hybrid.

Die Figur des Dritten ist bei Serres eng verbunden mit der Vorstellung, das Soziale als Verhandlung, Vermittlung und Kommunikation, an der verschiedene semiotische *und* materielle Kräfte beteiligt sind, zu denken. Dieser heterogene Prozess lässt keine essentielle Trennung von Subjekt und Objekt zu, sondern versetzt diese in den Status eines Quasi-Subjekts bzw. Quasi-Objekts. Der Parasit ist solch ein Quasi-Subjekt bzw. Quasi-Objekt. Die Idee des Quasi-Objekts taucht bei ihm schon in den Hermes-Studien auf (vgl. Serres 1992a: 203) und wird in *Der Parasit* zu einer »Theorie des Quasi-Objekts« (Serres 1987: 344-360) ausgebaut. Diese verdeutlicht er anschaulich am Spiel mit einem Ball wie z.B. einem Fußball. Ein Ball ist sowohl Subjekt als auch Objekt in einem Spiel.[38] Er ist das Objekt des Spiels, welches in Bewegung gesetzt wird. Gleichzeitig ist er Subjekt des Spiels, da er das Zentrum ist »auf das sich alles bezieht, solange das Spiel läuft« (Serres 1987: 347). Der Ball zirkuliert und markiert dabei die Subjekte,[39] denn »Spielen heißt nichts anderes, als sich zum Attribut des Balls als der Substanz zu machen. Die Gesetze sind für ihn geschrieben, sind in bezug auf ihn definiert, und wir beugen uns diesen Gesetzen. [...] Der Ball ist das Subjekt der Zirkulation, die Spieler sind nur Stationen und Ruhepunkte.« (Serres 1987: 347) Erst die Beziehung zum Ball macht mich zum Subjekt – zum Spieler, zum Angreifer oder Verteidiger. Ich richte meinen Körper auf das Objekt aus.

38 In den treffenden Worten Gustav Roßlers (2008: 83): »Ohne Ball kein Spiel, doch ohne Spiel, bloß daliegend, ist der Ball auch kein richtiges Objekt. Er muss im Spiel sein und hin- und herlaufen zwischen den Spielern.«

39 Diesen ›Zwischenstatus‹ des Balls beschreibt Serres (1987: 346) wie folgt: »Dieses Quasi-Objekt ist kein Objekt, und es ist dennoch eines, denn es ist kein Subjekt, weil es in der Welt ist; es ist zugleich auch ein Quasi-Subjekt, weil es ein Subjekt markiert oder bezeichnet, das dies ohne es nicht wäre.«

Diejenige im Ballbesitz wird erst mit ihm zum Subjekt des Spiels, auf das sich das Spiel ausrichtet und im Zentrum der Aufmerksamkeit steht. Wechselt der Ball den Spieler, so wechselt das Subjekt des Spiels – schießt Schweini oder Poldi? Folglich wird die Subjektposition verschoben, greift das Prinzip der Stellvertretung bzw. der Substitution (vgl. Serres 1987: 348). Der zirkulierende Ball stellt jedoch nicht nur Subjektivität(en) her, sondern auch Intersubjektivität (vgl. Serres 1987: 349). Er bringt das Kollektiv zusammen: »Der hin- und herlaufende Ball webt [...] das Kollektiv, indem er virtuell jedes Individuum für tot erklärt.« (Serres 1987: 348) Dabei ist zweierlei von Bedeutung. Erstens das Prinzip der Weitergabe, also der Verschiebung und Ersetzung der Subjektposition (vgl. Serres 1987: 349) – im Fußball die Ballabgabe bzw. -abnahme. Zweitens wird durch die Hervorhebung des Weitergabeprinzips, der Zirkulation, aus dem Kollektiv mehr als die Summe der Spieler:

»Das Wir ist kein aufsummiertes Ich, sondern etwas Neues, das durch Delegation des Ich, durch Konzessionen, Verzicht, Resignation des Ich entsteht. Das Wir ist weniger ein Ich-Ensemble als das Ensemble der Ensembles dieser Übertragungen.« (Serres 1987: 350)

Es ist der Ball, das Quasi-Objekt, welches das Kollektiv herstellt. Für Serres sind es konkrete Objekte und keine ›unsichtbare Hand‹, die Sozialität herstellen, wie eben der Ball oder das Geld. Dieses Prinzip der »Objektivierung des Sozialen« (Roßler 2008: 85; vgl. Serres 1995a) wird zum Grundprinzip der Wissenschafts- und Technikforschung der ANT, welches sie an verschiedenen Objekten – zum Beispiel der Kammmuschel und der Mikrobe – empirisch verdeutlichen und mit verschiedenen Konzepten wie *obligatory passage point*, *Interobjektivität* oder der Losung *technology is society made durable* zu fassen suchen (vgl. Kapitel 2).

Serres bemüht sich um eine Rehabilitierung der Dinge in der Philosophie, gleichsam wie Latour, Callon und andere diese Rehabilitation in die Sozial- und Kulturwissenschaften übertragen (vgl. hierzu auch Roßler 2008). Insbesondere an zwei Begriffe bzw. Konzepte schließen Callon und Latour bei Serres an: den der Übersetzung und den des Quasi-Subjekts bzw. Quasi-Objekts. Den ersten Begriff entwickelt Serres im Rahmen eines seiner Hermes-Bücher, letzteren in *Der Parasit*. Serres und die ANT verbindet auch ihre eigene Form von Konstruktivismus. Ein Konstruktivismus, der einerseits als sozial verstanden wird in dem Sinne, dass es keine subjektiven, individuellen oder mentalen Konstruktionen, sondern gemeinschaftliche Konstruktionen sind. Andererseits geht dieser Konstruktivismus über einen (›einfachen‹) Sozialkonstruktivismus hinaus, weil nicht nur menschliche Kräfte am Schaffen der Welt beteiligt sind. Für sie ist die

Welt im tatsächlichen und nicht im sozialkonstruktivistischen Sinne konstruiert.[40]

Serres thematisiert, wie etwa Foucault oder Derrida, die »Destruktionskraft der europäischen Rationalität« (Gehring 2006: 477) – besonders eindringlich etwa in *Der Naturvertrag* (Serres 1994c). Darin thematisiert Serres die Destruktionskraft der Trennung von Natur und Kultur, welche auch zur Trennung der Wissenschaften führte. Dies macht er literarisch kunstvoll, indem er Erzählungen von Mythos und Logos, von Naturwissenschaften und Kulturwissenschaften miteinander verwebt. Er nimmt die Ambivalenzen des wissenschaftlich-technischen Fortschritts in den Blick – wie etwa Becks (1987) Risikogesellschaft im deutschen soziologischen Diskurs. Letztlich führt er vor Augen, wie die Menschheit Parasit der Welt ist. Die Thematisierung der Schattenseiten der Rationalisierung führt bei ihm allerdings nicht zu Fatalismus. Ganz im Gegenteil, ist ihm daran gelegen, konstruktiv Auswege aus den Ambivalenzen der Modernisierung aufzuzeigen und ein ›Friedensangebot‹ zu unterbreiten (vgl. Gehring 2004): Er plädiert für einen neuen Naturvertrag zwischen Natur und Kultur.[41]

An die Ideen des *Naturvertag* schließt auch Latour (2001) in seiner ökologischen Streitschrift *Politiques de la Nature* an. Während allerdings Serres eher juridisch argumentierend für einen Naturvertrag eintritt, fordert Latour eine neue Politik, eine neue Konstitution, welche auch die Dinge mit einbezieht. Doch gemeinsam sind sie in ihrem Anliegen, dass dies eine Revision der ›europäischen‹ Vorstellung von Natur und Kultur wie auch der Wissenschaft beinhaltet. Denn es ist gerade die moderne Wissenschaft, welche die Menschen so mächtig hat werden lassen. Das aufziehende Informationszeitalter, welches das Industriezeitalter abzulösen scheint, sieht Serres dabei als Chance, da hier die weichen Technologien regieren (vgl. Gehring 2006: 477).

»Arbeit hatte früher etwas mit Muskelkraft und mit Energie zu tun. Heute handelt es sich um Informationen. [...] Heute geht es um die Arbeit der Engel, um Information. Unser ganzes Universum ist heute eine Informationswelt. Gerade weil die Arbeit der Parasiten darin besteht, Informationen abzufangen, finden wir sie heute überall.« (Serres/Bardmann 1997: 186)

---

40 Diese Argumentation vom Realen ausgehend, kann ihre Verwandtschaft mit der Philosophie von Deleuze und Guattari nicht verheimlichen.

41 Das Kernprinzip, das ihm Hoffnung gibt, ist das Prinzip der Liebe (vgl. Serres 1994c). Zur Kritik letztlich alles auf ein Prinzip, die Liebe, zu reduzieren, antwortet er: »Es gibt doch nichts Vielfältigeres, Wuchernderes und Triebreicheres als die Liebe! [...] Keine Beziehung ist so reich wie die Liebe.« (Serres/Bardmann 1997: 195-196)

Serres (1995) betont die Bedeutung und auch die Chancen neuer Medien und immaterieller Arbeit, allerdings bedeutet dies auch, dass soziale Probleme nicht mehr vordringlich eine Frage der Verteilung materieller Güter sind, sondern eine der Zugangsmöglichkeiten – von Inklusion und Exklusion zu Informations- und Kommunikationsressourcen (vgl. Serres/Bardmann 1997).

Serres' Philosophie, seine »Logik der Unschärfe«, liest sich als ein Plädoyer für Differenz.[42] Die Welt als ständiges Werden, in Bewegung und Chaos wird durch die Strukturierungsleistungen der Menschen, ihrer Wissenschaften und den von ihnen mobilisierten Artefakten erklärbar, doch entzieht sich die Welt diesen Strukturen auch wieder ständig. Es ist eine »Abrechnung mit der klassischen Philosophie« (Jürgens 1997: 199), welche die Ambivalenzen der wissenschaftlich-technischen Modernisierung und die »Furcht vor der Vernunft [...] beim Anblick [der, *M.W.*] totalen Aneignung der Erde« (Jürgens 1997: 197) thematisiert. Dies wird mit einer Kritik des modernen Subjektbegriffs verbunden, die Raum für eine Reihe dritter Figuren wie Hermes, den Parasiten, das Quasi-Objekt oder den Joker schafft. Es ist keine Philosophie, welche die Entdifferenzierung bedauert und binäre Strukturen dekonstruiert, sondern auf einen neuen »Naturvertrag«, auf die Figuren des Dritten und auch auf die neuen Informations- und Kommunikationstechnologien setzt. Diese Philosophie wird in einer anspruchsvollen und ansprechenden Ästhetik – einem höchst kunstvollen Stil, der Wissenschaft, Geschichte und Literatur verbindet –, welche »eine Art neue[] Kultur des Denkens« (Gehring 2006: 472) entwirft, dargeboten, so dass es nicht verwundert, dass Serres inzwischen Mitglied der honoren *Académie Française* ist.[43] Die kritisierte Trennung von Natur und Kultur in der abendländischen Philosophie wird somit nicht nur zum Thema, sondern auch (text-) praktisch umgesetzt durch die Verbindung von Kunst (inklusive Literatur natürlich!) und Wissenschaft. Genau diese Logik der Unschärfe machen sich Latour und Callon zu Eigen und übersetzen sie in die Soziologie und Sozialforschung (vgl. hierzu auch Bingham/Thrift 2000).

---

42 Gehring (2006: 478) beschreibt seine Texte als »Variationen über die Ohnmacht und doch auch listvolle, ›kultivierende‹ Macht der Philosophie«.

43 »Wenn ich anstatt zu philosophieren Geige spielen könnte, würde ich nach Berlin reisen, und jeder Engländer, Japaner oder Deutsche würde mich verstehen! Der Musiker ist in der glücklichen Lage, daß er etwas komponiert, was dem Sinn vorausliegt. Schreiben ist wie das Komponieren von Musik, es ist Musik der Worte, der Vokale, der Verse und Sätze, jedoch unter dem zusätzlichen Druck des Sinns.« (Serres/Bardmann 1997: 193)

8.3 »DOWN WITH KANT!« – NACH DER KRITIK

> »Down with Kant! Down with the Critique! Let us go back to the world, still unknown and despised.«
>
> (LATOUR 1988B: 173)

Das Plädoyer für Differenz ist im Poststrukturalismus mit einer Kritik an Totalisierungsansprüchen verbunden. Die Kritik an Totalisierungsansprüchen richtet sich bei poststrukturalistischen Theorien in erster Regel an die Philosophie, aber auch allgemein an die Wissenschaft, wohl in Lyotards (1986) Losung vom »Ende der großen Erzählung« am prominentesten vertreten. Anstatt der einen großen Universaltheorie gibt es fragmentierte und heterogene Erzählungen. In der ANT findet sich auch eine Kritik an totalisierenden und universalistischen Ansprüchen von Wissenschaften und Theorien, wenn auch ›Kritik‹ dabei einer umfassenden Revision unterzogen wird.

Die ANT betreibt ihre Universalismuskritik anhand der Wissenschaften. Dies betrifft zum einen, wie im zweiten Kapitel gezeigt, die Naturwissenschaften. Mit der Verschiebung von der Theorie der Wissenschaft auf die Praxis der Wissenschaft hat sich die Vielfalt der Wissenschaften gezeigt. Die Wissenschaften erweitern die Welt, anstatt sie zu entdecken – so zumindest Latours Schluss (vgl. Latour 2002b). Es gibt kein universelles Wissen, sondern immer nur situiertes Wissen in Zeit, Raum und Materie. Darüber hinaus gibt es, dieser Auffassung gemäß, keine stabilen Entitäten, die etwas repräsentieren, sondern nur solche, die sich ständig entfalten und verändern (vgl. hierzu auch Pickering 2008).[44] Die Vorstellung einer universalen Natur als fixer Referenzpunkt, zu der bestimmte Menschen einen privilegierten Zugang haben, und einer einenden Natur, welche die Folie bildet auf der kulturelle Differenzen sich abspielen, wird bestritten. Der Mononaturalismus soll durch die Anerkennung eines Multinaturalismus ersetzt werden (vgl. Latour 2001a, 2004a). Zum anderen wird die Kritik an Totalisierungsansprüchen von der ANT insbesondere an *der* Soziologie exemplifiziert. Wobei hier natürlich darauf zu verweisen ist, dass dabei eine bestimmte Soziologie verstanden wird, welche auch idealtypisch zugeschnitten wird, um die eigene Soziologie der Assoziationen zu profilieren (vgl. Latour 2005a), womit na-

---

44 Andrew Pickering (2008) kennzeichnet seine Wissenschafts- und Technikforschung wie die Latours und der ANT als eine posthumanistische, die eine »ontology of decentred becoming« verfolgt, wie sie auch bei Whitehead, Deleuze und James, aber auch in der Evolutionstheorie, Kybernetik und Komplexitätstheorie zu finden ist.

türlich soziologische Strömungen, die der ANT nahestehen, unten durchfallen – wie George Herbert Mead (vgl. Gill 2008), Georg Simmel (vgl. Schillmeier 2009) oder der von Latour selbst in den letzten Jahren wiederentdeckte Gabriel Tarde (vgl. Kapitel 10.2). Die Soziologie, welche die ANT bei ihrer Kritik im Sinn hat, ist besonders die Émile Durkheims und seine Losung »Soziales durch Soziales zu erklären«, aber auch individualistische, interpretative und kritische Soziologien sind vor der Polemik Latours u.a. nicht gefeit.[45]

Die Kritik an der Soziologie besteht zunächst in einer Kritik ihrer beiden Grundbegriffe Gesellschaft und Soziales. Denn diese bestehen nicht nur aus Menschen und sind auch nicht als Essenz oder Entität zu verstehen, sondern als Beziehung oder Bewegung (Latour 2003a, 2007a).[46] Das Soziale, im erweiterten Sinne der ANT, zirkuliert vor unseren Augen:

> »The laws of the social world may exist, but they occupy a very different position from what the tradition had first thought. They are not behind the scene, above our heads and before the action, but after action, below the participants and smack in the foreground. They don't cover, nor encompass, nor gather, nor explain; they circulate, they format, they standardize, they coordinate, they have to be explained.« (Latour 2005a: 246)

Die ANT hat ein nicht-essentialistisches Verständnis vom Sozialen. Dies verweist für sie nicht auf einen bestimmten festen Gegenstand oder eine bestimmte Sphäre, sondern einen Prozess (der Assoziierung, des Netzwerkknüpfens, der Übersetzung, der Äquivalenzkettenbildung usw.). Darüber hinaus bezieht sich die Kritik auf die Methode der Soziologie bzw. ihrem Bestreben eine Erklärung zu leisten. Latour steht einer sozialen Erklärung genauso skeptisch gegenüber wie einer naturalistischen (Latour 1988b). Das Problem ist, dass sie ihren Untersuchungsgegenstand durch etwas anderes ersetzen. Dieser wird ersetzt durch eine Struktur oder die Gesellschaft oder das Soziale, welche den Untersuchungsgegenstand hervorbringen würden. Doch anstatt auf etwas ›hinter‹ den Dingen und Menschen zu verweisen, dass ihre Handlungen und Strukturen hervorbringt, sollte man sich an die Akteure im Feld halten und deren Verständnis ernst neh-

---

45 Gesa Lindemann (2008) kritisiert Latours Durkheim-Schelte in der Hinsicht, dass sie auf einer verkürzten Rezeption beruhe und die eigentliche Verwandtschaft der ANT mit Durkheims Soziologie übersehe. Bereits Joerges hat wiederholt den radikalen Gestus der ANT kritisiert, der letztlich von einer »Traditionsvergessenheit« (2002: 296) herrühre.

46 In diesem Zusammenhang sei an Serres' Philosophie der Präpositionen anstatt einer der Substantive erinnert (vgl. Kapitel 8.2).

men.[47] Soziale Tatbestände sind keine äußeren Wirkmächte, sondern werden hervorgebracht, allerdings nicht nur in menschlichen Handlungen, sondern auch nicht-menschliche Dinge zeigen etwas an, teilen sich in Form von Inskriptionen mit und wirken, normieren usw.

In diesem Zusammenhang macht Latour (1988b, 1996a, 2005a) auch gerne darauf aufmerksam, dass es sich bei der ANT im Grunde nicht um eine Theorie, sondern eine Methode oder eigentlich eine Heuristik handelt (vgl. Reckwitz 2008; Schüttpelz 2008), welche vom Feld und den Untersuchten Soziologie lernen möchte, anstatt ihnen ihre Erklärungen aufzuzwingen. Im Sinne einer poststrukturalistischen Bejahung der Differenz(en) geht es darum, die Vielfalt und Unordnung der sozialen Welt anzuerkennen, zu beschreiben und zur Geltung zu bringen, anstatt diese durch vorgängige und ihr äußeren Begriffe und Konzepte zu ordnen und zu erklären.

Die Kritik an der Soziologie fast Latour wie folgt zusammen:

»it doesn't only *limit* itself to the social but *replaces* the object to be studied by another matter made *of* social relations; it claims that this substitution is unbearable for the social actors who *need* to live under the illusion that there is something ›other‹ than social there; and it considers that the actors' objections to their social explanations offer the best *proof* that those explanations are right.« (Latour 2005: 9)

Diese Kritik an der Soziologie, einer Soziologie des Sozialen, wie er es nennt (vgl. Latour 2005), führt er auch an der kritischen Soziologie vor Augen. Luc Boltanski und Laurent Thévenot (1999; 2007) folgend, differenziert Latour zwischen »kritischer Soziologie« und »Soziologie der Kritik«. Die Soziologie der Assoziation der ANT sieht er mit dem Projekt der Soziologie der Kritik verbunden,[48] während die kritische Soziologie im Hinblick auf die beiden genannten Punkte, Soziologismus und Strukturalismus, problematisiert wird. Das Projekt der kritischen Soziologie ist das der Entlarvung und der Entschleierung. In diesem Punkt sind sich *kritische Theorie* und *kritischer Rationalismus* gar nicht so unähnlich, wie auch verschiedene Varianten von Sozialtheorie: Während kollektivistische Ansätze die verborgenen Kräfte ›der Gesellschaft‹ entlarven, verweisen individualistische Ansätze auf den ›Markt‹ individueller Interessenskalküle. Die kritische Soziologie verweist auf etwas Unsichtbares hinter oder unter der

47 Bei dieser Kritik bezieht sich Latour explizit auf Harold Garfinkel, der dies bekanntlich bei Schütz gelernt hat.

48 Vgl. aber die kritische Auseinandersetzung Latours (2001e) mit der Soziologie von Luc Boltanski und Laurent Thévenot.

Oberfläche. Es ist die Unterscheidung von Oberflächenphänomenen und Tiefenstruktur – eine Logik, die Latour zutiefst ablehnt. Die kritische Soziologie verfährt nach einem Entschleierungsmechanismus: Sie will die sozialen Zwänge hinter dem Alltagsleben aufzeigen, welches sich als bloße Illusion erweise (vgl. Latour 2005a: 49). In diesem Sinne lehnt Latour v.a. das Verständnis von Konstruktivismus als Ideologiekritik ab (vgl. auch Hacking 2001).

»Would you qualify as ›scientific‹ a discipline that puts to one side the precise information offered by fieldwork and replaces it by instances of *other* things that are *invisible* and those things people have *not* said and have vocally denied?« (Latour 2005a: 50)[49]

Hier hat Latour besonders die in Frankreich Ende des 20. Jahrhunderts übermächtige Soziologie von Pierre Bourdieu im Sinn, welche »[d]ie verborgenen Mechanismen der Macht« (Bourdieu 1992) aufzudecken trachtet und aufzuzeigen versucht, dass bestimmte Akteure oder Gruppen und Klassen sich einer *illusio*, einer Selbsttäuschung, hingeben. Hier wird etwas von außerhalb herangezogen, um eine Situation und Handlung zu erklären – etwa Klassenunterschiede für unterschiedlichen ästhetischen Geschmack (vgl. Bourdieu 1987). Doch Latour ist zusammen mit der Ethnomethodologie der Meinung, dass man nicht auf ein ›Außen‹ verweisen muss, da alles bereits in der Situation da ist (Latour 2005a: 50, Fn. 49). Es gibt keine Welt mit doppeltem Boden. So ist er auch zu verstehen, wenn er sagt »we have to become the Flat-Earthers of social theory« (Latour 2005a: 172, vgl. auch Latour 1996c). Wie die Soziologie der Kritik nimmt die ANT die kritische Kompetenz von Akteuren ernst – eine Position, die auch aus den *cultural studies* und der Soziologie Baumans vertraut ist (vgl. Bauman 1989; Grossberg 1992; Hall 2000; Winter 2001). Es ist gewissermaßen ein antiintellektualistischer Impetus, der der klassischen Soziologie und insbesondere der kritischen Soziologie vorwirft, die Rolle von Gesetzgebern zu spielen. Latour wirft Bourdieu vor, Akteure als bloße Platzhalter sozialer Strukturen zu konstruieren, die dann durch die Reflexivität der Sozialwissenschaftler aufgeklärt werden (vgl. Latour 2005a: 154-155). Ähnlich ist auch seine allgemeine Kritik an der Diskurstheorie, die hinter Äußerungen einen allgemeinen Diskurs oder Diskursfelder, die uns sprechen lassen, vermutet, und diese dann enthüllt. Dennoch darf Latours Kritik an strukturalistischen Erklärungen nicht

»als eine Wiederkehr des Anthropozentrismus missverstanden werden, und zwar weder in seiner empirisch-dezisionistischen noch in seiner rational-kreativistischen Variante. Viel-

49 Vergleiche auch Pickerings (2008) Idee einer »sociology of the visible«.

mehr muss man sie als einen Versuch lesen, im Rahmen eines gründlich veränderten, nicht mehr cartesisch zu bestimmenden Koordinatensystems von Wissenszuwächsen die Rolle der menschlichen Akteure mit ihrer wechselnden Position in einem Netzwerk neu zu bestimmen, das sie umfasst und in dem sie dennoch dezentriert bleiben.« (Rheinberger 2007: 132)

Das *Elend der Kritik* (Latour 2007a) besteht für Latour in den zwei Operationen Illusion bzw. Projektion und Erklärung. Die erste Operation, der Anti-Fetischismus oder eben Bourdieus *illusio*, bezeichnet Latour als »Märchen-Position« (*fairy position*), welche unterstellt, dass das Subjekt oder die Gesellschaft an etwas Falsches glaubt. Die zweite Operation, die »Tatsachen-Position« (*fact position*) ist die kausale Erklärung, die z.B. den Irrglauben des Subjekts oder der Gesellschaft auf einen anderen Grund zurückführt, sei es »Rasse, Klasse und Gender« (Latour 2007a: 38) oder ökonomistisch ›der Markt‹ oder naturalistisch ›die Gene‹. Kritische Soziologie verfährt nach dem Doppelklick-Prinzip der Informationsabkürzung.[50] Die Erklärung wird zu einer *black box*.

»Man kann versuchen, das elende Spiel mitzuspielen, Aggression durch die genetische Ausstattung gewalttätiger Menschen zu erklären, aber wenn man sich gleichzeitig auf die vielen Kontroversen in der Genetik einläßt, einschließlich der Evolutionstheorien, mit denen sich die Genetiker selbst so schwer tun, sollte man davon Abstand nehmen.« (Latour 2007a: 45)

Latours Konstruktivismus kämpft also, wie deutlich geworden ist, an mindestens zwei Fronten. Einerseits wendet er sich gegen den Konstruktivismus der kritischen Soziologie und des Dekonstruktivismus, und andererseits gegen einen naturalistischen Realismus.

»Die Kritiker haben drei unterschiedliche Repertoires der Kritik entwickelt, um über unsere Welt zu sprechen: Naturalisierung, Sozialisierung und Dekonstruktion. Greifen wir – ein wenig ungerecht [!, *M.W.*] – Changeux, Bourdieu und Derrida als die emblematischen Figuren dieser drei Richtungen heraus. Wenn Changeux von naturalisierten Fakten spricht, verschwinden Gesellschaft, Subjekt und alle Diskursformen. Wenn Bourdieu von Machtfeldern spricht, gibt es keine Wissenschaft mehr, keine Technik, keinen Text, keine Inhalte der Aktivitäten. Wenn Derrida von Wahrheitseffekten spricht, meint er, dass es von großer Naivität zeugt, an die wirkliche Existenz von Neuronen im Gehirn oder an

50 Latour benutzt den Begriff »Doppelklick-Information« beispielsweise bei Latour (2006f: 562), dort allerdings auf den Begriff Netzwerk bezogen.

Machtspiele zu glauben. Jede dieser Formen der Kritik ist für sich genommen stark, aber läßt sich keinesfalls mit den beiden anderen kombinieren. [...] Man kann die Wissenschaften verherrlichen, die Machtspiele aufzeigen und den Glauben an die Realität lächerlich machen, man darf jedoch auf keinen Fall diese drei ätzenden Säuren der Kritik vermischen.« (Latour 2002a: 13)

Für Latour haben die Repertoires der Kritik im Namen der Natur, der Gesellschaft und des Diskurses ausgedient: Das Konzept der Naturalisierung dahingehend, wie in der Wissenschaftsforschung der *science studies* üblich, dass Naturwissenschaftler keine Natur entdecken, sie nicht nackt und authentisch finden, sondern sie konstruieren, wenn auch nicht beliebig und willkürlich. Hierin ist er sich mit Bourdieu und Derrida bzw. kritischer Soziologie und Dekonstruktivismus noch einig. Doch diese beiden gehen Latours Meinung zufolge in ihrer Kritik am Naturalismus zu weit und würden einem Soziologismus oder einem Textualismus das Wort reden.

Das Problem, welches Latour im kritischen Gestus sieht, ob des Naturalismus, der Soziologie des Sozialen, der kritischen Soziologie oder des Dekonstruktivismus, ist, dass dieser Subjekt und Objekt trennt und es somit zwei Varianten der Kritik gibt. Entweder beherrscht das Objekt, ob als ›Natur‹, ›Gesellschaft‹ oder ›Kultur‹, das Subjekt, welches nur Spielball dieser Kräfte ist, oder umgekehrt, das Subjekt beherrscht das Objekt, welches bloß Projektionsfläche von Wünschen, Interessen und Intentionen des Subjekts ist.[51] Schon früh und da beeinflusst von Michel Serres hat Latour die kopernikanische Wende in der Philosophie durch Kant scharf kritisiert, wie das Zitat am Beginn dieses Kapitels zeigt (vgl. Latour 1987b, 1988b). Damit meint er die Abwendung von den Dingen und die Hinwendung zu den menschlichen Möglichkeitsbedingungen von Erkenntnis. Latours Kritik richtet sich gegen Kants Kritiken, gegen die Trennung der Repräsentation in zwei unabhängige Hälften: die Repräsentation der Dinge und die der Menschen, der Dinge-an-sich und der Menschen-für-sich (vgl. Latour 1988b, 1992a, 2002a). Die Idee des Kritischen setzt an einer der beiden Enden an – der Natur oder der Kultur bzw. Gesellschaft. Entweder wird, um Kritik zu üben, *die* Natur oder *die* Gesellschaft bzw. Kultur bemüht.

Die besondere Leistung und Lehre der *science studies* ist für Latour die in empirischer Feldforschung gemachte Feststellung, dass Objekte weder Fetische noch pure Fakten sind, sondern »faitiches« (Latour 2002b) bzw. »matters of concern« (Latour 2005a). Das *Elend der Kritik* besteht Latour (2007a) zufolge in

51 Im Prinzip verwirft Latour gleichzeitig Individualismus/Voluntarismus und Strukturalismus.

diesen beiden Kurzschlüssen, die nur diese zwei Positionen kennen. Für ihn sind es »absurde[] Positionen« (Latour 2007a: 47), denn »[d]ie Objekte sind viel zu stark, um als Fetische zu fungieren, und viel zu schwach, um als unstreitige kausale Erklärung irgendeiner unbewußten Handlung behandelt zu werden« (Latour 2007a: 45). Er tritt hingegen für eine neue, eine dritte Position ein, die »faire Position« (Latour 2007a: 46) – eine Position, die durchaus konstruktivistisch ist, aber sich nicht nur der Vorsilbe »Sozial« entledigt hat (vgl. Latour 2003a). Letztlich wird im Sozialkonstruktivismus der Subjekt/Objekt-Dualismus beibehalten: das aktive konstruierende Subjekt und das passive konstruierte Objekt. Darin liegt die Crux des Konstruktivismus, weil er einerseits einen aktiven Konstrukteur und andererseits ein passives Material impliziert. In der Praxis des Konstruierens jedoch gibt es diese Eindeutigkeit nicht.

»Everywhere, building, creating, constructing, laboring means to learn how to become sensitive to the contrary requirements, to the exigencies, to the pressures of conflicting agencies where none of them is really in command.« (Latour 2003a: 33)

Die ANT wendet sich also insbesondere gegen die Fassung des Konstruktivismus, die das Individuum als Macher und Erzeuger der Welt ansieht. Stattdessen hat die ANT viel stärker Prozesse der Verfestigung und Objektivierung im Blick und benutzt verräumlichende Konzepte, um von einem akteurszentrierten Vokabular abzurücken (vgl. Latour 2003a; siehe auch Knorr-Cetina 2008). Es ist ein Konstruktivismus, der auf die Objektivierung abstellt und nicht das konstruierende Individuum. Die ANT ist eine prozessorientierte Soziologie, die den Verknüpfungen heterogener Körper in Raum und Zeit folgt. In diesem Sinne wurde die ANT auch schon als »postkonstruktivistisch« (Degele/Simms 2004; Wehling 2006) oder als posthumanistisch (Ihde/Selinger 2003, Haraway 1997) beschrieben, da sie die Welt als im tatsächlichen Sinne konstruiert ansieht, und sich dafür interessiert, welche Rolle Materie, Dinge und Objekte neben Menschen dabei spielen. Denn diese sind keine bloßen Werkzeuge oder Fetische, sondern »Kumpanen, Kollegen, Partner, Komplizen, Assoziierte im Gewebe des sozialen Lebens« (Latour 2001c: 244). John Law geht in diesem Zusammenhang noch einen Schritt weiter als Latour, der den Konstruktivismus von seinen Verkürzungen im Sozial- und Dekonstruktivismus retten und gegen einen naturalistischen Realismus in Stellung bringen möchte (vgl. Latour 2003a), und verabschiedet sich gänzlich vom Wort Konstruktion:

»We are no longer dealing with construction, social or otherwise: there is no stable prime-mover, social or individual, to construct anything, no builder, no puppeteer. [...] Rather we are dealing with enactment or performance. In this heterogeneous world everything plays its part, relationally.« (Law 2009: 151)

Es sei dahingestellt, ob der Performanzbegriff weniger problematisch und vorbelastet ist als der Konstruktionsbegriff, dennoch verweisen sowohl Law als auch Latour auf die problematische Konzeption des Akteurs (vgl. Kapitel 8.4).

Anstatt der Entlarvung und Erklärung sieht Latour die Aufgabe der Kritik im Versammeln. Kritik besteht darin, ein Kollektiv zu bilden: »Kritiker ist nicht derjenige, der entlarvt, sondern der, der versammelt.« (Latour 2007a: 55) Die Kritik soll die Vielfalt der »matters of concern« akzeptieren und aufzeigen: »Was würde die Kritik leisten, wenn sie mit *Mehr* statt mit *Weniger*, mit Multiplikation statt Substraktion assoziiert werden könnte!« (Latour 2007a: 59) Es geht um die Erforschung der Mannigfaltigkeit von Dingen, »um herauszufinden, *wie viele Teilnehmer* in einem Ding versammelt sind, damit es existieren und seine Existenz aufrechterhalten kann. Objekte sind einfach ein mißlungenes Versammeln – ein Faktum, das nicht gemäß dem richtigen Prozess versammelt wurde.« (Latour 2007a: 54) Für Latour liegt die Kritik in der langsamen und mühsamen Arbeit der Übersetzung, deren Aussage ungewiss ist. Er lehnt ›einfache‹ und ›schnelle‹ Kritik ab. Deswegen bezeichnet er auch die ANT als eine »slowciology« (Latour 2005a: 165). Sie unterwirft sich der Mühe, den unendlich vielen Wegen und Spuren eines »matters of concern« nachzugehen.

Die Aufgabe der »symmetrischen Anthropologie« als Soziologie der Kritik sieht Latour folglich in dreierlei. Erstens in der Fortführung poststrukturalistischer Modernisierungskritik, etwa bei Foucault und Deleuze, den Wahrheitsanspruch der Wissenschaften zu relativieren und die Situiertheit wissenschaftlicher Erkenntnis herauszustellen. Latours Interesse ist »to visit and to document the different truth production sites that make up our civilization« (Crease et al. 2003: 16), welche neben den Wissenschaften auch die Rechtssprechung (Latour 2002d), Religion (Latour 2002e), Politik (Latour 2003b) und Wirtschaft (Callon 1998a) sein können. Zweitens soll diese Erkundung aber nicht durch Entlarvungen und Rekursion auf irgendwelche externen Kräfte geprägt sein, sondern durch die Rekonstruktionen der an der Wissens- und Faktengenerierung beteiligten Faktoren. Ziel ist es, das ganze Netz an heterogenen ›Akteuren‹, welche an der Formierung von Wissen und Fakten beteiligt sind, (angemessen) sichtbar zu machen, und eben nicht davon zu bereinigen. Drittens gilt es genau dies anzuerkennen: Wir haben es mit Hybriden, mit »matters of concern« zu tun. Nur so lässt sich Wissenschaft, Kritik und Politik betreiben. Dies bringt Rheinberger wie folgt auf den Punkt:

»Latour sieht in der Anthropologie [...] ein Verfahren, eine disziplinäre Zugriffsmöglichkeit, um den modernen Alleinstellungsanspruch der Wissenschaften zu brechen. Sein Versuch läuft darauf hinaus, und damit schließt er zweifellos an Foucault an, ihre Denkformen und Objektkonstruktionen nicht als privilegiert, sondern als immer schon in einen breiteren Lebenszusammenhang eingebettet aufzufassen, in dem sie dargestellt werden müssen – und Latour zufolge künftig auch betrieben werden sollen.« (Rheinberger 2007: 128)

8.4 »WIR SIND NIE MODERN GEWESEN«

»there is this other irrationalist in France. What's his name? He is named after a wine company. Oh, this one is a real anti-science guy: Latour, a catastrophe, he thinks we have never been modern. Fancy that.«
(LATOUR 2004B: 18)

Das Plädoyer für Differenz ist mit einer Kritik an der Moderne und Modernisierung verbunden. »Wir sind nie modern gewesen«, so Latours (2002a) provokante These, womit er in den Diskussionen um (Post-)Moderne eine eigene pointierte Position einnimmt. Latour wendet sich damit erstens gegen die Rationalisierungsthese der klassischen Soziologie wie z.B. bei Max Weber. Zweitens ist für ihn die Moderne kein »unvollendetes Projekt« wie für Habermas (1985) in den Fußstapfen Webers und natürlich Kants. Drittens wird die Moderne auch nicht durch eine neue Epoche abgelöst, in der etwa Simulation und Geschwindigkeit wie bei Baudrillard (2005) und Virilio (1992) den Ton angeben. Am ehesten steht er dem Projekt der »reflexiven Modernisierung« (Beck/Giddens/Lash 1996) nahe, in dem Sinne, dass sich heute die Schattenseiten, Probleme und Risiken der Modernisierung zeigen und gegen sie wenden würden; allerdings sieht er die Antwort nicht in einer ›Re-Modernisierung‹ oder ›Modernisierung der Modernisierung‹ (vgl. Latour 2003c), sondern in der Feststellung, dass die Modernisierung nie stattgefunden hat (Latour 2002a). Die Moderne ist gewissermaßen eine (sozial-)wissenschaftliche Fiktion bzw. ein Selbstbetrug; ›real‹ habe sie nie stattgefunden.

Latour versteht Moderne als dualistisches Klassifizierungsprinzip. Moderne verweist für ihn weniger auf eine Epoche als auf eine spezifische Denkweise, weshalb er auch lieber von ›den Modernen‹, d.h. den Menschen, die so denken, spricht. Die Modernen trennen strikt zwischen politischer und epistemologischer Repräsentation: auf der einen Seite die Subjekte, Kultur und Gesellschaft und auf der anderen Seite die Objekte, Natur und Wissenschaft. Dieses Zwei-Kammern-System von Kultur und Natur sieht er als die Verfassung der Moderne an, symbolisiert durch Thomas Hobbes und Robert Boyle (vgl. Latour 2002a: 22-67).[52] Hobbes' Leviathan und Boyles Vakuumpumpe stehen für Latour paradigmatisch für die ›große Trennung‹ von Natur und Kultur am Anbeginn der Moderne.

»Boyle erfindet einen politischen Diskurs, aus dem die Politik ausgeschlossen werden soll, während Hobbes eine wissenschaftliche Politik ersinnt, aus der die Experimentalwissenschaft ausgeschlossen werden muß. Mit anderen Worten, sie erfinden unsere moderne Welt, eine Welt, in der die Repräsentation der Dinge durch die Vermittlung des Labors für immer von der Repräsentation der Bürger durch die Vermittlung des Gesellschaftsvertrags geschieden ist. [...] Die beiden Männer gleichen zwei Gründerfiguren, die wie verabredet handeln, um ein und dieselbe Neuerung in die politische Theorie durchzusetzen: Aufgabe der Wissenschaft ist die Repräsentation der nicht-menschlichen Wesen, aber es ist ihr untersagt, die Politik anzurufen; Aufgabe der Politik ist die Repräsentation der Bürger, aber sie darf keinerlei Beziehung zu den nicht-menschlichen Wesen unterhalten, die von Wissenschaft und Technik produziert und mobilisiert werden.« (Latour 2002a: 41)

Die Modernen trennen zwischen zwei Bereichen. Während der erste Bereich den immanenten Verhandlungen und Konstruktionsleistungen, die in Zeit und Raum gebunden sind, vorbehalten ist, ist der zweite der transzendente Bereich von Universalität, Fakten und Wahrheit. Paradoxerweise hat aber diese strikt dualistische Verfassung der Moderne die Ausbreitung von Hybriden gestärkt, die sowohl sozial, diskursiv und natürlich sind, und sich der binären Zuordnung entziehen. Die Hybriden konnten sich quasi unbemerkt verbreiten. Übersetzende, vermittelnde Praktiken wurden immer abgelöst von reinigen Praktiken, welche die produzierten Hybriden dann der einen oder der anderen Kammer zuordneten: Natur oder Kultur. »*Die moderne Verfassung erlaubt gerade die immer zahlreichere Vermehrung der Hybriden, während sie gleichzeitig deren Existenz, ja sogar Möglichkeit leugnet.*« (Latour 2002a: 50) Die Hybriden konnten sich so sehr vermehren, weil *in der Praxis* nie gemäß der Verfassung der Moderne gehandelt wurde, oder wie Latour an anderer Stelle sagt: »what makes the moderns quite interesting: they always do the opposite of what they say!« (Latour 2007c: 19) Die Hybriden haben sich unbemerkt vermehrt, da sie nicht denkbar waren, weil

52 Dabei folgt er der Studie von Shapin/Schaffer (1985), zieht aber weitreichendere Konsequenzen daraus als die Autoren der *Edinburgh School*, die dies wiederum an Latour kritisieren (vgl. Schaffer 1991).

sie weder der Natur noch der Gesellschaft zugeschlagen werden konnten (vgl. 2002a: 81). Sie wurden bislang durch den ›Akt der Reinigung‹ der Moderne zum Schweigen gebracht. Heute, nachdem die Hybriden – sei es in Form von Gentechnologien, Ozonloch oder Prionen – sich so enorm vermehrt haben und allgegenwärtig geworden sind, müssten wir erkennen, dass wir nie modern gewesen sind. Das Zwei-Kammer-System als *mythos moderne* hat ausgedient, und stattdessen müsste eine neue Verfassung etabliert werden, »Das Parlament der Dinge« (Latour 2001a; 2002a: 189-193) einberufen werden, welches die übersetzenden Praktiken und ihre Hybride als solche anerkennen würde. Die westliche Moderne hat mittels Kritik getrennt, heute gelte es zu versammeln und Netze zu schaffen (vgl. Rheinberger 2007: 127).

»What sums up Western history is not the emergence of nature in the middle of cultures – as if just one of these cultures would have the extraordinary privelege of being able to grasp nature in all its nakedness, in some way divested of all its various bits of clothing – but, quite the contrary, the engagement, on quite a new scale, of collectives [...] bringing multiplicities together.« (Latour 2007c: 15-16)

Latour fordert vier ›neue‹ Garantien ›seiner‹ nicht-modernen Verfassung ein. Erstens soll die Ko-Produktion von Gesellschaften und Kulturen anerkannt werden: Natur und Kultur sind untrennbar ineinander verschränkt. Zweitens fordert die nicht-moderne Verfassung ein kontinuierliches Verfolgen der Produktion von Natur und Gesellschaft (*follow the object*). Allerdings sind sie nicht voneinander getrennt, sondern äußere Pole ein und desselben Kontinuums. Drittens wird Freiheit umdefiniert »als Fähigkeit, Kombinationen von Hybriden auszuwählen, und wird unabhängig von einem homogenen Zeitfluß« (Latour 2002a: 188). Viertens wird dadurch die Vermittlungsarbeit explizit, kollektiv und Gegenstand öffentlicher Auseinandersetzung. Durch diese ›erweiterte Demokratie‹ wird auch die ständige Beschleunigung der Entwicklung und Produktion der Hybriden reduziert.

In seinen weitergehenden Überlegungen zum *Parlament der Dinge* entwirft Latour (2001a) eine politische Ökologie. Um diese möglich zu machen, differenziert Latour zwischen Wissenschaft und Forschung bzw. *Science* und *sciences* (vgl. Latour 1999b: 18-20, 2001a: 21, 22). Letzteres lenkt die Aufmerksamkeit auf die Praxis der Wissenschaften. Es zeigt, dass Wissenschaft gemacht wird und in ein Netzwerk von Umständen, Instrumenten, Verhandlungen und Entscheidungen eingebettet ist. Der moderne Diskurs der Wissenschaft hat die ›unsaubere Praxis‹, die ständig Kultur und Natur miteinander vermischt, gereinigt und beruft sich darauf, direkten Zugang zur Natur und zur Wahrheit zu haben und Fakten zu präsentieren. Durch diesen Diskurs konnten die Wissenschaften den politischen Prozess umgehen. Sie konnten Politik paralysieren, dadurch dass sie durch die Referenz auf eine indiskutable Natur Politik machen konnten. Diese Erkenntnis impliziert »Das Ende der Natur« (Latour 2001a: 41-48). »Nie hat es eine andere Politik gegeben als die *der* Natur und nie eine andere Natur als die *der* Politik.« (Latour 2001a: 44) Latour warnt allerdings davor, als sozialer Konstruktivist missverstanden zu werden (vgl. Latour 2001a: 48-60). Während der Sozialkonstruktivismus weiterhin einen Unterschied zwischen Natur und Gesellschaft macht – Natur und die menschlichen Repräsentationen davon – sieht Latours politische Ökologie diese Differenzen für immer schon verschwommen. Dies gilt auch für die Unterscheidung von Natur und Kulturen in der Anthropologie, zwischen Mononaturalismus und Multikulturalismus, wie Latour es bezeichnet. Während der Begriff ›Kultur‹ bereits markiert und sensibilisiert worden ist durch die ›Politik der Differenz‹, verbleibt ›Natur‹ bislang unmarkiert (vgl. Latour 1999b: 17-18, 2001a: 60-69). Latour möchte ein sich erweiterndes Kollektiv, welches das bisherige Zwei-Kammern-Kollektiv oder *Ancien Régime* ablösen soll (Latour 2001a: 55). Das letztere ist dasjenige, das zwischen Natur und Gesellschaft unterscheidet. Eine Kammer für die Dinge und eine für die Menschen, aber beide strikt voneinander unterschieden, auf der einen Seite die Wissenschaft der Objekte und auf der anderen Seite die Politik der Subjekte (vgl. Latour 2001a: 92). Während die erste Kammer zwar Realität hat, aber keine Politik, hat die zweite Kammer zwar Politik, aber nur »soziale Konstruktionen« (vgl. Latour 2001a: 82-83). In diesem alten Modell konnten die Wissenschaften geisterhaft zwischen den beiden Kammern herumspazieren. Sie haben direkten Zugang zur Natur, können Dinge zum Sprechen bringen und somit unsere Vernunft verändern und Politik beeinflussen. Im Gegensatz dazu ist Latours (2001a: 83) »Republik« ein »Kollektiv ohne äußeren Einspruch« (Latour 2001a: 55). Es ist ein dynamisches Modell, in welchem Natur und Gesellschaft nicht separiert sind. Das geisterhafte Grenzenüberschreiten der Wissenschaften wird in einem sich erweiternden Kollektiv von Assoziationen von menschlichen und nichtmenschlichen Wesen überflüssig. Die Eigenschaften von menschlichen und nicht-menschlichen Wesen sind nicht fix, und somit können neue nichtmenschliche Wesen der objektiven Außenwelt mit einbeschlossen werden. Dieses Kollektiv ist ein »Pluriversum« im Sinne Deweys (vgl. Latour 2001a: 58-60), das die Basis für eine wirkliche »Kosmopolitik« im Sinne Isabelle Stengers (2005) und nicht Ulrich Becks bilden würde (vgl. Latour 2003c). Dafür geht Latour das »Risiko der Metaphysik« (Latour 2001a: 303), allerdings einer experimentellen Metaphysik, ein (vgl. Latour 2001a: 90-91). Um das neue Kollektiv einzuberufen, sollte man sich zunächst der »Polemik der Natur« (Latour 2001a:

72) des *Ancien Régime* befreien, d.h. sich von der Unterscheidung von Subjekt und Objekt der Erkenntnis verabschieden. Stattdessen spricht Latour von menschlichen und nicht-menschlichen Wesen, deren Eigenschaften er reorganisert. Erstens sind nicht nur Menschen, sondern auch nicht-menschliche Wesen in »zahlreiche *Sprachverlegenheiten* verwickelt« (Latour 2001a: 93). Eine Konsequenz des Konzepts »der Wissenschaften« ist, dass man wissenschaftliche Kontroversen akzeptieren und aushalten muss, anstatt sie heimlich hinter verschlossenen Türen zu führen, um die Politik zu umgehen (vgl. Latour 1999b: 15-16, 2001a: 93-102). Das heißt allerdings nicht, dass Wissenschaftler alleine sprechen. Sie können Instrumente erfinden, die Dinge zum Sprechen bringen: In den Wissenschaften findet eine interessante Fusion von Epistemologie und sozialer Repräsentation statt (vgl. Latour 2001a: 99). Deswegen sollte auch den nicht-menschlichen Wesen Rederecht eingeräumt werden, wobei natürlich immer gilt, den Repräsentanten, sowohl von Menschen wie auch nicht-menschlichen Wesen, zu misstrauen (vgl. Latour 2001a: 100-102). Zweitens sollten beide als soziale Akteure anerkannt werden (vgl. Latour 2001a: 103-110). Auch nicht-menschliche Wesen existieren in Relation zum Kollektiv und sind durch komplexe Instrumente und Netzwerke von Labors sozialisiert worden, weshalb Latour von einer »Assoziation von Menschen und nicht-menschlichen Wesen« spricht (Latour 2001a: 108). Drittens zeichnen sich diese Akteure sowohl durch Wirklichkeit als auch Widerständigkeit aus. Weder ist das nicht-menschliche Wesen ein vollkommen kontrollierbares und vorhersagbares Objekt, noch ist der Mensch ein vollkommen freies und rebellisches Subjekt (vgl. Latour 2001a: 110-116). Durch die Neuverteilung der Eigenschaften Rede, Assoziation und Realität zwischen Menschen und nicht-menschlichen Wesen kann Latour das Kollektiv als eine Komposition gut artikulierter ›Propositionen‹ definieren (vgl. Latour 2001a: 116-126). Nun ist eine tatsächliche demokratische Diskussion der zuvor getrennten Kammern möglich und Politik bezeichnet die »fortschreitende Zusammensetzung einer guten gemeinsamen Welt« (Latour 2001a: 304). Latour definiert zwei neue Kammern in einem dynamischen Modell, welches der traditionellen Unterscheidung von Fakten und Werten eine neue Wendung gibt, denn dieses »Dispositiv [...], das die Autonomie der Wissenschaft und die Unabhängigkeit moralischer Urteile schützen soll« (Latour 2001a: 138), bildet eher schlecht die Arbeit der Wissenschaft auf der einen Seite und die der Moral auf der anderen Seite ab.[53] Denn »[e]ine Tatsache ist eine Tat-Sache« (Latour 2001a: 132), womit Latour auf den Fabrikationsprozess hinweisen will, der Tatsachen produziert und die »Rolle der Formgebung«, womit die

53 Zur Problematisierung von Fakten und Fetischen vgl. auch Latour (2002b: 327-359).

Einbettung von Fakten in Theorien gemeint ist, d.h. der Kontext, der den bloßen Fakten Sinn verleiht und dadurch stabilisiert. Der Wertbegriff ist seiner Meinung nach problematisch, da er von den Tatsachen abhängig ist. Es kann erst etwas bewertet werden, wenn die Fakten dafür bereits geschaffen wurden. Außerdem wird im Wertbegriff Wünschenswertes mit Möglichem vermengt.

»Indem wir nach und nach die beiden Seiten der durch den ehrwürdigen Gegensatz zwischen Tatsachen und Werten vorgezeichneten Grenze erkunden, wird uns langsam ersichtlich, daß der Tatsachenbegriff die Produktion des Wissens genauso schlecht beschreibt (er vergißt sowohl die Zwischenetappen als auch die Formatierung durch die Theorien), wie sich durch den Wertbegriff die Moral verstehen läßt (er tritt in Funktion, nachdem die Tatsachen definiert sind, und vermag weiter nichts, als sich auf Prinzipien berufen, die ebenso universell wie machtlos sind).« (Latour 2001a: 136)

Das Problem liegt darin, dass sowohl im Tatsachenbegriff als auch im Wertbegriff zwei gegensätzliche Merkmale vereint sind. Einerseits steckt im Tatsachenbegriff eine gewisse Unabgeschlossenheit, und zwar dann, wenn die ›Dinge‹ noch in der Forschung stecken und kontrovers diskutiert werden. Andererseits blockt der Tatsachenbegriff aber (später) jegliche Diskussion ab, weil ›die Dinge nun mal so sind‹. Dann wird die Diskussion von den Dingen weg und etwa im Bereich der Werte geführt. Der Widerspruch im Wertbegriff dagegen liegt einerseits in der Forderung nach einer Erweiterung der Debatte, damit alle Stimmen gehört werden, und andererseits in der (gleichzeitigen) Hierarchisierung von verschiedenen Werten. Diese beiden internen Widersprüche versucht Latour durch Rekombination der Eigenschaften zu lösen. Er führt anstelle der Wert/Tatsachen-Differenz eine »neue Gewaltenteilung« (Latour 2001a: 127-168) zwischen einbeziehender und ordnender Gewalt ein, welche die aus seiner Sicht schützenswerten Merkmale des Wert- und des Tatsachenbegriffs neu kombiniert. Demnach greift die einbeziehende Gewalt die Vielzahl an Vorschlägen, Einschätzungen und Stimmen auf (Perplexität) und bietet die Möglichkeit, ›zu Wort zu kommen‹ (Konsultation). Sie trägt der vielfältigen Realität und ihrer Relevanz Rechnung. Die ordnende Gewalt bestimmt die Kompatibilität neuer und alter Dinge (Hierarchisierung) und die Anerkennung neuer Dinge (Institution). Damit erfüllt die ordnende Gewalt die Forderung nach einer öffentlichen Hierarchie und auch der vorläufigen Schließung der Debatte durch Instituierung.[54] Dadurch wird das Außen neu definiert als etwas, das die ordnende Gewalt ausschließt,

54 Latour (2001a: 150-156) verdeutlicht die einbeziehende und ordnende Gewalt am Beispiel von Rinderwahnsinn.

aber die einbeziehende Gewalt wieder einführen kann. An diesen genannten vier Aufgaben in den beiden neuen Kammern sollen Politiker, Wissenschaftler, Ökonomen und Moralisten *gemeinsam* arbeiten (Latour 2001a: 164-232) und so das neue Kollektiv als eine auf Dauer gestellte »Baustelle« (Latour 2001a: 206) bilden. Um diese neue Republik zu akzeptieren und am gemeinsamen Kosmos zu arbeiten, muss allerdings die Idee von Fortschritt aufgegeben werden. An dieser Stelle beschreibt Latour die zwei Zeitpfeile, den modernen und den nichtmodernen, ein Konzept, welches er insbesondere durch seine Lektüre Michel Serres' gewonnen hat (vgl. Serres/Latour 2008). Latour führt eine dritte Kraft/Macht ein, den ›pouvoir de suivi‹ des kollektiven Experiments (Latour 2001a: 251-262). Um Frieden in der neuen Republik zu wahren, muss man die »Kunst der Diplomatie« beherrschen (Latour 2001a: 262-272).[55]

Strenggenommen klagt Latour eigentlich gar keine radikal neue Verfassung ein, sondern lediglich das anzuerkennen, was tatsächlich schon stattfindet. »Die moderne Welt kann sich, selbst zu ihrem Besten, nicht weiter ausbreiten, ohne wieder zu dem zu werden, was sie in der Praxis nie aufgehört hat zu sein: eine Welt wie alle anderen, eine nichtmoderne Welt.« (Latour 2002a: 181) Das heißt nicht, dass sich Latour zurück in eine idyllische Vormoderne wegträumt, einem Anti-Modernismus anhängt oder sich in postmoderner Beliebigkeit und ironischem Fatalismus übt. Er fordert einen »Rückruf der Moderne«, so wie Firmen und Unternehmen ihre fehlerhaften Produkte vom Markt zurückrufen (Latour 2007c). Seine neue Verfassung sieht er allerdings auch nicht als Allheilmittel und Wunderwaffe an oder als »ökumenische[s] Woodstock zu Ehren Gaias« (Latour 2001a: 117), wie er selbst sagt, stattdessen geht es darum, ein neues, angemesseneres Verhältnis zwischen Gesellschaft und Natur zu finden. Er sieht sein *Parlament der Dinge* nicht unbedingt als Utopie oder noch zu verwirklichendes Ideal, sondern schon teilweise verwirklicht, wie er an einigen Stellen einräumt (vgl. Latour/Thadden 2000). So versteht er etwa die Klimakonferenzen von Rio und Kyoto bereits als Formen eines Parlaments der Dinge. Jenseits der philosophischen und rhetorischen Ausschweifungen erscheint Latours *Parlament der Dinge* als Plädoyer für die ›Politik der großen runden Tische‹, für eine Stärkung lokaler Subpolitik und überhaupt für mündige Bürger. In diesem Sinne verwundert es auch nicht, dass Latour zum Stichwortgeber von stärker gegenwartsdiagnostischen und *policy*-orientierten Ansätzen zum Wandel der Wissenschaft vom akademischen Modus 1 zum postakademischen Modus 2 avanciert

55 Diese Figur des Diplomaten, welche Latour von Isabelle Stengers geborgt hat, erinnert auch an Michel Serres' *Troubadour des Wissens*. Vielleicht könnte man Serres' ›instructed third‹ als das pädagogische Gegenstück zur Kosmopolitik ansehen.

ist (vgl. Bammé 2004, 2008, 2009b). Es geht ihm darum, die Wissenschaften wieder in die politische Arena zurückzubringen, wie es im Untertitel im französischen Original seiner *Politiques de la Nature* heißt: »Comment faire entrer les sciences en démocratie?«[56] Wie die Menschen, so haben auch die Dinge ihre Sprecher und Repräsentanten, denen Gehör verschafft werden soll. Aber gleichzeitig hat keiner, auch nicht die Wissenschaftlerinnen, direkten Zugang zu einer ›natürlichen Natur‹. So ist sein Plädoyer für ein ›neues Kollektiv‹ mit zwei aufeinander zulaufenden Strategien verbunden: der Politisierung wissenschaftlicher Repräsentation und der Verwissenschaftlichung der politischen Repräsentation (vgl. Brown/Gross 2002). Der Kern von Latours Kritik ist, dass die ›Krise der Repräsentation‹ sowohl der Wissenschaft als auch der Politik letztlich die gleiche Krise ist. Es gilt offenzulegen, wie viel Gesellschaft in Wissenschaft und Technik steckt und wie viel Wissenschaft und Technik in Gesellschaft: »Die Hälfte unserer Politik spielt sich in Wissenschaft und Technik ab. Die andere Hälfte der Natur spielt sich in der Gesellschaft ab. Setzen wir die beiden zusammen, und es gibt wieder eine politische Aufgabe!« (2002a: 192) Folglich können die Probleme unserer Zeit – ob Klimawandel oder Vogelgrippe – nicht mehr durch eine der beiden getrennten Sphären behandelt und gelöst werden, sondern nur gemeinsam.

Gesa Lindemann (2008: 353) kritisiert Latours politische Theorie scharf, und zwar als »dumm«. Sie sieht darin eine Forderung und Rechtfertigung einer »Expertokratie« (Lindemann 2008: 346, 357). In der Tat will Latour die Wissenschaft in die Politik holen, wie es im soeben zitierten Untertitel des französischen Originals des »Parlaments der Dinge« heißt, allerdings übersieht Lindemann zweierlei. Erstens ist für Latour die Basisregel von Politik: Zweifle an den Sprechern. Und zweitens plädiert er für eine Vervielfältigung von Wissen über bestimmte Sachverhalte und fordert im Anschluss an James und Dewey eine allgemeine Öffentlichkeit über wissenschaftliche Sachverhalte, die eben keine ›rein wissenschaftlichen‹ mehr sind. Anstatt einer Expertokratie fordert er eine breitere Diskussion von *issues*. So sieht er gerade die Möglichkeiten neuer Medien, die Komplexität von bestimmten Sachverhalten sichtbar und öffentlich zu machen.[57] Høstaker (2005: 22) kritisiert ebenfalls Latours politische Theorie des »Parlaments der Dinge« als zu schwach, allerdings aufgrund der von Lindemann

56 Interessanterweise wird aus der »Demokratie« in der englischen Übersetzung schlicht und einfach »politics«, und in der deutschen Übersetzung hat der Verlag einen gänzlich anderen Titel gewählt.

57 Vgl. hierzu das Projekt *Mapping Controversies*, in das Bruno Latour, Andrew Barry u.a. involviert gewesen sind, http://www.demoscience.org/ [23.01.2011].

(2008) gelobten Heuristik. Latours Agnostizismus, der sich jeglicher Urteile entziehen will und ›bloß‹ den Akteuren folgt, sei als Forschungsstrategie zwar fruchtbar gewesen, doch reiche für eine politische Theorie nicht aus. Latour beschäftige sich lediglich mit einer neuen *Form* von Politik, aber nicht mit den Inhalten: »In order to solve our ecological problems, the only thing he can offer is a rewriting of the rulebook of liberal democracy.« (Høstaker 2005: 22) Latour beschäftige sich lediglich mit Repräsentationsformen und Entscheidungsprozessen und beachte nicht »the existing assemblages of political enunciation« (Høstaker 2005: 22).

Andrew Pickering und Arno Bammé kritisieren weniger Latours politische Theorie als seine historische Rekonstruktion der Modernen und ihre Trennung von Natur und Kultur. Bammé (2008) weist darauf hin, dass die Ursprünge dieses Denkens bereits in der griechischen Antike liegen und es nicht erst in der Nachrenaissance mit der Entstehung der modernen Wissenschaften einsetzt. Latour arbeite gut die Differenz zwischen der modernen und gegenwärtigen Wissenschaft heraus, verkenne aber die Grundlegung des »europäischen Mirakels« im »griechischen Mirakel«, denn im alten Griechenland liege der Ursprung der Rationalität.[58] Dort wurden, Bammé (2008: 49-131) zufolge, die zwischenmenschlichen Beziehungen auf eine rationale Basis gelegt, welche dann in der Renaissance auf die Beziehung zwischen Mensch und Natur ausgeweitet wurde, welche gegenwärtig – da geht er mit Latour *d'accord* – zu Hybriden verschmelzen. Trotz aller Differenzen zwischen der Protowissenschaft der griechischen Antike und der modernen Wissenschaft lässt sich im Gegensatz zu anderen Hochkulturen eine gewisse Kontinuität von Prinzipien, Denkformen und Deutungsmustern feststellen. Die Differenz beruht insbesondere darin, was Latour die Mobilisierung der Natur durch das Experiment und mittels Artefakten nennt, welche tatsächlich erst in der Renaissance, insbesondere mit Newton, einsetzt. Aber die von Latour verkannte »andere Hälfte der Wahrheit« (Bammé 2008: 67-76) ist, dass diese Wissenschaft auf »den formalen Denkabstraktionen« der griechischen und phönizischen Händler und Kaufleute (und nicht der Philosophen) fußt. Diese Rationalität ist das Resultat der »Realabstraktionen des systematisch betriebenen Warentauschs der Phönizier und Griechen« (Bammé 2008: 68). Mit Alfred Sohn-Rethel argumentiert Bammé, dass die Denkabstraktion Ergebnis der

58 So schreibt Bammé (2008: 78): »Was Latour übersieht, ist, dass die Wissenschaft, die er in seinen empirischen Studien analysiert, nichts anderes ist als die zeitgenössische Manifestation der Rationalitätsprinzipien, die im frühen Griechentum ihre Wurzeln haben.«

Realabstraktion im Tausch von gleich*wertigen* und nicht gleichen Waren im Äquivalententausch sei.

Andrew Pickering (2008: 304-306) hingegen wirft Latour vor, sich mit seiner ideengeschichtlichen Argumentation der Moderne als Selbstbetrug in ein Selbstanwendungsproblem zu manövrieren. Er verstehe Moderne gewissermaßen als Ideologie, die nur im Denken und in der (Wissenschafts-)Theorie existiert hat. Doch wenn er prinzipiell von einem Werden heterogener Netzwerke ausgeht, dann kann auch die Moderne nicht bloß ein ideengeschichtliches Ereignis sein. Eine bloße Anerkennung dessen, was die ganze Zeit schon gemacht worden ist – Hybridisierung – hält Pickering für zu wenig.

> »The material world we inhabit is a modern one, and if we want to undermine modernity as a state of mind, a few scholarly books, however eloquent, are hardly likely to do the job. We have to *build* some sort of counter-world in which another kind of ontological imagination can flourish.« (Pickering 2008: 306)

Pickering fordert also nicht nur die Anerkennung von Hybriden, sondern auch die Konstruktion von neuen, nicht-modernen Hybriden.

Trotz seiner Kritik an »den Postmodernen« (Latour 2002a) und seiner Kritik am Projekt der »Reflexiven Modernisierung« (vgl. Latour 2003c) schließt Latour an diese Diskussionen an. Latour nimmt an, dass in den letzten 30-40 Jahren die Hybriden zugenommen haben und qualitativ eine neue Rolle spielen. Die Hybriden haben sich so schnell vermehrt und sind zu solchen Monstren angewachsen, dass wir ihre Existenz nicht länger leugnen können und den nicht-menschlichen Wesen eine Stimme im Parlament der Dinge geben müssen. So schließt er direkt an Becks (1987) These von der *Risikogesellschaft* an, aber auch an die postmoderne Kritik an den großen Erzählungen und der von ihr diagnostizierten Krise der Repräsentation. Latour versteht Postmodernismus als ein wichtiges Denkmodell, welches die Moderne problematisiert, kritisiert und dekonstruiert hat: »the main virtue of postmodernism is to have shown the absurdity of modernism by applying its own notion of plurality to it.« (Latour 2007c: 16) Latours Kritik an der Moderne schließt an die postmoderne Kritik am Logozentrismus – an der abendländischen Rationalität und ihrer vernunftzentrierten Metaphysik – an. Auch er kritisiert vehement identitätslogische Gegenteilspaare wie z.B. Natur und Kultur, Mythos und Logos sowie Mensch und Maschine. Allerdings will er über die Dekonstruktion der Moderne hinaus und der Einsicht, dass wir nie modern gewesen sind, eine positive Wendung geben. Es geht ihm darum, »die Freiheit der Rhizome gegen den modernistischen Drang zur Rationalisierung und das postmodernistische Vergnügen an Fragmenten zu verteidigen« (Latour 2006e:

543). Ein ähnlich ambivalentes Verhältnis hat Latour zur Theorie der reflexiven Modernisierung, die zu Recht auf die nichtintendierten Nebenfolgen, Brüche und Diskrepanzen der Modernisierung hingewiesen hat, allerdings daran glaube, der Modernisierung durch eine zweite erneute Modernisierung, quasi einer Re-Modernisierung zu begegnen (vgl. Latour 2003c: 46). Im Vergleich zu den postmodernen Theorien schätzt Latour allerdings an der beckschen Theorie, dass sie ein *konstruktiver* und kraftvoller Vorschlag ist, in welcher Gesellschaft wir leben wollen. Allerdings grenzt Latour Isabelle Stengers und seine Kosmopolitik von Ulrich Becks Kosmopolitanismus ab (vgl. Latour 2004c). Während Beck sein Konzept explizit in die Tradition Kants stellt, sehen Stengers und Latour sich in der Tradition von James und Whitehead. Für Beck soll der Kosmopolitanismus die ›Container-Theorie des Nationalstaats‹ überwinden, fußt aber auf dem von Latour so vehement kritisierten Gegensatz von Natur und Kulturen. Kosmopolitik bei Beck stellt eine soziale Antwort auf ein sozial verursachtes Problem, die nichtintendierten Folgen sozialen Handelns, dar. Die Kosmopolitik, die Latour und Stengers vor Augen haben, hat sich aber von einem Mononaturalismus, auch von der Natur des Sozialen, wenn man so will, verabschiedet.

»The presecence of *cosmos* in *cosmopolitics* resits the tendency of *politics* to mean the give-and-take in an exclusive human club. The presence of *politics* in *cosmopolitics* resists the tendency of *cosmos* to mean a finite list of entities that must be taken into account. *Cosmos* protects against the premature closure of *politics*, and *politics* against the premature closure of *cosmos*.« (Latour 2004c: 454)

Die Kosmopolitik bleibt bislang in der Tat eher Plädoyer und Desiderat, die Politik der Dinge herauszustellen. Sie kann nur durch das Nachzeichnen der Wege kosmopolitischer Ereignisse, wie z.B. SARS, Form annehmen (vgl. hierzu Schillmeier/Pohler 2006).

Zur Überwindung der ›großen Trennung‹ von Vormoderne und Moderne, Natur und Kultur, Wissenschaft und Politik, Wissenschaftspraxis und Wissenschaftstheorie bedarf es der Anerkennung der Hybriden und dafür der Modifikation einer emphatisch aufgeladenen Handlungstheorie, der wir uns im Folgenden zuwenden.

8.5 MATERIAL AGENCY – VOM AKTEUR ZUM AKTANTEN

> »Objektivität und Subjektivität stehen einander nicht gegenüber, sie wachsen zusammen und zwar irreversibel.«
> (LATOUR 2002B: 263)

Das Plädoyer für Differenz ist nicht nur mit einer Kritik an Totalisierungsannahmen und der Moderne verbunden, sondern auch mit einer Kritik am modernen Subjektbegriff, welche die ANT ebenso führt. Die ANT steht in der ›Tradition‹ einer Abweisung des klassischen Subjektmodells, wie z.B., trotz vieler anderer Differenzen, die Praxeologie Pierre Bourdieus oder die Strukturierungstheorie Anthony Giddens (vgl. hierzu Boyne 2001) sowie postmoderne Soziologien wie z.B. jene von Scott Lash (1991) oder von Zygmunt Bauman (1989). Im Folgenden soll nun der Versuch unternommen werden, sich die These der Dezentrierung des Subjekts in der Version der ANT genauer anzuschauen. Inwiefern wird das ›klassische‹ Subjekt-Modell verworfen? Was ist dann unter ›Handeln‹ zu verstehen? Und wie wird Handlungsfähigkeit (*agency*) moduliert?

Die ANT versucht, Michel Serres' Kritik an der Trennung von Subjekt und Objekt in Philosophie und Wissenschaft soziologisch und ethnographisch umzusetzen. Sie machen die Mittler und die Beziehungen zwischen ›Subjekten‹ und ›Objekten‹ zum Thema. Neben Serres' Quasi-Objekt ist ihnen Algridas Greimas' Aktantenkonzept dabei hilfreich.

In der Ausgangsannahme eines Irreduktionismus (Latour 1988a), d.h Anti- oder Nicht-Essentialismus, entwirft die ANT eine verallgemeinerte oder generalisierte Symmetriethese, welche versucht, nicht vor der Untersuchung festzulegen, wer oder was Subjekt und Objekt des beobachteten Prozesses ist (vgl. Callon 1986; Latour 1987a, 2002a). Für diese radikale Symmetrisierung von menschlichen und nicht-menschlichen Entitäten entlehnen sie der Semiotik von Greimas den Begriff *Aktant*, damit beide Entitäten, die am ›sozialen‹ Gewebe arbeiten, erfasst werden.[59] Ein Aktant ist lediglich »something that acts or to which activity is granted by others« (Latour 1996d: 373). Oder in der etwas ausführlicheren Definition:

»Aktant (*actant*): Was immer agiert oder Handlungen verlagert, wobei Handlung selbst definiert wird als eine Reihe von Performanzen gegenüber Herausforderungen und Prü-

59 Zur Beziehung der Semiotik von Greimas, v.a. seiner Narratologie, und ihrer *Ver*wendung durch Latour vgl. Høstaker (2005) und Kapitel 8.1.

fungen. Von diesen Performanzen wird eine Reihe von Kompetenzen abgeleitet, mit denen der Aktant ausgestattet ist; [...] ein Akteur ist ein Aktant, der mit einem Charakter ausgestattet ist (normalerweise anthropomorph).« (Akrich/Latour 2006: 399-400)

In der Semiotik ist ein Aktant dasjenige, was eine Rolle in der Geschichte übernimmt, ob es nun Madame Bovary, Herr Lehmann, ein Einhorn oder die Blechtrommel *ist*. Dies gilt für Latour nicht nur im Buch, sondern auch in der Welt, in der wir leben – einer Welt *mit* Steinen, Sand und Zement (vgl. Latour 2001c: 251, Fn. 16). Nicht nur Menschen, sondern »[j]edes Artefakt hat sein Skript und das Potential, einen Passanten aufzuhalten und zu zwingen, in seiner Geschichte eine Rolle zu übernehmen« (Latour 2002b: 215). Das heißt, dass ein Akteur erst zu einem solchen durch Andere oder Anderes gemacht wird (Latour 2005a: 46).[60] Die These, dass sich Identität durch die Beziehung zu Anderen entwickelt, also die Selbstbildung von der Fremdbildung abhängt, ist in der Soziologie und Sozialpsychologie nichts Neues (vgl. Mead 1983). Die Provokation der ANT liegt darin, diese noch einen Schritt zu radikalisieren, indem sie sagt, dass nicht nur der oder die Andere meine Handlungsfähigkeit formt, sondern auch *das* Andere. In diesem Sinne ist ein Aktant kein Akteur im Sinne klassischer Handlungstheorien, weil ihm jegliche Eigenschaften fehlen, die man klassischerweise mit einem Handelnden verbindet wie Intentionalität und Menschlichkeit. Das Besondere an Aktanten oder auch Hybriden und Quasi-Objekten[61] als Mischwesen von Menschlichem und Nicht-Menschlichem ist, dass sie heterogene Netze knüpfen (vgl. Latour 2002a). Sie leisten Vermittlungs- oder Übersetzungsarbeit. Eine *Ver*mittlung ist keine *Über*mittlung im Sinne des klassischen Sender/Empfänger-Modells.[62] Genauso ist eine Übersetzung nie eine 1:1 Übertragung zweier voneinander unabhängig bestehender Sprachen, sondern eine »Verschiebung, Driften, Erfindung, Vermittlung, die Erschaffung eines Bindeglieds,

60 Während Greimas' Semiotik zwischen Akteur und Aktant differenziert (vgl. Høstaker 2005), sind für die ANT alle Akteure Aktanten und somit kann folglich alles zum Handlungsträger werden.

61 Den Begriff des *Quasi-Objekts* entlehnt Latour Michel Serres' »Philosophie der Präpositionen«. Überhaupt könnte man die *ANT* im Grunde als eine ›Übersetzung‹ der Philosophie Serres' ansehen, obwohl Serres selbst damit einige Probleme zu haben scheint (vgl. Serres/Latour 2008 sowie Kapitel 8.2).

62 Hier ist darauf hinzuweisen, dass Latour in seinen französischen und englischen Texten den Begriff *médiation* bzw. *mediation* benutzt, welcher den medialen Charakter des Prozesses deutlich markiert, genauso wie seine Unterscheidung zwischen *intermediaries* und *mediators* (vgl. Latour 2005a).

das zuvor nicht existiert hatte und das zu einem gewissen Grad zwei Elemente oder Agenten modifiziert« (Latour 2006d: 487).[63] Übersetzung beinhaltet *traditore* und *traductore* – übersetzen und betrügen, so wie der Götter*bote* Hermes auch Gott der *Diebe* ist (vgl. Callon 1986; Law 1999). Vermittlung ist Interferenz, um das Ganze physikalisch und nicht sprachwissenschaftlich auszudrücken (vgl. Serres 1992a, Latour 2006d). So wie zwei unabhängige Wellen, ob Wasser-, Schall- oder Lichtwellen, bei Überlagerung eine völlig neue Welle bilden, so bilden ein menschlicher und nicht-menschlicher Agent in der Vermittlung eine neue hybride Konstellation. Poststrukturalistisch gesprochen geht es um die Differenz in der Wiederholung (Deleuze 1997a) oder die Iterabilität (Derrida 2004). Durch den Prozess der Vermittlung, durch die Assoziation mit nicht-menschlichen Entitäten, werden Handlungsziele von menschlichen Akteuren umdefiniert und verschoben. Die Funktionen der nicht-menschlichen Entitäten werden wiederum durch die menschlichen Akteure umdefiniert und verschoben. Eine Handlung lässt sich nicht ohne weiteres auf eine Entität, ob menschlich oder nicht-menschlich, reduzieren. Etwa die Handlung eines Menschen mit einer Schusswaffe lässt sich nicht einfach auf die Ziele und Absichten des Akteurs reduzieren, so dass die Waffe zum bloßen Mittel eines Willens degradiert wird, genauso wenig wie diese Handlung einfach auf die Funktion der Waffe reduziert werden kann. Es ist nicht die Waffe, die den Menschen zum Mörder und auch nicht allein der Mensch, der die Waffe zum Tötungsinstrument macht. Es handelt der Hybrid oder Aktant »Waffen-Bürger« oder »Bürger-Waffe« (vgl. Latour 2006d: 484-491). Hybride lassen sich nicht ohne weiteres als ›die Macht der Maschine‹ oder ›den freien Willen des Menschen‹ verstehen. Handlungen sind zusammengesetzt und verteilt. Handeln ist das Vermögen eines ganzen Ensembles von Aktanten – es ist Vermittlung (vgl. Latour 2006d: 490).[64] Akteure sind Aktanten, die in Assoziationen zueinander treten, so dass ›handeln‹ die Fähigkeit ist, die aus der Verbindung der Aktanten im Netzwerk entsteht: »Handeln ist eine Eigenschaft von Verbindungen, von assoziierten Entitäten.« (Latour 2002b: 221)

---

63 Ein solches Verständnis von Übersetzung ist ebenso bei Walter Benjamin zu finden, der sich bekanntlich auch intensiv mit der sozialen Bedeutung von Technik und Objekten auseinandergesetzt hat, vgl. Benjamin (1972: 9-21) zum ersten und Benjamin (1974: 431-690) zum zweiten Punkt. Siehe aber Latours Kritik an Benjamin (Latour/Hennion 2003; Latour/Lowe 2011).

64 So ist z.B. ›fliegen‹ eine Handlung, die auf »Flughäfen und Flugzeuge, Abflugrampen und Ticketschalter« (Latour 2006d: 490), Konstrukteure, Piloten, Fluggesellschaft, Bodenpersonal und Passagiere usw. verteilt ist. Vgl. auch Rammert/Schulz-Schaeffer (2002b: 42-43) und Rammert (2003).

So gesehen geht es in einer beobachteten Handlungssituation um den Austausch von Eigenschaften von ›Handelnden‹. In der Performanz tauschen die interagierenden Entitäten Eigenschaften aus. Begriffe wie Aktant, Hybrid, Quasi-Objekt, Übersetzung, Delegation und Mediation sollen genau den Blick auf den Handlungsverlauf, auf den *Prozess* des ›Handelns‹ richten; gewissermaßen ereignet sich Handeln durch eine Transformationskette hindurch.

> »Somit ist ein Setting eine Kette von M (Menschen) und N (Nicht-Menschen), jedes ausgestattet mit einer neuen Kompetenz oder seine Kompetenz an ein anderes delegierend: In der Kette kann man Aggregate erkennen, die wie jene der traditionellen Sozialtheorie aussehen: soziale Gruppen, Maschinen, Schnittstellen, Einwirkung.« (Akrich/Latour 2006: 403)

Handlung als Übersetzung ist also ein Distributionsprozess (vgl. Michael 2000; Law 2006b; Latour 2009a). Soziales Handeln verteilt sich auf verschiedene Handlungsträger und nicht nur auf einen und auch nicht nur auf menschliche.[65] Hierin liegt nach den Worten John Laws die Radikalität der ANT:

> »Das Radikale dieser Perspektive ist, dass die Netzwerke nicht nur aus Menschen, sondern auch aus Maschinen, Tieren, Texten, Geld, Architekturen – faktisch aus jedem gewünschten Material – bestehen können. Der Hauptpunkt ist also, dass der Stoff des Sozialen nicht nur das Menschliche, sondern auch all diese anderen Materialien umfasst.« (Law 2006c: 432)

Was Law hier anspricht, ist das Prinzip der Heterogenität. Handeln verteilt sich auf verschiedene heterogene Materialitäten und nicht nur auf den menschlichen Körper. Diese Form von Materialismus ist relationaler und prozessualer Art (vgl. Law 2006c: 441). Denn das Prinzip der Differenz des Strukturalismus, nachdem Entitäten ihre Bedeutung durch ihre Beziehung zu anderen bekommen – kurz, der Relationismus – wird in der ANT dynamisiert. Erst das Bezugnehmen auf bzw. das in Bezug gesetzt Werden, macht eine Entität, ein Subjekt wie ein Objekt, aus. Die Elemente eines Netzwerkes definieren und formen einander durch die Beziehung, in der sie zueinander stehen.

Die ANT schlägt also einen Perspektivenwechsel vor. Sie plädiert für ein performatives Verständnis von Gesellschaft und Sozialität (vgl. Strum/Latour 1999: 116-118; Latour 2006b). Das Soziale ist für sie eine Bewegung, ein Pro-

65 Hier schließt auch das Konzept der verteilten Handlungsträgerschaft von Werner Rammert und Ingo Schulz-Schaeffer (2002b) an.

zess, kurz: Performanz. Für die ANT existiert ›die Gesellschaft an sich‹ genauso wenig wie ›die Organisation‹ oder ›der Akteur‹, sie müssen stattdessen hergestellt werden. »Gesellschaft ist nicht, was uns zusammenhält, sondern was selbst zusammengehalten wird.« (Latour 2006b: 209) Der Vorstellung, dass so etwas wie ›die Gesellschaft‹ oder ›das Soziale‹ existiert, mit einer bestimmten Anzahl von diskreten Eigenschaften wie ›Akteuren‹, ›Klassen‹, ›Organisationen‹ oder ›Rollen‹, wird somit widersprochen (vgl. Latour 2006b: 210). In einem ostensiven Modell sind diese Eigenschaften, gemäß Durkheims Diktum ›Soziales aus Sozialem zu erklären‹, sozial. Es gibt verschieden ›große‹ Akteure, die *in* der Gesellschaft leben, aber eben aufgrund dessen diese nicht verstehen und erklären können und es deswegen Experten, d.h. Sozialwissenschaftlerinnen, bedarf, um ihnen ihr Handeln und die Gesellschaft zu erklären. Dieses Modell des Sozialen geht letztlich davon aus, dass es im Prinzip möglich sei, die typischen Merkmale der Gesellschaft und des Sozialen identifizieren zu können (vgl. Latour 2006b: 204). Doch entgegen der Vorstellung einer ›Gesellschaft, in der Akteure leben‹, geht das performative Modell der ANT davon aus, dass die Akteure die Gesellschaft leben. Die ANT versteht unter Gesellschaft etwas, dass in der Praxis erreicht werden muss. Es geht also nicht um die Frage, *was* Sozialität oder Gesellschaft ist, sondern *wie* diese erreicht wird – wie sie hergestellt wird – auch von den Sozialwissenschaften. Die Kategorien der Soziologie, wie die soeben genannten, sind aus der Verlaufsperspektive zu verstehen, als Ergebnis oder Effekt eines Prozesses, und nicht als erklärungskräftige *black boxes*.[66]

Latour und der ANT geht es um einen »Wechsel vom *Prinzip* zur *Praxis*« (Latour 2006b: 206). In der ANT-Soziologie geht es nicht um die Erfassung von allgemeinen Regeln und Gesetzen hinter dem Handeln und der Gesellschaft, sondern um die praktische Hervorbringung von Gesellschaft mittels materieller Ressourcen:

»Das Ergebnis einer solchen kontinuierlichen Definition und Redefinition dessen, worum es bei kollektivem Handeln geht, ist es, die Gesellschaft von etwas Existierendem und prinzipiell Erkennbarem in etwas sozusagen von jedem Akteur gleich Erbautes zu transformieren, das im Prinzip erkennbar ist – es beinhaltet den Wechsel von einer ostensiven zu einer performativen Definition.« (Latour 2006b: 209)

66 Diese Vorstellung von Gesellschaft als *achievement* übernimmt Latour von Garfinkel und ergänzt sie mit einer um die materiellen Technologien erweiterten »Mikrophysik der Macht« von Foucault (vgl. Latour 2006b: 210, Fn. 17). Siehe auch Kapitel 8.1.

Die performative Definition des Sozialen macht Latour am Beispiel der sozialen Kategorie ›Macht‹ deutlich. »Wenn man einfach nur Macht hat – *in potentia* –, geschieht nichts und man ist machtlos; wenn man Macht *ausübt* – *in actu* –, führen *andere* die Handlungen aus und nicht man selbst.« (Latour 2006b: 196) Das traditionelle Verständnis von Macht funktioniert gemäß einem Diffusionsmodell, demnach Macht einfach mittels eines Mediums von Person, Klasse oder Institution X an Y übertragen wird. Macht ist in diesem Modell die Ursache für Anschlusshandeln. Demgegenüber ist das Übersetzungsmodell der ANT kein Übertragungsmodell, sondern ein Transformationsmodell. Macht wird in einer Kette von Akteuren gemacht, verändert und weitergegeben. Hier ist Macht eine Folge der Akteurskette und ihrer Aktivitäten. Nur durch stetige Aktivität, die immer auch eine Formung ist, wird Macht aufrechterhalten (vgl. Latour 2006b: 199).

Die performative Definition des Sozialen als ›Verknüpfungen machen‹ oder ›Netzwerke bilden‹ beinhaltet eine Revision klassischer Handlungstheorien. Die analytische Frage verschiebt sich von ›warum‹ zu ›wie‹: Anstatt zu fragen, *warum* ein Akteur dieses oder jenes tut, fragt die ANT *wie* ein Akteur agiert. Wie wird ein Akteur in ein Netzwerk eingebunden? Welche Performanz oder Praxis hat dazu geführt, dass dieses Subjekt oder jenes Objekt überhaupt entstanden ist? Was muss alles praktiziert werden, damit dies so aufrechterhalten bleibt? Die ANT stellt also die Frage nach der *Aktion* und nicht danach, wer diese kontrolliert – ob ein intentionaler und menschlicher Akteur oder soziale Strukturen.

> »Trotz ihres Namens sind alle ›Handlungstheorien‹ Theorien der ›Untätigkeit‹, insofern sie den ›Faitiche‹ in zwei Teile zerrissen haben: auf der einen Seite verorten sie die Handlung, die herrscht, und auf der anderen Seite diejenige Handlung, die beherrscht wird.« (Latour 2009a: 370)

Die ANT kritisiert somit die Vorstellung eines autonom handelnden Subjekts. Aus der Perspektive der Praxis ist ein Akteur nie völlig Herr [sic!] seiner Situationen und Entscheidungen, wie gerade die Arbeit einer Naturwissenschaftlerin im Labor oder eines Architekten an der CAD-Workstation zeigt: Ziele werden geändert, Entscheidungen modifiziert, ständig findet eine wechselseitige Anpassung von dem, was Subjekt und dem, was Objekt genannt wird, statt. »If there is one thing toward which ›making‹ does not lead, it is to the concept of a *human* actor *fully* in *command*.« (Latour 2003a: 31) ›Machen‹, ›Handeln‹ oder ›Tun‹ verweist für die ANT nicht auf ein Ich, sondern immer auf andere ›Akteure‹, die an dem Prozess teilnehmen; die einen zwingen, beeinflussen, herausfordern, fördern usw. Die ANT zieht die in klassischen Handlungstheorien unterstellte Zweckrationalität und Intentionalität menschlichen Handelns mit Verweis auf die Verlaufsperspektive in Zweifel. Stattdessen stellt Latour (2009a: 360) die »mediale Verbform« einer Tätigkeit, »die weder aktiv noch passiv ist«, heraus: das »faire faire«, das »made-to-do«, was im Deutschen etwas unbeholfen »Handeln-Machen« oder »Handeln-Lassen« heißt. ›Handeln‹ verweist für die ANT immer auf Andere, die einen handeln lassen oder zum Handelnden machen. Diese Anderen sind aber nicht nur andere Menschen wie in der Tradition der interpretativen Soziologien, sondern auch Materialitäten; auch diese sind soziale Andere, wenn man den Begriff des ›Sozialen‹ nicht essentialistisch, sondern performativ versteht. Mit Verweis auf die Arbeit von Edwin Hutchins (1995) werden im Übrigen auch kognitivistische Konzeptionen von Akteuren verworfen. Intelligenz ist zum Beispiel keine rein interne Fähigkeit oder Eigenschaft des menschlichen Gehirns, sondern verteilt auf verschiedene Entitäten auch außerhalb des menschlichen Körpers (vgl. Latour 2006e: 537).

Diese Indeterminiertheit des Akteurs bezüglich seiner Intentionen, Interessen und seines Bewusstseins verweist allerdings nicht auf soziale Strukturen, Regeln oder Normen; bekanntermaßen ist Bruno Latour ein scharfer Kritiker der durkheimschen Soziologie, wie auch anderer Struktur- und Systemtheorien. Weder kognitive, ›innere‹ oder individuelle Strukturen noch ›äußere‹ im Sinne von sozialen Strukturen machen eine Handlung aus (vgl. Latour 2009a: 365-373). Es ist gerade die »*radikale Indeterminiertheit* des Akteurs« (Callon 2006b: 546), welche die ANT auszeichnet und von anderen Sozialtheorien wie die des Homo oeconomicus oder des Homo sociologicus abgrenzt. Weder Webers Individualismus noch Durkheims Kollektivismus, sondern Tardes Monadologie ist das Vorbild der ANT (vgl. Kapitel 10.2). Für Latour stellt sich nicht die Frage, »ob wir frei oder gebunden sein sollten, sondern, *ob wir gut oder schlecht gebunden sind*« (Latour 2009a: 363). Deswegen schlägt er vor, sich auf die *Beziehungen* zwischen dem, was in der Soziologie allgemein als Individuum oder Akteur und Gesellschaft oder System genannt wird, zu konzentrieren, denn beide sind letztlich *Produkte* dieser Beziehungen. Anstatt der Frage nachzugehen, ob die Akteurin oder die Gesellschaft *mehr* Kontrolle ausübt – wie er letztlich diversen Syntheseversuchen in der Soziologie dieses Problems vorwirft –, sollte untersucht werden, wie die »Natur der *Beherrschung*« (Latour 2009a: 366) selbst ausschaut.

Die Revision der Vorstellungen vom ›Menschlichen‹ beinhaltet konsequenterweise auch eine Neudefinition des ›Künstlichen‹ (vgl. Latour 2006e: 537-538). Artefakte sind keine ›bloßen‹ Gegenstände oder passiven Objekte menschlicher Handlungen.

> »Artefakte wiederum haben sich zu aktiven, sozialen, mit einer Geschichte und einer kollektiven Karriere ausgestatteten Aktanten entwickelt, die Kompetenzen und Gewährungen

untereinander und zwischen den (mittlerweile vollkommen) umverteilten menschlichen Akteuren verschieben.« (Latour 2006e: 538)

Artefakte fügen Situationen etwas hinzu anstatt sie zu supplementieren, beenden oder projizieren (vgl. Latour 2006e: 538). Die ANT versteht also nicht nur menschliche Akteure und Handlungen, sondern auch Materialität von der Performanz her. Dies ist der Punkt, an dem die ANT über die performativen Ansätze zum Sozialen von Harold Garfinkel und Erving Goffman hinausgeht (vgl. Latour 2001c). Dinge stellen für Latour und andere lediglich für einen Moment oder eine bestimmte Zeitspanne erstarrte oder gefrorene Manifestationen von Praktiken dar, »instabile Vereinfachungseffekte« oder »Punktualisierungen«, wie es John Law (2006c: 436) nennt. Materialität ist das Produkt der Aktivität eines ganzen Netzwerks von Aktanten. Artefakte sind ›bloß‹ Punktualisierungen. Auch sie verändern sich über Zeit und Raum – wenn auch, mit Verweis auf das angesprochene Dauerhaftigkeitsargument, weniger flexibel als menschliche Akteure (vgl. Latour 1991). Ein Artefakt kann sich abnutzen und im Müll oder Museum landen, wie z.B. der Hightech-Zug *Aramis*. Sicher wird ein Artefakt auch durch seine Nutzung und Aneignung geformt. Doch die besondere Aufmerksamkeit möchte die ANT darauf verschieben, dass *auch* das Artefakt den Menschen und Interaktionen, kurz ›das Soziale‹ formt.[67] Die sicher auch provozierende Rede von der Handlungsfähigkeit nicht-menschlicher Dinge soll dabei nicht als Animismus verstanden werden oder als naive Intentionalität der Dinge, sondern die Macht der Dinge, ihre Widerständigkeit herausstellen (Callon/Latour 1992: 353; Latour 2002b: 236-237).

67 Die Kritik an der ANT, die kontingente Nutzung von Technik und Artefakten zu vernachlässigen (vgl. u.a. Hörning 2001; Couldry 2006; Weyer 2009), ist vor diesem Hintergrund übertrieben. Der ANT geht es um die Betonung des Materiellen, welches im Sozialkonstruktivismus allzu leicht in Interpretationen und ›Texte‹ aufgelöst wurde. In den Kulturwissenschaften ist in den letzten Jahren insbesondere genau dieser Punkt, die Erinnerung oder Rückbesinnung auf das Nicht-Sinnhafte, das Materielle wie das Affektive, durch die Betonung von Praktiken statt Diskursen, zu beobachten. Vor dem Hintergrund der in Kapitel 3.2 angesprochenen Fluidität von Technik und der hier angesprochenen ›Punktualisierung‹ ist der Vorwurf eines »impliziten Technikdeterminismus« (Weyer 2009: 69) auf jeden Fall mehr als fragwürdig und scheint von der einseitigen Lektüre der suggestiven Beispiele im *Berliner Schlüssel* herzurühren, obwohl just in der gleichnamigen Analyse die Wirkung und Kontrolle der Technik nicht einseitig dargestellt wird (vgl. Latour 1996a: 46-47, 59).

»Die Pointe von Latours Rede von der Handlungsfähigkeit nicht-menschlicher Dinge, die in politische Aushandlungen einzubeziehen seien, war nie die Frage, ob wir es bei Laborapparaten, Prionen und dergleichen wirklich mit intentionalen Wesen zu tun haben, sondern ob wir es mit widerständigen Dingen, Ereignissen zu tun haben, an denen sich unsere eigenen Handlungswege brechen.« (Greif 2006: 61)

Die Rede von der Handlungsfähigkeit der Dinge ist insbesondere in der Frühphase der ANT ein methodisches Prinzip gewesen, um aufzuzeigen, wie sehr klassische Handlungsmodelle von praktischen Situationen abstrahieren und die ganze Dimension der Materialität und Infrastruktur des Handelns ausblenden (vgl. Callon 2006b). In diesem Sinn dient die Heuristik des Akteur-Netzwerkes der Dekonstruktion konventioneller Beobachtung und Theoretisierung von Handlungssituationen und erweitert den Blick und auch Horizont der sozialwissenschaftlichen Beobachterin.

Die Neudefinition des Menschlichen und des Künstlichen hat ein anderes Verständnis von Wissenschaft zur Folge. Wissenschaft hat nicht mehr länger Subjekte oder Objekte zum Gegenstand der Forschung, sondern Beziehungen (Relationen), Positionierungen und Kräftefelder:

»die Erforschung eines Menschen [ist] gleichbedeutend mit der eines Feldes von Kräften und dem Austausch von Dokumenten, Instrumenten, Ideographien durch ein Kollektiv gleichermaßen verteilter Einzeleinheiten [...], von denen einige anthropomorph aussehen, viele aber nicht.« (Latour 2006e: 537)

Der Perspektivenwechsel ›auf‹ das Soziale geht für die ANT mit einem methodologischen Perspektivenwechsel einher: der Einebnung der Autorität der Beobachterperspektive.[68] Die Sozialwissenschaftlerin bringt wie die untersuchten Akteure Definitionen von Situationen und Phänomenen hervor: »Gesellschaft [...] wird [...] durch die Definitionsbemühung jedes Einzelnen performativ ausgeführt.« (Latour 2006b: 205) Dabei sind Wissenschaftler letztlich nicht anders als die übrigen Akteure, nur haben sie unterschiedliche praktische Mittel und Arten als diese.[69] Die Aufgabe des Sozialwissenschaftlers sei es, die Prozesse der Assoziierung, die erst das Soziale erzeugen, nachzuverfolgen und nachzuspüren, anstatt zu glauben, als Einzige die Kraft zu haben, dahinter zu schauen und die

68 Zur Problematik der Vermischung von Beobachter- und Teilnehmerperspektive vgl. die Kritik von Schulz-Schaeffer (2008).

69 In den letzten Jahren spricht Latour von unterschiedlichen Äußerungsregimen (vgl. z.B. Latour 1998c, 2002e, 2003b).

wahren Kräfte zu sehen.[70] Anstatt Reinigungsarbeit zu verrichten, sollte die Hybridisierungsarbeit beschrieben werden. Ziel der Rede von der Handlungsfähigkeit der Dinge und der symmetrischen Beobachtungssprache ist »die Subjekt-Objekt-Dichotomie *ganz zu umgehen* und statt dessen von der Verflechtung von Menschen und nicht-menschlichen Wesen auszugehen. Mit dem neuen Bild wollen wir die Bewegungen einfangen, durch die ein bestimmtes Kollektiv sein soziales Gewebe auf *andere* Entitäten ausdehnt« (Latour 2002b: 237).

Latour und Callon spitzen in einem gewissen Sinn die poststrukturalistische These von der Dezentrierung des Subjekts noch weiter zu. Bei ihnen ist das Subjekt nicht bloß Effekt von Diskursen, sondern ein Produkt von verschiedenen heterogenen Materialitäten.[71] Menschliche Interaktion und auch Gesellschaft könnte ohne ihre Medien und technischen Hilfsmittel nicht funktionieren. Jede Interaktion ist gerahmt von Tischen, Fenstern, Mikrofonen, Kabeln oder Kleidung. Es ist schwer sich eine soziale Praktik vorzustellen, die nicht auf materielle ›Hilfsmittel‹ verweist (vgl. Schatzki 2002). Handlung und Handlungsfähigkeit ist immer verteilt auf verschiedene Entitäten – auf welche und in welchem Ausmaß ist dann Gegenstand der jeweiligen Untersuchung.[72] Handeln ist dann ein Prozess, der auch nicht aus einzelnen diskreten Handlungsakten besteht. Handlungsfähigkeit als Kompetenz muss erst performativ hervorgebracht werden. Sie muss aktualisiert, d.h. in Gang gesetzt werden, erst dann ist sie real.[73] In diesem Sinne

70 Donna Haraway (1997) spricht in ihrer Kritik an essentialistischen und universalistischen Erklärungen vom »gods trick«, d.h. der alles überblickenden Perspektive. Vgl. zur Infragestellung der Erklärungsmacht der Wissenschaften Kapitel 2.

71 Dies ist allerdings auch die Vorstellung bei Serres, Deleuze und Guattari sowie dem späten Foucault.

72 In dieser Hinsicht ist die Differenz der ANT nicht so groß zum Konzept verteilten Handelns (Rammert/Schulz-Schaeffer 2002b; Rammert 2003; Schulz-Schaeffer 2009): Beide gehen von einem Gemenge an verteilten Handlungsträgerschaften und der wechselseitigen Konstitution von Mensch und Technik aus und suchen nach einem Vokabular, dies angemessen zu beschreiben. Dabei umgeht die ANT die Handlungstheorie, während ›die Berliner‹ einen gradualisierten Handlungsbegriff einführen.

73 Hajo Greif beschreibt dies im Hinblick auf Latours *Pasteurization of France* wie folgt: »Worauf Latour abzielt, ist zu zeigen, dass die Mikroben, die Hefe und all die anderen nicht-menschlichen Akteure durch das, was sie – wie auch immer – taten, etwas im naturwissenschaftlich-medizinischen Diskurs des ausgehenden 19. Jahrhunderts bewegten, sobald sie in Laborkontrollen, auf Photos, in Fachzeitschriften auftauchten.« (Greif 2005: 72)

dreht die ANT – wie viele andere poststrukturalistische ›Theorien‹ – das Verhältnis von *langue* und *parole*, von Kompetenz und Performanz um: »Eine Reihe von Performanzen geht der Definition der Kompetenz *voraus*, die später zur Ursache eben dieser Performanzen werden wird.« (Latour 2002b: 144) Kompetenz ist keine Eigenschaft oder Essenz, sondern muss immer wieder praktiziert und hergestellt werden (vgl. auch Latour 1987a: 89). Mindestens drei zentrale Differenzen zu ›klassischen‹ Handlungsbegriffen sind deutlich geworden. Erstens bedarf *agency* keiner menschlichen Intention oder keines ›Bewusstseins‹. Zweitens ist Handlungsfähigkeit aber auch nicht ein Ergebnis von sozialen Strukturen, Regeln, Normen und Werten. Drittens ist *agency* keine Substanz, sondern ein Prozess (vgl. hierzu auch Pickering 1993, 1995, 2008; Strum/Latour 1999; Slack/Wise 2005: 117). Das menschliche Subjekt steht nicht mehr im Zentrum der soziologischen Forschung der ANT, weshalb sie auch als posthumanistisch beschrieben wurde (vgl. Schatzki 2002; Pickering 2008). Kein Akteur, Subjekt oder Individuum, sondern die Transformationen von Aktanten in einer Operationskette sollen von der teilnehmenden Forscherin in riskanten *accounts* nachvollziehbar werden, denen wir uns nun zuwenden.

8.6 RISKY ACCOUNTS – STIL UND LITERARISCHE PRAXIS

»Wie fassen wir die Welt in Worte?«
(LATOUR 2002B: 36)[74]

Ein Merkmal der Schriften der ANT, insbesondere Latours, ist, dass sie ein Genre kennzeichnen, welches auf der Grenze von Theorie und Empirie wandelt. Mehr noch, Latours Publikationen huldigen verschiedenen ›textuellen‹ Genres gleichzeitig, nur nie ausschließlich dem klassischen Genre der ›strengen‹ Wissenschaft.

Die ANT besteht auf den ersten Blick aus einem eigenartigen bunten Mix verschiedener Theorieversatzstücke wie etwa der Ethnomethodologie, dem Poststrukturalismus, der Semiotik, Whiteheads Prozess-Metaphysik oder James und Deweys Pragmatismus. Theorieangebote werden von Latour, Callon und anderen eher als »Denkwerkzeug« (Hirschauer/Amann 1997) benutzt, um empirische Fälle oder Gedankenexperimente zu erschließen. Dieses operative Theoriever-

74 Im englischen Original heißt es »How do we pack the world into words?«, was meiner Meinung nach die hemdsärmelige Arbeit des ›(Ein-)Packens‹ stärker herausstellt.

ständnis – was weder Theorie anwenden noch testen heißt – ist besonders für Deleuze und Foucault, die beide einen nicht unwesentlichen Einfluss auf die ANT haben, kennzeichnend (vgl. Deleuze 1997). Neben diesem philosophisch-theoretischen ›Patchwork‹ durchkreuzen die Schriften der ANT selbst verschiedene Genres und verdeutlichen so die Repräsentationsdilemmata von Wissenschaft(en). Gerade dieser Stil, ähnlich poststrukturalistischer Autoren wie etwa Derrida, Deleuze und Guattari, macht einerseits die globale Aufmerksamkeit, andererseits die scharfe disziplinäre Kritik, ob aus der Soziologie, Anthropologie, Geschichtswissenschaft oder Philosophie, an der ANT aus.[75] Doch, wie auch bei den viel gescholtenen Poststrukturalisten, sind der Stil und die Rhetorik der ANT Teil ihrer Philosophie bzw. ihres Programms.

> »Gerade die Brüche und Inkohärenzen, die gezielte Mißachtung der Regeln wissenschaftlichen Sprachgebrauchs sind es, die Latour und die Akteur-Netzwerk-Theorie nicht nur populär gemacht haben, sondern auch den Kern des gesamten Projekts ausmachen.« (Greif 2005: 57)

Denn die ANT macht *performativ* (a) ihre Wissenschafts- und Rationalitätskritik deutlich, weist (b) Wissenschaftspraxis (im weitesten Sinne) als schriftliche Praxis aus, die sich (c) durch ein Wechselspiel der Kräfte auszeichnet. Ihre »ontologische Provokation« (Schüttpelz 2008: 237) und »dekonstruktive Verwirrung« (Greif 2005: 61) macht aus ihren eher gewöhnlichen Fallstudien erfolgreiche Wissenschaft im Sinne von Zitation und Kontroverse: »Das *ist* Science in Action.« (Greif 2005: 61)

Die ANT thematisiert wie Michel Serres die Verschlingungen von Naturwissenschaften und Kultur, allerdings weniger wie dieser im Kontext von Geschichte und klassischer Literatur. Während Serres sich besonders antiker Philosophen, Mythen sowie beispielsweise Molierères *Tartuffe* und den Gemälden Turners bedient, so verwendet Latour sehr gerne Comics, aber auch beispielsweise die Romane von Richard Powers oder eine Fotographie von Jeff Wall. Darüber hinaus versteht sich die ANT als ein empirisches, insbesondere ethnographisches, aber auch semiotisches Forschungsprogramm, weshalb sie sich im Gegensatz zu

75 Der Freund und frühe(re) Sympathisant Berward Joerges, dem Latour (2002a) sein *Wir sind nie modern gewesen* gewidmet hat, sieht in der Nähe zu populären Texten zur Technik und im Schreibstil der ANT, den er allerdings bewundert, die Gefahr der »Anschlußprobleme im Fach« (Joerges 2002: 293), die sie zu »Außenseitersoziologen« (Joerges 2002: 292) mache. Zur Bedeutung Latours für die Philosophie vgl. Harman (2007).

Serres stärker in den Sozialwissenschaften und weniger in Philosophie und Literaturwissenschaft situiert, wobei Latour sich durchaus als ›empirischen Philosophen‹ versteht (vgl. Latour/Roßler 1997; Latour 2008b) und mit einem literarischen Stil in der Wissenschaftsforschung experimentiert.

»How can we invent literary style for science studies, and how can we pursue the fusion of social sciences and literature? [...] When we start to bring together science and society, all sorts of new avenues are reopened–in politics of course, but also in the arts. I learned this lesson from Serres, and I simply want to try my bit on the social sciences.« (Latour/Crawford 1993: 267)

Für poststrukturalistische Denker deutet sich in bestimmten Formen von Kunst und Literatur die Möglichkeit eines alternativen Zugangs zur Welt an, z.B. für Deleuze bei Francis Bacon und Lewis Carroll. Latour sieht in den Romanen von Richard Powers wie *Galatea* und *Schattenflucht* sein kosmopolitisches Vorhaben verwirklicht (vgl. Latour/Powers 1998; Latour 2008c).[76] Latours Begeisterung für die Romane von Richard Powers rührt daher, dass in diesen Wissenschaft, Technik, Literatur, Religion und Politik miteinander zu einem spannenden und geistreichen Plot gewebt sind. Insbesondere wissenschaftliche Theorien und technische Phantasien werden in seinen Romanen mit Zeitgeschichte und alltäglichen Situationen durch dichte Beschreibungen und feinsinnige Zeichnung der Figuren ineinander verschränkt (vgl. Schmitt 2001). Powers Romane haben nicht nur die modernen Natur- und Ingenieurwissenschaften wie die künstliche Intelligenzforschung, Genforschung, Computersimulationstechnologie und Neurologie zum Thema, sondern sind auch wie Versuchsanordnungen angelegt: »Der Ausgangspunkt ist meist eine Art von Laborsituation, die Durchführung greift jedoch auf traditionelle Erzählmuster des realistischen Romans zurück.« (Schmitt 2001: 90) Powers erzählt gerne zwei Erzählstränge in unterschiedlichen Zeit/Raum-Dimensionen, die aber zusammen ein kohärentes Bild ergeben und sich an einem Punkt auch kreuzen, wie z.B. in *Schattenflucht* (Powers 2007). Neben dem Durchkreuzen verschiedener Wissensgebiete, wie z.B. von Physik und amerikanischer Zeitgeschichte (Powers 2006a), steht bei Powers auch die Ereignishaftigkeit einer solchen Zusammenkunft im Vordergrund: Etwa wenn in *Galatea 2.2* der [sic!] Computer Hellen ein Bewusstsein von sich selbst entwickelt und

76 In Latours imaginärem Dialog zu Moderne, Postmoderne, reflexiver Moderne und Nicht-Moderne bezeichnet der Protagonist Richard Powers als »the best, most productive, most witty, most positive demodernizer/remodernizer, [...] writing down a completely new Operating System« (Latour 2004b: 22).

Powers Alter Ego von seiner Trauer um eine verlorene Liebe befreit wird; wenn sich in *Schattenflucht* die Computerzeichnerin Adie Klarpol und der im Libanon in Geiselhaft genommene Lehrer Taimur Martin auf wundersame Weise begegnen; oder wenn sich in *Der Klang der Zeit* am Lincoln-Denkmal Raum und Zeit krümmen und Robert seinen Großeltern begegnet (vgl. Powers 2004, 2006a, 2007). In einem Interview hat Richard Powers einmal gesagt, dass seine Bücher Kopf und Herz miteinander versöhnen möchten:

»I try to include head and heart, to write using all the modes of knowing the world that we employ as we bump around in it [...]. I'm interested in reclaiming lots of intellectual territory for the novel, but I'd like to see that happen without a loss of emotional territory.« (Powers zit. n. Schmitt 2001: 90)

In einem seiner jüngsten Romane, *Das Echo der Erinnerung*, macht er das sogar ganz vordergründig zum Thema, denn dessen Protagonist kann durch einen Verkehrsunfall seine Schwester zwar äußerlich wiedererkennen, aber nicht wieder *fühlen*, so dass er ihre ›Echtheit‹ bezweifelt, und er Gegenstand der Forschung eines Starneurologen wird (vgl. Powers 2006b). Was bei Powers Herz und Kopf, sind bei Latour Fakt und Fetisch oder Tatsachen und Werte, die miteinander und nicht gegeneinander gedacht werden. Powers Romane handeln von der Welt jenseits, oder besser, diesseits der Differenz von Geistes- und Naturwissenschaften; eine Welt, die Latour einfordert, so dass es nicht verwundert, wenn Latour (2008c) Powers als den Romancier der Wissenschaftsforschung bezeichnet (vgl. auch Latour/Powers 1998). Powers Bücher sind interessanterweise engagierte Bücher, ohne dabei direkte politische Statements zu sein (vgl. Schmitt 2001), d.h. in Latours (2007a) *parlance* sind sie politisch ohne kritischen Gestus bzw. »matters-of-concern writing« (Latour 2008c). Sie thematisieren gesellschaftspolitische Konflikte wie die US-amerikanische Rassenproblematik, den Nahen Osten oder den Irakkrieg und verhandeln wissenschaftsethische und technikphilosophische Probleme ohne zu entlarven oder Schuldzuweisungen.

»Powers, when he connects and fuses domains of reality, takes the *uncertain* deployment of what a computer is, the *controversial* multiplicity of what a brain is, the *wavering* achievements of psychology, and then tries to relate them in a narrative that does *not* imply the existence of a character silhouetted out of a background and inserted into a story. Rather, it is the emergence of plausible fleshy characters, things, and stories, that is the very topic of several of his books.« (Latour 2008c: [3])

Doch Latour ist nicht nur vom Inhalt von Powers Romanen fasziniert, sondern auch von deren Form bzw. dem Schreiben des Autors, das deutlich mache, dass Sein ein Werden ist: Existenz als »risky achievement« (Latour 2008c: [7]). Er mache deutlich, was es für eine Figur bedeutet, zum Leben erweckt zu werden und das jedes Objekt einmal ein Ding, d.h. »matter of concern«, gewesen ist. Für Latour verdeutliche Powers die Poesie der Wissenschaften, in denen Worte Welten tragen und vermitteln (vgl. Latour 2008c).[77] Genau darin besteht auch Latours Anliegen, wie das Zitat zu Beginn des Kapitels verdeutlicht. Latour experimentiert mit verschiedenen Quellen, um die weltliche Präsenz in Texten zu verdeutlichen. Henning Schmidgen (2008a) hat anhand von frühen Latour-Texten vor dem Hintergrund seiner noch früheren Charles Péguy-Rezeption[78] herausgearbeitet, wie sehr es Latour an einem »parallele[n] Blick auf Wissenschaft und Religion, auf Geschichte und Evangelium« (Schmidgen 2008a: 43) gelegen ist.[79] Für den hiesigen Zusammenhang ist von besonderem Interesse, dass Latour dies auch sprachlich und textlich, also performativ, umzusetzen versucht. Denn Latours Forschungsstil ist durch *Exegese* verschiedener wissenschaftlicher Dokumente gekennzeichnet. Wissenschaft ist für ihn besonders durch Einschreibung, Übersetzung und Überlieferung charakterisiert (vgl. Schmidgen 2008a: 20). Hierher rührt auch Latours großes Interesse für die ›Aufschreibesysteme‹ der Wissenschaften, den diversen *inscription devices*, welche aus einem Experiment letztlich einen Text machen (vgl. Kapitel 2). Denn »Latour [...] entwirft mit Péguy eine ganze Ontologie des Ereignisses, die sich durch Exegesen, Neulektüren und Überarbeitungen verwirklicht *und* erschließt«

77 Latour (2008c) verdeutlicht dies in seiner eigenen Form des Turing-Tests, indem er Powers' (2007) *Schattenflucht* mit Alan Turings (2007) *Computing Machinery and Intelligence* parallel analysiert und zu dem Schluss kommt, dass *gute* wissenschaftliche von fiktionaler Literatur nicht unterscheidbar ist.

78 Dabei zeigt sich auch, wie wenig Sinn es hat, zwischen einem frühen und einem späten Latour zu differenzieren, und dies womöglich parallelisiert mit der Differenzierung eines ethnologischen, soziologischen oder philosophischen Latour. In Latours Werk findet sich letztlich ein Anliegen und dies von Anfang an, welches er in verschiedenen Genres, in Auseinandersetzung mit verschiedenen Disziplinen und mit verschiedenen Beispielen und empirischen Fällen reformuliert: die Entgrenzung sozialer ›Systeme‹, allen voran der Wissenschaft, und die Ereignishaftigkeit der Welt.

79 Auf die Frage, was ein Gen für ihn sei, antwortet Latour in einem Zeitungsinterview: »Wir haben es wie bei der Auslegung des Evangeliums mit Lesarten zu tun, die sich nicht vereinheitlichen und vereindeutigen lassen. Das Gen ist vielerlei.« (Latour/Thadden 2000)

(Schmidgen 2008a: 30). Die Exegese stellt für Latour die Mutter aller wissenschaftlicher Disziplinen dar (Latour 1988a: 219). Die »fortwährende Arbeit an und mit Texten« (Schmidgen 2008a: 32) erscheint Latour besonders wichtig. Schon in *Laboratory Life* wird Wissenschaftspraxis v.a. als literarische Praxis beschrieben (Latour/Woolgar 1986: 88; Schmidgen 2008a: 31-41), und auch in der Ethnographie französischer Pedologen wird die Kette von Transformationen von Einschreibungen vom Experimentalfeld im Amazonas bis zum veröffentlichten Artikel nachverfolgt (Latour 2002b: 36-95). Wissenschaftspraxis als Übersetzungsprozess ist die Transformation aus Spuren oder rohen Zeichen über viele Zwischenschritte bis hin zum veröffentlichten Text. Und natürlich gilt dies nicht nur für die untersuchten Wissenschaften, sondern auch für die ANT selbst: »we write texts, we don't look through some window pane.« (Latour 2005a: 122) Doch Latour geht es nicht nur um *close reading*, sondern schon eher um die Nähe zur Theologie anstatt zur Literaturwissenschaft, denn »[e]s gibt eine Transzendenz in der Wissenschaft« (Latour 1996a: 275). Latour geht es um

»a *risky* [textual, *M.W.*] account, meaning that it can fail [...] since it *can put aside neither the complete artificiality of the enterprise nor its claim to accuracy and truthfulness*. As to its relevance for the actors themselves and the political impact [...]. The whole question is to see whether the *event* of the social can be extended all the way to the *event* of the reading through the medium of the text.« (Latour 2005a: 133)

Latour kritisiert den Postmodernismus u.a. dafür, »Texte ohne das Wagnis irgendeiner Präsenz zu schreiben« (Latour 2002b: 33) und hält es mit Whitehead, dem auch daran gelegen habe, Texte über Ereignisse zu schreiben, die deren Ereignishaftigkeit *erweitern* (vgl. Latour 2008c).

Latours Stil oder die textuelle Strategie, die er verfolgt, ist geprägt durch eine ›Nähe-durch-Distanz‹ (vgl. Schmidgen 2008a: 41). Latour spielt mit verschiedenen Genres, Rollen und Disziplinen, um mittels der dadurch aufgebauten Distanz Nähe zum Untersuchungsgegenstand zu gewinnen:

»Stets schlüpft Latour also zunächst in eine Rolle – die des Ethnologen, des Soziologen und des Historikers –, um dann den literarischen und wissenschaftlichen Texten, die ihn faszinieren und interessieren, möglichst nahezukommen.« (Schmidgen 2008a: 42)

Ziel ist es, damit die Kreativität der Wissenschaft selbst vor Augen zu führen (Schmidgen 2008a: 36-37).[80] Häufig wählt Latour ein »›nichtwissenschaftliches‹ Herangehen [...], um der Wissenschaft als Phänomen besser gerecht zu werden« (Schmidgen 2008a: 39). Dies ist etwa der Fall in *Pasteurization of France,* wo Latour in die Rolle eines historischen Romanciers schlüpft, in *Drei kleine Dinosaurier* (Latour 1996a: 145-156), wo er eine amüsante Fabel über Konstruktivismus und Realismus oder in *Aramis* (Latour 1996b), wo er eine Detektivgeschichte erzählt. Schon die Grundidee einer Anthropologie der Wissenschaften spielt mit diesem Motiv, indem gewissermaßen der ›koloniale‹ Blick umgekehrt wird und animistisches Vokabular benutzt wird, um das wissenschaftliche Weltbild zu analysieren (vgl. Greif 2005: 59).

»He [Latour, *M.W.*] participates but remains a perpetually naive stranger in the science lab (laboratory life). He follows rather than observes (Aramis); he accumulates detail rather than interprets individuals' actions. His method is neither positivist nor interpretivist.« (Austrin/Farnsworth 2005: 150)[81]

Bei dieser Strategie geht es Latour immer um zweierlei: um die Entdifferenzierung von Disziplinen und verschiedenen Formen von Wissen als auch um die »beständige[] Offenheit des Ereignisses« (Schmidgen 2008a: 43). Latour bleibt seinem Prinzip des Irreduktionismus treu:

»Dem Anspruch nach geht es darum, sich jenseits des Mit- und Gegeneinanders von Natur-, Sozial- und Geisteswissenschaften zu situieren, um ›die Wissenschaft‹ auf keine andere Größe zu reduzieren: nicht auf die Gesellschaft, nicht auf die Ökonomie, nicht auf Sprachspiele, nicht auf Gesetze, nicht auf Mechanismen, nicht auf Systeme.« (Schmidgen 2008a: 39)

Anstatt Latours Texte als ›naiv‹ und ›inadäquat‹ oder ›unwissenschaftlich‹ und ›mythizistisch‹ zu verurteilen, stellen Terry Austrin und John Farnsworth die Funktion und Wirkweise von Latours Spiel mit »hybrid genres« heraus, was ihn nicht nur zu einem Erneuerer der Soziologie, sondern auch zu einem »innovator in matters of genre« (Austrin/Farnsworth 2005: 161) mache. Dabei zeigen sie dreierlei auf: (1) das Spiel und die Vermischung verschiedener Schreibgenres oder Repräsentationsformen, (2) die besondere Funktion von Parodie und Ironie

80 Hajo Greif (2005: 64) sieht darin die »performative Rationalitätskritik der Dekonstruktion« am Werke (vgl. auch Greif 2006).

81 Vgl. hierzu auch Bingham/Thrift (2003: 293-299).

dabei und (3) wie sehr Latours wissenschaftliche Botschaft oder Aussage mit diesem Stil oder Spiel mit Stilen, kurz: seiner Schreibkunst, zusammenhängen: »social research that marries method and writing«, wie Austrin/Farnsworth (2005: 147) es formulieren. Dies arbeiten sie besonders an Latours selbst gezogener Analogie von Detektivarbeit und soziologischer Ethnographie in seiner Studie zum gescheiterten Nahverkehrsprojekt *Aramis* heraus. Gerade ethnographische Feldforschung, wie aber auch z.B. historische Forschung, lässt sich mit der Arbeit eines Detektivs sehr gut vergleichen: Das Nach- und Aufspüren, unter Zuhilfenahme verschiedenster Quellen, Instrumente und Informanten und auch die Offenheit, aber nicht Beliebigkeit des Feldes, welches mit einigen Überraschungen aufwartet. *Aramis* ist zugleich eine Ethnographie einer gescheiterten Innovation und eine »Detektivgeschichte erzählt als Romanze« (Austrin/Farnsworth 2005: 156; *Übers. M.W.*). *Aramis* ist voller literarischer und wissenschaftlicher Anspielungen: Ob auf die Helden der klassischen Detektivgeschichten, Sherlock Holmes und Hercule Poirot, Mary Shelleys *Frankenstein* und Science Fiction oder auf Protagonisten der Wissenschafts- und Technikforschung wie z.B. Thomas Hughes und Bernwart Joerges. Es spielt sowohl auf Probleme der Detektivarbeit als auch der Erforschung von wissenschaftlichen und technischen Innovationen an. Latour macht *in-jokes* über seine eigenen Forschungen wie auch zum Verhältnis von Soziologie und Ethnologie bzw. seiner Art von Feldforschung im Vergleich zu klassischer ethnologischer Feldforschung (vgl. Austrin/Farnsworth 2005: 157-158). Durch Ironie und Parodie transformiert er beides: die klassische Form von Detektivgeschichten und die klassische Form von Wissenschaft. Während in *Pasteurization of France* historischer Roman, Soziologie und Bakteriologie eine hybride Mischform annehmen, lernen in *Aramis* nicht nur Science und Fiction voneinander.[82] Sicher besteht hier eine Parallele zum postmodernen Roman, der auch auf mehreren Ebenen operiert, mit Genres spielt und Hochkultur mit Unterhaltung versöhnt.[83] Durch die-

82 Latour spricht von »scientifiction« (Latour 1996b). Vgl. in diesem Zusammenhang auch Stephen Mueckes (2008) »fictocritical writing«.

83 Im Übrigen operiert auch der wohl bekannteste postmoderne Roman, Umberto Ecos *Name der Rose*, auf der vordergründigen Ebene als spannende Detektivgeschichte mit Holmes/Watson-Anleihen, um einen historisch und philosophisch fundierten Einblick in das Mittelalter zu werfen (vgl. Austin/Farnsworth 2005: 160), so dass es wieder zu einer wissenschaftlichen Detektivarbeit wird, diese verschlungenen Bahnen zu entwirren (vgl. Kerner 1988). Die gern als ›typisch postmodern‹ verstandene Problematisierung der Autorschaft findet sich bei Latour in seinem prominentesten unter seinen

sen Kunstgriff spielt Latour aber nicht nur mit den verschiedenen Genres, sondern auch mit seiner Leserschaft:

»Is the account fiction or is it ›fact‹? Out of this ambiguity, readers themselves are constructed almost as an effect of the style of writing. This is heightened by Latour's mode of parody. Its constant ironizing works to suspend belief so that the reader is as involved in a self-reflexive examination of their own place as ›observer‹ of the unfolding fictional reality as Norbert and Watson. Readers, unavoidably, become detectives too, shifting and weighing the text for the story's veracity and meaning.« (Austrin/Farnsworth 2005: 160)

Durch dieses Spiel mit dem Wissen und den Erwartungen der Leserin destabilisiert Latour Soziologie in Inhalt und Form.[84] Er unterläuft die objektive Geste sozialwissenschaftlicher Beschreibung, um auf ihre Objektlosigkeit aufmerksam zu machen. Sein oft gescholtener Stil hängt untrennbar mit seinem Anliegen, welches sich von *Pasteurization* bis *Reassembling* erstreckt, zusammen: die »Soziologie ohne Objekt« (Latour 2001c) bzw. die Sozial- und Kulturwissenschaften allgemein zu erneuern und um die Mannigfaltigkeit sich konstruierender Welten erweitern. Eine Soziologie jenseits, oder besser zwischen der Objekt/Subjekt-Spaltung muss neue Wege gehen. Sie muss ein neues Vokabular erproben, ohne aber die Verbindung zum alten zu kappen. In dieser Hinsicht sind auch Latours Rückgriffe auf antike Technikmythen zu verstehen, denn diese sind, wie Wolfram Nitsch (2008: 230) zu Recht bemerkt hat, »mehr als nur didaktisches Beiwerk oder prestigeträchtiges Dekor«. Die narrativen Texte bieten

---

frühen Texten über *Die Soziologie eines Türschließers*, den er unter dem Pseudonym Jim Johnson veröffentlichte (vgl. Johnson 2006).

84 Weitere Beispiele im Werk Latours, die das Spiel mit Genres und Erwartungen verdeutlichen, sind z.B. sein ›Methoden-‹ und sein ›Einführungsbuch‹ (Latour 1987a, 2005a), seine Reaktivierung der klassisch philosophischen Form des Dialogs (2004b, 2005a: 141-156) oder seine Imitation von Wittgensteins *Tractatus*, in der er, wenn man so will, die Prinzipien seiner Prinzipienlosigkeit nennt (Latour 1988a: 152-236). Darüber hinaus findet sich in Latours Aufsätzen und Büchern, was sonst sehr wenig in den Sozial- und Kulturwissenschaften zu finden ist: visuelle Darstellungen, insbesondere Schaubilder. Hier bedient er sich eines typischen Mittels der meist ›harten‹ Wissenschaften, welches in den Geisteswissenschaften nahezu völlig absent und in den Sozialwissenschaften abgesehen von Tabellen und Diagrammen kaum zu finden ist. An diesem Stilmittel wird auch wieder zweierlei deutlich: Latours Crossover der Genres und seine Einsicht in Wissenschaft als Praxis der Einschreibung und Übertragung in verschiedene Repräsentationsformen.

die Möglichkeit, den Mediationsprozess schrittweise nachzuvollziehen »und durch ihre Tendenz zur anthropomorphen Personifikation führen sie auf die Spur jener Delegationsprozesse, die einen Merkmalsaustausch zwischen Menschen und Dingen bewirken«. Archimedes und insbesondere Dädalus stehen wie auch die verwendeten Comicfiguren *Gaston Lagaffe* und *Mafalda* – oder zumindest die ausgewählten Comicstrips – für die listigen *trickster*, die sich mit Technik erfolgreich verbünden und so angeblich Mächtigeren ein Schnippchen schlagen.

»Als listige Praxis besehen, kommt technisches Handeln weder einem souveränen Akt der Naturbeherrschung noch einem blinden Griff in die Büchse des Übels gleich. Es verläuft vielmehr seit jeher und weiterhin darauf hinaus, dass Menschen Gesten oder Zeichen in Dinge verlegen und dadurch die Dinge ebenso wie sich selbst in seltsame Mischgebilde verwandeln.« (Nitsch 2008: 230)

In der Erprobung neuen Vokabulars besteht wieder eine Parallelität zu Serres und Deleuze/Guattari. So haben diese auch immer wieder neue Metaphern ins Spiel gebracht, wovon wohl der Nomade und das Rhizom bzw. der Parasit und der Joker die jeweils prominentesten sind. Wie Latour geht es ihnen dabei nicht um Spielerei oder Ornamentik, sondern um Methode und Erfindungsgeist. Der Schreibstil bringt die Vielfalt der gefundenen Gegenstände zur Geltung und führt zugleich vor Augen, was er nachzuweisen glaubt: Die gleichberechtigte Existenz verschiedener Wissenspraktiken und somit keine Privilegierung wissenschaftlichen Wissens. Die »stilistischen und inhaltlichen Paradoxa in Latours eigenem Text« sollten, so Greif (2005: 64), »als Verfehlungen in subversiver Absicht gelesen werden«. Dabei will er aber nicht ›bloß‹ den objektiven Stil entlarven und dekonstruieren, sondern auch eine Soziologie jenseits des Repräsentationsdilemmas inszenieren, womit er an Diskussionen um performative Wissenschaften anschließt (vgl. Winter/Niederer 2008). Dementsprechend sieht Bammé (2008) in der Form des latourschen Schreibens eine Form der postakademischen Wissenschaft verwirklicht, die sich schon längst von den rein innerakademischen Sprachspielen verabschiedet hat. In der Tat sucht Latour immer wieder Wege, sein Anliegen anders zu re-präsentieren, wie z.B. in den zusammen mit Peter Weibel am ZKM Karlsruhe kuratierten Ausstellungen (vgl. Latour/Weibel 2002; 2005).

Diese Verbindung von Form und Inhalt, die performative Umsetzung des Prinzips des Irreduktionismus, der Kreativität der Wissenschaften und der Kritik einer rationalistisch verkürzten Wissenschaft ist ein typisches Merkmal für als poststrukturalistisch bezeichnete Autorinnen. Dieser Stil bringt die »subversive Logik des Ästhetischen« (Münker/Roesler 2000: 117) zur Geltung. Diese Form theoretischen Räsonierens, welche von Schopenhauer und Nietzsche über Bataille und Heidegger bis zu Derrida und Deleuze, wider der Annahme mancher Kritiker, eine Tradition hat, bedient sich auch Latour. Und mehr noch, Latour wird nicht müde zu verdeutlichen, dass dies auch die Form ist, die die großen ›Heroen der Wissenschaft‹ wie Albert Einstein, Louis Pasteur und Alan Turing gewählt haben (vgl. Latour 1988a, 2002b: 137-174, 2008c).

9 Die Akteur-Netzwerk-Theorie zwischen Poststrukturalismus und Praxeologie?

Wie die Diskussion in den vorangegangenen Kapiteln gezeigt hat, finden sich in der ANT eine Reihe an typisch poststrukturalistischen Motiven: Sie schließt an den Strukturalismus (von Greimas) an, geht aber über ihn (mit Serres und Deleuze, aber auch Derrida und Foucault) hinaus; sie kritisiert Totalisierungs- und Rationalitätsansprüche der Wissenschaft, verwirft die dualistischen Annahmen[1] der Moderne wie auch die Vorstellung eines autonom handelnden Subjekts; und verbindet diese Kritiken mit einem Plädoyer für Differenz, das sie performativ im Forschen und Schreiben umsetzt.

Die ANT lässt sich demnach mit Urs Stäheli (2000) als eine »poststrukturalistische Soziologie« verstehen.[2] Stäheli (2000: 68-73) charakterisiert poststrukturalistische Soziologien als »spektrale Soziologien«, die in den Zwischenräumen der Soziologie spuken. Er versteht poststrukturalistisches Denken in der Soziologie als Methode des Reflektierens über Soziologie, ihre Gegenstände und Kategorien wie Gesellschaft, Kultur, Klasse, Sozialität, Handlung, Individuum und Subjekt. Das Thematisieren von Differenzen und Grenzen macht ihren geisterhaften, parasitären oder einfach nur provozierenden Charakter aus. In diesem Sinne spukt auch die ANT in der Soziologie, indem sie ihre Grenzen irritiert und sie in eine Unordnung versetzt. Was ist, wenn es gar keine Gesellschaft und sozialen Strukturen gibt, wir nie modern gewesen sind und wir nur Subjekt als An-

---

1 Zu Gemeinsamkeiten der ANT und der non-dualistischen Philosophie Josef Mitterers vgl. Abriszewski (2008) und Binczyk (2008).

2 Präziserweise müsste man von einer poststrukturalistisch informierten Perspektive auf das Soziale sprechen, da es im engeren Sinne weder einen Poststrukturalismus noch eine »poststrukturalistische Soziologie« gibt »und als einheitliches Theoriegebäude auch nicht geben kann« (Stäheli 2000: 15).

dere/s sein können? Die ANT bringt ein Element der Störung und Unordnung in die Soziologie.[3] Sie unterhält eine parasitäre Beziehung zur Soziologie, indem sie von basalen Kategorien und Differenzen der Soziologie lebt, diese aber unterminiert (vgl. Stäheli 2000: 6). Im Anschluss an Serres (1987) versteht sie den Parasiten als »kleinen Unruhestifter«, allerdings von seiner Produktivität und Kreativität her. In dieser Hinsicht interveniert die ANT in die Soziologie, indem sie theorie- und forschungsanleitende Differenzen der Soziologie wie Technik/Gesellschaft, Natur/Kultur, Soziales/Nicht-Soziales, Mikro/Makro und identitätslogische Konzepte wie Gesellschaft, Struktur, Individuum, Handlung und Moderne in Frage stellt und irritiert. Sie führt ähnlich der derridaschen Dekonstruktion das Scheitern von Begriffen und Theorien vor (vgl. hierzu Greif 2006). Dadurch legt sie ›blinde Flecken‹ in der Grundlagentheorie der Soziologie offen. Allerdings versteht sich die ANT nicht als einen ›bloß‹ dekonstruktivistischen, sondern gerade als einen produktiven und konstruktiven Ansatz.[4]

»Der Diskurs über Fabrikation, Erfindung und Enttäuschung ist bisher vor allem zur kritischen Entlarvung eingesetzt worden. Warum ihn nicht positiv verwenden und in Gesellschaft der anderen die Frage nach den richtigen Wegen stellen, gute Gottheiten zu konstruieren?« (Latour 2004a: 62)

Ziel der ANT ist es somit weniger, das Scheitern von Sinnprozessen zu veranschaulichen, sondern mehr noch im Anschluss an Serres und Deleuze die Skepsis gegenüber Sinntheorien in eine Suche nach einem anderen Vokabular umzumünzen (Inskription, Delegation, Übersetzung, Interobjektivität usw.). An die Stelle der Kritik soll die Vernetzung, das *reassembling*, das Komponieren des Kollektivs treten. Das in poststrukturalistischen Philosophien konstatierte Versagen einer hermeneutischen Perspektive (vgl. Stäheli 2000: 5) bringt Latour wie folgt zur Geltung: »Leave hermeneutics aside and go back to the object – or rather, to the thing.« (Latour 2005a: 145) Anstatt der Suche nach Sinn gilt es, die Maschinerien, die Sinn produzieren, zu beschreiben (vgl. Deleuze 1993), und aufzuzeigen wie sie funktionieren, beispielsweise die Maschinen der Wahrheitsproduktion – die Labore der Wissenschaften (vgl. Crease et al. 2003: 16). Es

3 Dieses Element der Intervention, der produktiven Irritation haben poststrukturalistische Theorien oft in Auseinandersetzung mit avantgardistischer Kunst und Literatur gelernt (vgl. Stäheli 2000: 7).

4 Inwiefern dies eigentlich auch auf Derridas Dekonstruktion zutrifft, sei an dieser Stelle dahingestellt (vgl. aber Stäheli 2000: 22; Moebius 2003).

geht also nicht um ein Spiel der Signifikanten, sondern um ihre praktische und materielle Herstellung.

Poststrukturalistische Perspektiven auf das Soziale problematisieren den Gegenstand der Soziologie. Wie andere poststrukturalistische Soziologien trägt auch die ANT das Soziale zu Grabe. Allerdings ist damit das ›Soziale‹ der klassischen Soziologie bzw. soziologischen Theorie gemeint (vgl. Latour 2005a). Es gibt für die ANT, wie für Laclau/Mouffe (1991), keine Gesellschaft als objektiven Gegenstand. Die »Container-Theorie der Gesellschaft« (Beck 1999: 49-54) hat für sie ausgedient, nicht nur aufgrund von Globalisierungsprozessen wie für Ulrich Beck und andere, sondern war noch nie eine angemessene Beschreibung für soziale Gebilde und Formationen. Stattdessen gibt es für sie nur Assoziationen, Netzwerke oder Kräftefelder, wie sie v.a. Foucault und Deleuze/Guattari thematisiert haben. Für die ANT ist das Soziale ein Gemenge aus unterschiedlichen Praktiken und Körpern, ein differentielles Relationsgefüge à la Foucaults (1976) Dispositiv und Deleuze/Guattaris (1997) Gefüge, d.h. heterogene Netzwerke, die miteinander verknüpft sind und sich überlagern und eine irreduzible Mannigfaltigkeit bilden (vgl. hierzu z.B. Latour 1996d, 2005a: 86, 95; Callon 2005: 4). Die Metapher für das Soziale gemäß der ANT ist das Netzwerk oder die Assoziation (Callon 1986; Latour 2005a; Law 2006c). Es ist ein Beziehungsgeflecht heterogener Elemente und keiner Letztelemente. Damit ist ein nicht-essentialistisches Verständnis des Sozialen gemeint:

> »Es gibt kein Fundament, aus dem gesellschaftliche Differenzen abgeleitet werden können [...]. Stattdessen müssen in müheseligen und häufig heftig umkämpften Prozessen instabile Differenzierungsbeziehungen durch sich selbst stabilisiert werden.« (Stäheli 2000: 9)

Das ist das, was Latour (1988a) »Irreduktionen« nennt: »Nothing can be reduced to anything else, nothing can be deduced from anything else, everything may be allied to everything else.« (Latour 1988a: 163) Es geht um die Nichtreduzierbarkeit von Ereignissen auf rein soziale Phänomene. Für die ANT ist das Soziale keine Substanz – weder Gesellschaft noch die Summe rational handelnder Individuen. Stattdessen ist das Soziale eine Relation, eine Beziehung, besser noch eine Bewegung oder Aktivität. Explizit sind damit auch Beziehungen zwischen und zu Objekten gemeint (vgl. Latour 2001c). Die ANT bezweifelt überhaupt, zwischen Subjekten und Objekten differenzieren zu können – zumindest in dem starken Sinne wie die abendländische Philosophie und auch die Soziologie. Aus Sicht der ANT haben letztere bislang die Objekte aus ihrem Objektbereich getilgt.[5] Die ANT hingegen thematisiert und problematisiert die Materialität und Medialität des Sozialen. Sie zielt darauf, das ausgeschlossene und abgewertete Andere des Sozialen – das Materielle, das Natürliche, das Nicht-Menschliche – zu rehabilitieren. Aus der grundlegenden Konzipierung des Sozialen als dezentrale Struktur folgern sie wie Foucault den »Tod des Subjekts«, so wie es die abendländische Philosophie konzipiert hat. Sie dekonstruieren die Vorstellung des autonom handelnden, selbstreflexiven oder selbstidentischen Subjekts wie es für funktionalistische, phänomenologisch-hermeneutische und ökonomische Soziologien grundlegend ist. Sie verdeutlichen das heterogene, konflikthaft fragmentierte Selbst nicht durch die Thematisierung des Unbewussten wie z.B. Slavoj Žižek (1989), sondern des *equipments* als das Andere des Subjekts (vgl. Gomart/Hennion 1999; Latour 2005a). Der ANT geht es um die performative Herstellung von Identitäten mit und durch Artefakte (vgl. Latour 2002c). Von Foucault (1976) übernehmen sie die Idee, dass eine Vielzahl an Praktiken in einem heterogenen Ensemble von ›Kontexten‹ eine Identität produziert und für ihren ständigen Wandel sorgt. So muss die Identität eines Mörders erst durch eine bestimmte Verbindung von Mensch und Waffe performativ hergestellt werden (vgl. Latour 2006d). Deswegen zielen ihre Studien auf die Analyse der Organisationsweisen vielfältiger Ströme und Mannigfaltigkeiten wie bei Deleuze/Guattari (1997): »Differenzen werden aus einem Prozess erklärt, dem eine immer schon gegebene Vielheit des Sozialen zu Grunde liegt.« (Stäheli 2000: 67) Sie wenden letztlich Foucault und Deleuze empirisch an, indem sie die *black box* Wissenschaft und Technik, aber auch Wirtschaft und Recht öffnen (vgl. Kapitel 2, 3, 5).[6] Sie zeigen, wie Objekte in Praktiken und Organisationsweisen eingebunden

---

5 In der deutschen Soziologie wurde auch die »Technikvergessenheit der Soziologie« (Rammert 1998a) thematisiert; dies sogar im Gegensatz zur ANT im expliziten Bezug zu und Weiterführung von Durkheims sozialen Tatsachen (vgl. Linde 1972; Joerges 1996).

6 Andrew Barry und Don Slater (2002b: 178) machen allerdings auch auf wichtige Unterschiede zu Foucault aufmerksam: »However, there were significant differences between the actor-network theorists and Foucault. For, whereas Foucault identified paradigmatic historical forms of apparatus, Callon and others were always interested in the specificity of particular socio-technical arrangements. Moreover, whereas Foucault's approach bracketed the question of the contestability and mutability of particular apparatuses, actor-network theory put the question of the stability or instability of the network to the fore. In effect, the Foucaultian notion of apparatus suggested something too static and too ›structural‹ for actor-network theory. Innovation was the privileged object of analysis; micro-sociology was the most appropriate method.« Im Ge-

sind, und somit nur noch als Quasi-Objekte bezeichnet werden können, und weil sie in das menschliche Handeln eingreifen und es strukturieren ›spielen sie mit‹ bei der Herstellung menschlicher Identität, so dass man besser von Quasi-Subjekten sprechen kann. »Far from ignoring being-as-being in favour of pure domination, of pure hailing, the mediation of technology experiments with what must be called *being-as-another*.« (Latour 2002c: 250)

Die ANT problematisiert die Grenzen des Sozialen und führt ein Element der Störung in die Soziologie, in ihrem Bemühen um eine Gegenstandskonstitution in Abgrenzung zu anderen Wissenschaften, ein. Diese Störung wird von poststrukturalistischen Soziologien auch durch den »Verzicht auf lineare Fortschrittsnarrative« (Stäheli 2000: 16) betrieben. Anstatt den Wandel einer vormodernen Gesellschaft zu einer modernen und schließlich einer postmodernen Gesellschaft zu beschreiben, heißt es bei Latour lapidar: »Wir sind nie modern gewesen«. Im Anschluss an Serres und Deleuze geht es um »[e]ine andere Theorie der Zeit« (Serres/Latour 2008: 88), eine nicht-lineare, topologische Vorstellung von Zeit. Die Infragestellung des Fortschrittglaubens der Soziologie in ihren Modernisierungs-, Differenzierungs-, Rationalisierungs- und Domestizierungsthesen erodiert auch die Bereitstellung von Planungs- und Kontrollwissen der Soziologie für die Gesellschaft.[7] Grund für die Infragestellung sind die Zweifel an Totalisierungsansprüchen. Die ANT betont das Lokale, Differentielle, Ereignishafte und Singuläre gegenüber jedem Universalismus wie etwa Moderne oder Gesellschaft. Ziel ist es, wie für Deleuze/Guattari (1997), Differenz zu denken, ohne sie unter ein einheitliches universelles Konzept zu bringen. Deswegen dient die Herausstellung der Genese wissenschaftlicher Fakten und anderer Dinge eben nicht der Entlarvung oder Infragestellung ihrer Glaubwürdigkeit, sondern im Gegenteil, dass sie »Dinge von Belang« sind (Latour 2007a).

Durch das *Redigieren* modernen Denkens intervenieren poststrukturalistische Perspektiven in die Soziologie:

»›Poststrukturalistische Soziologien‹ lassen sich am besten als theoretische Interventionsweisen beschreiben, die sich in den Paradoxien und Tautologien der Soziologie einnisten. Die konstitutive Paradoxie der Soziologie ist immer schon eine doppelte: zum einen die tautologische Grundlegung des Faches selbst [Soziales durch Soziales zu erklären, *M.W.*], zum anderen aber die unlösbare Frage nach der Genese oder der Konstitution des Sozia-

gensatz zu Latour (2005a: 59) sieht Graham Harman (2009: 101) auch Differenzen zu Deleuze, insbesondere zu dessen Unterscheidung von Potentialität und Virtualität.

7 Stäheli (2000: 11) sieht darin auch den Grund für die Resistenz der Soziologie gegenüber poststrukturalistischen Perspektiven.

len. Die meisten Soziologien setzen ihren Gegenstand als soziale Totalität oder soziale Struktur voraus: Dies ist z.B. die klassische Ausgangsbewegung des Strukturfunktionalismus und des Strukturalismus [...].« (Stäheli 2000: 13)

Die Quellen für diese Infragestellung der Voraussetzung einer sozialen Struktur oder Totalität liegen im Fall der ANT bei Deleuze und Serres sowie der Ethnomethodologie. Die ANT verbindet gewissermaßen die sprachtheoretische und die handlungstheoretische Strukturalismuskritik. Gleichzeitig verwirft sie aber auch klassische Positionen der Handlungstheorie. So bietet die ANT wie andere Sozialtheorien, etwa die von Berger/Luckmann, Giddens und Bourdieu, eine wechselseitige Dynamik von Struktur und Handlung an. Jedoch strukturieren bei ihr weniger vorbewusste Praktiken wie Bourdieus Habitus oder Giddens praktisches Bewusstsein die Gesellschaft, sondern Technik, Artefakte, *equipment*, Inskriptionen usw., die allerdings nicht als bloße Mittel, sondern als Mediatoren zu verstehen sind (vgl. Latour 2002c). Letztlich will die ANT dem Dualismus Struktur/Handlung entgehen, da sie den ›Akteur‹ immer als Teil des Netzwerks versteht (vgl. Latour 2006f).

»Callon and Latour's approach took the identity of actors as always bound up with the networks of which they were a part. Instead of speaking of actors and their networks as if they were distinct objects, this approach suggested that it would be more accurate to speak of ›actor-networks‹.« (Barry/Slater 2002b: 177)

Dadurch verschiebt sich in der ANT wie im deleuzeschen Materialismus die Mikro/Makro-Unterscheidung (vgl. hierzu Stäheli 2000: 66-67). Die Rede vom Akteur-Netzwerk zielt nicht auf Größenordnung, sondern Verbindungen ab. Das heißt, anstatt eine Differenz zwischen einer Mikroebene der *face-to-face*-Interaktionen, Individuen, Lokalitäten usw. und einer Makroebene der Gesellschaft, Strukturen, Normen und Werte anzunehmen, geht es beim Netzwerk um die Frage nach dem Grad der Vernetzung, also der Intensität der Vernetzungen (vgl. Latour 1996d, 2006f).

»Instead of having to choose between the local and the global view, the notion of network allows us to think of a global entity – a highly connected one – which remains nevertheless continuously local... Instead of opposing the individual level to the mass, or the agency to the structure, we simply follow how a given element becomes strategic through the number of connections it commands and how it loses its importance when losing its connections.« (Latour 1996d: 372)

Schließlich greift die ANT die ›Krise der Repräsentation‹ auf, indem sie die Soziologie selbst zum Gegenstand macht, die Beobachterposition relativiert und die Medialität soziologischen Schreibens herausstellt. Das heißt, einerseits analysiert sie die Praxis der Repräsentation, beispielsweise als zirkuläre Referenz oder Übersetzung (vgl. Kapitel 2.3), andererseits führt sie in ihren Darstellungen gleichzeitig die Problematik dieser Praxis vor Augen, einer Praxis, »die an der Herstellung des von ihr Repräsentierten mitbeteiligt ist« (Stäheli 2000: 14). Dadurch relativiert sie die Position des soziologischen Beobachters und führt auch die Performativität soziologischen Schreibens vor Augen.

Durch den Bezug zur Ethnomethodologie und die Perspektivenverschiebung der Wissenschaftsforschung auf die Praxis der Wissenschaften kommt in der ANT auch den Praktiken, dem alltäglichen und routinisierten ›Tun‹ besondere Aufmerksamkeit zu. Demnach wäre zu fragen, ob die ANT nicht besser als eine Praxeologie oder Theorie sozialer Praktiken zu verstehen sei.

Im Bereich der internationalen sozial- und kulturwissenschaftlichen Theorie lässt sich eine Hinwendung zu einem modifizierten Verständnis von ›Handeln‹ und ›Sozialem‹ feststellen. Dies mündet in dem Begriff und Konzept der ›Praxis‹ oder ›Praktiken‹, so dass gar ein *performative turn* oder auch *practice turn* proklamiert wird (vgl. Schatzki et. al. 2001; Wirth 2002; Hörning/Reuter 2004).[8] Letzterer wird v.a. von Andreas Reckwitz (2000a, 2003) in einer analytisch-

8 Während in der sprachphilosophischen Diskussion der Begriff *Performanz* dem der Praxis vorgezogen wird, so ist es in der Soziologie genau umgekehrt. Für die Sprachwissenschaft ist Performanz einerseits ein Terminus technicus. Andererseits wird Praxis in dieser Diskussion eher mit Habermas und Searle verbunden, denen ein ›logos orientiertes Sprachkonzept‹ bzw. ein ›intellektualistisches Sprachbild‹, welches sie trotz ›pragmatischer Wende‹ in die Nähe strukturorientierter Sprachwissenschaft (Saussure-Rezeption, Chomsky) rückt. Ein ›nicht-intellektualistisches Sprachbild‹ hingegen wird Austin, Wittgenstein, Derrida, Luhmann und Davidson zugeschrieben (vgl. Krämer 2002: 97-125). In der Soziologie dagegen wird der Begriff *Praktiken* bevorzugt, da der Performanz-Begriff zu sehr an bewusstes theatrales Inszenieren erinnert und *Praxis* wiederum zu sehr an seinen Gebrauch im Marxismus mit seiner Betonung der Gesellschafts-, Klassen- und Normstrukturen. Mit Praktiken soll gerade die implizite Logik von ›Handlungen‹ herausgestellt werden. Es geht vielmehr um unreflektiertes ›Handeln‹ bzw. *doing*. Performanz wäre dann eher ein *overdoing* (vgl. hierzu Kotthoff 2004). Nichtsdestotrotz geht es in beiden Diskussionen – ob sprachphilosophisch oder soziologisch – um eine Neubestimmung der ›alten Frage‹ nach der Beziehung von Handlung und Struktur, Wissen und ›Handeln‹ bzw. Regelwissen und Anwendung, Schema und Gebrauch.

historischen Methode zu einer *Theorie sozialer Praktiken* strukturiert und synthetisiert. Unter jenem Label und einer nicht unumstrittenen Konvergenzthese vereint er so verschiedene ›Theorien‹ und Ansätze wie Bourdieus *Theorie der Praxis*, Giddens' *Strukturierungstheorie*, Garfinkels *Ethnomethodologie*, die durch das Spätwerk von Foucault inspirierten *govermentality studies*, Butlers *Theorie des Performativen*, die *cultural studies* sowie die *Akteur-Netzwerk-Theorie*. Für den angloamerikanischen Raum ist es insbesondere Theodore R. Schatzki (1996, 2002) der jene Ansätze in eine Diskussion um *social practices* verwickelt (vgl. auch Turner 1994, 2007; Rouse 2002).[9]

Bei Praxistheorien handelt es sich nach Hörning (2001, 2004a), Reckwitz (2000a, 2003) und Schatzki (1996, 2002) um ein Bündel von verschiedenen Ansätzen anti-rationalistischer Stoßrichtung, die zum einen als Kulturtheorien zu verstehen sind, und zum anderen *Praxis* als zentralen Ort der sozial- und kulturwissenschaftlichen Beschäftigung mit Wirklichkeit ansehen. Praxistheorien distanzieren sich von den klassischen Sozialtheorien des Homo sociologicus und des Homo oeconomicus. Das Verständnis des Sozialen als normativen Konsens, nach dem Akteure ›wie Deppen‹ handeln, um Garfinkels Kritik aufzugreifen, erscheint ihnen ebenso verkürzt wie die Vorstellung, das Soziale sei lediglich die Summe einer Kette diskreter, interessens- und nutzenmaximierender Handlungsakte (vgl. Reckwitz 2000a: 117-128, 2003: 287, 2004: 42; Hörning 2004a: 143). Sowohl die zweck- als auch die normorientierte Handlungstheorie wird kritisiert:

> »Beide greifen nur in bestimmten Handlungsfällen: Nicht alles Handeln ist rational kalkuliert, eigensüchtig, nutzenorientiert, wie uns ein sozial und kulturell unterkomplexes Zweck-Handlungsmodell anbietet. Nicht alles Handeln ist normativ so überformt und regelgeleitet, wie es normativistische Handlungsmodelle unterstellen.« (Hörning 2004a: 143)

Praxistheorien verorten jedoch das Soziale auch nicht wie mentalistische Kulturtheorien ›im Kopf‹ des Akteurs als ›innere‹ Vorgänge und Strukturen oder wie textualistische Kulturtheorien in rein äußerliche Zeichen und Symbole (vgl. Reckwitz 2000a: 129-146, 2003: 288-289).[10] Es gilt gerade den »*kulturalisti-*

9 Stephen Turner (2007) verfolgt allerdings im Gegensatz zu Schatzki, Rouse und auch Pickering ein kognitivistisches Modell einer Sozialtheorie der Praktiken (vgl. auch Reckwitz 2000b).

10 Unter mentalistischen Kulturtheorien versteht Reckwitz (2000a) jene Varianten der interpretativen Wende, die mit dem Ethnologen Claude Lévi-Strauss und dem Soziologen Alfred Schütz verbunden werden und unter textualistischen Kulturtheorien ver-

schen Fehlschluss zu vermeiden, der Kulturanalysen praxisblind macht« (Hörning 2004a: 140). Stattdessen verorten sie das Soziale »in der Repetitvität von wissensabhängigen *performances*« (Reckwitz 2004: 43). Unter Praktiken werden »embodied, materially mediated arrays of human activity« (Schatzki 2002: 2) verstanden. Sie sind ein »temporally unfolding and spatially dispersed nexus of doings and sayings« (Schatzki 1996: 89). Durch diesen im Vergleich zu anderen Kulturtheorien *starken* Handlungsbegriff und im Vergleich zu den klassischen Sozialtheorien *schwachen* Handlungsbegriff verschieben sie das Problem der sozialen Ordnung zum Problem der Repetitivität der Praxis: »die relative Kontinuität der Form von Praktiken wird durch die kognitive Ordnung eines sozialen Wissens, gleichzeitig durch eine Verankerung der Praktiken in der Materialität der Körper und der Artefakte hervorgebracht.« (Reckwitz 2004: 44)[11]

Praxistheorien – insbesondere die beiden prominentesten Fassungen von Bourdieu (1979) und Giddens (1997[3]) – gelten deswegen auch als intermediäre Sozialtheorien, welche den Dualismus von Subjekt und Struktur(en) überwinden versuchen (vgl. Joas/Knöbl 2004):

»Praxis ist als Scharnier zwischen dem Subjekt und den Strukturen angelegt und setzt sich damit von zweckorientierten und normorientierten Handlungstheorien gleichermaßen ab. Praxis ist zugleich regelmäßig und regelwidrig, sie ist zugleich wiederholend und wiedererzeugend, sie ist zugleich strategisch und illusorisch. In ihr sind Erfahrungen, Erkenntnisse und Wissen eingelagert, manchmal sogar regelrecht einverleibt. Doch die Erfahrungen, die Erkenntnisse und das Wissen werden in der Praxis immer wieder neu eingebracht, erlebt und mobilisiert.« (Hörning/Reuter 2004: 13)

Damit sind bereits einige zentrale Aspekte von Praxistheorien angesprochen. Sie thematisieren soziales Handeln als übersubjektive und routinisierte Handlungsprozeduren, in denen Wissen eher implizit zum Ausdruck kommt und von Akteuren kompetent ausgeführt wird. Das heißt, sie betonen die alltäglichen Gepflogenheiten und das implizite Wissen und das praktische Können, das dabei zur Geltung kommt. Somit liegt der Fokus darauf, *wie* Denken und Wissen *im* Handeln hervorgebracht werden. Den Praktiken »unterliegen indirekt kulturelle Bedeutungs-Schemata« (Hörning 2004a: 146). Kultur kommt somit einerseits als

steht er zum Beispiel die Semiotik, Dekonstruktion und Diskurstheorie, Luhmanns Systemtheorie und Geertz ›culture as text‹-Metapher.

11 In dieser Frage der Kontinuität sozialer Praktiken in der Kognition oder der Materialität besteht auch die Differenz zwischen Turner auf der einen Seite und Schatzki, Rouse und Pickering auf der anderen Seite (vgl. Reckwitz 2000b; Turner 2007).

›äußere‹ materielle Kultur, die von Akteuren benutzt wird, zur Geltung und andererseits in den Fähigkeiten und Fertigkeiten der Akteure als praktizierte verkörperte Kultur (vgl. Hörning 2001: 160-184, 2004a). Die von Reckwitz (2003) konstatierten »Grundelemente einer Theorie sozialer Praktiken« sind (1) die implizite Logik der Praxis, die auf praktisches Wissen und Können zurückgeführt wird, (2) die Materialität von Praktiken in Körpern und Artefakten und (3) Routine und Subversion als »zwei Seiten der ›Logik der Praxis‹« (Reckwitz 2003: 294), denn »Praktiken sind immer beides: Wiederholung *und* Neuerschließung« (Hörning 2001: 163).

Die ANT hat in ihrer Wissenschafts- und Technikforschung die Praxis in den Vordergrund ihrer Aufmerksamkeit gerückt und später auch die Praxis der Wirtschaft, des Rechts und der Religion beispielsweise (vgl. Kapitel 2, 3, 5). Allerdings interessiert sie sich viel mehr für die in die Praktiken verwickelten Artefakte als für das praktische Wissen und Können der Akteure wie in Theorien sozialer Praktiken. Letzteres wird von Latour (2002b) zwar des Öfteren angesprochen, aber ist nicht Gegenstand einer systematischen Analyse – meist verweist er dann auf andere Autorinnen der Wissenschafts- und Technikforschung wie Lynch und Knorr-Cetina. Vielmehr steht die vermittelnde Rolle des *equipments* im Zentrum der Aufmerksamkeit der ANT (vgl. Latour 2005a: 204-213). Mit den Praxistheorien teilt die ANT die Kritik an kognitivistischen und intentionalistischen Verkürzungen gängiger Handlungstheorien als auch die Kritik an das Handeln normierender und determinierender Strukturen. Gemeinsam ist ihnen eine Prozessperspektive auf soziales Handeln und Kultur. Beide ›Theorien‹ problematisieren die Natur/Kultur-Unterscheidung und versuchen dem Antagonismus von Subjektivismus und Objektivismus zu entgehen. Sowohl ANT als auch verschiedene Spielarten von Praxistheorie beziehen, wenn auch in unterschiedlichen Versionen und Schwerpunktsetzungen, Artefakte als Konstituenten der sozialen Welt mit ein. Zusätzlich sind sie in ihrem methodischen Vorgehen recht ähnlich: eine Hinwendung zu dem, was passiert und was gemacht wird, anstatt Motive oder Strukturen zu erforschen. Deswegen bezieht Reckwitz (2003) auch die ANT mit in seine allgemeine Beschreibung von Theorien sozialer Praktiken mit ein, während andere Akteure der Praxiswende auf die Differenz zur ANT setzen (vgl. Hörning 2001: 206-216, 2010: 335; Schatzki 2002).[12]

Schatzki (2002) differenziert zwischen Theorien sozialer Praktiken und *theories of arrangement*, zu deren Vertreterinnen er neben Butler, Foucault, Deleuze und Guattari auch explizit Latour und Callon zählt. Die Differenz der ANT zu

12 Reckwitz (2002: 210) spricht allerdings selbst von einer Instrumentalisierung der Ideen Latours.

seinem Verständnis von sozialen Praktiken sieht Schatzki darin, dass er eine kontextualistische und humanistische Argumentation verfolge, während Latour und Callon eine nominalistische und posthumanistische Argumentation führen. Die ANT als posthumanistisch zu bezeichnen, liegt auf der Hand, schließlich geht es ihr um die Auflösung der Unterscheidung von Subjekt und Objekt. ›Handlungen‹, ›Interaktionen‹ oder ›Praktiken‹ bestehen im »Austausch zwischen menschlichen und nicht-menschlichen Akteuren« (Latour 2001c: 250). Sowohl eine ontologische als auch eine methodisch-analytische Unterscheidung von Subjekt und Objekt wird abgelehnt, da beide letztlich Effekte von Netzwerkverbindungen darstellen. Dem Posthumanismus der ANT hält Schatzki (1) die Priorität von menschlichen Praktiken über Objekte und (2) »the integrity, unique richness, and significance of human agency« (Schatzki 2002: XV) entgegen. Schatzki (2002: 11) sieht zwar das Soziale als verwickelt und mediatisiert durch Objekte an, er bezweifelt aber, dass Praktiken objektzentriert seien. Für ihn ist der »actual character of human life [...] a subject matter in which human activity is central« (Schatzki 2002: 119). Es gibt zwar menschliche und nicht-menschliche *agency*, aber die größere Bedeutung liegt bei menschlicher Aktivität. Es sind die Menschen, die den Objekten bestimmte Bedeutungen im Umgang zumessen, und die mit Objekten bestimmte Ordnungen und Strukturen schaffen. ›Dingen‹ fehlt die Fähigkeit (von sich aus!) Bedeutung in Gang zu setzen, dies funktioniert nur durch Zu- und Einschreibung von uns Menschen. ›Dinge‹ nehmen am sozialen Leben teil, aber die Art und Weise dieser Teilnahme ist abhängig von den menschlichen Praktiken (vgl. Schatzki 2002: 105-120). Schatzkis Punkt ist, im Einklang mit der ANT, einen definitorischen oder essentialistischen Humanismus, der kategorisch Mensch, Tier und Maschine trennt, in die Schranken zu verweisen. Aber nichtsdestotrotz wehrt er sich gegen eine ›totale‹ Einebnung von menschlicher und nicht-menschlicher Handlungsfähigkeit (vgl. Schatzki 2002: 178). Unter »agential humanism« versteht er einen Humanismus, der menschliche Handlungsfähigkeit als potentiell und graduell höher als die von anderen Lebewesen und Entitäten ansieht. Das heißt, er scheint so etwas wie einen graduellen Handlungsbegriff, wie ihn etwa auch Werner Rammert und Ingo Schulz-Schaeffer (2002b) skizzieren, vor Augen zu haben. Intentionalität, Bedächtigkeit, Planung, Selbstbewusstsein und Verantwortung für politisch-ethische Werte scheinen noch Eigenschaften zu sein, die im vollen Sinne nur Menschen zugeschrieben werden können. Sicher gilt dies nicht für alle Menschen und sicher gibt es Kandidaten, denen schon jetzt einige Eigenschaften zu einem gewissen Grad zugestanden werden wie z.B. Delfinen, Bonobos und manchem System künstlicher Intelligenz, aber ob dies auch für Muscheln und geomagnetische Stürme gelten kann, bezweifelt Schatzki nachdrücklich (vgl.

Schatzki 2002: 190-210).[13] Darüber hinaus bezweifelt er, dass es überhaupt des neuen Vokabulars der ANT bedarf und v.a. der (radikalen) Forderung, menschliche Handlungsunterstellungen und Vorstellungen symmetrisch auch auf nichtmenschliche Entitäten anzuwenden. So kann man den praxistheoretischen Begriff der Praktiken, also das *doing*, problemlos sowohl auf menschliche als auch auf nicht-menschliche Dinge beziehen (vgl. Schatzki 2002: 191; siehe auch Hirschauer 2004). Den Gedanken, dass menschliche wie nicht-menschliche Wesen etwas tun, teilt er mit der ANT, allerdings besteht er auf Unterschieden zwischen denen, die etwas tun – zumindest »as far as we know today« (Schatzki 2002: 202): »I affirm the propriety of attributing agency to nonhumans. These attributions, however, must respect differences.« (Schatzki 2002: 203) Neben dem Vorwurf des Posthumanismus kritisiert Schatzki (2002: 65-70) an der ANT – wie auch an ihren geistigen ›Vätern‹ Deleuze und Guattari – die nominalistische Betrachtung des Sozialen. Der Charakter und Wandel des Sozialen, oder besser: des Kosmos,[14] wird allein durch die verschiedenen partikulären Entitäten und ihren Verbindungen erklärt: »all that exists are constellations of particulars.« (Schatzki 2002: 66) Die Relationen zwischen den Entitäten formen und verändern das Netzwerk. Dass etwas außerhalb dieser Netzwerke existiert wie etwa Macht, Sozialstrukturen oder Systeme, gibt es für die ANT nicht, sondern nur als Effekte der Assoziationen (vgl. z.B. Latour 2006b). Ein Netzwerk hat kein Außen, denn entweder gibt es eine Verbindung zwischen zwei Elementen oder es gibt sie nicht.[15] Da jedes Element in einem Netzwerk in sich selbst wiederum ein Netzwerk sein kann, was durch *blackboxing* unsichtbar gemacht wurde, besteht Kontext für die ANT letztlich in weiteren Netzwerken (vgl. Schatzki 2002: 67). Latour steht dem Begriff und Konzept des Kontextes sehr kritisch gegenüber. Für ihn kann es nur Praktiken des Verknüpfens geben, also Kontextualisierungen in dem Sinne, dass sie sichtbar sind und aktiv hergestellt werden und nicht auf etwas außerhalb der erfassbaren Situation verweisen. Deswegen bezeichnet Pickering (2008: 292) posthumanistische Wissenschafts- und Technikforschung

13 Mit diesen Beispielen verweist Schatzki auf die beiden klassischen Fallstudien von Callon (1986) und Law (2006a).

14 Zur latourschen Kosmologie, in der er weitgehend der Wissenschaftsphilosophin und Whitehead-Expertin Isabelle Stengers (2002) folgt, vgl. Latour (2001a, 2004c) und Kapitel 10.1.

15 Diese nominalistische Herangehensweise wurde schon des Öfteren an Latours Laborstudien v.a. aus kulturtheoretischer Sicht kritisiert (vgl. Martin 1998; Michael 2000). Inzwischen gesteht Latour (2005a) ein diffuses und unspezifisches Außen, welches er *plasma* nennt, ein.

auch als »*theories of the visible*«. Eine Praxistheorie nach der Vorstellung Schatzkis hingegen betont Kontexte als etwas anderes denn bloß als weitere Netzwerke. Kontext versteht er als Einbettungsumwelt eines Arrangements, das dieses Arrangement mit beeinflusst. Eine Situation besteht nicht nur aus den Relationen ihrer Entitäten, sondern sie ist eingebettet in einen ermöglichenden und einschränkenden Kontext (vgl. Schatzki 2002: 60-65).

Vergleichbar mit Schatzkis Differenz zwischen *theories of social practices* und *theories of arrangement* unterscheidet Bertram (2003: 213-218) zwischen *Praktizismus* und *Praxis-Überschuss-Theorien*. Während ersterer eher in der analytischen Philosophie zu verorten ist und seinen Ausgang mit der Sprachphilosophie des späten Wittgensteins nimmt, sind letztere eng mit dem Poststrukturalismus verbunden und haben v.a. Foucault und Deleuze als Referenzpunkt(e). Der *Praktizismus* sieht Praktiken als das Fundament von Gehalten an. Der Gebrauch eines Begriffs bestimmt dessen Bedeutung. *Praxis-Überschuss-Theorien* hingegen sehen Praxis als Subversion und Veränderung von Gehalten an, da sie davon ausgehen, dass Praktiken immer einen Überschuss haben, der über die sie prägenden bzw. von ihnen geprägten Gehalten hinausgeht. Somit steht die performative Dimension von Praxis in ihrer Materialität, Ereignishaftigkeit und Präsenz im Vordergrund. Diese Differenz lässt sich anhand der ANT einerseits und einer explizit praxistheoretischen Techniksoziologie wie jene von Karl H. Hörning (2001) andererseits verdeutlichen. Hörning geht es um die Umgangsweisen mit den Dingen, in denen sie erst ihre Bedeutung erhalten. Erst ihre Verwicklung in soziale Praktiken macht sie zu Teilnehmern am Sozialen und sozialer (Un-) Ordnung. Dabei können die gleichen Dinge in verschiedene soziale Praktiken verwickelt werden, wie z.B. der Computer in Spiel-, Lern- und Wissenschaftspraktiken. Zum anderen können diese ›Verwicklungen‹ aber auch aufgrund unterschiedlicher Formen ›praktischen Wissens‹ innerhalb der Praktiken variieren. Dagegen hebt Latour die performative Dimension von Praktiken in ihrer Materialität und Ereignishaftigkeit hervor, etwa das Ereignis »der Entdeckung/Erfindung/Konstruktion des Milchsäureferments durch Pasteur im Jahre 1857« (Latour 1996a: 87). Dieses liegt innerhalb der Assoziation verschiedener heterogener Entitäten, wie »Pasteur, die naturwissenschaftliche Fakultät von Lille, Liebig, die Käsereien, die Laborausrüstungen, die Bierhefe, den Zucker und schließlich das Ferment« (Latour 1996a: 106). Doch das Ereignis geht nicht in dem Netzwerk auf, in dem jede Entität durch ihre Relation zu den anderen im Netz definiert wird. Es besteht ein Überschuss, da einerseits nicht-menschliche Entitäten in einer Praktik in Assoziation zu menschlichen Entitäten treten und andererseits jedem Element »irgendein radikales und einzigartiges Vermögen zur Neuerung« (Latour 1996a: 107) inhärent ist. Jedes Element der Relation wird durch das Ereignis, die Vermittlung umgestaltet. Veränderung ist damit bei Latour in Praktiken bzw. in jeder Assoziation angelegt. Greift man auf Schatzkis Humanismus/Posthumanismus- und Kontextualismus/Nominalismus-Unterscheidung zurück, so wird deutlich, dass Hörning grundsätzlich ›humanistisch‹ bleibt, was u.a. an seiner Sympathie für den ›reflexiven Mitspieler‹ deutlich wird (vgl. Hörning 2004b). Er sieht zwar Subjekt und Objekt in sozialen Praktiken auf engste miteinander verwickelt und stellt ihre essentialistische Fassung in Frage, lehnt ihre Differenz aber nicht ab. Wie Schatzki hält Hörning gegen posthumanistische Ansätze wie die ANT den kreativen Einfallsreichtum menschlicher Handlungsfähigkeit hoch, wenn er auf die vielfältigen Finten, Taktiken und den Eigensinn der *Experten des Alltags* verweist und die von der ANT konstruierten Dinge als zu ›hart‹ kritisiert (vgl. v.a. Hörning 2001: 205-243). Darüber hinaus ist seine Argumentation kontextualistisch angelegt. Einerseits bettet er seine *Theorie sozialer Praktiken* in die Zeitdiagnose der Spätmoderne mit ihren Kennzeichen von Individualisierung, Enttraditionalisierung und Reflexivität ein (vgl. Beck/Giddens/Lash 1996). Andererseits macht er auf die kulturelle Rahmung sozialer Praktiken aufmerksam (vgl. Hörning 2001: 184-201, 2004a: 147-150). Je nach Kontext wird in der Praxis kulturelles Wissensrepertoire abgerufen und verändert, so dass es zu einer ständigen Neubestimmung praktischen Wissens kommt.[16]

Die Diskussion hat gezeigt, dass die ANT sich eher dem Muster poststrukturalistischer Soziologien zuordnen lässt, wenn sie auch einiges von der Praxeologie insbesondere Garfinkels gelernt hat. Dennoch weist ihr Praxisbegriff mehr Verwandtschaft mit den poststrukturalistisch informierten Praxis-Überschuss-Theorien (Bertram) bzw. *theories of arrangement* (Schatzki) auf.[17]

---

16 Nicht zuletzt liegt eine Ursache der Differenzen wohl im Selbstverständnis der Autoren begründet, denn Latour (2008b) ist nicht ›bloß‹ Soziologe, sondern auch Philosoph in den metaphysischen Bahnen Whiteheads und spielt gern das *enfant terrible* der Wissenschaften, während Hörning genuin Soziologe bleibt. Latour hat sich, mit Bammé (2008) formuliert, schon von der rein disziplinären Diskussion verabschiedet und betreibt seine Form von postakademischer Wissenschaft. Bammé (2009b) sieht in der Aufwertung praktischen Wissens durch die Theorie sozialer Praktiken, der Thematisierung neuer Modi der Wissensproduktion und Latours Wissenschaftsforschung wiederum eine Parallele: Sie sind Symptome eines neuen Verhältnisses von Wissenschaft, Technik und Gesellschaft.

17 Beide Argumentationslinien begegnen sich allerdings wieder in ihrer Pragmatismus- und Heidegger-Rezeption.

Doch wie auch die späten Schriften von Foucault und Derrida, so verweist auch die ANT auf ein *nach* dem Poststrukturalismus. Während die ANT zu Beginn v.a. auf poststrukturalistischen und ethnomethodologischen Gedanken und Konzepten aufbaute, wurde dieser Mix in den 1990er Jahren noch um die Prozess-Philosophie von Alfred N. Whitehead und in den letzten Jahren um die monadologische Soziologie Gabriel Tardes sowie den amerikanischen Pragmatismus erweitert.

10 Jenseits des Poststrukturalismus

Im Vorangegangenen ging es darum, die ANT als eine poststrukturalistische Soziologie zu präsentieren. Allerdings sind an einer solchen Lesart – wie sie v.a. auch in der britischen Diskussion verfolgt wird (vgl. Thrift 1996; Michael 2000; Barry 2001; Law 2004) – auch schon Zweifel geweckt worden, in der Hinsicht, dass »Bruno Latours actor-network-theory [...] sich schon am Rande dessen befindet, was man noch als Poststrukturalismus verbuchen kann« (Moebius/Reckwitz 2008b: 18). Diese Zweifel mögen einerseits daher rühren, dass in der deutschen Diskussion um *Poststrukturalistische Sozialwissenschaften* etwa im gleichnamigen Sammelband besonders die »Arbeiten des omnipräsenten Foucault« (Moebius/Reckwitz 2008b: 10) und Jacques Derridas sowie Judith Butlers und Ernesto Laclaus, die stark auf den ersten beiden aufbauen, dominieren. Hingegen wird Latours Favoriten – Serres, Greimas und Deleuze – weniger Aufmerksamkeit geschenkt.[1] Andererseits sind diese Zweifel durchaus berechtigt, wenn man seinen »bemerkenswerten Abgesang auf den Poststrukturalismus« (Schmidgen 2008b: 464) in *Wir sind nie modern gewesen* zu Rate zieht, der durchaus selbstkritisch zu verstehen ist. So hat sich das Werk Latours und auch anderer ANT-Forscherinnen anderen Philosophien hin – namentlich der Prozess-Metaphysik Alfred N. Whiteheads und dem Pragmatismus – geöffnet. Allerdings sind Zweifel angebracht, darin eine Wende oder gar Bruch in Latours Werk zu verzeichnen, wie beispielsweise sein angeblich neues Interesse für Politik und Religion. Ganz im Gegenteil zeichnet sich sein wissenschaftliches oder philoso-

1 Dabei wird Deleuze, wohl aufgrund seiner Dominanz in der englischsprachigen Diskussion der letzten Jahre, noch am meisten Aufmerksamkeit geschenkt, obwohl sich die Frage stellt, ob die in der Diskussion dominante Theorie der Maschinengefüge für Latour von Relevanz ist (vgl. Pickering 2008; Schmidgen 2008a, b).

phisches Anliegen, trotz seiner vielen rhetorischen Schlenker, durch eine starke Konstanz aus (vgl. Latour 2008b).[2]

Das Jenseits des Poststrukturalismus ist gleichzeitig auch das *vor* dem Poststrukturalismus, insbesondere jenes von Deleuze und Guattari. In den letzten zwanzig Jahren haben sich Latour und die ANT insbesondere den maßgeblichen Quellen oder Inspiratoren von Deleuze und Guattari zugewendet: Whiteheads Metaphysik, Tardes Neomonadologie und dem radikalen Empirismus der Pragmatisten. Somit sind auch diese Philosophien gewissermaßen in Kontinuität mit dem Poststrukturalismus zumindest eine bestimmte Spielart dessen.[3] Im Folgenden sollen nun diese wieder- und neuentdeckten anderen philosophischen Strömungen und ihre Relevanz für Bruno Latour und die ANT kurz dargestellt werden.

10.1 WHITEHEADS PROZESSONTOLOGIE

> »›Who was the greatest philosopher of the 20th century whose name begins with W?‹ Most learned people in America would answer ›Wittgenstein‹. Sorry, the right answer is ›Whitehead‹.«
> (LATOUR 2002F)[4]

Neben den Poststrukturalisten spielt für die ANT seit den 1990er Jahren die Naturphilosophie und Wissenschaftstheorie von A.N. Whitehead eine große Rolle (vgl. Latour 2001a, 2002b). Dies mag zunächst vielleicht überraschen, war die-

2 Vgl. etwa im Hinblick auf Religion, Spiritualität und Glaube Schmidgens (2008a) Re-Lektüre eines sehr frühen Texts Latours zu Peguys *Clio*.

3 Stephan Moebius (2009) hat einige Affinitäten zwischen einerseits Jacques Derridas Konzept der Iterabilität und Judith Butlers Politik performativer Akte und andererseits Gabriel Tardes Nachahmungstheorie herausgearbeitet. Zum starken Einfluss von Tarde auf Deleuze vgl. insbesondere Alliez (2009) und Balke (2009).

4 Bekannterweise hatte auch Deleuze nicht viel für Wittgenstein übrig: »Pour moi c'est une catastrophe philosophique […] c'est une régression massive de toute la philosophie […] S'ils l'emportent, alors là il y aura un assassinat de la philosophie s'ils l'emportent. C'est des assassins de la philosophie. Il faut une grande vigilance.« Vgl. Deleuze/Parnet (1996); http://www.youtube.com/watch?v=NgG00VZGP0E [12.02. 2011].

ser doch höchst einflussreich auf Parsons (vgl. Wenzel 2000) sowie Koautor von Bertrand Russell, einem der Begründer der analytischen Philosophie.[5] Schließlich kann man diese beiden, Parsons und Russell, indirekt als Antipoden der ANT bezeichnen, in Anbetracht des Einflusses der Ethnomethodologie einerseits, und der anti-positivistischen, kritischen Wissenschaftsphilosophie auf die Entstehung der ANT und der Wissenschafts- und Technikforschung insgesamt andererseits. Doch was Latour, aber auch z.B. Donna Haraway (1997), Andrew Pickering (2007) und Isabelle Stengers (2002), interessiert und fasziniert, ist nicht der Mathematiker und Logiker der *Principia Mathematica* (Whitehead/Russell 1950), sondern der Metaphysiker Whitehead – seine als kryptisch, unverständlich und animistisch geltende Prozessphilosophie, die er in seinem Spätwerk entwickelte und die außer unter Theologen kaum Beachtung gefunden hat.

Bei Whitehead findet Latour vieles, was er zuvor bei Deleuze und Serres und später bei Tarde zu schätzen gelernt hat. Zentral ist dabei Whiteheads alternative Metaphysik jenseits der Subjekt/Objekt-Unterscheidung. Denn Whitehead (1978, 1990) richtet sich gegen das, was er die »Bifurkation der Natur« nennt, und was Latour für die Selbsttäuschung der Moderne hält. Damit ist die Trennung der Welt oder des Kosmos, wie es bei Whitehead heißt, also der *einen* Natur in zwei verschiedene Entitäten – primäre und sekundäre Qualitäten – gemeint. Mit primären Qualitäten sind die Dinge der Welt gemeint, zu denen nur die Naturwissenschaften Zugang haben und mit sekundären die psychischen Vorstellungen von ersteren; einerseits die Welt und ihre Gesetze und andererseits die Vorstellungen und Urteile der Menschen von dieser Welt. Die Bifurkation der Natur meint die Trennung in eine externe Welt der Natur und eine Welt

5 In dieser Hinsicht ähnlich wie später Russells Schüler Wittgenstein steht Whiteheads Spätwerk in einem Widerspruch zum logischen Reduktionismus des Frühwerks. Michael Halewood (2008: 9) schätzt den Einfluss Whiteheads auf Parsons als gering ein. Es gebe nur einige Verweise im Frühwerk insbesondere in *Structure of Social Action*, doch mit *Social System* seien diese verschwunden. Auch scheint Parsons lediglich einen Aspekt aufzugreifen und zwar Whiteheads Kritik an den Abstraktionen der Naturwissenschaften. Schütz und Mead hingegen greifen in der Konzeption der Reziprozität der Perspektiven schon stärker auf Whitehead zurück. Allerdings missinterpretieren sie ihn laut Halewood (2008: 9-11) in zweierlei Hinsichten. Zunächst wird der Perspektivismus von Whitehead auf menschliche Subjekte reduziert (Anthropozentrismusvorwurf), und dann der Reziprozität der Perspektiven eine potentiell mögliche Gleichheit unterstellt, wobei Whitehead ausdrücklich Objekte mit einschließt und jede Perspektive für einzigartig hält.

der wissenden Subjekte. Diese Trennung geht für Whitehead auf zwei Fehler wissenschaftlichen wie auch philosophischen Denkens zurück, welche er in dem Konzept der »primären Substanz« der aristotelischen Logik begründet sieht. Die »doctrine of *mere* sensation« (Whitehead 1978: 78) betont einseitig die »Bereitstellung« oder Existenz von Sinnesdaten, vernachlässigt aber wie diese bereitgestellt werden, organisiert sind und aufgenommen werden. Ein Ding liefert bloß Daten, doch die Daten sind in sich passiv und tot (vgl. Halewood 2005: 80). Der zweite Fehler, das »subjectivist principle« (Whitehead 1978: 157), betont hingegen den Rezipienten der Sinnesdaten. Es ist das Subjekt, welches die Daten des Objekts wahrnehmen und qualifizieren kann. Für Whitehead führen diese beiden Prinzipien zu einer Konzeption von »lebloser Natur« (vgl. Halewood 2005: 82-84). Die modernen Wissenschaften des 17. Jahrhunderts und die moderne Epistemologie haben Whitehead zufolge die Differenz von einer Daten bereitstellenden Welt und einem Daten wahrnehmenden, menschlichen Subjekt oder Geist verfestigt. Die Physik Newtons hat ein Verständnis von Objekten als individuelle, diskrete Einheiten geprägt, deren interne Relationen, d.h. ihre Essenz, ihre Identität ausmachen. Diese Objekte senden Informationen zu dem erkennenden Subjekt, aber bleiben selbst letztlich gleich. Das Problem ist, dass es eine Differenz zwischen den ausgesendeten Attributen und den erhaltenen gibt, denn das menschliche Subjekt nimmt lediglich sekundäre Qualitäten wahr. So werden z.B. nicht Lichtstrahlen, sondern eine Farbe wahrgenommen, welche aber für die Naturwissenschaften bloße ›psychische Addition‹ ist. Doch der skizzierten Bifurkation der Natur zwischen Erkennendem und Erkanntem, zwischen ›objektiver Wirklichkeit‹ und menschlicher Erfahrung, möchte Whitehead entgehen.

> »Die Lehre, die ich hier vertrete, besagt, daß weder die physische Natur noch das Leben verstanden werden können, wenn wir sie nicht miteinander zu einem wesentlichen Faktor in der Zusammensetzung der ›wirklich wirklichen‹ Dinge verschmelzen, deren wechselseitige Beziehungen und individuellen Charaktere das Universum konstituieren.« (Whitehead 2001: 180)

Anstatt zwei getrennte Welten zu imaginieren, geht es Whitehead um die Beziehungen zwischen den Dingen der Welt. Er kritisiert nicht nur Newtons Atomismus in Hinsicht auf das Verständnis von Objekten, sondern auch auf Kausalität, denn die Annahme selbstidentischer Objekte führt zu einer Vorstellung eines Universums von nicht zusammenhängenden Substanzen (vgl. Halewood 2005: 86).

Die Unterscheidung von primären und sekundären Qualitäten hat eine Reihe an Dualismen hervorgebracht wie zwischen Natur- vs. Geisteswissenschaften,

Subjekt vs. Objekt und Vernunft vs. Erfahrung. Dies geht für ihn auf eine Verwechslung einer Abstraktion mit einem konkreten Fakt zurück – der vielzitierten »fallacy of misplaced concreteness« (Whitehead 1978: 7). Subjekte und Objekte sind demnach Abstraktionen und keine konkreten Fakten, denn konkrete Fakten sind immer in komplexe Beziehungen eingebettet und nicht auf eine Sache reduzierbar.[6] Der Clou ist allerdings, dass Abstraktionen für Whitehead zwar konstruiert sind, aber nicht bloß konzeptuell, sondern Abstraktionen sind für ihn real und materiell: sie operieren in der Welt (vgl. Halewood 2008: 3-5). Whitehead geht also von einer durch und durch konstruierten Welt aus: Jegliche Existenz ist konstruiert. Demnach sind wissenschaftliche Theorien und Experimente für ihn auch keine Entdeckungen, sondern Errungenschaften (*achievements*) – ein Punkt, auf den auch die ANT besonders beharrt: »science adds its knowledge to the world, folding itself, so to speak, into it one more time.« (Latour 2002f; vgl. auch Stengers 2008: 99)[7] Wissenschaften intervenieren in die Welt, produzieren Abstraktionen und erschließen neue Erfahrungen. Ihr Erfolg hängt von ihrer Effektivität ab, neues Wissen als auch Artefakte zu generieren, doch transzendentes wahres Wissen können sie nicht liefern. Die Realität der Welt ist für Whitehead also nicht gegeben, sondern stellt sich ständig aufs Neue her. Die Natur ist ein kontinuierlicher Prozess, in dem verschiedene Körper (Subjekte wie Objekte) in Relation zueinander treten. Halewood bringt Whiteheads Prozessmetaphysik wie folgt auf den Punkt:

6 Halewood (2005: 86-90) verdeutlicht Whiteheads Trugschluss von einer Abstraktion auf ein konkretes Fakt an Donna Haraways (1997) Diskussion des »Genfetischismus«: »Haraway uses this term of Whitehead's to explain how gene fetishism attempts to grant a level of concrete, objective existence to genes that is unwarranted. Gene fetishists fail to realize that their concept of the gene amounts to no more than an abstraction that posits genes as distinct and discrete objects when *in fact* they are always embroiled in a more complex set of interrelations.« (Halewood 2005: 87)

7 Halewood beschreibt Whiteheads Konstruktivismus wie folgt, so dass die Nähe zu Latours (2002a) ›relativem Relativismus‹ mehr als deutlich wird: »According to Whitehead, there is what is ›discovered‹ by dint of scientific enquiry, but this does not mean that what is discovered is True in any transcendental sense. That is, science is not a homogeneous project which gains access to utter reality; rather, it is a collection of specific or ›special‹ sciences. [...] The success or otherwise of each scientific ›discovery‹ is judged in terms of effectivity – that is, in its ability to alter the conditions of that science (its techniques, concepts and technologies). Conceptually, each science is involved in abstraction. [...] A science can be true but not True.« (Halewood 2005: 91)

»Whitehead does not simply offer an abstract theory of becoming or experience. Instead, he stresses that the world we inhabit displays the reality of potentiality, a reality that is temporally (historically) situated (as opposed to the general potentiality ascribed to the universe as a metaphysical entity).« (Halewood 2008: 3)

Bei Whitehead findet Latour das wieder, was er in anderer Version bei Deleuze, Serres und Tarde für seine Konzeption gefunden hat: eine Welt, die in ständiger Kreation im Werden begriffen ist und in der nicht bloße natürliche Gesetze und auch nicht bloß Menschen am Werke sind. Whiteheads Philosophie ist allerdings keine ›einfache‹ oder naive Werdensphilosophie, weil er gerade der Materialität, der Faktizität darin einen Platz einräumt (vgl. Halewood/Michael 2008: 34).

Um der Bifurkation der Natur zu entgehen, entwirft Whitehead – in enger Auseinandersetzung mit und Nähe zu William James – einen neuen oder alternativen Empirismus, in welchem weder »das Objekt der Richter unserer Produktion noch das Produkt unserer Urteile ist« (Stengers 2002: 93 zit. nach Latour 2002f, *Übers. M.W.*). Whiteheads Philosophie stellt, wie Andrew Barry (2004) es auf die griffige Formel gebracht hat, einen Versuch dar, den Empirismus vor dem Positivismus zu retten. Diese Erneuerung des Empirismus läuft für Whitehead über die zentrale Frage »What is given in experience?« (Latour 2002f) Er geht von einem Primat der Erfahrung aus: »the world becomes a site where experience is primary, rather than subjects and objects, or that which knows and that which is known.« (Halewood 2008: 5) Sowohl Objekte wie Subjekte erleben die Welt. Was bei Serres die Quasi-Subjekte bzw. Quasi-Objekte sind, sind bei Whitehead die »Superjects«. Dieses Erleben, das wechselseitige Wahrnehmen von Entitäten, ist anti-essentialistisch zu verstehen: »there is no substance underlying such experiences« (Halewood 2008: 5). Erst die Erlebnisse der Welt produzieren Subjekte und Objekte, und diesen Produktions- oder Kreationsprozess gilt es als Wissenschaftlerin nachzuzeichnen. Für Whitehead ist das Ereignis sowie der Austausch und die Beziehung zwischen Entitäten primär. Erst in diesem Ereignis der Verbindung, dem wechselseitigen Wahrnehmen, entstehen und reproduzieren sich Entitäten (vgl. Gill 2008) – und diese Entitäten sind immer Verwachsungen oder Verschmelzungen (*concrescence*).

Dieser ›neue Empirismus‹, welcher sowohl Objektivismus als auch Subjektivismus zerstört, betont für Latour zwei Dinge:

»(a) Perception is what marks the event and the beginning of an attention directed toward everything else which has been present in perception and that cannot be eliminated. (b) Perception refers back to a point of view, a locus, but this point is the least relativist and the least subjective element, since it is what is seized and grasped by the panorama being embraced.« (Latour 2002f)

Latour (2001a) teilt mit Whitehead die Diagnose der Kritik an der Philosophie, was der eine die »Bifurkation der Natur« und der andere »die moderne Konstitution« nennt. Der Ausweg erscheint in einer nicht-essentialistischen Werdensphilosophie, welche eine neue Form des Empirismus auf den Weg bringt. Direkt entlehnt aus dem Werk Whiteheads hat Latour den Begriff Propositionen (vgl. Latour 2001a, 2002b). Dieser meint bei Whitehead nicht den Satzinhalt bzw. den Inhalt einer Aussage wie in der analytischen Sprachphilosophie, sondern das, was eine Entität einer anderen anbietet, damit sie sich in einem Ereignis verbinden. In der Sprache der ANT sind Propositionen das, was menschliche wie nichtmenschliche Wesen mitbringen und dem Kollektiv in einer Situation anbieten. Der zweite zentrale Punkt an Whitehead, den die ANT mit ihm teilt, ist sein realistischer Relativismus (vgl. Latour 2002f): *Realistisch*, weil er von den »konkreten Wahrnehmungs-Reaktions-Ereignissen von Menschen, Steinen und Elektronen (usw.)« (Gill 2008: 55) ausgeht; *relativistisch*, weil dies mit einem Perspektivismus verknüpft wird, der allerdings nicht vom Subjekt abhängt. »No one is more relativist than Whitehead – even an atom is a point of view... – and more realist – even an atom is a point of view!« (Latour 2002f) Die Welt ist interpretationsoffen nicht wegen unserer Vorstellungskraft, sondern wegen ihrer eigenen Aktivitäten (vgl. Latour 2002f). Die *eine* und wirkliche Welt erschafft sich ständig neu aufgrund der Interaktion von perspektivisch sich wahrnehmenden Entitäten (vgl. Gill 2008: 54-55). Jede Entität hat ihre eigenen *prehensions*,[8] d.h. eine Weise des Erfassens oder Ergreifens oder Aneignens anderer Entitäten, wenn sie zusammen verschmelzen und zu einer Verwachsung werden (vgl. Alliez 2008: 113).

Die ANT teilt darüber hinaus mit Whiteheads Kosmologie den Prozess- und Relationsgedanken. Whitehead versteht die Welt als einen Prozess. Einzelwesen produzieren durch ständige neue Verknüpfungen zueinander Realität. Es ist eine empirische Welt, die zugleich Prozess und Assemblage ist und somit der Neomonadologie Gabriel Tardes sehr nahekommt, und zusammen mit dieser Wegbereiter für die Biopolitik von Deleuze und Guattari wird (vgl. Alliez 2008).

Allerdings sollte ein wichtiger Aspekt der Aneignung Whiteheads durch Latour, aber auch Isabelle Stengers und Donna Haraways, festgehalten werden. Whitehead wird *nach* den sozialkonstruktivistischen, relativistischen und post-

8 Gill (2008: 54) spricht hier passenderweise von Strebungen, die Entitäten je eigen sind.

modernen Debatten aufgegriffen, um das Subjekt/Objekt-Problem anders anzugehen, das Verhältnis von Wissenschaft und Gesellschaft neu zu bestimmen und für eine ›neue Ontologie‹ und *anderen* Konstruktivismus in der Sozialtheorie zu plädieren. Deswegen findet in der Adaption Whiteheads eine *Politisierung* statt (vgl. Latour 2001a: 321 Fn. 50, 322 Fn. 53).

Neben Whitehead hat Latour in den letzten Jahren noch einen weiteren als ›spiritualistisch‹ gebrandmarkten Autor, der wohl noch größeren Einfluss auf Deleuze und Guattari hatte, wiederentdeckt und damit zu einer Revitalisierung seiner soziologischen Theorie beigetragen. Die Rede ist von Gabriel Tarde, dem wir uns im Folgenden zuwenden.

10.2 TARDES MONADOLOGIE – THE END OF THE SOCIAL AS WE KNOW IT (AND I FEEL FINE)

> »Die Realität ist nicht rational, und Tarde kann uns aufs Neue zum Denken anregen.«
> (LATOUR 2009C: 15)

Die Selbst-Wiederentdeckung Latours als Soziologen (2005a), nachdem manche den Eindruck hatten, er richte sich nach vergebener Liebesmühe in der Ethnologie oder Philosophie ein, läuft über die Wiederentdeckung und Re-Lektüre des Ende des 19. Jahrhunderts erfolgreichen französischen Soziologen, der auf die Philosophie von Gilles Deleuze und Félix Guattari besonderen Einfluss hatte: Gabriel Tarde.[9] Dass Latour (2009b) in Tardes Monadologie fündig wird, und ihn gar als Vorfahren der ANT rühmen kann, wundert weniger, wenn man bedenkt, dass Tarde um die Jahrhundertwende zum 20. Jahrhundert der große Gegenspieler Durkheims war und Latour aus seiner – milde gesagt – Unzufrieden-

9 Zur allgemeinen Wiederentdeckung Tardes in den Sozial- und Kulturwissenschaften, angestoßen durch die Wiederherausgabe seiner Schriften in Frankreich durch Éric Alliez und eben Latours (2001) emphatisches Loblied vgl. Borch/Stäheli (2009), Toews (2003) und die Themenhefte zu Tarde der Zeitschriften *Revue d'Histoire des Sciences Humaines* (Mucchielli 2000a), *Distinktion* (Borch 2004), *Economy & Society* (Barry/Thrift 2007a) und *Multitudes* 7, 2001 (http://multitudes.samizdat.net/spip.php?page=rubrique&id_rubrique=38, 30.11.2010). Markant dabei ist, dass »Tarde [...] nicht nur als vergessener Klassiker der Soziologie wiederentdeckt [wird, *M.W.*], sondern auch als Katalysator für ein neues soziologisches Denken« (Borch/Stäheli 2009: 7), was Mucchielli (2000b) wiederum scharf an dieser »Tardomania« kritisiert.

heit mit der durkheimschen Soziologie keinen Hehl macht. Bekanntlich setzte sich Durkheim bei der Institutionalisierung der Soziologie in Frankreich durch geschickte Schulenbildung um die eigene Zeitschrift *Année sociologique* durch. Darüber hinaus kam Durkheim auch die Reform des französischen Bildungswesens und seine politische Parteinahme in der Dreyfuss-Affäre zu Gute. Seine streng rationalistische und säkulare Begründung der Soziologie entsprach den sozialen und politischen Gegebenheiten der Zeit besser als etwa Tardes Interesse am Irrationalen und Hypnotischen beispielsweise (vgl. Geiger 1981; Clark 1981; Borch/Stäheli 2009: 23-24).

»Während Tarde eine Soziologie repräsentierte, die einen essayistischen Stil hatte und die Soziologie als Inter-Psychologie definierte, wollte Durkheim die Soziologie als positivistische Wissenschaft der sozialen Tatsachen institutionalisieren und die Disziplin von psychologischen und metaphysischen Relikten befreien. Aus diesen Kämpfen zwischen Psychologie und Soziologie und zwischen Literatur und Wissenschaft ging Tarde als der große Verlierer hervor.« (Borch/Stäheli 2009: 19)

In eine Zeit der sozialen Desintegration und ungewisser neuer Freiheiten des Bürgertums schien eine Wissenschaft, die auf ein Kollektivbewusstsein setzte, oder allgemeiner formuliert, das Soziale in Abgrenzung zur Natur und zum Individuum »als emergente[n] Raum *sui generis*« (Schillmeier 2009: 127) entwarf, besser zu passen als eine Soziologie, die das Soziale aus dem Nicht-Sozialen und Individuellen erklärte (vgl. Bammé 2009c: 119-121).[10] Latour sieht stattdessen Tardes Stunde kommen und in ihm die zentrale Quelle für eine Neubegründung der Soziologie am Beginn des 21. Jahrhunderts: »Wenn er auch im 20. Jahrhundert eine totale Niederlage erdulden musste und keinerlei Bedeutung hatte, nichts wird ihn im 21. Jahrhundert daran hindern, seine ganze Wirkungskraft zu entfalten.« (Latour 2009c: 9) Bammé (2009c) knüpft an dieses Argument an und argumentiert, dass Tardes Soziologie derzeit eine Renaissance erfährt, weil seine Soziologie heute im Gegensatz zum Ende des 19. Jahrhunderts auf veränderte soziale Verhältnisse trifft. Während damals die Nationalstaaten auf ihrem Höhepunkt waren und somit eine Gleichsetzung von Nationalstaat und Gesellschaft

10 Michael Schillmeier (2009: 127) spricht im Hinblick auf die durkheimsche Soziologie in Anlehnung an Becks kosmopolitischer Kritik an der Soziologie von einem »methodologischen Soziologismus«. Diese »Soziologisierung des Sozialen«, wie es bei Schillmeier (2009: 127) heißt, welche »das Soziale zum Anfang und Ende des Individuellen« macht, anstatt wie Tarde das Individuelle zum Anfang und Ende des Sozialen, bezeichnet Latour (2005a) als Soziologie des Sozialen.

auf der Hand lag, wird heute diese »Container-Theorie der Gesellschaft« (Beck 1999: 49-54) mit Verweis auf Individualisierungs- und Globalisierungsprozesse im Zuge einerseits überstaatlicher Institutionen und Organisationen und andererseits neuer Informations-, Kommunikations- und Infrastrukturtechnologien verworfen. Darüber hinaus, und wohl auch mit diesem sozialen Wandel zusammenhängend, haben innerhalb der Soziologie Theorien einer Mikrofundierung des Sozialen verschiedenster Provenienz die großen System- und Gesellschaftstheorien der 1960-1990er Jahre abgelöst bzw. aus dem Zentrum der fachinternen Diskussion gedrängt. Auch Toews (2003: 93) und Czarniawska (2009: 391) sehen in Tardes expliziten Anti-Durkheimianismus den Grund für die erneute Rezeption Tardes und für die Aktualität seiner Soziologie. So schreibt letztere in Anspielung auf die Terminologie Tardes, dass »die Nachahmung Durkheims ausgedient hat; sie ist in der Soziologie zum Brauch oder vielmehr zur Tradition [...] geworden und verspricht daher keine neuen Einsichten oder neue Verständnisse. Zudem paßt das Tardsche Denken sehr gut zu anderen Ansätzen, die sich momentan durchzusetzen beginnen.« Fachextern, so Bammé (2009c: 115-118), könnte das Interesse an Tarde und seiner Theorie der Nachahmung von seiner Nähe zu populären naturwissenschaftlichen Theorien der Gegenwart wie Richard Dawkins Theorie der Meme herrühren (vgl. hierzu auch Latour 2009b: 42; Schmid 2009).[11] Generell dürfte die Entdifferenzierung von Natur und Kultur und auch ihrer Wissenschaften sowie der Übergang zu postakademischen Formen der wissenschaftlichen Wissensproduktion in den letzten Jahrzehnten das Interesse an Tarde geweckt haben (vgl. Bammé 2009c: 121-123). Denn dieser hat die Soziologie eben nicht wie Durkheim in strikter Abgrenzung zu anderen Wissenschaften definiert, sondern gerade im engen Austausch mit insbesondere den Naturwissenschaften. So finden sich bei Tarde viele Verweise auf naturwissenschaftliche Theorien seiner Zeit. Er stellt die offensichtlichen Analogien zwischen den Wissenschaften des Sozialen, Vitalen und Physikalischen heraus (vgl. Tarde 2003), wobei er allerdings die Beziehung zwischen den verschiedenen Wissenschaften als nicht hierarchisch, sondern gleichberechtigt ansieht (vgl. Barry/Thrift 2007: 512-513). Doch es ist nicht nur diese Nähe von Natur- und Sozialwissenschaften, zwischen Psychologie und Soziologie – er definiert letztere als Inter-Psychologie im Gegensatz zur Intra-Psychologie (Tarde 2009b: 15) – sondern auch jene zwischen Soziologie und Philosophie bzw. die Unumgänglichkeit der Beschäftigung mit der Metaphysik, welche Latour an Tarde interessiert. Mehr noch, Latour (2005a, 2009b, 2009c) rekonstruiert Tardes uneinge-

11 Eine ausführliche Diskussion der Gemeinsamkeiten und Unterschiede zwischen Dawkins und Latour findet sich bei Greif (2005).

schränktes ›kühnes Denken‹, welches vor spekulativer Philosophie nicht zurückschreckt, im Nachhinein als Keimzelle der ANT und ihrer Erneuerung der Sozialtheorie – einer Sozialtheorie nicht in Distanz, sondern Kontinuität »mit Philosophie, Ontologie und Metaphysik« (vgl. Latour 2009b: 40).[12]

Latour (2009c) identifiziert mehrere Merkmale der tardeschen Soziologie, welche diese zu einer *anderen* Soziologie entgegen sowohl der durkheimschen Soziologie sowie gängigen Theoremen der *Mainstreamsoziologie* stellt und dadurch auszeichnet, aber es auch so schwierig macht sie nachzuvollziehen. Man könnte ergänzen, dass diese im Folgenden genannten Punkte eben auch genau jene sind, die der soziologischen Leserin Schwierigkeiten bereiten, Latour zu folgen, da sie im starken Kontrast zum »Common Sense der Sozialwissenschaften« (Latour 2009c: 12) stehen. Für Tarde gibt es das Soziale, wie wir es bislang kannten, nicht, weshalb er als ein Theoretiker des Endes des Sozialen bezeichnet wird und dies nicht nur bevor diesen Tod andere proklamierten,[13] sondern auch bevor es überhaupt die Wissenschaft des Sozialen in diesem Sinne und institutionalisiert gegeben hat (vgl. Latour 2009b). Das Soziale ist für Tarde *nicht* durch Beständigkeit, Ordnung, Strukturen und allgemeine Regeln und Gesetze geprägt und lässt sich nicht durch Deduktion erklären. Stattdessen sieht Tarde das Werden, also die Veränderung und den Wandel, und nicht das Beständige als Regel. Es ist eine Prozess- und keine Ordnungstheorie. Folglich sieht er Gesetze und Strukturen als Reduktionen an und setzt auf einen Partikularismus und auf ein Primat der Differenz (vgl. Latour 2009c: 12-13). Denn »[e]xistieren heißt differieren« für Tarde (2009a: 71), und somit sollte eine Wissenschaft auch vom ›Kleinsten‹ ausgehen und das ›Große‹ »als eine Vereinfachung oder Übertreibung des ›Kleinen‹« ansehen (Latour 2009c: 13). Wissenschaft braucht Nähe und Detail und keine Distanz und Abstraktheit. In diesem Sinne versteht Schillmeier (2009: 113) Tardes Soziologie »als eine Art Nano-Soziologie«.

---

12 Michael Schillmeier (2009: 116) schreibt in diesem Zusammenhang, »Tardes Neo-Monadologie erlaubt es nicht mehr, dass sich Wissenschaften rein wissenschaftlich erklären, und ermöglicht es zugleich, dass die Philosophie viel von Wissenschaft lernen kann. Somit sind die Wissenschaften nicht ohne die Philosophie praktizierbar und die Philosophie ohne die Wissenschaften nicht denkbar.«

13 Sicher gibt es in diesem Sinne keine Theoriebewegung innerhalb der Soziologie, welche man mit dem Etikett »Ende des Sozialen« etikettieren würde, aber es gibt neben der ANT eine Reihe an Sozialtheoretikern, die grundlegende sozialtheoretische Annahmen in Zweifel ziehen und welche gerne als postmodern bezeichnet werden, wie z.B. Jean Baudrillard, Zygmunt Bauman, Ernesto Laclau und Nikolas Rose.

Tarde (2009a, b) begründet die Soziologie auf einer Radikalisierung der Monadologie von Leibniz, welche er auch in anderen Disziplinen, gerade den Naturwissenschaften auf dem Vormarsch sieht.[14] Monaden sind »das unendlich Kleine« (Tarde 2009a: 19), welche das Universum ausmachen: »Am Grunde eines jeden Dings liegt jedes wirkliche oder mögliche andere Ding.« (Tarde 2009a: 50) Daraus schlussfolgert Tarde (2009a: 51), »*dass jedes Ding eine Gesellschaft ist* und dass alle Phänomene soziale Tatsachen sind«. Tarde nimmt z.B. die Rede von Tier- und Pflanzengesellschaften ernst und nicht metaphorisch bzw. ist die Metapher letztlich die Grundlogik des Sozialen, welche Tarde eben in der Nachahmung sieht (vgl. Tarde 2003). Jedoch ist Imitation *differenzierende* Wiederholung. Diese Einsicht wird für Gilles Deleuzes Hauptwerk *Differenz und Wiederholung* als auch seiner Kollaborationen mit Felix Guattari, insbesondere den *Tausend Plateaus*, wirkmächtig (vgl. Alliez 2009; Balke 2009; Latour 2009c: 11),[15] weshalb es auch nicht verwundert, dass die Wiederentdeckung Tardes insbesondere von Deleuze-Schülern und -Anhängern propagiert wird. Wiederholung ist für Tarde nie identische Reproduktion, sondern »funktioniert als eine immer spezifische und singuläre Nachahmung, d.h. sie lässt sich niemals ›von oben‹ durch die Unterstellung globaler Ähnlichkeiten oder ›Geistestypen‹ erklären, sondern muss auf der basalen, ereignishaften Ebene gesellschaftlicher Reproduktion immer wieder aufs neue und ›im Detail‹ produziert werden« (Balke 2009: 145). Es ist die metaphysische Setzung »einer ursprünglichen Heterogenität und Multiplizität« bei Tarde (Borch/Stäheli 2009: 18), welche für Deleuzes Philosophie der Differenz als auch Latours Akteur-Netzwerk-Theorie zentral wird – wenn auch bei Letzterem erst im Nachhinein bzw. zuvor vermittelt durch Ersteren. Tardes Monadologie zeigt für Latour (2009b: 40) sowohl die Irrelevanz der Unterscheidung von Natur und Gesellschaft als auch jene zwischen Individuum und Gesellschaft auf. Tardes »Ausweitung der soziologischen Betrachtungsweise« (Tarde 2009a: 67), welche jedes Ding zur Gesellschaft erklärt, bricht mit der Vorstellung, das Soziale sei ein spezifischer »Bereich menschlicher symbolischer Ordnung« (Latour 2009b: 42). Tarde versucht, die Philoso-

14 Die Radikalisierung der Monadologie von Leibniz durch Tarde beschreibt Schillmeier wie folgt: »Tarde radikalisiert die leibnizsche Monadologie, indem er die Monaden nicht wie bei Leibniz repräsentationslogisch, fensterlos, geschlossen denkt, sondern performativ und offen.« (Schillmeier 2009: 117; vgl. auch Martin 2001; Latour 2010)

15 In dieser Hinsicht ist eine euphorische Fußnote bei Deleuze (1997a: 107) viel zitiert und berüchtigt, und, folgt man Latour (2009b: 41), sogar noch eine Untertreibung für den Einfluss, den Tarde tatsächlich auf Deleuze hatte. Siehe auch die »Hommage an Gabriel Tarde« in den *Tausend Plateaus* (Deleuze/Guattari 1997: 298).

phie auf dem Haben anstatt auf dem Sein zu begründen (Latour 2009b: 56-60, 2009c: 11; Schillmeier 2009: 141). Es ist eine »Philosophie des Besitzens« (Latour 2009b: 58), welche Entitäten nicht über ihre Wesenheiten, sondern ihre Eigenschaften bestimmt. Diese Eigenschaften sind unterschiedliche Überzeugungen und Begehrlichkeiten, die jeder Monade eigen sind (Tarde 2009a: 31-45). Denn Tarde (2009a: 31) geht in der Tat davon aus, »dass die ganze äußere Welt aus Seelen zusammengesetzt ist, die von meiner eigenen zwar verschieden, ihr aber doch ähnlich sind«. Obwohl diese ›Vergeistigung der verpulverisierten Welt‹ (vgl. Tarde 2009a: 47) Tarde den Vorwurf des Spiritualismus eingebracht hat, findet Latour (2009b: 59) genau in dieser »Zurückweisung der Identitätsphilosophie« sowohl das umstrittene Symmetrieprinzip der ANT als auch ihre Rechtfertigung wieder.[16] Entweder geht man von einer grundlegenden Ähnlichkeit der Dinge aus, die sich dann durch differenzierende Nachahmung unterscheiden, oder man kann nichts über Steine, Winde und andere nichtmenschliche Wesen sagen. Latour formuliert Tardes »radikale, doch gesunde Lösung« wie folgt:

»Wenn ihr Begierde und Glauben nicht mit den Dingen, die ihr habt, teilen wollt, dann *hört auch auf zu sagen, was sie sind.* Die Anklage wird zurückgewiesen, die Beweislast liegt bei den Anklägern. Macht Schluß mit der lächerlichen Lösung, zu behaupten, daß die Dinge für sich existieren, aber daß ihr sie nicht erkennen könnt! Entweder sprecht oder schweigt über sie. Doch ihr könnt unmöglich sprechen und sagen, daß die Dinge, über die ihr sprecht, nicht in irgendeiner Weise euch ähnlich sind: Sie bringen durch euch eine Art von Differenz zum Ausdruck, die *euch*, die Sprecher, zu einem ihrer Besitzer hat.« (Latour 2009b: 59-60)

Obwohl jedes Ding eine Gesellschaft von Monaden ist, so unterscheiden sich menschliche Gesellschaften von anderen Gesellschaften. Die Spezifik menschlicher Gesellschaften rührt allerdings nicht daher, »daß sie in den Bereich einer symbolischen Ordnung gehören oder sich aus Individuen zusammensetzen oder auf die Existenz von Makroorganisationen zurückgehen« (Latour 2009b: 43). Das Besondere an menschlichen Gesellschaften, und somit auch der Unterschied zwischen Sozial- und Kulturwissenschaften im Vergleich zu Naturwissenschaften, ist das Verhältnis von Beobachtungsstandpunkt und Beobachtungsgegen-

16 In diesem Zusammenhang ist allerdings eine Ambivalenz im Hinblick auf die (Nicht-) Unterscheidung von Natur und Gesellschaft in Tardes Monadologie und seinen Gesetzen der Nachahmung festzustellen (vgl. Barry/Thrift 2007: 512, 522 Fn. 6; Borch/Stäheli 2009: 35; Merz-Benz 2009).

stand. Was von manchen als Crux der Sozial- und Kulturwissenschaften angesehen und als ein Mangel von Distanz durch Nähe zum Untersuchungsgegenstand beschrieben wird, macht Tarde zu einer Tugend. Das Besondere an menschlichen Gesellschaften ist, dass wir sie von innen beobachten: »*Uns* erscheinen sie nur deshalb spezifisch, weil wir sie erstens von innen sehen und weil sie zweitens nur aus wenigen Elementen bestehen, verglichen mit irgendeiner der anderen von uns bloß von außen erfaßten Gesellschaften.« (Latour 2009b: 43) Die Nähe zum Untersuchungsgegenstand, förmlich selbst im Gegenstandbereich zu sein, ist der Vorteil der Sozial- und Kulturwissenschaften.[17] Der zweite Vorteil ist – wie soeben zitiert –, dass der Untersuchungsgegenstand aus vergleichsweise wenigen Elementen besteht (vgl. Latour 2009b: 46; Tarde 2009a: 57). Die kleinste Einheit der Soziologie ist das Individuum, wovon es derzeit ca. 6,9 Milliarden (auf die Weltgesellschaft bezogen) gibt, was z.B. im Vergleich zu den ca. zehn Billionen Zellen, aus denen ein Mensch bestehen soll, wenig ist. Dabei ist allerdings wichtig festzuhalten, dass die Anzahl des Untersuchungsgegenstandes relativ zum Beobachtungsstandpunkt ist, denn sie sind nur aus der Sicht einer bestimmten Disziplin die grundlegenden Einheiten.[18]

»Die beschriebenen Urstoffe, das soziale Individuum, die lebendige Zelle, das chemische Atom, auf welchen die gesamte Lehre aufbaut, sind nur im Hinblick auf ihre jeweilige Wissenschaft die letzte Einheit. Sie selbst sind ebenfalls zusammengesetzt [...].« (Tarde 2009a: 21)

Das zweite Hauptargument, das Latour (2009) bei Tarde wiederentdeckt, ist die Irrelevanz einer Unterscheidung von Mikro- und Makroebene des Sozialen. Tarde hält die Vorstellung der Erklärung des Sozialen unter Verweis auf angebliche Makrophänomene wie Durkheims Kollektivbewusstsein für illusorisch.

---

17 Interessant ist in diesem Zusammenhang auch Latours Kommentar zu Tarde, der als einzigen Unterschied zwischen Natur- und Sozialwissenschaften anerkennt, »dass die Ersteren gezwungen sind, eine große Anzahl von Monaden von Weitem zu betrachten, während die Menschen, da sie weitaus weniger zahlreich sind, aus der Nähe betrachtet werden können. Welch ein Paradox: Man kann bei menschlichen Zusammenschlüssen sehr viel wissenschaftlicher vorgehen als bei anderen, die man stets nur von Weitem zu sehen vermag« (Latour 200c: 14). Das heißt, Tarde stellt, folgt man Latour, die allgemeine Vorstellung, dass die Naturwissenschaften wissenschaftlicher vorgehen als die Sozialwissenschaften, auf den Kopf.

18 So schreibt Barry (2005: 54): »In Tarde's ontology there were no fundamental elements.«

»Doch ganz gleich wie innig, wie tief und harmonisch eine gesellschaftliche Gruppierung auch sein mag, niemals können wir beobachten, dass *ex abrupto* aus der Menge der überraschten Mitglieder ein *kollektives Ich* entspringt, ein wirkliches, nicht bloß metaphorisches, gleichsam als wunderbares Resultat, dessen Bedingungen die einzelnen Mitglieder wären.« (Tarde 2009a: 64)

Im Gegensatz zu Durkheim erklärt Tarde (2009b: 24, Fn. 2) nicht »das Kleine durch das Große, das Einzelne durch das Ganze«. Anstatt Soziales mit Sozialem zu erklären und Strukturen und soziale Gesetze als Erklärung für Ereignisse heranzuziehen und z.B. von einem Kollektivbewusstsein auszugehen, das individuelles Handeln anleitet, begründen Mikro-Ereignisse für Tarde ›Makrostrukturen‹. In dieser Hinsicht kann man Tarde als Mikrosoziologen verstehen, als der er auch von Deleuze/Guattari (1997: 298-299) in ihrer Hommage an ihn gefeiert wurde. Für Tarde liegt »im Kleinen immer der Schlüssel für das Verständnis des Großen verborgen« (Latour 2009b: 42). Es ist die Analyse der Ereignisse auf der sog. Mikroebene, welche Phänomene auf der Makroebene erklärt, denn »[d]as Makro ist nur eine leichte Erweiterung des Mikro« (Latour 2009b: 47). Entgegen der Annahme, dass große Phänomene komplexer seien als kleine, z.B. ein Staat im Vergleich zu einem Ehepaar, neigt Tarde zu einer anderen Einsicht des *common sense*, die allerdings der ersten widerspricht und zwar, dass man mehr entdeckt, je genauer man schaut. In diesem Zusammenhang ist es wichtig, noch einmal herauszustellen, dass Tarde von einem heterogenen Werden ausgeht und nicht von einer Ordnung, Struktur oder Identität. Seine Monadologie ist durch »Affirmation von Differenz« (Czarniawska 2009: 382) geprägt (vgl. auch Toews 2003: 94; Balke 2009).

»Existieren heißt differieren. Die Differenz ist in gewissem Sinn das Wesen der Dinge, was ihnen zugleich völlig eigen und gemeinsam ist. Dies muss der Ausgangspunkt sein, und tapfer sollte man verteidigen, dass man alles durch ihn erklärt, auch die Identität, welche bisher fälschlicherweise als Ausgangspunkt diente. [...] Die Differenz ist das Alpha und Omega des Universums.« (Tarde 2009a: 71-72)

Tarde interessiert sich folglich für die konkreten ›kleinen‹ Schritte der Differenzierungen – die »unendlich kleinen Neuerungen« (Tarde 2009b: 96) – anstatt für abstrakte, große (und meist träge) Einheiten. Tarde macht »das Infinitesimale zum Alpha und Omega der Forschung« (Schillmeier 2009: 114). Das Große, Makrophänomene und Strukturen sind nicht bloß temporäre und höchst labile Aggregate von Monaden, sondern »lediglich [...] eine karikaturhafte Reduktion der Vielheiten, aus denen es sich zusammensetzt« (Latour 2009c: 12). Das Große ist somit nicht komplexer als das Kleine, sondern umgekehrt.[19] Das Argument geht sogar noch weiter, indem es Makrophänomene lediglich als *eine* mögliche und ›bloß‹ mächtigere Monade ansieht. »Das Große, das Ganze, das Großartige ist den Monaden nicht überlegen, es ist nur eine einfachere, standardisiertere Version *des Ziels einer der Monaden, der es gelungen ist, die anderen dazu zu bringen, ihren Gesichtspunkt zu teilen.*« (Latour 2009b: 47) So ist beispielsweise »der Glaube an den selbstorganisierten Markt« nichts weiter »als der temporäre Erfolg spezifischer Monaden« (Borch/Stäheli 2009: 33). Anstatt solche Reduktionen als Erklärung für soziale Situationen heranzuziehen, plädiert Tarde (2009b: 93-98) für die Analyse der Komplexität sog. Mikrophänomene, um zu zeigen »wie temporäre Strukturen von diesen geformt und umgeformt werden können« (Borch/Stäheli 2009: 33). Bei Tarde finden wir bereits einen starken Anti-Strukturalismus, welchen Deleuze und Latour an ihm bewundern: Anstatt eine *langue* hinter der *parole* zu vermuten, sieht er erstere als temporären Effekt der Sprechakte (vgl. Keller 2009). Tarde interessiert sich für die »Ereignishaftigkeit des Sozialen« (Borch/Stäheli 2009: 10), *wie* sich Ideen und Vorstellung *verbreiten* und nicht für irgendwelche Strukturen oder allgemeinen Entwicklungsgesetze, die diese hervorgebracht haben könnten.

»Sind es nicht kleine Erfindungen von Ausdrücken durch die schaffende Phantasie, pittoreske Wendungen, neue Wörter oder neue Wortbedeutungen, durch die sich unsere Sprache rings um uns bereichert? Und ist etwa nicht jede dieser Neuerungen, auch wenn sie meist anonym geschieht, ebenfalls eine persönliche Initiative, die von Person zu Person weiter getragen wird?« (Tarde 2009b: 95)

Tardes Plädoyer für eine Mikrofundierung der Soziologie darf allerdings nicht wie bereits von Durkheim (negativ) oder später von Boudon (positiv) als Individualismus missverstanden werden, denn, wie oben bereits mit Latour (2009: 9) festgestellt wurde, erkennt er den Gegensatz von Individuum und Gesellschaft nicht an. Nicht nur die Gesellschaft, sondern auch das Individuum löst sich in vielfältige und heterogene Monaden auf. Tardes Neo-Monadologie ist auch eine Absage an das autonom handelnde Individuum des Humanismus (vgl. Borch/ Stäheli 2009: 34; Latour 2009b: 43).

---

19 »Das Elementare Tardes ist weder in quantitativer noch in qualitativer Hinsicht *einfach*: Das Kleine und Kleinste ist, wie Tarde immer wieder betont, ›zahlreich‹, ja sogar das ›äußerst Zahlreiche‹.« (Balke 2009: 147)

»So wie Tarde in der Gesellschaft keine höhere, komplexere Ordnung sehen will als in der individuellen Monade, weigert er sich, den individuellen menschlichen Agenten für den wirklichen Stoff zu halten, aus dem die Gesellschaft gemacht ist: ein Gehirn, eine Seele, ein Körper bestehen jeweils aus Myriaden von ›kleinen Personen‹ oder Handlungsträgern, von denen jede(r) mit Glauben und Verlangen begabt und aktiv damit beschäftigt ist, die eigenen Gesamtversion der Welt zu verbreiten.« (Latour 2009b: 43)

Tardes Nachahmungstheorie lässt sich auch nicht des Individualismus überführen, weil zum einen der Nachahmungsprozess nicht ausschließlich von Individuen getragen wird und zum anderen diese i.d.R. nicht bewusst, sondern schlafwandlerisch handeln (vgl. Borch/Stäheli 2009: 10). Nachahmungen lassen sich nicht durch die subjektiven Interessen und Intentionen Einzelner erklären, stattdessen beruhen sie für Tarde (2003: 111) auf »einer Art Somnabulismus«.[20] Dementsprechend versteht er die Idee eines autonomen Subjekts als eine Erfindung des 18. Jahrhunderts, die sich durch Nachahmung verbreitet hat (vgl. Lüdemann 2009: 113). Wie Deleuze und Guattari (1997: 298) festgestellt haben, betrifft eine Nachahmung nicht das Individuum, sondern eine Strömung oder Welle, welche aus Überzeugungen und Begehren besteht.[21] Die Nachahmungsstrahlen – die Kräfte des Begehrens und der Überzeugungen – durchkreuzen das Individuum. Auch das leicht missverständliche Genie, das Tarde thematisiert, erfindet nur dank Nachahmungen und wird somit durchkreuzt von anderen Kräften. Erfindungen sind neue Kompositionen imitierter Elemente, welche sich in einem kontingenten, irreversiblen und pfadabhängigen Prozess ereignen (vgl. Barry 2005: 54).

Das neu erwachte Interesse an der Soziologie Tardes liegt insbesondere darin begründet, dass er ein sozialtheoretisches Unbehagen einer großen Anzahl an Soziologinnen artikuliert, welche sowohl mit dem Gesellschaftsbegriff als auch dem Konzept eines autonom handelnden Individuums unzufrieden sind. Bei Tarde findet sich bereits sowohl eine Kritik an der Makrosoziologie als auch eine Kritik an einer individualistischen Mikrosoziologie (vgl. Borch/Stäheli 2009:

---

20 Tarde (2003: 98-112) beschreibt den Nachahmungsprozess in Anlehnung an die seiner Zeit populären Experimente und Debatten zur hypnotischen Suggestion (vgl. Borch/Stäheli 2009: 13-14; Leys 2009), was den Spiritualismus-Vorwurf der Durkheim-Schule und späterer Soziologen genährt hat.

21 So fragt Tarde beispielsweise: »Wie erklären wir jedoch die geistige Komplexität jener Agenten, durch welche wir glauben, alles erklären zu können? Die Antwort habe ich bereits gegeben, indem ich bemerkte, dass die Überzeugung und das Begehren das ganze Wesen der Monaden sind.« (Tarde 2009: 67)

10). Er artikuliert somit eine Kritik an Gesellschafts- und Systemtheorien *avant la lettre*, zumindest vor der endgültigen Etablierung Durkheims und vor Parsons, Luhmann und der kritischen Theorie, und andererseits aber auch an ihrem prominentesten Gegenentwurf, dem methodologischen Individualismus (à la Boudon, Colemann und Esser).[22] In dieser Hinsicht ist auch eine gewisse Nähe zu den sog. »interaktionistischen Soziologien« gegeben und in der Tat hatte Tarde seinerzeit einen großen Einfluss auf die frühe Chicagoer Schule, welcher dann allerdings durch Meads Kritik geringer wurde (vgl. Borch/Stäheli 2009: 24-28; Leys 2009). Christian Borch und Urs Stäheli (2009: 14) betonen allerdings, dass Tardes Theorie nicht auf »das mikrosoziologische Paradigma interaktionistischer Ansätze« verkürzt werden dürfe, sondern wie von Deleuze, Guattari und Latour erkannt, Tarde »die spezifische Bedeutung von ›mikro‹ [...] als Deterritorialisierung etwa von kollektiven Repräsentationen« herausstellt. Die Verkettungen auf der Mikroebene – in der Sprache von Deleuze und Guattari (1997) – sind nicht an Ko-Präsenz gebunden, weil Tardes Nachahmungen auch medial via »Suggestion auf Distanz« (Borch/Stäheli 2009: 31) funktionieren.[23] Es ist nicht die Differenz zwischen Individuum und Gesellschaft,

> »sondern zwischen dem molaren Bereich von kollektiven oder individuellen Vorstellungen und dem molekularen Bereich von Überzeugungen und Begehren, in dem die Unterscheidung von Gesellschaftlichem und Individuellem jede Bedeutung verliert, da die Strömungen weder Individuen zugeordnet, noch von kollektiven Signifikanten übercodiert werden können. [...] Tarde ist der Erfinder einer Mikrosoziologie, der er ihre ganze Ausdehnung und Tragweite gab, indem er von vornherein die Fehlinterpretation kritisierte, deren Opfer sie werden sollte.« (Deleuze/Guattari 1997: 299)

Tardes Soziologie ist weder eine individualistische noch holistische Soziologie, sondern eine Soziologie der Relationen: »The elementary social fact for Tarde is not the individual or collective consciousness, but the forms of relation through

---

22 Obwohl letztere, zumindest Raymond Boudon, Tarde gerade als einen Vorfahren just jenes Individualismus verstehen (vgl. Mucchielli 2000b: 165-166; Moebius 2009: 255).

23 Diese Kritik führt auch Latour an der interaktionistischen Soziologie auf, wenn er ihr und anderen Sozialtheorien vorwirft, eine »Soziologie ohne Objekt« zu sein (vgl. Latour 2001c).

which difference is produced.« (Barry/Thrift 2007: 511)[24] Oder, in den Worten Tardes:

»Es folgt daraus, dass kein Individuum in einer Gesellschaft sozial handeln kann – oder überhaupt handeln kann – ohne die Mitarbeit einer großen Anzahl anderer Individuen, von deren Existenz es zumeist nicht einmal etwas ahnt. Die verborgenen Arbeiter, welche durch die Anhäufung von lauter kleinen Ereignissen das Erscheinen einer großen wissenschaftlichen Theorie vorbereiten, die schließlich von einem Newton, Cuvier oder Darwin formuliert wird, [...]. Daraus folgt, dass eine auf sich allein gestellte Monade nichts vermag. Dies ist die Grundwahrheit, welche uns sofort dazu dienen kann, eine weitere zu erklären: *die Tendenz der Monaden, sich zusammenzuschließen.*« (Tarde 2009: 60)

In den letzten Jahren ist noch ein weiterer Aspekt des Werks Tardes von besonderer Relevanz für Latour geworden: die Quantifizierung.[25] Denn der Jurist Tarde war vor seinem späten Ruf ans *Collège de France* Leiter der statistischen Abteilung im französischen Justizministerium. Wie Latour (2010) jedoch feststellt, hat er eine andere Vorstellung davon, was es heißt etwas quantitativ zu messen und eine quantitative Disziplin zu sein. Dabei nimmt Tarde eine Position ein, die schwer in die klassische Gegenüberstellung von quantitativen und qualitativen Sozialwissenschaften und ihren Methoden einzuordnen ist. Statistik interessiert ihn nicht, um synchron Gesellschaften zu vergleichen, sondern diachron Nachahmungs- und Innovationsprozesse zu verdeutlichen (vgl. Barry/Thrift 2007: 515). Das heißt, die Statistik ist ein Mittel, die Immitationsprozesse nachzuverfolgen und somit zum einen die Differenz in der Wiederholung zu verdeutlichen und zum anderen die Genese von Innovationen aufzuzeigen. Statistik soll nicht bereits festgestellte soziale Phänomene repräsentieren oder belegen, sondern stattdessen den individuellen Variationen nachspüren (vgl. Latour 2010).

»What Tarde is interested in is not simple quantification or the possibility of an empirical grasp of already constituted social configurations. He is rather concerned to identify the irreversible, virtual, and intensive effect of continuity that one cannot eliminate by attributing to those social numbers an abstract infinite divisibility. To the contrary, his interest lies in a continuity with which those very numbers must enter into an inclusive, meaning-

24 Tardes Monade hat dabei Ähnlichkeiten mit Whiteheads »actual entity«, in der bereits jede andere Entität präsent ist.

25 Vgl. hierzu die Beiträge des zweiten Teils des Sammelbandes *The Social after Gabriel Tarde* (Candea 2010).

constitutive relation of co-dependence. One might say that Tarde is interested not so much in the volume and density as in the *power* in social numbers.« (Toews 2003: 94)

Tarde interessiert sich, wie wir schon gesehen haben, für das unendlich Kleine. Folglich stellt er auch die Statistik in den Dienst einer solchen »Soziologie von unten«. Es gilt, das Kleine zu quantifizieren und nicht das Große, weil es das Viele und Komplexe ist: »we begin to shift from a gross, statistically produced structure, to a trajectory of individual innovations.« (Latour 2010: 152) Das Große, das für Tarde zumindest in Form eines Kollektivbewusstseins gar nicht existiert,[26] ist lediglich eine mächtig gewordene Monade. Statistik soll die Intensität des Begehrens und die Überzeugung von Monaden quantifizieren (vgl. Latour 2009: 14).

»Statistics were of value to Tarde not because they served to isolate the domain of specifically social phenomena, but because they allowed the sociologist to trace the emergence of new passions and desires and their consolidation in the form of habit and custom.« (Barry/Thrift 2007: 516)

Es ist eine Statistik des Werdens und nicht der Repräsentation. Wie jede Wissenschaft, aus Sicht der ANT, ist sie performativ.

»This is why his [Tarde's, *M.W.*] theory of science is so original: science is *in* and *of* the world it studies. It does not hang over the world from the outside. It has no privilege. This is precisely what makes science so immensely important: it performs the social together with all of the other actors, all of whom try to turn new instruments to their own benefits.« (Latour 2010: [12])

Diese Form von Quantifizierung scheint am Anfang des 21. Jahrhunderts in die Tat umgesetzt: »what we are witnessing, thanks to the digital medium, is a fabulous extension of this principle of traceability.« (Latour 2010: [13]; vgl. auch Latour 2007b) Verschiedenste Formen der Visualisierung von Daten, Simulationen und Netzwerken, *Page Rankings* sowie die professionelle Konsumforschung, die den Konsumwünschen mittels verschiedener Kategorien nachspürt, ob per Kun-

26 Der Grund dafür liegt darin, dass wir das Entstehen eines Kollektivbewusstseins in den einzigen Gesellschaften, die wir von innen beobachten können, nicht feststellen können (vgl. Tarde 2009a: 64). Folglich akzeptiert Tarde im Hinblick auf menschliche Gesellschaften nicht, dass es eine Struktur gibt, die unterschiedlich von ihren Komponenten ist.

denkarte, Mausklick, Barcode oder RFID, sind Beispiele für die Quantifizierung von ›traceability‹ (vgl. Barry/Thrift 2007: 517; Latour 2010: [12-14]). Dank des digitalen Mediums lässt sich jede Aktivität nach- und zurückverfolgen, so wie klassischerweise die Fußnoten in einer wissenschaftlichen Arbeit.[27] Der zentrale Punkt für Latour ist dabei, dass das Ganze seinen privilegierten Status verliert: »we can produce out of the same data points, as many aggregates as we see fit, while reverting back at any time, to the individual components.« (Latour 2010: [14])

Abschließend seien noch einmal die wesentlichen Punkte für Latours Interesse an Tarde zusammengefasst, katalysiert durch die Wiederentdeckung und Herausgabe seines Werkes durch französische Deleuzianer – der Gruppe um die Zeitschrift *Multitudes*, in der auch Latour publiziert.[28] Diese betreffen nicht nur den Inhalt, sondern auch die Form seiner Soziologie. Denn so ist es zunächst die essayistische Form des tardeschen Werks, welche zum einen eine Nähe zur Literatur und zum anderen zur Philosophie ausdrückt (vgl. Lepenies 1985: 59; Latour 2009b: 40), für die auch Latour bekannt ist (vgl. Kapitel 8.6). Den kühnen und undisziplinierten Geist, den er an Tarde preist, ist auch ihm eigen, der aufgeregt ist, dessen Gene in sich wirken zu spüren (Latour 2009b: 40-41). Diese Form, welche Grenzen wissenschaftlicher Disziplinen und ihrer Genres überschreitet, ist jedoch aufs engste mit ihrem Inhalt verknüpft, denn Tardes Monadologie bedeutet eine radikale Erweiterung des Gegenstandes der Soziologie und somit auch der Grenzen des Sozialen, was sie zum Vorfahren der ANT (Latour 2009b: 39) und zur Keimzelle einer anderen Soziologie macht (Latour 2005a; Schillmeier 2009).[29] Die »Soziologisierung des Sozialen« (Schillmeier 2009: 126), welche bei Durkheim seinen Anfang macht und vielleicht in Luhmann seinen Meister gefunden hat,[30] wird abgelöst von einer Soziologie der Assoziation und des Ereignisses, die sich der Analyse des kontingenten Prozesses sozialen Wandels widmet. Einer Soziologie, die keine Struktur hinter einer werdenden

27 Dieses Motiv greift auch Richard Powers in seinem neuesten Roman zur Genomik und Glück auf (vgl. Powers 2009, insbes. Teil Vier).

28 In dieser Hinsicht ist Latours Lesart von Tarde besonders durch die Philosophie Deleuzes beeinflusst, was u.a. Mucchielli (2000b) kritisiert.

29 Im Gegensatz zu Latour betont Schillmeier (2009) allerdings die Verwandtschaft von Tardes Vorhaben mit jenem Max Webers und Georg Simmels.

30 Zur Crux der funktionalen Differenzierung aus einer tardeschen und deleuzeschen Perspektive vgl. Balke (2009).

Welt heterogener Einheiten zu entdecken glaubt: »Tarde braucht keine Gegensätzlichkeit, ihm genügt die Differenz!« (Latour 2009c: 11)[31]

Die Entdifferenzierung von Natur und Gesellschaft, damit einhergehend jene Differenzen zwischen den Disziplinen – alle Disziplinen sind letztlich Monadologien –, sowie die Irrelevanz der Gegenüberstellung von Individuum und Gesellschaft, sind die beiden Hauptgründe für Latour (2009b, c), Tardes Soziologie so überschwänglich zu loben. Barbara Czarniawska (2009) macht zu Recht darauf aufmerksam, dass neben diesen zentralen Gemeinsamkeiten noch eine Reihe weiterer Ähnlichkeiten zwischen Tardes soziologischer Monadologie und der ANT bestehen:

> »Tatsächlich bestehen zahlreiche Ähnlichkeiten zwischen beiden Ansätzen: ihre Sichtweise auf Macht (Tarde behauptet, daß bestimmte Monaden andere dominieren, aber daß sie ursprünglich gleiche Ausgangspositionen hatten; daher sei Macht ein Ergebnis von Handlungen, aber nicht ihre Ursache), ihre Idee der Repräsentation, in der jede Monade eine Stimme erhält und die Idee, daß der *Sozius* und nicht die Gesellschaft das Soziale bestimme.« (Czarniawska 2009: 392)

Doch anstatt diesen weiteren Affinitäten in die Tiefe zu folgen, widmen wir uns im Folgenden zwei Theoretikern, die auch von Tarde beeinflusst wurden bzw. ihn beeinflussten. William James und John Dewey wurden von Tardes Soziologie der Nachahmung, wie eine Reihe Intellektueller und Soziologen der Zeit, insbesondere der Chicagoer Schule, inspiriert (vgl. Borch/Stäheli 2009: 24-28; Leys 2009). William James, der wiederum Tarde beeinflusst hatte, bezeichnete Tardes Nachahmungsbuch gar als »Werk eines Genies« (James 1979: 194 zit. nach Leys 2009: 63).

---

31 Schillmeier beschreibt Tardes Differenzbegriff wie folgt: »Differenz meint die Wiederholung entgegengesetzter Kräfte oder Tendenzen und nicht Gegenüberstellung von Dingen, Wesen oder Zuständen. Letztere sind Ergebnisse der Differenzen von Kräften. Damit untergräbt Tarde jedweden Fundamentalismus, jedwede Dialektik von Wesensunterschieden, ob nun sozialer oder nicht-sozialer Natur.« (Schillmeier 2009: 118-119)

10.3 JAMES' RADIKALER EMPIRISMUS UND DEWEYS ÖFFENTLICHKEIT

> »Those American philosophers call their tradition pragmatism, meaning by this word not the cheap realism often associated with being ›pragmatic‹ but the costly realism requested by making politics turn toward pragmata – the Greek name for Things. Now that's realism!« (LATOUR 2005B: 28)

In Frankreich wird die Akteur-Netzwerk-Theorie – im Gegensatz zu Deutschland (vgl. Strübing 2005; Rammert 2007) – stärker im Kontext einer ›neuen pragmatistischen Soziologie‹ rezipiert. Latour gilt sogar mitunter als die französische Variante von Richard Rorty (vgl. Kraus 2006). Wenn man an Latours Kritik am Repräsentationsmodell – dem »Spiegel der Natur« (Rorty 1981) –, dem Einsatz von Ironie und Parodie in seinen Texten verbunden mit einem Plädoyer für ein Anerkennen von Kontingenz und für Solidarität (vgl. Rorty 1989) und generell an seinem Eintreten für einen ›neuen‹ philosophischen Empirismus denkt, dann erscheint Rortys Neopragmatismus, wie die Verweise anzeigen, nicht weit.[32] Doch anstatt diese Parallelitäten herauszustellen, sollen die Verweise auf William James und John Dewey (als auch den weniger bekannten Walter Lippmann), welche sich im Gegensatz zu Rorty in Latours Schriften zunehmend finden lassen, herausgestellt werden.[33] Interessanterweise finden sich kaum Verweise auf den für die Soziologie einschlägigsten oder prominentesten pragmatistischen Autor George H. Mead,[34] obwohl – oder vielleicht gerade weil? – dieser eine prominente Rolle in Karin Knorr-Cetinas ethnographischer Wissenschafts- und Finanzforschung spielt (vgl. Knorr-Cetina/Brügger 2005) und, folgt man Bernhard Gill (2008: 47), neben Whitehead der Schlüssel zum Verständnis von Latour und der ANT ist. Auch mag es verwundern, dass Latour nicht zu Charles S. Peirce greift, der sowohl Pragmatismus als auch die moderne Semiotik begründet hat. Dies hängt sicher mit der wirkmächtigen Interpretation Peirce durch Karl Popper und Bertrand Russell zusammen. Alfred Nordmann (2008)

32 Im Übrigen hat Rorty seine Magisterarbeit über den auch für Latour so zentralen Whitehead und sein Konzept der Potentialität geschrieben (vgl. Kapitel 10.1).

33 Latour (2007d: 814) kritisiert Rortys und auch Putnams Pragmatismus als ›entkernte Varianten‹.

34 In Latour (2001c) findet sich eine ›versteckte‹ Abgrenzung gegenüber Mead.

hat jedoch herausgearbeitet, dass sich Peirces Hypothetizismus besser als ein Vorläufer von Latours Aktanten-Netzwerken lesen lässt anstatt von Karl Poppers Fallibilismus, denn Peirce fasst Hypothesen »als produktive Antizipationen von Wirklichkeit« auf (Nordmann 2008: 217). Wie Latour versteht er Wissenschaft als ein praktisches und nicht epistemologisches Projekt, in welchem sich Mensch und Wirklichkeit wechselseitig anpassen (vgl. Nordmann 2008: 232-241).

Latours Interesse am Pragmatismus rührt von zwei Seiten her: einerseits von Seiten der Wissenschaftstheorie und andererseits von Seiten der politischen Philosophie. Ersteres Interesse ist eng verbunden mit radikalem Empirismus und zweiteres mit Kosmopolitik. Diese beiden Fragen sind für Latour und im Pragmatismus verknüpft über die Frage der Objektivität und Materialität der Welt und der Wissenschaften. Anfänglich hat Latour (2002b: 79, 90, 137) den Pragmatismus von William James aufgegriffen, um die moderne Epistemologie zu kritisieren. Anstatt eine Kluft zwischen Welt und Worten anzunehmen oder eine fragwürdige Korrespondenz zwischen ihnen zu suchen, sollte man den Verbindungen zwischen ihnen folgen. Der Vermittlungsprozess, der die Verbindung von Welt und Wort produziert, sollte im Zentrum der Aufmerksamkeit der Philosophie sowie der Sozial- und Kulturwissenschaften stehen (vgl. Latour 2002b: 79). Verbunden damit ist ein Verständnis von Realität im Plural: James Pluriversum. Die Einheit der Wirklichkeit muss hergestellt werden und ist nicht irgendwo vorzufinden.

> »Der von den *science studies* vertretene Typ von Realismus, wie auch der von William James, ermöglicht es, Realitäten und Pluralitäten als synonym zu sehen und die Einheit einer anderen, im eigentlichen Sinne politischen Arbeit zu übertragen.« (Latour 2001a: 320, Fn. 40)

Latours zentrales Anliegen des »Going back to things« (Latour 2005b: 29) hat seinen Ursprung in der Wissenschaftsforschung (vgl. Kapitel 2). Diese hat sich der Praxis der Naturwissenschaften und später auch anderer Wissenschaften zugewandt und ist in diesem Sinne nicht weit von Deweys Verständnis von Wissenschaft als Praxis entfernt – obwohl dieser interessanterweise kaum eine Rolle für die Wissenschaftsforschung der frühen Stunde gespielt hat oder zumindest nicht für die französische ANT-Variante.[35] Deweys wie Latours Interesse für

35 Eine Ausnahme bildet natürlich die amerikanische »pragmatistische Wissenschafts- und Technikforschung« (Strübing 2005) von Geoffrey Bowker, Adele Clarke, Joan Fujimura und Susan Leigh Star, die auch schon früh in Kontakt mit Latour stand, wobei man allerdings auf Abgrenzung voneinander bedacht war. Neben Latour ist inzwi-

Wissenschaft im Vollzug im Labor oder Feld »eliminiert [...] die Trennung von Subjekt und Objekt bzw. eine bestimmte Vorstellung über die Verteilung von Zweifel und Unsicherheit auf diese beiden Pole des Erkenntnisprozesses« (Balke 2008: 272-273). Beide gehen von den wissenschaftlichen Praktiken oder Operationen im Sinne Deweys aus, so dass Akteure nicht vorgängige, sondern emergente Größen dieses Prozesses sind:

»der Akteursbegriff zielt vielmehr auf Vorgänge der Aktivierung ab, die auch nichtmenschliche Wesen (z.B. Mikroorganismen) umfassen. Dinge (wobei hier Menschen ausdrücklich miteingeschlossen sind) gewinnen Akteursstatus stets in Abhängigkeit von bestimmten Operationen, Vorgängen, Experimenten oder Performanzen, die zu einer – vorhersehbaren – Zustandsänderung von Entitäten führen.« (Balke 2008: 272)

Allerdings geht Latour in seiner »Neubewertung des Dings« – »die Einsicht in die operative Existenz der Dinge« (Balke 2008: 273) – einen Schritt über Dewey hinaus, indem er sich mit der Verabschiedung des erkennenden Subjekts nicht auch vom Substanzbegriff verabschiedet. Allerdings wird der Substanzbegriff seinerseits auch wieder dynamisiert und nicht als vorgängig betrachtet, sondern durch Stabilisierung erst geschaffen. Dinge werden erst durch einen Verhandlungs- und Institutionalisierungsprozess stabilisiert, d.h. ›substantialisiert‹ (Latour 2002b: 380; Balke 2008: 273). Ein Ereignis wird durch ein Netzwerk stabilisiert und dadurch substantialisiert. Latour geht nun über Dewey hinaus, indem er verdeutlicht, dass Deweys »*Naturalisierung der Intelligenz* [...] *die Kultivierung der Dinge nach sich* [zieht]«, welche letztlich auf eine »Erneuerung der Ontologie« hinausläuft (Balke 2008: 278). Wenn Technik als Vermittler zwischen Natur und Gesellschaft sichtbar gemacht wird, wenn *matters of fact* (wieder) als *matters of concern* sichtbar werden, dann ist der Punkt des Politischen erreicht, der sich in Latours Plädoyer für ein »Parlament der Dinge« äußert.

Auf einer sehr allgemeinen Ebene ist die ANT verwandt mit dem Pragmatismus, weil sie sich nicht für die Intentionen des Handelns, sondern seine Folgen interessiert, den Dualismus der westlichen Philosophie als auch die Trennung von Erkenntnis und Handeln kritisiert; oder wie Friedrich Balke in Hinblick auf Dewey formuliert: »Alles, was Dewey in unübertroffenen Formulierungen über die ›Zuschauertheorie des Erkennens‹ festgestellt hat, [...] wird von der neueren Wissenschaftsforschung und ihren Labor- bzw. Feldstudien bestätigt.« (Balke 2008: 272) Die vielfältigen Anknüpfungspunkte an den Pragmatis-

---

schen auch der ›ehemalige Edinburgh-Schüler‹ Andrew Pickering (2007, 2008) auf den Geschmack von William James gekommen – neben Whitehead und Deleuze.

mus werden von Bruno Latour und der ANT jedoch nicht systematisch aufgegriffen, stattdessen nehmen sie aber expliziten Bezug auf die politische Philosophie des Pragmatismus. In den letzten Jahren hat Latour (2005b), vermittelt durch die Doktorarbeit von Noortje Marres, explizit Bezug genommen auf die Konzipierung des Politischen, von Öffentlichkeit und Demokratie, wie sie sich in der Kontroverse zwischen Walter Lippmann und John Dewey in den 1920er Jahren geäußert hat, um sein Plädoyer für eine Demokratisierung von Wissenschaft und Technik stärker zu fundieren.

›Die Öffentlichkeit‹ als Einheit und Totalität stellt für Lippmann ein Phantom dar. Anstatt der einen und geeinten Öffentlichkeit gibt es eine Vielzahl an Öffentlichkeiten. Deweys Konzipierung von Öffentlichkeit ist eine kritische Reaktion auf Lippmanns Buch, dessen Diagnose er teilt – dass Staat oder Regierung nicht *die* Öffentlichkeit repräsentieren können –, allerdings nicht dessen Lösung in Form einer Expertokratie. Für Lippmann beginnt öffentliche Meinung dann, wenn Probleme auftauchen, die von den direkt involvierten professionellen Akteuren und Institutionen nicht gelöst werden können, also die Expertise zur Problemlösung fehlt (vgl. Marres 2007: 767). Dewey erweitert diese Perspektive dahingehend, dass Öffentlichkeiten durch die indirekten Handlungsfolgen anderer entstehen:

»Deweys Definition der ›Öffentlichkeit‹ liegt weit entfernt von dem, was wir Staat nennen, insbesondere vom Hegelschen Staat. Solange wir die Folgen unseres eigenen Handelns übersehen, haben wir es mit einem Bereich zu tun, den Dewey ›privat‹ nennt, was nichts Individuelles oder Subjektives sein muss, sondern einfach aus dem besteht, was bekannt, vorhersehbar, routinisiert, voll internalisiert ist. Im Gegensatz dazu beginnt die Öffentlichkeit mit dem, was wir nicht vorhersehen oder vorhersagen können, mit den unbeabsichtigten, ungewollten, unsichtbaren Folgen unseres kollektiven Handelns. Im Gegensatz zu allen Träumen einer rationalen Politik, die diesen Kontinent über die Jahrhunderte hin verwüstet haben, setzt Dewey die Öffentlichkeit nicht mit dem Wissen der Autoritäten, sondern mit Blindheit gleich. Öffentlichkeit entsteht, wenn wir in etwas verwickelt sind, ohne zu wissen, worin und wieso, wenn der Souverän blind ist. Statt das Schicksal der Republik dem wohlwollenden Überblick der Experten anzuvertrauen, zeichnet Dewey den Aufbau der Öffentlichkeit vor, wenn es keinen Experten gibt, der in der Lage ist, die Folgen des kollektiven Handelns zu bestimmen.« (Latour 2001b)

Die drei zentralen Gründe, die Lippmann und Dewey der Wissenschafts- und Technikforschung liefern, um ihre Forderung nach einer Demokratisierung wissenschaftlicher, technischer und ökonomischer Kontroversen zu begründen, sieht Marres (1) im Thematisieren der Grenzen eines Prozeduralismus, indem Lippmann und Dewey davon ausgehen, dass »public involvement is concerned with issues that existing institutions cannot settle« und (2) in Deweys Betonung von »problematic associations among humans that are mediated by technology« (Marres 2007: 770). Drittens verstehen die beiden Pragmatisten Demokratie nicht als ein Ideal, sondern als praktische Notwendigkeit, indem sie auf konkrete und spezifische Probleme fokussieren, die Öffentlichkeiten produzieren, und nicht auf *eine* Öffentlichkeit und ihr Allgemeinwohl (vgl. Marres 2007: 770).

Die Bedeutung der politischen Philosophie Deweys für Latours (2005b) »Dingpolitik« liegt darin, dass sie ein nicht-essentialistisches Verständnis von Politik hat und auf Probleme und Streitfragen orientiert ist (*issue-oriented*).[36]

> »The radical departure pragmatism is proposing is that ›political‹ is not an adjective that defines a profession, a sphere, an activity, a calling, a site, or a procedure, but it is what qualifies a *type of situation*. [...] Here is a Copernican revolution of radical proportions: to finally make politics turn around topics that generate a public around them instead of trying to define politics *in the absence* of any issue, as a question of procedure, authority, sovereignty, tight and representativity.« (Latour 2007d: 814)

Das Politische ist also kein soziales System oder eine Institution, sondern Kennzeichen einer bestimmten Situation. Es entsteht erst dann, wenn sich um eine Streitfrage eine Öffentlichkeit konstituiert bzw. im Plural: Die Frage ist nicht, wie strittige Angelegenheiten zum Thema etablierter Politik oder einer bereits definierten Öffentlichkeit werden, sondern der Ausgangspunkt sind die ›Streitobjekte‹ und die sich darum gruppierenden Öffentlichkeiten und ihre Politiken. Es findet eine Perspektivenverschiebung statt: »from will formation to issue formation« (Marres 2007: 769). Diese Orientiertheit auf *issues* versteht Latour als einen »focus on the objects of concern« (Latour 2007d: 814) – *matters-of-concern*, *res publica*, *things*. Die beiden zentralen Punkte für Latour sind: »*what* are the things politics should turn around and *how* it is going to turn around those things.« (Latour 2007d: 819)

Die Kritik von Lippman und Dewey an politischen Repräsentationstheorien aufgreifend, verwirft Latour das Konzept einer Körperpolitik (vgl. Latour 2005a: 161-163, 2005b: 37-39). Die klassische politische Theorie und Sozialphilosophie hat zu lange versucht, Politik als Körper oder Organ zu verstehen, was ein Phan-

36 Im Gegensatz zu den Pragmatisten differenziert Marres (2007: 768) zwischen *issues* und *problems*, weil der Begriff ›Probleme‹ zu sehr eine Lösbarkeit und Beherrschbarkeit nahelegt, wovon Dewey und Lippmann im Gegensatz zur heutigen Wissenschafts- und Technikforschung tatsächlich ausgingen.

tom ist, »because it's disappointing for those who dream of unity and totality« (Latour 2005b: 38). Für Latour stellt Lippmanns Phantomkonzept auf den provisorischen, fragilen und instabilen Charakter von Politik ab. Dadurch rückt wieder das Problem der Repräsentation als Prozess und Verfahren, als Konstruktion, aber im Prozessmodus als Konstruieren, in den Blick: »the problem of composing one body from the multitude of bodies« (Latour 2005b: 38) – das Komponieren eines Kollektivs.

11 Akteur-Netzwerk-Theorie und cultural studies

> »Perhaps a cultural studies of everyday life inflected via Latour's notion of technology as asocial actors might prove generative in future studies.«
> (SLACK/WISE 2002: 497)

Im folgenden Kapitel sollen Ähnlichkeiten zwischen der ANT und einer anderen poststrukturalistischen Soziologie, den *cultural studies*, herausgestellt werden. Dabei wird auf einige Argumente aus den vorangegangenen Kapiteln zurückgegriffen und – zumindest indirekt – der Bogen zum ersten Teil der Arbeit geschlagen, weil die *cultural studies* – jedenfalls im deutschsprachigen Raum – insbesondere in den Medien- und Kommunikationswissenschaften rezipiert werden.

Die Verbindungen zwischen *science studies* und *cultural studies* sind bis vor kurzem kaum ernsthaft aufgegriffen worden. Dies verwundert, wenn man bedenkt, dass mit Donna Haraways (1992) *The Promises of Monsters* ein Schlüsseltext der *science studies* bereits in einem frühen und bedeutendem Handbuch der *cultural studies* zu finden ist. Jedoch finden sich in Gary Halls und Claire Birchalls (2006) spannenden ›theoretischen Abenteuern‹, das die *New Cultural Studies* absteckt, zwar anregende Kapitel zu der Beziehung zwischen *cultural studies* und Deleuze, Badiou, Agamben oder Kittler, aber keines zu Latour und der ANT. Selbst das Kapitel zu »posthumanities« (Badmington 2006), ein Thema, zu dem Bruno Latour und die ANT einiges zu sagen haben, erwähnt ihn oder diese gar nicht – vielleicht aus guten, aber nicht explizierten Gründen. Um fair zu bleiben: Natürlich kann man immer einen Theoretiker und v.a. eine Theoretikerin sowie Themen finden, welche für das Projekt der *cultural studies* von Interesse sein könnten, was die Herausgeber auch ironisch in Form eines Fragebogens am Ende des Buches aufnehmen.[1] Dennoch verwundert die Absenz der ANT vor dem Hintergrund der Prominenz Latours und seiner Thesen in den letzten Jahren in den Sozial- und Kulturwissenschaften, auch und besonders aufgrund einer Reihe an Veröffentlichungen bekannter Vertreter der *cultural studies*, welche auf die Wissenschafts- und Technikforschung, Latour und die ANT Bezug nehmen (vgl. Wise 1997; Couldry 2006; Bennett 2007; Grossberg 2007b; Muecke 2009). Während man in den Werken Latours und der ANT vergeblich nach Verweisen auf die *cultural studies* sucht, findet sich innerhalb der Wissenschafts- und Technikforschung ein von Andrew Pickering schon früh geäußertes Plädoyer für die Verbindungen zwischen *cultural* und *science studies* (vgl. Pickering 1995, 2008).[2] Auf dem Gebiet empirischer Forschung lässt sich eine Reihe an Studien finden, welche das Vokabular der ANT auf eher alltagskulturellem Terrain benutzen, und mit Einsichten der *cultural studies* verbinden (vgl. Dant 1999; Michael 2000, 2006). Ein besonderes Beispiel dafür ist die Sonderausgabe des zentralen Publikationsorgan der Wissenschafts- und Technikforschung, *Social Studies of Science*, zu einem klassichen Thema der *cultural studies*: Popmusik (vgl. Pinch/Bijsterveld 2004). Schließlich sollte natürlich nicht der sog. Wissenschaftskrieg, die Sokal-Affäre, unerwähnt bleiben, denn die *hoax* von Alan Sokal war in erster Linie ein Angriff auf die amerikanischen *cultural studies* und ihre erfolgreiche Institutionalisierung in den 1980er und 1990er Jahren. Doch die ›Monographie zum Skandal‹ war eine allgemeine Abrechnung mit zeitgenössischer französischer Philosophie und auch mit der Wissenschaftsforschung, denn darin findet sich ein kritisches Kapitel zu Bruno Latour, aber nicht zu einem Vertreter der *cultural studies* (vgl. Sokal/Bricmont 1999). Das heißt, zumindest die Gegner der *cultural studies* haben sie nicht nur mit ›French Theory‹, sondern auch mit Wissenschafts- und Technikforschung assoziiert.

Im Folgenden sollen theoretische Anschlüsse zwischen den *cultural studies* und der ANT herausgestellt werden, die Grundlage für weitere empirische Forschung sein können. Zunächst werden die gemeinsamen Wurzeln von beiden im Poststrukturalismus einerseits und in den interpretativen Soziologien andererseits

---

1 Um dem generativen Charakter von *cultural studies* und Theorie gerecht zu werden, haben die beiden Herausgeber auch die Fortsetzung ihres Buches ins Internet in Form eines sog. *liquid book* verlegt, vgl. http://liquidbooks.pbworks.com/w/page/11135961/New-Cultural-Studies:-The-Liquid-Theory-Reader [01.03.2011]. Dort findet sich nun auch ein Eintrag zur ANT, der allerdings zunächst lediglich auf eine Linksammlung verwies und inzwischen ein ›toter Link‹ ist.

2 Wenn Latour Kulturwissenschaften anspricht, dann ethnologische Autoren wie beispielsweise Marshall Sahlins und James Gibson (vgl. Latour 2005a).

skizziert. Trotz ihres unterschiedlichen Untersuchungsgegenstandes – (Populär-) Kultur und (Natur-)Wissenschaft – so die These, benutzen sie sehr ähnliche theoretische Werkzeuge und teilen gewisse theoretische und methodologische Prämissen. Zweitens sollen drei gemeinsame Themen herausgestellt werden, die für beide *studies* von zentraler Bedeutung sind: die Frage der Handlungsfähigkeit, die Kritik an der Moderne und schließlich überhaupt die Frage nach der Möglichkeit von Kritik und Politik, wenn man ein nicht-essentialistisches Programm verfolgt. Schließlich werden drittens Forschungsfelder angesprochen, welche eine Verbindung von *cultural studies* und ANT nahelegen.

Insbesondere seit den 1980er Jahren, als die *cultural studies* aus dem *Centre for Contemporary Cultural Studies* in Birmingham diffundierten, kann man eine zunehmende Aufmerksamkeit für poststrukturalistische Theorien, insbesondere für Foucault und Derrida sowie für die sog. interpretativen Soziologien insbesondere Goffmans, Meads und des symbolischen Interaktionismus, feststellen. Stuart Halls (1999a) berühmter Aufsatz über die zwei Paradigmen der *cultural studies* deutet dies bereits an. Obwohl Hall hier zu Recht den Kulturalismus von Hoggart und Williams und den Strukturalismus von Saussure, Lévi-Strauss und Althusser als die zentralen Quellen der *cultural studies* benennt, so könnte man argumentieren, dass die Alltagssoziologie der interpretativen Soziologien Teil des ersteren sind und die poststrukturalistische Analytik Teil des zweiteren.[3] Abgesehen davon werden zweifellos beide, aber insbesondere poststrukturalistische Theorien für die damalige Zukunft der *cultural studies* besonders wichtig, wie Hall am Ende des Aufsatzes durchaus kritisch bezüglich der Foucault-Rezeption anmerkt.[4] In diesem Zusammenhang sei auf die Bedeutung des Werks von Derrida für Stuart Halls (2004) Arbeiten zu Identität, Rasse und Ethnizität, Deleuze/Guattaris Affekttheorie für Lawrence Grossberg (1992) und Meaghan Morris (2004), Michel de Certeaus *Kunst des Handelns* für John Fiske (1994) sowie Foucaults Macht/Wissens-Komplex für alle Genannten hingewiesen, um nur einige der prominentesten Autorinnen der *cultural studies* zu nennen. Die Bedeutung der interpretativen Soziologie, welche bereits durch die Arbeit von Paul

3 Zur Bedeutung interpretativer Soziologien für die Arbeit am *Centre* sei auf das Interview von Rainer Winter mit Stuart Hall verwiesen (vgl. Winter/Azizov 2009).

4 Natürlich sind die Label »interpretative Soziologie« und »Poststrukturalismus« wie auch »Mikrosoziologie« und »Theorie« problematisch, weil sie Resultat akademischer Rezeptionsweisen sind und zu sehr von den internen Referenzen abstrahieren. Nichtsdestotrotz sind solche Bezeichnungen hilfreich, um sich nicht im Dschungel von Theorien und Ansätzen zu verlieren, und werden hier dafür eingesetzt, den Diskussionsrahmen zu erweitern und nicht zu reduzieren.

Willis und der *Fieldwork Group* am *Centre* etabliert war, ist besonders sichtbar in den stärker kulturalistischen Strängen der *cultural studies* und insbesondere im Werk von Norman Denzin (vgl. Denzin 1995; Winter/Niederer 2008). *Cultural studies* ist immer, ob in expliziter oder impliziter Verbindung zu Goffmans ›Mikrosoziologie‹ oder Foucaults ›Mikrophysik der Macht‹, ein Ansatz gewesen, der das Alltägliche in seiner situierten Lokalität analysiert, um dessen Einbettung in größere soziale, kulturelle und politische Kontexte und Probleme zu verdeutlichen. Für ihre konkrete empirische Forschung zu beispielsweise Subkulturen oder Fernsehzuschauerinnen, bedienen sie sich hauptsächlich qualitativer und ethnographischer Methoden, reflektieren gleichzeitig die Rolle des Forschers und hinterfragen die Adäquatheit empirischer Beschreibung (vgl. z.B. Ang 1999). Etwa zur gleichen Zeit, in den 1980ern, haben Bruno Latour und Michel Callon, wie in Teil I beschrieben, die ANT in der Wissenschafts- und Technikforschung entwickelt. Auch sie ist einerseits von der interpretativen Sozialforschung sowie poststrukturalistischen Theorien und der Semiotik andererseits inspiriert. Allerdings ist es weniger Goffmans Alltagssoziologie als die Ethnomethodologie Harold Garfinkels, die Semiotik von Algridas Greimas anstatt die Roland Barthes und mehr die poststrukturalistischen Schriften von Michel Serres und Gilles Deleuze als jene von Foucault und Derrida, die für sie eine Rolle spielen. Während sich *cultural studies* primär für die *signifying practices* der Alltagskultur interessieren, richtet die ANT ihren Blick auf die alltäglichen Praktiken in den Natur- und Ingenieurwissenschaften. Jedoch verbinden beide ihre Forschung mit vornehmlich zeitgenössischer französischer Philosophie. Methodologisch betrachtet lässt sich in beiden *studies* ein Interesse, eine Verbindung und Spannung zwischen Semiotik, ›theory‹ und Ethnographie feststellen. Beide nehmen die ›Krise der Repräsentation‹ ernst, was beide, die Grenzen zwischen Wissenschaft und Kultur verwischend, zu neuen Formen wissenschaftlichen Schreibens und Aufführens führt (vgl. Clifford/Marcus 1986; Woolgar 1988; Lynch/Woolgar 1990; Latour 1996b; Winter/Niederer 2008).

Cultural studies und ANT haben gemeinsame theoretische und methodologische Wurzeln, nehmen aber unterschiedliche Wege.[5] *Cultural studies* benutzen die theoretischen und methodologischen Konzepte als Werkzeugkiste, um den Wandel der zunächst britischen, später dann auch amerikanischen, australischen und schließlich der Weltgesellschaft insbesondere anhand von Populär- und Medienkultur zu analysieren (vgl. Hörning/Winter 1999; Gray et al. 2007). Latour

---

5 Sicher ist anzumerken, dass ein wichtiger Kontext der *cultural studies*, der Marxismus, und der *science studies*, die Wissenschaftstheorie, hier unter den Tisch gefallen sind.

und seine Kollegen benutzen die Konzepte, um Wissenschaft und Technik zu erforschen. Trotz der unterschiedlichen Untersuchungsgegenstände, so lässt sich vereinfachend, aber mit gutem Recht sagen, benutzen beide ähnliche ›Denkwerkzeuge‹. Mit diesen haben sie politische Dimensionen von Praktiken deutlich gemacht,[6] die bislang nicht als politisch oder machtvoll galten: zum Beispiel Fernsehgucken einerseits und Laborarbeit andererseits (vgl. Latour 1988a; Winter 2001).

Insbesondere drei analytische Ähnlichkeiten lassen sich zwischen der ANT und den *cultural studies* feststellen, die im Folgenden beleuchtet werden. Stark beeinflusst von poststrukturalistischen Theorien sind beide im Kontext von konstruktivistischen Subjekttheorien, welche das autonom handelnde menschliche Individuum in Frage stellen, situiert. Dies geht einher mit einer Kritik an den Rationalisierungsgedanken und der Fortschrittgläubigkeit der Moderne. Aus diesen beiden eher dekonstruktiven Bewegungen erwächst die Frage nach der Möglichkeit von Kritik und demokratischer Politik, mit welcher beide, sowohl *cultural studies* als auch ANT, sympathisieren.

Die Frage nach der Handlungsfähigkeit *(agency)* ist eine der zentralen Fragestellungen der *cultural studies* (vgl. Winter 2001). Die *cultural studies* brechen mit der Vorstellung eines autonom handelnden Subjekts mit fester oder fixierter Identität. Kulturelle Identitäten sind Gegenstand eines kontinuierlichen ›Spiels‹ der Geschichte, Kultur und Macht. Ein Subjekt wird durch Diskurse positioniert und muss sich innerhalb dieser positionieren. In ihren Medienanalysen haben sie beispielsweise einerseits die jeweiligen Repräsentationsregimes, welche in einem Film, einer Fernsehserie oder einer Werbung zur Geltung kommen, herausgearbeitet, und aufgezeigt, welchen hegemonialen Diskurs sie bedienen. Andererseits haben sie aber gleichzeitig immer auf die Polysemie von Repräsentationen hingewiesen und mögliche widerständige und subversive Lesarten sowie die Produktivität und Kreativität der Zuschauerinnen im Umgang mit diesen Repräsentationen in ethnographischen Studien herausgestellt (vgl. Hall et al. 1987; Winter 2001, 2010). Wie der Signifikationsprozess ist auch die Subjektivierung ein unabgeschlossener und kontingenter Prozess (vgl. Hall 1999c). Subjekt und Identität sind ein Produkt von dem, was Stuart Hall im Anschluss an Laclau Artikulation nennt. Das Konzept der Artikulation ist bereits in den 1970ern in den

6 Ein zentraler Punkt beider, vgl. z.B. Hall (1997: 59) und Latour (2005a), ist dabei, dass dies nicht eine Sichtbarmachung von etwas Unsichtbarem ist, sondern bereits in den Praktiken und Repräsentationen sichtbar ist, denen ›nur‹ gefolgt werden muss. Das heißt, beide werfen der Soziologie vor, diese Dimension bislang unsichtbar gemacht zu haben.

cultural studies aus Unzufriedenheit mit dem ökonomistischen Reduktionismus des orthodoxen Marxismus aufgekommen (vgl. Slack 1996: 116). Es ist eng verbunden mit der Frage nach der Handlungsfähigkeit, weil weder der ›alte‹ Marxismus[7] noch ein ›purer‹ Strukturalismus ihrer Meinung nach genügend Raum für menschliche Kreativität und Handlungsfähigkeit übrig ließen. Es gibt keine Totalität hinter sozialen Beziehungen, wie im Strukturalismus und in orthodoxen Formen des Marxismus angenommen. Artikulation war somit ein Weg aufzuzeigen, dass erstens die Dinge komplexer sind und zweitens es Potential für Interventionen gibt (vgl. Slack 1996). Wie eine Reihe von Sozialtheorien Anfang der 1980er Jahre, bemühen sich auch die *cultural studies* um eine Position jenseits von Mikro- und Makrotheorien – in ihrem Fall Kulturalismus und Strukturalismus (vgl. Hall 1999b) –, wofür das Konzept der Artikulation steht. Wie Grossberg deutlich macht, ist Artikulation ein differenztheoretisches Konzept:

»Articulation is the production of identity on top of difference, of unities out of fragments, of structures across practices. Articulation links this practice to that effect, this text to that meaning, this meaning to that reality, this experience to those politics. And these are themselves articulated into larger structures etc.« (Grossberg 1992: 54)

Das Konzept der Artikulation hat sehr viel Ähnlichkeit mit dem Konzept der Übersetzung der ANT – in *Die Hoffnung der Pandora* spricht Latour (2002b: 137-174) sogar von Artikulation. Beide Konzepte sind Versuche, sich dem Problem der Repräsentation zu nähern, und sie sind Alternativen zur Korrespondenztheorie. Beides sind anti-reduktionistische oder nicht-essentialistische Konzepte (Hall 1986, 1997; Latour 1988a, 2002b). Die eigentliche Differenz liegt letztlich darin, dass die ANT noch einen Schritt weitergeht und nicht nur menschliche Akteure oder kulturelle Phänomene durch eine Verbindung differenter Elemente artikuliert sieht, sondern auch nicht-menschliche Akteure wie z.B. das »Milchsäureferment, welches durch die Kunstgriffe des Labors artikulierbar wird« (Latour 2002b: 173). Ein Akteur wird durch ein Netzwerk differenter, *heterogener* Elemente produziert – eine »production of identity on top of difference« (Grossberg 1992: 54). Die Dezentrierung des Subjekts wird in der ANT also noch weiter getrieben, dadurch, dass sie davon ausgeht, dass das Subjekt nicht nur durch unterschiedliche Texte und Praktiken, sondern auch durch Materialitäten konstituiert wird. Auch die Materialität des sozialen Lebens positioniert jemanden, wie John Law (2006c: 434) es amüsant formuliert: »Wenn man

7 Bekannterweise sind die *cultural studies* im Kontext der *New Left* und des sog. Post-Marxismus entstanden (vgl. Winter 2001).

mir meinen Computer, meine Kollegen, mein Büro, meine Bücher, meinen Schreibtisch, mein Telefon nähme, wäre ich kein Artikel schreibender, Vorlesungen haltender, ›Wissen‹ produzierender Soziologe mehr, sondern eine andere Person.« Das heißt, dass eine Person, eine Identität oder ein Subjekt »ein Effekt ist, der von einem aus heterogenen, interagierenden Materialien bestehenden Netzwerk erzeugt wird« (Law 2006c: 434). Aus einer ANT-Perspektive verfügt nicht nur Technik über *agency*, sondern auch das Nicht-Menschliche im Allgemeinen.[8] In dieser Hinsicht ist es außerdem interessant, dass Akteur-Netzwerk und Artikulation gleichzeitig eine Theorie und eine Methode sind, d.h. eher eine Heuristik darstellen anstatt als eine systematische Theorie oder Methodenanweisung (vgl. Slack 1996; Latour 2005a). Beide entziehen sich einem Verständnis von Theorie-Anwendung oder rigider Methodentechnik.[9] Theorie und Methode werden von beiden als eine Praxis verstanden. Sowohl Akteur-Netzwerk als auch Artikulation werden als Möglichkeiten verstanden, ›Kontexte‹ zu kartographieren. Allerdings ist in beiden Konzepten damit kein ›einfaches‹ Verständnis von Kontext unabhängig von Praktiken zu verstehen.

»the context is not something out there, within which practices occur or which influence the development of practices. Rather, identities, practices, and effects generally, constitute the very context within which they are practices, identities or effects.« (Slack 1996: 125)

Mit einem solchen Verständnis von Kontext würde auch die ANT *d'accord* gehen, die sonst diesen Begriff gerne kritisiert hat, wenn er in dem Sinne gebraucht wurde, dass etwas losgelöst von den Praktiken der Aktanten sei, etwa Text vs. Kontext oder Handlung vs. Kontext beispielsweise in der Rede vom sozialen Kontext der Laborarbeit (vgl. Callon 1987; Latour 1996d; 2005a: 191-218). Stattdessen ist der Kontext nicht da, sondern muss produziert werden und dieser Produktion kann man folgen.[10]

Sowohl *cultural studies* wie auch die ANT thematisieren die Konstruktion eines Akteurs oder Subjekts, aber als eine konkrete, situierte Konstruktion, welche nicht einem totalen Relativismus Tür und Tor öffnet. Die Aufgabe der For-

---

8 Dies ist ein Aspekt, der für die postkolonialistische Ethnographie von Arturo Escobar (1999, 2008) von großer Relevanz ist.

9 Rigidität bezieht sich bei beiden eher darauf, dass Theorie und Methode aus der Feldforschung heraus entstehen.

10 John Law (2006c: 438) sieht das Hauptanliegen der ANT »in der Erforschung und Beschreibung lokaler Prozesse der Musterbildung, sozialer Orchestrierung, von Ordnung und Widerstand«.

scherin ist es genau zu zeigen, wie ein Akteur als dieser und nicht ein anderer Akteur produziert wird. Während *cultural studies* sich dabei auf Texte, Praktiken, Körper, Repräsentationen und Diskurse konzentrieren, betont die ANT die materiellen Entitäten, welche in diese Positionierung involviert sind. Darüber hinaus, zumindest was Grossberg (2007b) und Latour (2005a) angeht, sind sie daran interessiert, was Praktiken in dieser Welt *tun* und weniger was sie bedeuten. In den *cultural studies* und der Wissenschafts- und Technikforschung gibt es ernsthafte Stimmen, welche die Fixierung auf Bedeutung und Signifikation kritisieren – in beiden Fällen auch selbstkritisch zum eigenen Werk und Feld. Tony Bennett betont ebenfalls die Gemeinsamkeiten zwischen dem relationalen Materialismus der ANT und dem Konzept der Artikulation in den *cultural studies*: »In both cases, the identity and effectivity of elements derive not from their intrinsic properties but from the networks of relations in which they are installed.« (Bennett 2007: 613) Allerdings besteht für ihn der wichtige Unterschied in der Inkorporierung nicht-menschlicher Akteure, wodurch sich ein »expanded, and more convincingly materialist, field of analysis« eröffnet (Bennett 2007: 613). Mit einem solchen Ansatz könnte man sowohl den Fallstricken einer tautologischen Erklärung der Wissenssoziologie und der Soziologie allgemein entgehen als auch der Bedeutungszentrierung vieler Studien der *cultural studies*.

Die Dezentrierung des Subjekts wird sowohl in den *cultural studies* als auch in der ANT mit einer Dezentrierung der Moderne verbunden. Diese Verbindung kann am besten anhand der Arbeiten von Latour auf der einen Seite und Lawrence Grossbergs Publikationen zu *multiple modernities* auf der anderen Seite verdeutlicht werden. Grossberg (2007b, c) zeigt in seiner »kulturellen Analyse der Moderne«, dass das, was als Moderne verstanden wird, eine sehr spezifische historische Formation ist, welche an die Dominanz des Kantianismus im 19. Jahrhundert gekoppelt ist. Diese Formation hat Grossberg zufolge eine Unterscheidung zwischen Gesellschaft und Kultur etabliert und Ideologie anstelle von Gewalt zur treibenden Kraft von Macht gemacht. Alternative Formen von Modernität sieht Grossberg mit Deleuze/Guattari in einem Verständnis des Realen als Werden, Affekt und Äußerung.[11] Dieser (deleuzianische) Anti-Kantianismus ist, wie bereits oben dargestellt, auch im Werk von Bruno Latour (1993) sehr lebendig, der bekanntermaßen proklamiert hat, dass wir nie modern gewesen sind. Wie Grossberg möchte er ein anderes Verständnis von Moderne etablieren und »die Freiheit der Rhizome gegen den modernistischen Drang zur Rationalisierung und das postmodernistische Vergnügen an Fragmenten [...] verteidigen«

11 Zur Thematisierung von Affekt in der ANT vgl. Gomart/Hennion (1999) und zur Äußerung *(enunciation)* Latour (1998c).

(Latour 2006e: 543), oder mit Grossberg gesprochen, »den schmalen Pfad [...] finden und aus[]gestalten, der zwischen dem Regime der Moderne, das sein eigenes Verschwinden betrauert, und der Destruktivität des Relativismus in seinen verschiedenen postmodernen Varianten liegt« (Grossberg 2007b: 112). Für Latour kommt es mit der modernen Wissenschaft und Epistemologie zu einer Differenzierung zwischen Natur und Kultur: Auf der einen Seite gibt es die Welt der Fakten und der Naturwissenschaften, auf der anderen Seite die Welt der Verhandlung von Politik und Kultur. Aber, wie Latour (2002a) argumentiert, haben die Modernen zwar an diese Differenz in der Theorie geglaubt, jedoch in der Praxis nie danach gehandelt. In der Praxis haben sie immer mehr Hybride zwischen Fakt und Wert, zwischen Natur und Kultur, zwischen Technik und Gesellschaft produziert. Latours Pointe ist, dass Modernisierung nicht eine Geschichte der Emanzipation, sondern eine von zunehmender Assoziierung zwischen heterogenen Elementen ist. Diese Vorstellung hat einige Ähnlichkeit mit Grossbergs Verständnis einer »diagrammatischen Moderne« (vgl. Grossberg 2007c: 277-285). *Cultural studies* und die ANT konfrontieren die Moderne mit ihren Anderen, wobei die *cultural studies* insbesondere die (sub-)kulturellen, (post-) kolonialen, sexuellen und geschlechtlichen Anderen in den Fokus der Aufmerksamkeit rücken, und die ANT die materiellen und nicht-menschlichen Anderen thematisiert. Beide kritisieren das Verständnis von Modernisierung als linearen Prozess des Fortschritts und dass die Moderne im kantischen Sinne eine Selbsttäuschung gewesen sei. Während Grossberg (2007), wie im Übrigen auch Bennett (2007), den Begriff Kultur neu bestimmen will, hadert Latour (2005a) mit den Begriffen ›Gesellschaft‹ und ›Soziales‹. Beide zielen jedoch auf auf eine ›neue‹ (deleuzianische) Ontologie ab – eine Ontologie des dezentrierten Werdens (vgl. auch Pickering 2008).

Neben der Handlungsfähigkeit und der Moderne lässt sich schließlich eine weitere theoretische Konvergenz zwischen *cultural studies* und ANT im Hinblick auf die Frage von Politik und Kritik herausstellen. Sicher ist dies eine gewagte These, wo doch die Einen aufgrund ihrer Normativität und politischen Parteinahme und die Anderen für ihre apolitische Heuristik gerügt werden. Während *cultural studies* sich immer im Konnex der langen Geschichte kritischer Theorie verstanden haben, wenngleich diese herausfordernd, so ist die ANT für ihre polemischen Seitenhiebe gegenüber kritischer Soziologie, insbesondere dem Werk von Pierre Bourdieu, bekannt. Allerdings kann man argumentieren, dass das, worauf ANT und *cultural studies* abzielen, gar nicht so unterschiedlich ist. Beide gehen von einem Standpunkt der Wissenschaftskritik aus in dem Sinne, dass Wissenschaft keinen privilegierten Zugang zur Welt hat. Die *cultural studies* sind an den kritischen Kapazitäten und der Handlungsfähigkeit von ›normalen Leuten‹ interessiert, ob sie nun *Teds* oder *Mods* (vgl. Hall/Jefferson 1975), Fernsehzuschauer, Musikliebhaber oder Fußballfans sind. Während sich in den *cultural studies* das Interesse insbesondere auf marginalisierte Menschen bezieht, haben Latour und andere vornehmlich Experten wie Naturwissenschaftler oder Ingenieurinnen erforscht – allerdings aus einer Alltagsperspektive. Latour wird nicht müde, Garfinkels Regel zu betonen, aufrichtig gegenüber den Informanten zu sein. Er stellt seine Arbeit in den Kontext der Soziologie der Kritik von Luc Boltanski und Laurent Thévenot (2007), die das kritische Vermögen, welches in der Welt ist, ernst nimmt und nicht versucht, es durch unsichtbare soziale Mächte hinter den Praktiken (weg) zu erklären.[12] Das heißt, beide wollen das kritische Potential, das bereits vorhanden ist, herausstellen anstatt eigenes kritisches Vokabular *auf* den Forschungsgegenstand bzw. die Beforschten ›anzuwenden‹. Sowohl in den *cultural studies* als auch in der ANT findet sich das Infragestellen der klassischen kritischen Geste des Entschleierns;[13] beide bezweifeln das Potential dieser Geste auf etwas hinter den empirischen Phänomenen zu verweisen. Kritik kann nicht von außen urteilen, sie muss innerhalb der Praktiken, die erforscht werden, sichtbar gemacht werden. Es ist eine »politics without guarantees«, wie Stuart Hall es formuliert hat (vgl. Gilroy/Grossberg/McRobbie 2000). Während *cultural studies* darauf abzielen, den Subalternen und Marginalisierten sprechen zu lassen, auch wenn sie sich bewusst sind, dass dies in einem emphatischen Verständnis unmöglich ist (vgl. Spivak 1988), will die ANT ›die Wissenschaften in die Demokratie holen‹ und umgekehrt (Latour 2001a). Dies bedeutet keine Technokratie oder Herrschaft der Experten und Berater, wie manche meinen (vgl. Lindemann 2008), sondern ganz im Gegenteil die Etablierung einer öffentlichen Debatte über wissenschaftliche wie technologische Angelegenheiten. Die *matters of fact* der Wissenschaften sollen als *matters of concern* in einer weiten Öffentlichkeit sichtbar sein. Latour zielt, wie Hall und Grossberg, auf eine positivere und konstruktivere Form von Kritik. Eine Form von Kritik, die nicht in die Operation des Entschleierns und der Kausalität verstrickt ist, sondern eine, die die Vielfalt an Handlungsmöglichkeiten akzeptiert und dennoch politische Verantwortung übernimmt: eine »politics of becoming« (vgl. Gibson-Graham 2006). In diesem Sinne weisen Grossbergs *politics of hope* wie

12 Für Latour ist Wissenschaft »der Schlüssel zum Verständnis von Politik« (Latour 2008a: [2]; *Übers. M.W.*).

13 An dieser Stelle sei nochmals explizit erwähnt, dass hierbei eine bestimmte Formation innerhalb der *cultural studies* gemeint ist, welche insbesondere von Lawrence Grossberg (2007) vertreten wird, genauso wie die ANT eine bestimmte Formation innerhalb der Wissenschafts- und Technikforschung darstellt (vgl. Teil I).

Latours und Isabelle Stengers *cosmopolitiques* in die gleiche Richtung, darin, dass sie die »Realität einer Vielfalt von Kämpfen [...] akzeptieren, bei denen es letztlich darum geht, wie wir in Raum und Zeit leben wollen« (Grossberg 2007c: 286) bzw. welche Welt wir versammeln möchten, welchen Kosmos (vgl. Latour 2005a: 258-262, 2005b; Stengers 2005).

Der Ausgangspunkt und Kern des Projekts der *cultural studies* war nie *theory*, sondern, wie Hall (2000) oft betont hat, die *conjuncture*, oder in Grossbergs (2000) von Marvin Gaye geliehenen Worten: »What's Going On?« Auch die ANT ist eigentlich eine bescheidene Art des Theoretisierens, welche nicht mit einem Rahmen oder einem Set von Hypothesen beginnt, sondern mit Angelegenheiten (*issues*), Problemen und Kontroversen des untersuchten Themas bzw. der Akteure (vgl. Latour 2005a). Nach den skizzierten theoretischen Bezügen und Wahlverwandtschaften sollen nun zum Abschluss einige vielversprechende Forschungsfelder skizziert werden, die deutlich machen, dass es fruchtbar sein kann, *cultural studies* und ANT miteinander zu kombinieren, und dass sie voneinander lernen können. Neben dem Feld der Wissenschaften und der Kulturproduktion sind dies insbesondere drei Felder: Ökonomie, Umwelt und (neue) Medientechnologie. Auf dem klassischen Gebiet der ANT, der Wissenschafts- und Technikforschung, welches die ANT in den letzten Jahren schon fast hegemonial beherrschte, bieten die *cultural studies* Expertise in der Analyse von populärkulturellen Formen von Wissenschaften, der Medialisierung von Wissenschaften als auch der Analyse alternativer, marginalisierter Wissensformen und Praktiken (vgl. Hess 2001). Letzteres wurde inzwischen auch von der ANT aufgegriffen (vgl. Callon/Rabeharisoa 1999), nachdem ihre frühen Studien dafür kritisiert worden waren, zu sehr den Strategien der Mächtigen zu folgen (vgl. Star 1991). Auf dem Gebiet der Analyse spezieller kultureller Praktiken im engeren Sinne (Kunst, Film, Literatur und Musik) wiederum kann die ANT, wie die Studien von Bennett zeigen, die Analyse bereichern in dem Sinne, dass die Forscherin den materiellen *settings* und Instrumenten eine größere Aufmerksamkeit schenkt (vgl. Kapitel 5).

In beiden Ansätzen ist in den letzten Jahren ein erneuertes Interesse an (politischer) Ökonomie zu beobachten. Innerhalb der *cultural studies* gibt es eine Vielzahl an Stimmen, die zu einer stärkeren Auseinandersetzung mit dem, was als Neoliberalismus bezeichnet wird, aufrufen (vgl. Gibson-Graham 2006; Grossberg 2007a) – oder was andere Kommentatoren »Schock Kapitalismus« (Klein 2007) oder »flexiblen Kapitalismus« (Boltanski/Chiapello 2003; Sennett 2005) nennen. Dies beinhaltet nicht nur eine Dekonstruktion dieses neuen Regimes, sondern auch über alternative Formen zu forschen und sich mit neuen sozialen Bewegungen auseinanderzusetzen, sogar bishin zum »Anti-Kapitalismus«

(vgl. Gilbert 2006). Zur gleichen Zeit wie sich die *cultural studies* ihrer politischen Wurzeln erinnern und sich stärker mit der kulturellen Konstruktion von Politik und Ökonomie beschäftigen (vgl. Clarke 2004; Grossberg 2007a), haben viele Wissenschafts- und Technikforscherinnen ihr Forschungsfeld – die Labore und Ingenieurbüros – verlassen, um die Ökonomie und die Wirtschaftswissenschaften zu erforschen (vgl. Callon 1998; Barry/Slater 2002; Knorr-Cetina/Preda 2004; MacKenzie et. al. 2007). Gibson-Graham (2006) zeigt, wie Callons Performativitätsansatz dabei hilft, die Ökonomie zu denaturalisieren und die soziotechnische Konstruktion von Märkten aufzuzeigen. Beiden geht es um eine Dekonstruktion des Kapitalismus ›wie wir ihn kannten‹ *und* seine Neu-Erfindung bzw. Entdeckung seiner Vielfalt an Praktiken, Diskursen und Institutionen. Während die Wissenschafts- und Technikforscherinnen der Ökonomie stärker aufzeigen, wie die Wirtschaft in der Praxis betrieben wird, und wie die Modelle und Techniken der Wirtschaftswissenschaften diese formen, geht es den *cultural studies* stärker darum, nach alternativen Ökonomien zu suchen und diese zu erkunden.[14]

Ein weiteres Feld, in dem ANT und *cultural studies* sich gut ergänzen würden, ist das, was Jody Berland (2006) »environmental cultural studies« und Jennifer Slack (2008) »ecoculturalism« nennt. Wie Berland/Slack (1994: 3) schon vor mehr als fünfzehn Jahren argumentierten: »environment matters« – insbesondere für *cultural studies*. Dennoch wurde diese Angelegenheit von den *cultural studies* nur zögerlich aufgenommen und das Potential der Erforschung von Umweltproblemen von den *cultural studies* wie auch den Kulturwissenschaften insgesamt vernachlässigt (vgl. Berland 2006; Pezzullo 2008; Slack 2008; vgl. auch Welzer/Soeffner/Giesecke 2010). Berland (2006) macht dafür eine Reihe von Gründen, insbesondere im US-Kontext, aus: Die Betonung von Fragen der Repräsentation, der Widerstand gegenüber Konsumkritik und schließlich die Sokal-Affäre.[15] Doch gerade jetzt, wo sich die kritischen Stimmen gegenüber einer Repräsentations- und Bedeutungszentrierung der *cultural studies* mehren (Bennett 2005, 2007, 2008; Grossberg 2007a,b,c), besteht die Chance, diese Debatte zu revitalisieren (vgl. Pezzullo 2008). Erst recht vor dem Hintergrund, dass Umweltprobleme wieder verstärkt auf die öffentliche Agenda und somit auch

14 Vgl. zu dieser Verbindung auch Callon/Barry/Slater (2002: 297).

15 Slack (2008) identifiziert fünf Gründe für die Schwierigkeiten der *cultural studies* mit ›Ökokulturalismus‹: (1) ihr Fokus auf Populärkultur, (2) den Einwand, dass man nicht alles erforschen kann, (3) die Reduktion auf das ›Diskursive‹, (4) die Präferenz für elegantes Schreiben (anstatt ›Stottern‹), (5) der Mangel an einer kontroversen Debatte und Reflexion über ihr zentrales Thema: Kultur.

auf die Agenda der Forschungsförderung gekommen sind – zumindest was ›Klimawandel‹ angeht. Dies trifft sich mit Latours Forderung, die Debatten um Multikulturalismus (endlich) um die des Multinaturalismus zu ergänzen (vgl. Latour 2001a). Nachdem der Begriff ›Kultur‹ sowohl durch die *cultural studies* als auch den Feminismus und die *gender studies* markiert worden ist, wäre es nun an der Zeit ›Natur‹ neu zu denken. Der Punkt, den Latour (2001a) wie auch Slack (2008) in ihrer Diskussion hervorheben, ist, dass *cultural politics* bislang von einem festen Grund, nämlich der Natur, aus betrieben wurden. Es geht um eine »politische Ökologie der Differenz«, wie sie jüngst auch Arturo Escobar (2008) ausführlich anhand von jahrelanger Feldforschung in Kolumbien beschrieben hat.

Ein inzwischen schon klassisches Feld der *cultural studies*, die Medienforschung, erweist sich ebenfalls als sehr fruchtbar, um Ansätze der ANT zu integrieren (vgl. Kapitel 6; Teuerlings 2004; Couldry 2007). Die zunehmende Technologisierung und insbesondere Digitalisierung des Alltags durch Mobiltelefone, iPod®, Internet und Web 2.0, WLAN, RFID und GPS sowie zukünftige Technologien wie *smart homes* und *smart clothes* werfen die ›typischen‹ *cultural studies*-Fragen nach den verschlungenen Pfaden von Repräsentation, Identität, Produktion, Konsum und Regulation auf und verlangen nach einem ANT-Blick auf ihre soziomaterielle Konstruktion und Performativität. Dabei kann letztere helfen, die Bedeutungszentrierung früher Studien, die auch noch mitunter dem Kreislaufmodell von Kultur anhaftet, zu überwinden. Die von den *cultural studies* vorangetriebene Medienethnographie sollte neben dem Diskursiven und Affektiven auch den materiellen Trägern und nicht-menschlichen Akteuren eine größere Aufmerksamkeit zukommen lassen.

Wenn man die skizzierten »problem zones« (Grossberg) wieder an die eingangs dargestellte Theoriediskussion rückkoppelt, dann nehmen die zwei komplementären und offensichtlichen Lernprozesse Form an: Mehr Politik und Gespür für marginalisierte Akteure und Probleme auf Seiten der ANT und ein konsequenterer und erneuerter Materialismus für die *cultural studies*, was zu stärker experimentellen Formen von *cultural studies* führen könnte (vgl. Muecke 2009).

In den letzten Jahren schenken sich *cultural studies* und ANT bzw. Wissenschafts- und Technikforschung allgemein verstärkt Aufmerksamkeit, was sowohl in theoretischer als auch empirischer Hinsicht nottut. Es gibt auf der theoretischen und konzeptuellen Ebene eine Reihe von Gemeinsamkeiten, die dies begründen: die Frage der Handlungsfähigkeit, die Frage nach der Moderne, die Frage der Politik und Kritik als auch die des radikalen Empirismus. Schließlich wurde eine Reihe von gemeinsamen Forschungsfeldern skizziert, welche eine kombinierte Perspektive nahelegen und auch in der Sprache der *cultural studies* zentrale Phänomene der »conjuncture of the present« sind.

12 Akteur-Netzwerk-Theorie als poststrukturalistische Soziologie und Quellen einer variablen Ontologie – Fazit Teil II

Während im ersten Teil der Arbeit der Weg der ANT von der Wissenschafts- und Technikforschung zu einer allgemein(er)en soziologischen ›Theorie‹ beschrieben worden ist, ging es im zweiten Teil darum, diese alternative Perspektive auf das Soziale näher zu erläutern. Für diese Erläuterung wurde auf die Annahme zurückgegriffen, dass die ANT als eine poststrukturalistische Soziologie verstanden werden kann. Dies wurde ausführlich anhand zentraler Merkmale behandelt.

Die ANT führt eine dezidierte Strukturalismuskritik mit Hilfe ihrer eigenwilligen Rezeption der Ethnomethodologie und der Semiotik von Greimas durch (Kapitel 8.1). Sie verwirft die Vorstellung einer gegebenen stabilen sozialen Ordnung, deren Strukturen beschrieben werden können, und richtet stattdessen das Augenmerk auf die Prozesse des Ordnens und Stabilisierens, die erst eine soziale Ordnung hervorbringen, wobei *erstens* das Ordnen der Sozialwissenschaften und ihr Einfluss auf den Untersuchungsgegenstand selbst thematisiert werden kann[1] und *zweitens* explizit nicht-menschliche Entitäten in die Analyse von Ordnungsprozessen einbezogen werden. Bei letzterem kommt der ANT das semiotische Vokabular Greimas', insbesondere sein Aktantenmodell, zu Hilfe. Diese Mischung führt einerseits zu einer gleichzeitigen Erweiterung und Reduktion des Handlungsmodells nicht nur der Ethnomethodologie und andererseits zu

1 Dieser Punkt wird insbesondere in den wirtschaftsoziologischen Studien Callons zur ›Performativität der Wirtschaftswissenschaft‹ betont und empirisch erforscht, wie in Kapitel 5 beschrieben.

einer ›Praxeologisierung‹ der greimasschen Semiotik. Sicher sind bei der Infragestellung einer Oberflächen/Tiefenflächen-Struktur auch Einflüsse von Foucault, Deleuze und insbesondere Michel Serres wirksam, da diese Kritik doch ein zentrales Merkmal poststrukturalistischer Theorien darstellt. Auf Serres' Philosophie und ihre Aneignung in der ANT wurde im darauffolgenden Kapitel 8.2 eingegangen. Neben dem direkten Aufgreifen seiner Konzepte der Übersetzung und des Quasi-Objekts, lassen sich viele Parallelen zwischen seiner Philosophie und der ANT aufzeigen. Zunächst ist es das gemeinsame Thema der Entdifferenzierung von Wissenschaft und Gesellschaft sowie Natur und Kultur. Seine Philosophie ist bereits eine Theorie der Relationen heterogener Elemente, die diesen Verknüpfungen durch Räume und Zeiten hinweg folgt. Die von der ANT mit Garfinkel und Greimas betriebene flache Ontologie ist bei Serres bereits angelegt und wird auch unter Rückgriff auf ihn betrieben. Des Weiteren, eng damit verknüpft, übernimmt die ANT Serres' Theorie der Zeit und seine Kritik der (kantschen) Kritik. Zeit wird demnach nichtlinear und räumlich gedacht als das Zusammenkommen verschiedener Zeiten an einem Ort und in einer Situation und nicht als eine lineare Abfolge. Darüber hinaus zielt Serres' Philosophie und die ANT auf nichts weniger ab, als darauf, die kantsche Trennung vom ›Ding-an-sich‹ und dem erkennenden Subjekt zu untergraben. Wie im anschließenden Kapitel 8.3 gezeigt wurde, verwirft die ANT generell den Gestus der Kritik, ob im Namen der Natur, der Gesellschaft oder des Diskurses. Anstelle einer Entlarvung oder Erklärung, die den Untersuchungsgegenstand reduziert, gelte es den Prozessen des Netzwerkbildens zu folgen, sie zu beschreiben und dadurch zu erweitern (*adding up*). Die Zweifel an strukturalistischen und universalisierenden Erklärungen führen zu dem nächsten poststrukturalistischen Merkmal der ANT: die Problematisierung der Moderne (Kapitel 8.4). Die ANT verwirft, wie Serres oder auch z.B. Foucault, das Projekt der Moderne in Hinblick auf Universalität, menschliche Essenz und unumstößliche Natur. Die modernistische Trennung zwischen der Repräsentation der Menschen (Gesellschaft) und der Repräsentation der Nicht-Menschen (Natur) offenbare ihre Unzulänglichkeit durch die zunehmende und offensichtliche Zirkulation von Quasi-Objekten, weshalb man schlicht feststellen müsste, dass wir nie modern gewesen sind. Doch anstatt dies zu bedauern oder entlarvend zu bejubeln, sollte der Produktion der Hybriden und ihrer ›Reinigung‹ in Natur und Gesellschaft gefolgt werden. Diese Thematisierung der Hybriden, Quasi-Objekte oder Akteur-Netze führt die These der Dezentrierung des Subjekts poststrukturalistischer Autoren weiter (Kapitel 8.5). Das Subjekt und seine Handlungsfähigkeit sind verteilt auf heterogene Elemente. Erst das Zusammenwirken dieses Netzwerkes bringt das Subjekt hervor. Das Plädoyer für Differenz wird durch die Erprobung neuer literarischer Formen der

Wissenschaften durchgeführt, die im darauffolgenden Kapitel 8.6 erörtert wurde. Diese wird nicht vollzogen, um die Wissenschaften zu entlarven oder zu demaskieren, sondern um ihren Erfindungsreichtum vor Augen zu führen. Kapitel 9 hat die These der ANT als poststrukturalistische Soziologie zusammengefasst und gegenüber Theorien sozialer Praktiken abgegrenzt, mit der sie aber über ›Familienähnlichkeiten‹ verfügt. Eine Kerndifferenz betrifft die Betonung des *impliziten* Wissens der Praxis einerseits, und der materiell *präsenten* Dimension von Praxis andererseits.

Die ANT geht jedoch über den Poststrukturalismus hinaus, indem sie sich insbesondere der neueren Ontologie zuwendet, um ihre These der wirklichkeitsproduzierenden heterogenen Netzwerke zu untermauern (Kapitel 10). Es ist eine monistische und empirische, nicht eine dualistische und transzendentale Ontologie. Es ist eine experimentelle Metaphysik, die auf die Erforschung der Zusammensetzung der gemeinsamen Welt abzielt und nicht zwischen einer Natur ›dort draußen‹ und einer Repräsentation davon ›hier drinnen‹, ob im Kopf oder der Sprache, unterscheidet. Dabei greift sie auf eine Reihe unterschiedlicher Theorien zurück. Sie zeichnet die Gemeinsamkeiten der Prozessmetaphysik Whiteheads, der Neomonadologie Tardes und des radikalen Empirismus der amerikanischen Pragmatisten nach. In Whiteheads Theorem von ›Bifurkation der Natur‹ wird sie fündig, die kritisierte moderne Trennung von Natur und Kultur – die kantsche Trennung von ›Dingen an sich‹ und ihren Repräsentationen – philosophisch zu fundieren. Auch findet sich bereits bei ihm die Vorstellung von einer Welt sich wechselseitig wahrnehmender Körper, die miteinander verwachsen (Kapitel 10.1). Hierin liegt auch die Verknüpfung der ANT mit dem radikalen Empirismus von James, der Beziehungen als empirisch erfahrbar ansieht. Dewey und Lippmann wiederum sollen die Forderung nach einer stärkeren Öffentlichkeit technowissenschaftlicher Kontroversen demokratietheoretisch untermauern (Kapitel 10.3). Tarde leistet der ANT Schützenhilfe, eine andere Soziologie oder Sozialtheorie zu begründen, die sich nicht in einer radikalen Abgrenzung des Sozialen vom Natürlichen und Psychischen begründet. Seine Monadologie und Philosophie der Differenz bieten, in ihrer deleuzianischen Lesart, die Blaupause für die relationale Soziologie der ANT (Kapitel 10.2). Insbesondere anhand Latours ›Hauptheroen‹ Deleuze, Serres, Tarde und Whitehead lassen sich offensichtlich einige Gemeinsamkeiten herausstellen. Alle vermengen Naturwissenschaften mit Literatur, Kunst, Philosophie, Soziologie usw. Des Weiteren sind es anti-essentialistische Autoren, die dennoch der Materialität einen besonderen Stellenwert zuweisen. Sie wenden sich vehement gegen verschiedene Dualismen der modernen Philosophie, allen voran Natur und Kultur, Objekt und Subjekt, aber auch Leib und Seele, Vernunft und Erfahrung, Handeln und Struktur. In den

Vordergrund stellen sie den materiellen Prozess der Verknüpfungen und damit das *gemeinsame* Werden von ›Subjekten‹ und ›Objekten‹. Schließlich sind es positive Philosophien in dem Sinne, dass sie neue Konzepte, Begriffe, ja neues Denken produzieren. Sicher kritisieren sie die moderne Philosophie eines Locke, Descartes, Kant oder Hegel, aber sie versuchen zu verdeutlichen, wie man jenseits der Trennung von Subjekt und Objekt denken und forschen kann. Der Verdienst Latours, Callons und anderer liegt insbesondere darin, dieses Denken kombiniert mit der Methodik von Greimas und Garfinkel in die Sozialtheorie und empirische Sozialforschung überführt zu haben. Latour fasst sein Interesse in den letzten ca. zwanzig Jahren für die genannten Autoren dahingehend zusammen, dass sie seiner amodernen Anthropologie eine Tradition geben.

»If we have never been modern, then what has happened to us? [...] So the initial question now becomes: is there an alternative philosophical tradition that allows us to take up European history in a different manner, by relocating the question of science and reason, even while forbidding the bifurcation of nature?« (Latour 2011: 305)

Die Modernen zeichnen sich durch die theoretische Differenzierung von Subjekt und Objekt, Wissenschaft und Politik usw. aus, während sie praktisch diese scharf getrennten Dinge miteinander vermischen und dennoch an der dualistischen Differenzierung festhalten. Serres, Tarde, Whitehead, James und Dewey sowie neuerdings Souriau und Simondon stellen für Latour nicht-moderne Philosophen dar, die nicht Substanzen, sondern Relationen in den Vordergrund stellen. Es geht um die Begründung einer variablen Ontologie und ihre Erforschung.

Abschließend wurden Parallelen zwischen der ANT und den *cultural studies* herausgestellt (Kapitel 11). Obwohl beide unabhängig voneinander entstanden sind und unterschiedliche Forschungsfelder bearbeiten bzw. bearbeitet haben, so sind sie wahlverwandte Projekte. Beide mischen poststrukturalistische und semiotische Ansätze mit handlungstheoretischen Mikrosoziologien, betreiben ethnographische Feldstudien und sind für ihre Undiszipliniertheit bekannt, die neue Formen wissenschaftlicher Intervention generiert. Dieses Kapitel hat die Parallelitäten der beiden Ansätze in Hinsicht auf ihre Problematisierung der Moderne und der Kritik sowie der Dezentrierung des Subjekts verdeutlicht sowie Berührungspunkte in aktuellen Studien herausgestellt.

Abbildung 3 verdeutlicht die maßgeblichen theoretischen und philosophischen Einflüsse auf die ANT, die in dieser Arbeit, insbesondere im zweiten Teil, zum Großteil dargestellt wurden.

Abbildung 3: Die theoretischen und philosophischen Einflüsse auf die Akteur-Netzwerk-Theorie

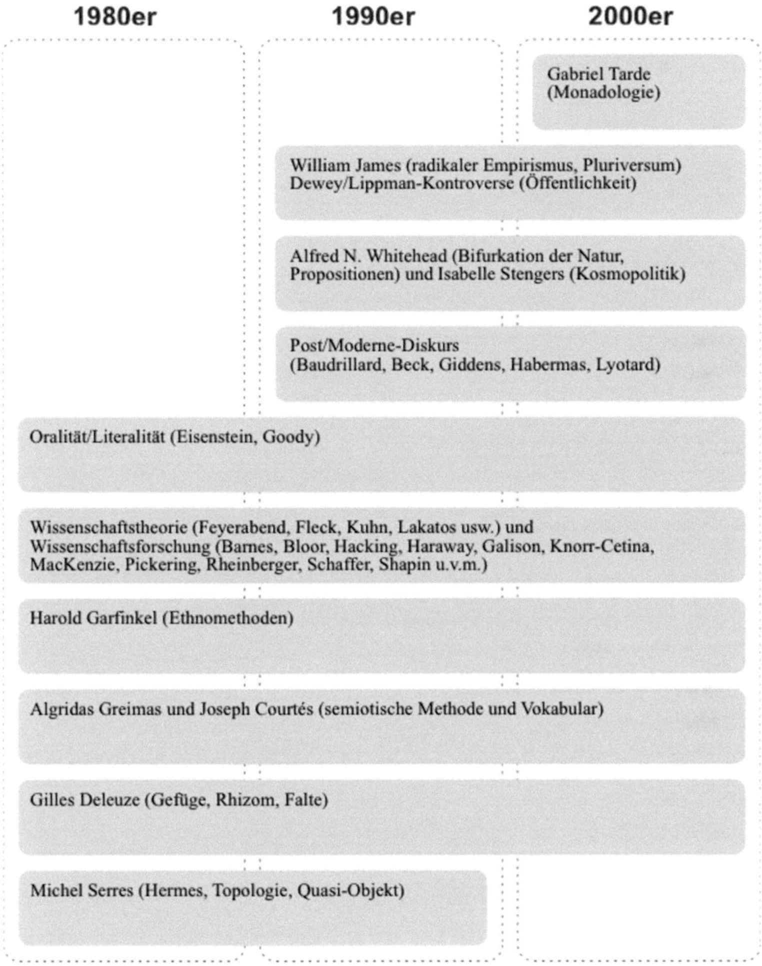

1980er **1990er** **2000er**

Gabriel Tarde
(Monadologie)

William James (radikaler Empirismus, Pluriversum)
Dewey/Lippman-Kontroverse (Öffentlichkeit)

Alfred N. Whitehead (Bifurkation der Natur, Propositionen) und Isabelle Stengers (Kosmopolitik)

Post/Moderne-Diskurs
(Baudrillard, Beck, Giddens, Habermas, Lyotard)

Oralität/Literalität (Eisenstein, Goody)

Wissenschaftstheorie (Feyerabend, Fleck, Kuhn, Lakatos usw.) und Wissenschaftsforschung (Barnes, Bloor, Hacking, Haraway, Galison, Knorr-Cetina, MacKenzie, Pickering, Rheinberger, Schaffer, Shapin u.v.m.)

Harold Garfinkel (Ethnomethoden)

Algridas Greimas und Joseph Courtés (semiotische Methode und Vokabular)

Gilles Deleuze (Gefüge, Rhizom, Falte)

Michel Serres (Hermes, Topologie, Quasi-Objekt)

Quelle: eigene Darstellung

13 Schluss

Die vorliegende Arbeit ist eine Rekonstruktion der ANT. Dabei wurde versucht, weitgehend ihren Wegen zu folgen, wobei nicht alle Fährten aufgenommen werden konnten, wie nicht nur anhand Abbildung 2 und 3 deutlich wird. Einerseits wurde versucht einen verständlichen und einführenden Überblick zu geben, der aber andererseits keinen Lehrbuchcharakter haben soll, sondern selbst einen Beitrag zur Diskussion der ANT leistet.

Der erste Weg ging von der Wissenschaftsforschung über die Technikforschung bis hin zur Diffusion der ANT in verschiedenste Forschungsfelder. Abschließend haben wir die Protagonisten der ANT ein wenig aus den Augen verloren und haben ihre sich noch in den Anfängen befindende Rezeption in den Medien- und Kommunikationswissenschaften aufgezeigt – wir sind also gewissermaßen ihren Werkzeugen, Konzepten und Inskriptionen in ein neues Feld gefolgt. Deutlich wurde hierbei, dass die ANT ein spezifisches Programm ist, welches aus der ethnographischen und historischen Erforschung der Naturwissenschaften und technischer Innovationsprojekte entstanden ist und nach gewissermaßen erfolgreich überstandenem Labortest ihre Soziologie der Übersetzung, Vermittlung, Assoziation, Verknüpfungen, kurz der Akteur-Netzwerke, auch in anderen Forschungsfeldern zur Geltung bringt. Erfolg bezieht sich in diesem Zusammenhang auf die Selbstwahrnehmung und Aufmerksamkeit oder Sichtbarkeit im Fach und darüber hinaus. Aus Sicht der Wissenschaftskrieger, insbesondere Alan Sokal, aber auch aus Sicht einiger Kollegen der Wissenschafts- und Technikforschung, wie Harry Collins und David Bloor, sind sie allerdings nicht erfolgreich gewesen und bedeuten einen wissenschaftlichen Rückschritt – auch diesen Kontroversen wurde gefolgt, weil sie zur Schärfung der ANT beigetragen haben. Mit ihrem als irreduktionistisch beschriebenen Programm ist eine Herausforderung der Soziologie und der Sozialforschung insgesamt verbunden, weil sie zentrale Fundamente dieser untergräbt: Statt von einer Differenzierung geht sie von einer Entdifferenzierung aus; anstatt eine determinierende und stabile soziale Ordnung aufzudecken, erforscht sie Ordnungsprozesse; anstelle einer Privilegierung von menschlichen Akteuren bezieht sie nicht-menschliche Akteure ein; anstatt einer Unterscheidung in Mikro- und Makroebene des Sozialen geht sie von dynamischen Verknüpfungen aus, die unterschiedlich lange und unterschiedlich intensive Netzwerke bilden.

Dieser Provokation wurde dann im zweiten Teil unter Rückgriff auf die von der ANT benutzten Theorien und Philosophien gefolgt. Gewissermaßen diente der zweite Teil der Arbeit einer Kontextualisierung der ANT im Rahmen ihrer sozial- und kulturphilosophischen Einflüsse – eine der ANT selbst eher fremde Methode. Demnach müsste man formulieren, dass Verbindungen hergestellt wurden zwischen Konzepten anderer – primär philosophischer – Autoren[1] und Konzepten der ANT.[2] Neben diesem Anliegen die Querverbindungen zwischen Serres, Garfinkel, Greimas, Whitehead, Tarde, James und Dewey – aber auch, wenn in dieser Arbeit allerdings etwas zu kurz gekommen, Deleuze und Guattari – und der ANT zu verdeutlichen, sollte dabei besonders herausgestellt werden, dass die ANT insbesondere als eine poststrukturalistische Soziologie verstanden werden kann, wenn man sie denn kategorisieren und einordnen möchte – und dieser sozusagen modernistische Impuls ist in dieser Arbeit unverkennbar. Doch so sehr sich Latour und die ANT gegen so etwas wie Ideengeschichte auflehnen, so lässt sie sich doch in teils schon länger bestehende Denktraditionen einordnen. Ihre Strukturalismuskritik und ihr Plädoyer für Differenz insbesondere durch den »Rückruf der Moderne«, um die Defekte des Rationalismus, Universalismus, Humanismus und Naturalismus zu beheben, wenn auch in fürsorglicher Absicht, und das Experimentieren mit den Formen der wissenschaftlichen Re-Präsentation sind vertraute poststrukturalistische Denkfiguren. In den letzten Jahren hat Latour sich vermehrt, meist auf Anregung von Isabelle Stengers, einer Reihe indirekter Vorfahren der ANT gewidmet wie Whitehead, James und Tarde und neuerdings Étienne Souriau. Sie helfen ihm dabei, sein Projekt, das bereits am Beginn seiner akademischen Laufbahn angelegt ist, auszubauen: eine komparative Analyse verschiedener Typen von Wahrheitsproduktionen oder Existenz-

---

1 Asche auf das Haupt des Autors, der die wichtige Rolle von Autorinnen wie Donna Haraway, Annemarie Mol und Isabelle Stengers für Bruno Latour und die ANT nur am Rande gestreift hat!

2 Latour würde diesen Punkt, der seine Rezeption sicher bestimmt, wahrscheinlich von sich weisen, wie bereits in dem Interview mit T. Hugh Crawford: »Actually, I do not like radical departures. It is a French disease to imagine that no intellectual is worth the title if he or she does not start from tabula rasa. No, I am firmly rooted in local traditions.« (Latour/Crawford 1993: 249)

weisen, wie er es nennt (vgl. Latour 2008b). Den Hybrid, den Latour geschaffen hat – die Mischung von Semiotik, Sozialtheorie und Handlungstheorie oder auch von Poststrukturalismus, Sozialtheorie und neuerer Ontologie –, rührt insbesondere daher, dass er dieses eine Anliegen hat, welches er in verschiedenen Formen, Feldstudien und mit verschiedenen Quellen versucht vor- und voranzubringen.

Ein weiterer Aspekt der Arbeit, insbesondere des zweiten Teils, ist die Herausstellung selektiver Blindheiten zwischen Poststrukturalismus und Wissenschafts- und Technikforschung sowie zwischen *cultural* und *science studies* als auch Medienforschung und ANT. Die Thematisierung dieser selektiven Blindheiten und die Verknüpfung dieser Ansätze soll, so der vielleicht fromme Wunsch des Autors, *produktiv* auf Theoriebildung und Forschung wirken.

Die in der Einleitung zitierte Aussage Latours, dass er Bücher schreibe und keine Philosophie betreibe, wurde gewissermaßen in dieser Arbeit widerlegt, obwohl diese Philosophie nicht systematisch beschrieben wurde und Latour dies in seinem kürzlichen *Coming Out* als Philosoph eingesteht:

»Noch einen Wunsch zum Abschluß: bitte erzählen Sie niemandem, insbesondere nicht in England oder in den Vereinigten Staaten, daß dies mein Projekt ist und daß ich letztlich ein Philosoph mit einem System bin [...], denn man würde mich dann dort nie mehr ernst nehmen. Nur unter deutschem Himmel ist einem erlaubt, groß zu denken.« (Latour 2008b: [12-13])

›Seine‹ Philosophie lässt sich in den Kontext bestimmter Denktraditionen stellen (vgl. Abbildung 3), was er selbst *inzwischen* auch zunehmend macht. Neben der Wissenschafts- und Technikforschung (Teil I) und dem Poststrukturalismus (Teil II, Kapitel 8) ist dies die mit Whitehead, James und Tarde betriebene »Überarbeitung der Ontologie« (Latour 2008b: [8]), welche auf eine Erforschung unterschiedlicher Existenzmodi abzielt (Teil II, Kapitel 10). An dieser Stelle endet die Spurensuche – vielleicht etwas abrupt – und es bedarf weiterer mühsamer Arbeit, *dieses* Projekt in seiner Tiefe darzustellen und vielleicht selbst zu erproben.

Literatur

Abriszewski, Krzysztof (2008): Notes Towards Uniting Actor-Network Theory and Josef Mitterer's Non-dualizing Philosophy. In: *Constructivist Foundations* 3, S. 192-200.

Akrich, Madeleine (2006) [1992]: Die De-Skription technischer Objekte. In: Andréa Belliger und David J. Krieger (Hg.), *ANThology. Ein einführendes Handbuch zur Akteur-Netzwerk-Theorie*, Bielefeld: transcript, S. 407-428.

Akrich, Madleine/Latour, Bruno (2006) [1992]: Zusammenfassung einer zweckmäßigen Terminologie für die Semiotik menschlicher und nicht-menschlicher Konstellationen. In: Andréa Belliger und David J. Krieger (Hg.), *ANThology. Ein einführendes Handbuch zur Akteur-Netzwerk-Theorie*, Bielefeld: transcript, S. 399-405.

Alliez, Éric (2008): A Constructivist Flight from ›A Constructivist Reading of *Process and Reality*‹. In: *Theory, Culture & Society* 25, S. 111-117.

Alliez, Éric (2009): Die Differenz und Wiederholung von Gabriel Tarde. In: Christian Borch und Urs Stäheli (Hg.), *Soziologie der Nachahmung und des Begehrens. Materialien zu Gabriel Tarde*, Frankfurt/M.: Suhrkamp, S. 125-134.

Amann, Klaus (1994): Menschen, Mäuse und Fliegen. Eine wissenssoziologische Analyse der Transformation von Organismen in epistemische Objekte. In: *Zeitschrift für Soziologie* 23, S. 22-40.

Ang, Ien (1991): *Desperately Seeking the Audience*, London: Routledge.

Ang, Ien (1999[2]): Radikaler Kontextualismus und Ethnographie in der Rezeptionsforschung. In: Andreas Hepp und Rainer Winter (Hg.), *Kultur, Medien, Macht. Cultural Studies und Medienanalyse*. Opladen: Westdeutscher, S. 87-104.

Angermüller, Johannes (2004): ›French Theory‹. Die diskursive Artikulation institutionellen Wandels und symbolischer Produktion in einer internationalen Theoriekonjunktur. In: *Sociologia Internationalis* 42, S. 71-101.

Angermüller, Johannes (2007): *Nach dem Strukturalismus. Theoriediskurs und intellektuelles Feld in Frankreich*. Bielefeld: transcript.

Ashmore, Malcolm (1989): *The Reflexive Thesis. Wrighting Sociology of Scientific Knowledge*, Chicago: The University of Chicago Press.

Austrin, Terry/Farnsworth, John (2005): Hybrid Genres. Fieldwork, Detection and the Method of Bruno Latour. In: *Qualitative Research* 5, S. 147-165.

Austrin, Terry/Farnsworth, John (2007): Media Network(s). In: George Ritzer (Hg.), *The Blackwell Encyclopedia of Sociology*, Oxford: Blackwell, S. 2902-2906.

Austrin, Terry/Farnsworth, John (2010): The Ethnography of New Media Worlds? Following the Case of Global Poker. In: *New Media & Society* 12, S. 1120-1136.

Bachmann, Götz/Wittel, Andreas (2006): Medienethnographie. In: Ruth Ayaß und Jörg R. Bergmann (Hg.), *Qualitative Methoden der Medienforschung*, Reinbek bei Hamburg: Rowohlt, S. 183-219.

Badmington, Neil (2006): Cultural Studies and the Posthumanities. In: Gary Hall und Clare Birchall (Hg.), *New Cultural Studies. Adventures in Theory*, Edinburgh: Edinburgh University Press, S. 260-272.

Balke, Friedrich (2008): Was ist ein Ding? Zum Pragmatismus der neueren Wissenschaftsforschung. In: Andreas Hetzel, Jens Kertscher und Marc Rölli (Hg.), *Pragmatismus. Philosophie der Zukunft?* Weilerswist: Velbrück Wissenschaft, S. 269-283.

Balke, Friedrich (2009): Eine frühe Soziologie der Differenz. Gabriel Tarde. In: Christian Borch und Urs Stäheli (Hg.), *Soziologie der Nachahmung und des Begehrens. Materialien zu Gabriel Tarde*, Frankfurt/M.: Suhrkamp, S.135-163.

Bammé, Arno (2004): *Science Wars. Von der akademischen zur postakademischen Wissenschaft*, Frankfurt/M. [u.a.]: Campus.

Bammé, Arno (2008): *Wissenschaft im Wandel. Bruno Latour als Symptom*, Marburg: Metropolis.

Bammé, Arno (2009a): *Science and Technology Studies. Ein Überblick*, Marburg: Metropolis.

Bammé, Arno (2009b): Die Praxiswende in der zeitgenössischen Wissenschaft. In: Anita Thaler und Monika Wächter (Hg.), *Geschlechtergerechtigkeit in Technischen Hochschulen*, München/Wien: Profil, S. 171-198.

Bammé, Arno (2009c): Nicht Durkheim, sondern Tarde. Grundzüge einer anderen Soziologie. In: Gabriel Tarde, *Die sozialen Gesetze*, hrsg. und mit einem Nachwort versehen von Arno Bammé, Marburg: Metropolis, S. 109-153.

Bardmann, Theodor M. (Hg.) (1997): *Zirkuläre Positionen. Konstruktivismus als praktische Theorie*, Opladen [u.a.]: Westdeutscher.

Barnes, Barry (1977): *Interests and the Growth of Knowledge*, London: Routledge & Kegan Paul.

Barry, Andrew (2001): *Political Machines. Governing a Technological Society*, London: Athlone.

Barry, Andrew (2004): *Whitehead and Sociology*. Einführungsvortrag zur Konferenz »Whitehead, Invention and Social Process« am CSISP, Goldsmiths College London, http://www.gold.ac.uk/media/barry_whitehead_sociology.pdf [17.02.2011].

Barry, Andrew (2005): Pharmaceutical Matters. The Invention of Informed Materials. In: *Theory, Culture & Society* 22, S. 51-69.

Barry, Andrew/Slater, Don (Hg.) (2002a): *The Technological Economy*, Special Issue of Economy and Society 31(2).

Barry, Andrew/Slater, Don (2002b): Introduction: The Technological Economy. In: *Economy and Society* 31, S. 175-193.

Barry, Andrew/Thrift, Nigel (Hg.) (2007a): *Gabriel Tarde. Imitation, Invention and Economy*, Special Issue of Economy and Society 36(4).

Barry, Andrew/Thrift, Nigel (2007b): Gabriel Tarde. Imitation, Invention and Economy. In: *Economy and Society* 36(4), S. 509-525.

Barthes, Roland (2000) [1967]: Der Tod des Autors. In: Fotis Jannidis (Hg.), *Texte zur Theorie der Autorschaft*, Stuttgart: Reclam.

Barthes, Roland (2003) [1957]: *Mythen des Alltags*, Frankfurt/M.: Suhrkamp.

Baudrillard, Jean (1983[2]) [1977]: *Oublier Foucault*, München: Raben.

Baudrillard, Jean (2005) [1976]: *Der symbolische Tausch und der Tod*, Berlin: Matthes & Seitz.

Bauman, Zygmunt (1989): *Legislators and Interpreters. On Modernity, Postmodernity and Intellectuals*, Cambridge: Polity Press.

Beck, Ulrich (1987[3]): *Risikogesellschaft. Auf dem Weg in eine andere Moderne*, Frankfurt/M.: Suhrkamp.

Beck, Ulrich (1999[6]): *Was ist Globalisierung?* Frankfurt/M.: Suhrkamp.

Beck, Ulrich/Giddens, Anthony/Lash, Scott (1996): *Reflexive Modernisierung. Eine Kontroverse*, Frankfurt/M.: Suhrkamp.

Bedorf, Thomas/Fischer, Joachim/Lindemann, Gesa (Hg.) (2010): *Theorien des Dritten. Innovationen in der Soziologie und Sozialphilosophie*, München: Fink.

Belliger, Andréa/Krieger, David J. (Hg.) (2006a): *ANThology. Ein einführendes Handbuch zur Akteur-Netzwerk-Theorie*, Bielefeld: transcript.

Belliger, Andréa/Krieger, David J. (2006b): Einführung in die Akteur-Netzwerk-Theorie. In: Andréa Belliger und David J. Krieger (Hg.), *ANThology. Ein einführendes Handbuch zur Akteur-Netzwerk-Theorie*, Bielefeld: transcript, S. 13-50.

Benjamin, Walter (1972): *Gesammelte Schriften. Bd. IV, 1: Kleine Prosa, Baudelaire-Übertragungen*, hrsg. von Tillman Rexroth, Frankfurt/M.: Suhrkamp.

Benjamin, Walter (1974): *Gesammelte Schriften. Bd. I, 2: Abhandlungen.* Unter Mitw. von Theodor W. Adorno und Gershom Scholem, hrsg. von Rolf Tiedemann und Hermann Schweppenhäuser, Frankfurt/M.: Suhrkamp.

Bennett, Tony (2005): Civic Laboratories. Museums, Cultural Objecthood, and the Governance of the Social. In: *Cultural Studies* 19, S. 521-547.

Bennett, Tony (2007): Making Culture, Changing Society. In: *Cultural Studies* 21, S. 610-629.

Bennett, Tony (2008): Anthropological Assemblages. Producing Culture as a Surface of Government. *CRESC Working Papers*, Nr. 52, Milton Keynes: The Open University, http://www.archive.cresc.ac.uk/publications/documents/wp52.pdf [12.02.2011].

Bennett, Tony/Dodsworth, Francis/Joyce, Patrick (2007): Introduction. Liberalisms, Government, Culture. In: *Cultural Studies* 21, S. 525-548.

Berg, Marc/Mol, Annemarie (Hg.) (1998): *Differences in Medicine. Unraveling Practices, Techniques, and Bodies*, Durham: Duke University Press.

Berger, Peter L./Luckmann, Thomas (1998) [1966]: *Die gesellschaftliche Konstruktion der Wirklichkeit. Eine Theorie der Wissenssoziologie.* Frankfurt/M.: Fischer.

Berger, Wilhelm/Getzinger, Günter (Hg.) (2009): *Das Tätigsein der Dinge. Beiträge zur Handlungsträgerschaft der Technik*, München/Wien: Profil.

Berland, Jody (2006): *What Is Environmental Cultural Studies?* http://www.arts.yorku.ca/huma/jberland/docs/whatis.pdf [17.02.2011].

Berland, Jody/Slack, Jennifer D. (1994): On Environmental Matters. In: *Cultural Studies* 8, S. 3-5.

Bertram, Georg W. (2003): ›Im Anfang war die Tat‹. Praktiken als Basis der Sprache und des Geistes. In: Jens Kertscher und Dieter Mersch (Hg.), *Performativität und Praxis*, München: Fink, S. 211-227.

Bijker, Wiebe E./Hughes, Thomas P./Pinch, Trevor J. (Hg.) (1987): *The Social Construction of Technological Systems. New Directions in the Sociology and History of Technology*, Cambridge: MIT Press.

Bijker, Wiebe E./Law, John (Hg.) (1992): *Shaping Technology/Building Society. Studies in Sociotechnical Change*, Cambridge: MIT Press.

Binczyk, Ewa (2008): Looking for Consistency in Avoiding Dualisms. In: *Constructivist Foundations* 3, S. 201-208.

Bingham, Nick/Thrift, Nigel (2000): Some New Instructions for Travellers. The Geography of Bruno Latour and Michel Serres. In: Mike Crang und Nigel Thrift (Hg.), *Thinking Space*, London: Routledge, S. 281-301.

Bloor, David (1976): *Knowledge and Social Imagery*, London: Routledge.

Bloor, David (1992): Left and Right Wittgensteinians. In: Andrew Pickering (Hg.), *Science as Practice and Culture*, Chicago: University of Chicago Press, S. 266-282.

Bloor, David (1999a): Anti-Latour. In: *Studies in History and Philosophy of Science* 30, S. 81-112.

Bloor, David (1999b): Reply to Bruno Latour. In: *Studies in History and Philosophy of Science* 30, S. 131-136.

Boisvert, Raymond D. (1996): Remapping the Territory. In: *Man and World* 29, S. 63-70.

Boltanski, Luc/Chiapello, Eve (2003): *Der neue Geist des Kapitalismus*, Konstanz: UVK.

Boltanski, Luc/Thévenot, Laurent (1999): The Sociology of Critical Capacity. In: *European Journal of Social Theory* 2, S. 359-377.

Boltanski, Luc/Thévenot, Laurent (2007) [1991]: *Über die Rechtfertigung. Eine Soziologie der kritischen Urteilskraft*. Hamburg: Hamburger Edition, HIS.

Bonfadelli, Heinz (2004[3]): *Medienwirkungsforschung I. Grundlagen und theoretische Perspektiven*, Konstanz: UVK.

Borch, Christian (Hg.) (2004): *Gabriel Tarde*, Special issue of Distinktion: Scandinavian Journal of Social Theory 9.

Borch, Christian/Stäheli, Urs (2009): Einleitung – Tardes Soziologie der Nachahmung und des Begehrens. In: Christian Borch und Urs Stäheli (Hg.), *Soziologie der Nachahmung und des Begehrens. Materialien zu Gabriel Tarde*, Frankfurt/M.: Suhrkamp, S. 7-38.

Born, Georgina/Barry, Andrew (2010): Art-Science. From Public Understanding to Public Experiment. In: *Journal of Cultural Economy* 3, S. 103-119.

Bourdieu, Pierre (1979) [1972]: *Entwurf einer Theorie der Praxis auf der ethnologischen Grundlage der kabylischen Gesellschaft*, Frankfurt/M.: Suhrkamp.

Bourdieu, Pierre (1987) [1979]: *Die feinen Unterschiede. Kritik der gesellschaftlichen Urteilskraft*, Frankfurt/M.: Suhrkamp.

Bourdieu, Pierre (1992): *Die verborgenen Mechanismen der Macht*, hrsg. von Margareta Steinrücke, Hamburg: VSA.

Bourdieu, Pierre (1998): *Über das Fernsehen*. Frankfurt/M.: Suhrkamp.

Bourdieu, Pierre (2004) [2001]: *Science of Science and Reflexivity*, Chicago: University of Chicago Press.

Bowker, Geoffrey/Baker, Karen/Millerand, Florence/Ribes, David (2010): Toward Information Infrastructure Studies. Ways of Knowing in a Networked Environment. In: Jeremy Hunsinger, Lisbeth Klastrup und Mathew Allen (Hg.), *International Handbook of Internet Research*, Berlin [u.a.]: Springer, S. 97-117.

Boyne, Roy (2001): *Subject, Society and Culture*, London [u.a.]: Sage.

Brown, Mark B./Gross, Matthias (2002): Eine neue Gesellschaft? Von Aktanten, Assoziationen und der Repräsentation des Nicht-Menschlichen. In: *Soziologische Revue* 25, S. 380-394.

Bunge, Mario (1991): A Critical Examination of the New Sociology of Science. Part 1. In: *Philosophy of Social Sciences* 21, S. 524-560.

Callon, Michel (1983): Die Kreation einer Technik. Der Kampf um das Elektroauto. In: Werner Rammert, Gotthard Bechmann, Helga Nowotny und Richard Vahrenkamp (Hg.), *Technische Entwicklung als gesellschaftliches Drama*, Frankfurt/M. [u.a.]: Campus, S. 140-160.

Callon, Michel (1986): Some Elements of a Sociology of Translation. Domestication of the Scallops and the Fishermen of St. Brieuc Bay. In: John Law (Hg.), *Power, Action and Belief. A New Sociology of Knowledge?* London [u.a.]: Routlege & Kegan Paul, S. 196-233.

Callon, Michel (1987): Society in the Making. The Study of Technology as a Tool for Sociological Analysis. In: Wiebe E. Bijker, Thomas P. Hughes und Trevor J. Pinch (Hg.), *The Social Construction of Technological Systems. New Directions in the Sociology and History of Technology*, Cambridge: MIT Press, S. 83-103.

Callon, Michel (Hg.) (1998a): *The Laws of the Markets*, Oxford: Blackwell.

Callon, Michel (1998b): The Embeddedness of Economic Markets in Economics. In: Michel Callon (Hg.), *The Laws of the Markets*, Oxford: Blackwell, S. 1-57.

Callon, Michel (2005): Why Virtualism Paves the Way to Political Impotence. A Reply to Daniel Miller's Critique of the ›Laws of the Marktes‹. In: *Economic Sociology* 6, S. 3-20, http://econsoc.mpifg.de/archive/esfeb05.pdf [17.02. 2010].

Callon, Michel (2006a) [1986]: Die Soziologie eines Akteur-Netzwerks. Der Fall des Elektrofahrzeugs. In: Andréa Belliger und David J. Krieger (Hg.), *ANThology. Ein einführendes Handbuch zur Akteur-Netzwerk-Theorie*, Bielefeld: transcript, S. 175-193.

Callon, Michel (2006b) [1999]: Akteur-Netzwerk-Theorie. Der Markt-Test. In: Andréa Belliger und David J. Krieger (Hg.), *ANThology. Ein einführendes Handbuch zur Akteur-Netzwerk-Theorie*, Bielefeld: transcript, S. 545-559.

Callon, Michel (2007): What Does It Mean to Say that Economics is Performative? In: Donald MacKenzie, Fabian Muniesa und Lucia Siu (Hg.), *Do economists make markets? On the Performativity of Economics*, Princeton: Princeton University Press, S. 311-357.

Callon, Michel/Latour, Bruno (1992): Don't Throw the Baby Out with the Bath School! A Reply to Collins and Yearley. In: Andrew Pickering (Hg.), *Science as Practice and Culture*, Chicago: University of Chicago Press, S. 343-368.

Callon, Michel/Latour, Bruno (2006) [1981]: Die Demontage des großen Leviathans. Wie Akteure die Makrostruktur der Realität bestimmen und Soziologen ihnen dabei helfen. In: Andréa Belliger und David J. Krieger (Hg.), *ANThology. Ein einführendes Handbuch zur Akteur-Netzwerk-Theorie*, Bielefeld: transcript, S. 75-101.

Callon, Michel/Law, John/Rip, Arie (1986): How to Study the Force of Science. In: Michel Callon, John Law und Arie Rip (Hg.), *Mapping the Dynamics of Science and Technology. Sociology of Science in the Real World*, London [u.a.]: Macmillan, S. 3-17.

Callon, Michel/Rabeharisoa, Vololona (1999): *Le pouvoir des malades. L'Association française contre les myopathies et la Recherche*, Paris: Presses de l'Ecole des mines.

Callon, Michel/Barry, Andrew/Slater, Don (2002): Technology, Politics and the Market. An Interview with Michel Callon. In: *Economy and Society* 31, S. 285-306.

Callon, Michel/Millo, Yuval/Muniesa, Fabian (2007): *Market Devices*, Oxford [u.a.]: Blackwell.

Candea, Mattei (Hg.) (2010): *The Social after Gabriel Tarde. Debates and Assessments*, London [u.a.]: Routledge.

Clark, Terry N. (1981): Die Durkheim-Schule und die Universität. In: Wolf Lepenies (Hg.), *Geschichte der Soziologie. Studien zur kognitiven, sozialen und historischen Identität einer Disziplin*, Bd. 2, Frankfurt/M.: Suhrkamp, S. 157-205.

Clarke, John (2004): *Changing Welfare, Changing States. New Directions in Social Policy*, London [u.a]: Sage.

Clifford, James/Marcus, George E. (Hg.) (1986): *Writing Culture. The Poetics and Politics of Ethnography*, Berkeley [u.a.]: University of California Press.

Collins, Harry M. (1983): An Empirical Relativist Programme in the Sociology of Scientific Knowledge. In: Karin Knorr-Cetina und Michael Mulkay (Hg.), *Science Observed. Perspectives on the Social Study of Science*, London [u.a.]: Sage, S. 84-114.

Collins, Harry M. (1985): *Changing Order. Replication and Induction in Scientific Practice*, Chicago: University of Chicago Press.

Collins, Harry M./Kusch, Martin (1998): *The Shape of Actions. What Humans and Machines Can Do*, Cambridge: MIT Press.

Collins, Harry M./Yearley, Steven (1992a): Epistemological Chicken. In: Andrew Pickering (Hg.), *Science as Practice and Culture*, Chicago: University of Chicago Press, S. 301-326.

Collins, Harry M./Yearley, Steven (1992b): Journey into Space. In: Andrew Pickering (Hg.), *Science as Practice and Culture*, Chicago: University of Chicago Press, S. 369-389.

Collins, Harry/Kusch, Martin (1998): *The Shape of Actions. What Humans and Machines can do*. Cambridge: MIT Press.

Couldry, Nick (2006): Akteur-Netzwerk-Theorie und Medien. Über Bedingungen und Grenzen von Konnektivitäten und Verbindungen. In: Andreas Hepp, Friedrich Krotz, Shaun Moores und Carsten Winter (Hg.), *Konnektivitäten, Netzwerke und Flüsse. Konzepte für eine Kommunikations- und Kulturwissenschaft*, Wiesbaden: VS, S. 101-117.

Crease, Robert/Ihde, Don/Jensen, Casper Brunn/Selinger, Evan (2003): Interview with Bruno Latour. In: Don Ihde und Evan Selinger (Hg.), *Chasing Technoscience. Matrix for Materiality*, Bloomington: Indiana University Press, S. 15-26.

Czarniawska, Barbara (2009): Gabriel Tarde und die Verwaltung von Großstädten. In: Christian Borch und Urs Stäheli (Hg.), *Soziologie der Nachahmung und des Begehrens. Materialien zu Gabriel Tarde*, Frankfurt/M.: Suhrkamp, S. 372-396.

Dant, Tim (1999): *Material Culture in the Social World. Values, Activities, Lifestyles*, Buckingham: Open University Press.

Degele, Nina (2002): *Einführung in die Techniksoziologie*, München: Fink.

Degele, Nina/Simms, Timothy (2004): Bruno Latour (*1947). Post-Konstruktivismus pur. In: Martin Ludwig Hofmann, Tobias F. Korta und Sibylle Niekisch (Hg.), *Culture Club. Klassiker der Kulturtheorie*, Frankfurt/M.: Suhrkamp, S. 259-275.

Deleuze, Gilles (1993) [1969]: *Logik des Sinns*, Frankfurt/M.: Suhrkamp.

Deleuze, Gilles (1997a) [1968]: *Differenz und Wiederholung*, München: Fink.

Deleuze, Gilles (1997b) [1986]: *Foucault*, Frankfurt/M.: Suhrkamp.

Deleuze, Gilles/Guattari, Félix (1996) [1991]: *Was ist Philosophie?* Frankfurt/M.: Suhrkamp.

Deleuze, Gilles/Guattari, Félix (1997) [1980]: *Tausend Plateaus. Kapitalismus und Schizophrenie*, Berlin: Merve.

Deleuze, Gilles/Parnet, Claire (1996): *L'abécédaire de Gilles Deleuze. Un film de Pierre-André Boutang*, http://video.google.com/videoplay?docid=438091653681675611# [12.02.2011].

Derrida, Jacques (2004): *Die différance*, Stuttgart: Reclam.

Denzin, Norman K. (1995): *The Cinematic Society. The Voyeur's Gaze*, London [u.a.]: Sage.

Donges, Patrick (2005): Medialisierung der Politik. Vorschlag einer Differenzierung. In: Patrick Rössler und Friedrich Krotz (Hg.), *Mythen der Mediengesellschaft*, Konstanz: UVK, S. 321-339.

Dosse, François (1999) [1991-92]: *Die Geschichte des Strukturalismus*. 2 Bde, Frankfurt/M.: Fischer.

Eco, Umberto (1980): Towards a Semiotic Inquiry Into the Television Message. In: John Corner und Jeremy Hawthorn (Hg.), *Communication Studies. An Introductory Reader*, London: Arnold, S. 131-149.

Eco, Umberto (1994[8]) [1968]: Einführung in die Semiotik. München: Fink.

Eisenstein, Elizabeth L. (1997) [1979]: *Die Druckerpresse. Kulturrevolutionen im frühen modernen Europa*, Wien [u.a.]: Springer.

Enzensberger, Hans Magnus (1970): Baukasten zu einer Theorie der Medien. In: *Kursbuch* 20, S. 159-186.

Escobar, Arturo (1999): After Nature. Steps Towards an Antiessentialist Political Ecology. In: *Current Anthropology* 40, S. 1-30.

Escobar, Arturo (2008): *Territories of Difference. Place, Movements, Life, Redes*, Durham: Duke University Press.

Eßlinger, Eva/Schlechtriemen, Tobias/Schweitzer, Doris/Zons, Alexander (2010): *Die Figur des Dritten. Ein kulturwissenschaftliches Paradigma*, Frankfurt/M.: Suhrkamp.

Faulstich, Werner (2004): *Medienwissenschaft*, Paderborn: Fink.

Felt, Ulrike/Nowotny, Helga/Taschwer, Klaus (1995): *Wissenschaftsforschung. Eine Einführung*, Frankfurt/M. [u.a.]: Campus.

Fiske, John (1994): *Media Matters. Everyday Culture and Political Change*, Minneapolis: University of Minnesota Press.

Flusser, Vilém (1990): *Nachgeschichten. Essays, Vorträge, Glossen*, Düsseldorf: Bollmann.

Foucault, Michel (1974) [1966]: *Die Ordnung der Dinge. Eine Archäologie der Humanwissenschaften*. Frankfurt/M.: Suhrkamp.

Foucault, Michel (1976) [1975]: *Überwachen und Strafen. Die Geburt des Gefängnisses.* Frankfurt/M.: Suhrkamp.

Foucault, Michel (2003[9]) [1972]: *Die Ordnung des Diskurses*, Frankfurt/M.: Fischer.

Frank, Manfred (1984): Was ist Neostrukturalismus? Frankfurt/M.: Suhrkamp.

Fujimura, Joan H. (1992): Crafting Science. Standardized Packages, Boundary Objects, and ›Translation‹. In: Andrew Pickering (Hg.), *Science as Practice and Culture*, Chicago: University of Chicago Press, S. 168-213.

Fuller, Mathew (Hg.) (2008): *Software Studies. A Lexicon*, Cambridge: MIT Press.

Fuller, Steve (2000): Science Studies Through the Lookings Glass. An Intellectual Itinerary. In: Ullica Segerstråle (Hg.), *Beyond the Science Wars. The Missing Discourse about Science and Society*, Albany: State University of New York Press, S. 185-217.

Galison, Peter/Stump, David (Hg.) (1996): *The Disunity of Science. Boundaries, Contexts, and Power*, Stanford: Stanford University Press.

Garfinkel, Harold (1967): *Studies in Ethnomethodology*, Englewood Cliffs: Prentice-Hall.

Garfinkel, Harold (2002): *Ethnomethology's Program. Working Out Durkheim's Aphorism*, hrsg. und eingel. von Anne Warfield Rawls, Lanham [u.a.]: Rowman & Littlefield.

Geertz, Clifford (2003) [1973]: *Dichte Beschreibung. Beiträge zum Verstehen kultureller Systeme*, Frankfurt/M.: Suhrkamp.

Gehring, Petra (2004): Michel Serres. Friedensgespräche mit dem großen Dritten. In: Oliver Flügel, Reinhard Heil und Andreas Hetzel (Hg.), *Die Rückkehr des Politischen. Demokratietheorien heute*, Darmstadt: Wissenschaftliche Buchgesellschaft, S. 308-322.

Gehring, Petra (2006): Michel Serres. Gärten, Hochgebirge, Ozeane der Kommunikation. In: Stephan Moebius und Dirk Quadflieg (Hg.), *Kultur. Theorien der Gegenwart*, Wiesbaden: VS, S. 471-480.

Geiger, Robert L. (1981): Die Institutionalisierung soziologischer Paradigmen. Drei Beispiele aus der Frühzeit der französischen Soziologie. In: Wolf Lepenies (Hg.), *Geschichte der Soziologie. Studien zur kognitiven, sozialen und historischen Identität einer Disziplin*, Bd. 2, Frankfurt/M.: Suhrkamp, S. 137-156.

GfM (2008): *Gesellschaft für Medienwissenschaft. Kernbereiche der Medienwissenschaft*, http://www.gfmedienwissenschaft.de/gfm/webcontent/files/GfM_MedWissKernbereiche2.pdf?PHPSESSID=juovlq3ubrhll665i5maa8nl12 [12.02.2011].

Gibbons, Michael/Limoges, Camille/Nowotny, Helga/Schwartzmann, Simon/Scott, Peter/Trow, Martin (1994): *The New Production of Knowledge. The Dynamics of Science and Research in Contemporary Societies*, London [u.a.]: Sage.

Gibson, James (1986): *The Ecological Approach to Visual Perception*, London: Lawrence Erlbaum Associates.

Gibson-Graham, J.K. (1996): *The End of Capitalism (as we knew it). A Feminist Critique of Political Economy*, Cambridge [u.a.]: Blackwell.

Gibson-Graham, J.K. (2006): *A Postcapitalist Politics*, Minneapolis: University of Minnesota Press.

Giddens, Anthony (1984) [1976]: *Interpretative Soziologie. Eine kritische Einführung*, Frankfurt/M. [u.a.]: Campus.

Giddens, Anthony (1997[3]) [1984]: *Die Konstitution der Gesellschaft. Grundzüge einer Theorie der Strukturierung*, Frankfurt/M. [u.a.]: Campus.

Giddens, Anthony (1999[3]): *Konsequenzen der Moderne*, Frankfurt/M.: Suhrkamp.

Gieryn, Thomas (1982): Relativist/Constructivist Programmes in the Sociology of Science. Redundance and Retreat. In: *Social Studies of Science* 12, S. 279-297.

Gilbert, Jeremy (2006): Cultural Studies and Anti-Capitalism. In: Gary Hall und Clare Birchall (Hg.), *New Cultural Studies. Adventures in Theory*, Edinburgh: Edinburgh University Press, S. 181-198.

Gill, Bernhard (2008): Über Whitehead und Mead zur Akteur-Netzwerk-Theorie. Die Überwindung des Dualismus von Geist und Materie – und der Preis, der dafür zu zahlen ist. In: Georg Kneer, Markus Schroer und Erhard Schüttpelz (Hg.), *Bruno Latours Kollektive. Kontroversen zur Entgrenzung des Sozialen*, Frankfurt/M.: Suhrkamp, S. 47-75.

Gilroy, Paul/Grossberg, Lawrence/McRobbie, Angela (2000): Without Guarantees. In Honour of Stuart Hall. London/New York: Verso.

Gomart, Emilie/Hennion, Antoine (1999): A Sociology of Attachment. Music Amateurs, Drug Users. In: John Law und John Hassard (Hg.), *Actor Network Theory and After*. Oxford: Blackwell, 220-247.

Goodman, Nelson (1990) [1978]: *Weisen der Welterzeugung*, Frankfurt/M.: Suhrkamp.

Göttlich, Udo (2006): *Die Kreativität des Handelns in der Medienaneignung. Zur handlungstheoretischen Kritik der Wirkungs- und Rezeptionsforschung*, Konstanz: UVK.

Gray, Ann/Campbell, Jan/Erickson, Mark/Hanson, Stuart/Wood, Helen (2007): *CCCS Selected Working Papers*, 2 Bde., London [u.a.]: Routledge.

Greif, Hajo (2002): Versuche, die Welt zurückzugewinnen. Die Kontroverse über die ›Handlungsfähigkeit der Dinge‹ in den Science and Technology Studies. In: Claus Zittel (Hg.), *Wissen und soziale Konstruktion in Geschichte, Kultur und Wissenschaft. Auseinandersetzungen mit dem Sozialkonstruktivismus*, Berlin: Akademie, S. 27-45.

Greif, Hajo (2005): *Wer spricht im Parlament der Dinge? Über die Idee einer nicht-menschlichen Handlungsfähigkeit*, Paderborn: mentis.

Greif, Hajo (2006): Vom Verschwinden der Theorie in der Akteur-Netzwerk-Theorie. In: Martin Voss und Birgit Peuker (Hg.), *Verschwindet die Natur? Die Akteur-Netzwerk-Theorie in der umweltsoziologischen Diskussion*, Bielefeld: transcript, S. 53-69.

Greimas, Algridas Julien/Courtés, Joseph (1979): *Sémiotique. Dictionaire raisonné de la langage*, Bd. 1, Paris: Hachette.

Gross, Paul R./Levitt, Norman (1994): *Higher Superstition. The Academic Left and Its Quarrels with Science*, Baltimore: Johns Hopkins University Press.

Grossberg, Lawrence (1992): *We Gotta Get Out of This Place. Popular Conservatism and Postmodern Culture*, London/New York: Routledge.

Grossberg, Lawrence (2000): *What's Going On? Cultural Studies und Popularkultur*, Wien: Turia + Kant.

Grossberg, Lawrence (2007a) [2005]: Leben und Zeiten der Kultur. In: Rainer Winter (Hg.), *Die Perspektiven der Cultural Studies. Der Lawrence-Grossberg-Reader*, Köln: Herbert von Halem, S. 13-33.

Grossberg, Lawrence (2007b) [1998]: Der Sieg der Kultur. Teil I: Gegen die Logik der Vermittlung. In: Rainer Winter (Hg.), *Die Perspektiven der Cultural Studies. Der Lawrence-Grossberg-Reader*, Köln: Herbert von Halem, S. 66-116.

Grossberg, Lawrence (2007c): Cultural Studies auf der Suche nach anderen Modernen. In: Rainer Winter (Hg.), *Die Perspektiven der Cultural Studies. Der Lawrence-Grossberg-Reader*, Köln: Herbert von Halem, S. 220-96.

Habermas, Jürgen (1985): *Der philosophische Diskurs der Moderne*, Frankfurt/M.: Suhrkamp.

Habermas, Jürgen (1990) [1962]: *Strukturwandel der Öffentlichkeit. Untersuchungen zu einer Kategorie der bürgerlichen Gesellschaft*, Frankfurt/M.: Suhrkamp.

Hacking, Ian (1983): *Representing and Intervening. Introductory Topics in the Philosophy of Natural Science*, Cambridge: Cambridge University Press.

Hacking, Ian (1992): The Self-Vindication of the Laboratory Sciences. In: Andrew Pickering (Hg.), *Science as Practice and Culture*, Chicago: University of Chicago Press, S. 29-64.

Hacking, Ian (2001[8]) [1999]: *The Social Construction of what?* Cambridge: Harvard University Press.

Hagner, Michael (2006): Die Welt als Labor. In: *Gaia* 15, S. 127-134.

Halewood, Michael (2005): A.N. Whitehead, Information and Social Theory. In: *Theory, Culture & Society* 22, S. 73-94.

Halewood, Michael (2008): Introduction to Special Section on A.N. Whitehead. In: *Theory, Culture & Society* 25, S. 1-14.

Halewood, Michael/Michael, Mike (2008): Being a Sociologist and Becoming a Whiteheadian. Toward a Concrescent Methodology. In: *Theory, Culture & Society* 25, S. 31-56.

Hall, Gary/Birchall, Clare (Hg.) (2006): *New Cultural Studies. Adventures in Theory*, Edinburgh: Edinburgh University Press.

Hall, Stuart (1986): On Postmodernism and Articulation. An Interview. In: *Journal of Communication Inquiry* 10, S. 28-44.

Hall, Stuart (1997): The Work of Representation. In: Stuart Hall (Hg.), *Representation. Cultural Representations and Signifying Practices*, London [u.a.]: Sage, S. 13-64.

Hall, Stuart (1999a) [1973]: Kodieren/Dekodieren. In: Roger Bromley, Carsten Winter und Udo Göttlich (Hg.), *Cultural Studies. Grundlagentexte zur Einführung*, Lüneburg: zu Klampen, S. 91-111.

Hall, Stuart (1999b) [1980]: Die zwei Paradigmen der Cultural Studies. In: Karl H. Hörning und Rainer Winter (Hg.), *Widerspenstige Kulturen. Cultural Studies als Herausforderung*, Frankfurt/M.: Suhrkamp, S. 13-42.

Hall, Stuart (1999c) [1992]: Kulturelle Identität und Globalisierung. In: Karl H. Hörning und Rainer Winter (Hg.), *Widerspenstige Kulturen. Cultural Studies als Herausforderung*, Frankfurt/M.: Suhrkamp, S. 393-441.

Hall, Stuart (2000) [1992]: Das theoretische Vermächtnis der Cultural Studies. In: Stuart Hall, *Cultural Studies. Ein politisches Theorieprojekt*, Ausgewählte Schriften, Bd. 3, Hamburg [u.a.]: Argument, S. 34-51.

Hall, Stuart (2004): *Ideologie, Identität, Repräsentation*, Ausgewählte Schriften, Bd. 4, Hamburg: Argument.

Hall, Stuart/Jefferson, Tony (1975): *Resistance Through Rituals. Youth Subcultures in Post-War Britain*, London: Routledge.

Hall, Stuart/Hobson, Dorothy/Lowe, Andrew/Willis, Paul (Hg.) (1987): *Culture, Media, Language. Working Papers in Cultural Studies, 1972-79*, London [u.a.]: Hutchinson.

Haraway, Donna (1992): The Promises of Monsters. A Regenerative Politics for Inappropriate/d Others. In: Lawrence Grossberg, Cary Nelson und Paula A. Treichler (Hg.), *Cultural Studies*, London/New York: Routledge, S. 295-337.

Haraway, Donna (1997): *Modest_Witness@Second_Millenium. FemaleMan_ Meets_OncoMouse*, London: Routledge.

Hardie, Iain/MacKenzie, Donald (2007): Assembling an Economic Actor. The Agencement of a Hedge Fund. In: *Sociological Review* 55, S. 57-80.

Harman, Graham (2007): The Importance of Bruno Latour for Philosophy. In: *Cultural Studies Review* 13, S. 31-49.

Harman, Graham (2009): *Prince of Networks. Bruno Latour and Metaphysics*, Melbourne: re.press.

Hartmann, Frank (2000): *Medienphilosophie*, Wien: WUV.

Hartmann, Frank (2003): Techniktheorien der Medien. In: Stefan Weber (Hg.), *Theorien der Medien. Von der Kulturkritik bis zum Konstruktivismus*, Stuttgart: UTB, S. 49-79.

Hasse, Raimund/Krücken, Georg/Weingart, Peter (1994): Laborkonstruktivismus. Eine wissenschaftssoziologische Reflexion. In: Gebhard Rusch und Siegfried J. Schmidt (Hg.), *Konstruktivismus und Sozialtheorie*, Frankfurt/M.: Suhrkamp.

Heintz, Bettina (1993): Wissenschaft im Kontext. Neuere Entwicklungstendenzen der Wissenschaftssoziologie. In: *Kölner Zeitschrift für Soziologie und Sozialpsychologie* 45, S. 528-552.

Heintz, Bettina (1998): Die soziale Welt der Wissenschaft. Entwicklungen, Ansätze und Ergebnisse der Wissenschaftsforschung. In: Bettina Heintz und Bernhard Nievergelt (Hg.), *Wissenschafts- und Technikforschung in der Schweiz. Sondierungen einer neuen Disziplin*, Zürich: Seismo, S. 55-94.

Heintz, Bettina/Nievergelt, Bernhard (Hg.) (1998): *Wissenschafts- und Technikforschung in der Schweiz. Sondierungen einer neuen Disziplin*, Zürich: Seismo.

Hemmingway, Emma (2008): *Into the Newsroom. Exploring the Digital Production of Regional Television News*, London/New York: Routledge.

Hennion, Antoine (2004): Pragmatics of Taste. In: Mark Jacobs und Nancy Hanrahan (Hg.), *The Blackwell Companion to the Sociology of Culture*, Oxford: Blackwell, S. 131-144.

Hennion, Antoine (2007): Those Things That Hold Us Together. Taste and Sociology. In: *Cultural Sociology* 1, S. 97-114.

Hennion, Antoine/Latour, Bruno (2003): How to Make Mistakes on So Many Things at Once – and Becoming Famous For It. In: Hans Ulrich Gumbrecht und Michael Marrinan (Hg.), *Mapping Benjamin. The Work of Art in the Digital Age*, Stanford: Stanford University Press, S. 91-97.

Hepp, Andreas/Krotz, Friedrich/Moores, Shaun/Winter, Carsten (Hg.) (2006): *Konnektivitäten, Netzwerke und Flüsse. Konzepte für eine Kommunikations- und Kulturwissenschaft*, Wiesbaden: VS.

Hess, David (2001): Ethnography and the Development of Science and Technology Studies. In: Paul Atkinson, Amanda Coffey, Sara Delamont, John Lofland und Lyn Lofland (Hg.), *Handbook of Ethnography*, London: Sage, S. 234-245.

Hillebrandt, Frank (2002): Die verborgenen Mechanismen der Materialität. Überlegungen zu einer Praxistheorie der Technik. In: Jörg Ebrecht und Frank Hillebrandt (Hg.), *Bourdieus Theorie der Praxis. Erklärungskraft – Anwendung – Perspektiven*, Opladen: Westdeutscher, S. 19-45.

Hirschauer, Stefan (1991): The Manufacture of Bodies in Surgery. In: *Social Studies of Science* 21, S. 279-319.

Hirschauer, Stefan (2004): Praktiken und ihre Körper. Über materielle Partizipanden des Tuns. In: Karl H. Hörning und Julia Reuter (Hg.), *Doing Culture. Neue Positionen von Kultur und sozialer Praxis*, Bielefeld: transcript, S. 73-91.

Hirschauer, Stefan (2008): Die Empiriegeladenheit von Theorien und der Erfindungsreichtum der Praxis. In: Herbert Kalthoff, Stefan Hirschauer und Gesa Lindemann (Hg.), *Theoretische Empirie. Zur Relevanz qualitativer Forschung*, Frankfurt/M.: Suhrkamp.

Hirschauer, Stefan/Amann, Klaus (1997): Die Befremdung der eigenen Kultur. Ein Programm. In: Stefan Hirschauer und Klaus Amann (Hg.), *Die Befremdung der eigenen Kultur. Zur ethnographischen Herausforderung soziologischer Empirie*, Frankfurt/M.: Suhrkamp. S. 7-52.

Hörning, Karl Heinz (2001): *Experten des Alltags. Die Wiederentdeckung des praktischen Wissens*, Weilerswist: Velbrück Wissenschaft.

Hörning, Karl Heinz (2004a): Kultur als Praxis. In: Friedrich Jaeger und Burkhard Liebsch (Hg.), *Handbuch der Kulturwissenschaften*, Bd. 1.: Grundlagen und Schlüsselbegriffe, Stuttgart: Metzler, S. 139-151.

Hörning, Karl Heinz (2004b): Soziologie der Praxis und Praxis der Soziologie. In: Karl H. Hörning und Julia Reuter (Hg.), *Doing Culture. Neue Positionen von Kultur und sozialer Praxis*, Bielefeld: transcript, S. 19-39.

Hörning, Karl Heinz (2010): Kultur und Nachhaltigkeit. In: Oliver Parodi, Gerhard Banse und Axel Schaffer (Hg.), *Wechselspiele. Kultur und Nachhaltigkeit*, Berlin: edition sigma, S. 333-345.

Hörning, Karl Heinz/Reuter, Julia (Hg.) (2004): *Doing Culture. Neue Positionen von Kultur und sozialer Praxis*, Bielefeld: transcript.

Høstaker, Roar (2005): Latour – Semiotics and Science Studies. In: *Science Studies* 18(2), S. 5-25.

Holzinger, Markus (2009): Welcher Realismus? Welcher Sozialkonstruktivismus? Ein Kommentar zu Georg Kneers Verteidigung des Sozialkonstruktivismus und zu Bruno Latours Akteur-Netzwerk-Theorie. In: *Zeitschrift für Soziologie* 38, S. 521-535.

Horkheimer, Max/Adorno, Theodor W. (1969) [1944]: *Dialektik der Aufklärung. Philosophische Fragmente*. Frankfurt/M.: Fischer.

Hughes, Thomas P. (1983): *Networks of Power. Electrification in Western Society, 1880 – 1930*, Baltimore [u.a.]: Johns Hopkins University Press.

Hutchins, Edwin (1995): *Cognition in the Wild*, Cambridge: MIT Press.

Ihde, Don/Selinger, Evan (Hg.) (2003): *Chasing Technoscience. Matrix for Materiality*, Bloomington: Indiana University Press.

James, William (1979): *The Will to Believe and Other Essays in Popular Philosophy*, The Works of William James, Bd. 6, hrsg. von Frederick H. Burkhardt, Fredson Bowers und Ignas K. Skrupskelis, Cambridge: Harvard University Press.

Joas, Hans/Knöbl, Wolfgang (2004): *Sozialtheorie. Zwanzig einführende Vorlesungen*, Frankfurt/M.: Suhrkamp.

Joerges, Bernward (2002): Handeln auf Distanz. Eine abschließende Polemik zur Debatte um die Maschinen. In: Werner Rammert und Ingo Schulz-Schaeffer (Hg.), *Können Maschinen handeln? Soziologische Beiträge zum Verhältnis von Mensch und Technik*, Frankfurt/M. [u.a.]: Campus, S. 291-304.

Joerges, Bernward (1996): *Technik, Körper der Gesellschaft. Arbeiten zur Techniksoziologie*, Frankfurt/M.: Suhrkamp.

Johnson, Jim (alias Bruno Latour) (2006) [1988]: Die Vermischung von Menschen und Nichtmenschen. Die Soziologie eines Türschließers. In: Andréa Belliger und David J. Krieger (Hg.), *ANThology. Ein einführendes Handbuch zur Akteur-Netzwerk-Theorie*, Bielefeld: transcript, S. 237-258.

Jürgens, Christian (1997): Engelsverkehr, Teufelserscheinungen und Götterboten. Die Kommunikationsuniversen des Michel Serres. In: Theodor M. Bardmann (Hg.), *Zirkuläre Positionen. Konstruktivismus als praktische Theorie*, Opladen: Westdeutscher, S. 197-208.

Kalthoff, Herbert (2004): Finanzwirtschaftliche Praxis und Wirtschaftstheorie. Skizze einer Soziologie ökonomischen Wissens. In: *Zeitschrift für Soziologie* 33, S. 154-175.

Kalthoff, Herbert/Hirschauer, Stefan/Lindemann, Gesa (Hg.) (2008): *Theoretische Empirie. Zur Relevanz qualitativer Forschung*, Frankfurt/M.: Suhrkamp.

Keller, Felix (2009): Das endgültige soziale Rom. Tarde, Saussure und darüber hinaus. In: Christian Borch und Urs Stäheli (Hg.), *Soziologie der Nachahmung und des Begehrens. Materialien zu Gabriel Tarde*, Frankfurt/M.: Suhrkamp, S. 226-254.

Keller, Reiner/Lau, Christoph (2008): Bruno Latour und die Grenzen der Gesellschaft. In: Georg Kneer, Markus Schroer und Erhard Schüttpelz (Hg.), *Bruno Latours Kollektive. Kontroversen zur Entgrenzung des Sozialen*, Frankfurt/M.: Suhrkamp, S. 306-338.

Kerner, Max (Hg.) (1988): *»...eine finstere und fast unglaubliche Geschichte«? Mediävistische Notizen zu Umberto Ecos Mönchsroman ›Der Name der Rose‹*, Darmstadt: Wissenschaftliche Buchgesellschaft.

Kittler, Friedrich A. (Hg.) (1980): *Austreibung des Geistes aus den Geisteswissenschaften. Programme des Poststrukturalismus*, Paderborn [u.a.]: Schöningh.

Kittler, Friedrich A. (1985): *Aufschreibesysteme 1800/1900*, München: Fink.

Kittler, Friedrich A. (1986): *Grammophon, Film, Typewriter*, Berlin: Brinkmann & Bose.

Klein, Naomi (2007): *Die Schock-Strategie. Der Aufstieg des Katastrophen-Kapitalismus*, Frankfurt/M.: Fischer.

Kloock, Daniela/Spahr, Angela (2000^2): *Medientheorien. Eine Einführung*, München: Fink.

Kneer, Georg (2009a): Akteur-Netzwerk-Theorie. In: Georg Kneer und Markus Schroer (Hg.), *Handbuch Soziologische Theorien*, Wiesbaden: VS, S. 19-40.

Kneer, Georg (2009b): Jenseits von Realismus und Antirealismus. Eine Verteidigung des Sozialkonstruktivismus gegenüber seinen postkonstruktivistischen Kritikern. In: *Zeitschrift für Soziologie* 38, S. 5-25

Kneer, Georg (2010): Die Debatte über Konstruktivismus und Postkonstruktivismus. In: Georg Kneer und Stephan Moebius (Hg.), *Soziologische Kontroversen. Beiträge zu einer anderen Geschichte der Wissenschaft vom Sozialen*, Frankfurt/M.: Suhrkamp, S. 314-341.

Kneer, Georg/Schroer, Markus/Schüttpelz, Erhard (Hg.) (2008): *Bruno Latours Kollektive. Kontroversen zur Entgrenzung des Sozialen*, Frankfurt/M.: Suhrkamp.

Knorr-Cetina, Karin (1984): *Die Fabrikation von Erkenntnis. Zur Anthropologie der Wissenschaft*, Frankfurt/M.: Suhrkamp.

Knorr-Cetina, Karin (1988): Das naturwissenschaftliche Labor als Ort der ›Verdichtung‹ von Gesellschaft. In: *Zeitschrift für Soziologie* 17, S. 85-101.

Knorr-Cetina, Karin (1989): Spielarten des Konstruktivismus. Einige Notizen und Anmerkungen. In: *Soziale Welt* 40, S. 86-96.

Knorr-Cetina, Karin (1995): Laborstudien. Der kultursoziologische Ansatz in der Wissenschaft. In: Renate Martinsen (Hg.), *Das Auge der Wissenschaft. Zur Emergenz von Realität*, Baden-Baden: Nomos, S. 101-135.

Knorr-Cetina, Karin (1998): Sozialität mit Objekten. Soziale Beziehungen in post-traditionalen Wissensgesellschaften. In: Werner Rammert (Hg.), *Technik und Sozialtheorie*, Frankfurt/M. [u.a.]: Campus, S. 83-120.

Knorr-Cetina, Karin (1999): *Epistemic Cultures. How the Sciences Make Knowledge*, Cambridge: Harvard University Press.

Knorr-Cetina, Karin (2008): Theoretischer Konstruktivismus. Über die Einnistung von Wissensstrukturen in soziale Strukturen. In: Stefan Hirschauer, Herbert Kalthoff und Gesa Lindemann (Hg.), *Theoretische Empirie. Zur Relevanz qualitativer Forschung*, Frankfurt/M.: Suhrkamp, S. 35-78.

Knorr-Cetina, Karin/Krohn, Roger/Whitley, Richard (Hg.) (1981): *The Social Process of Scientific Investigation*. Boston-Dordrecht: D. Reidel Publ. Co.

Knorr-Cetina, Karin/Mulkay, Michael (Hg.) (1983): *Science Observed. Perspectives on the Social Study of Science*, London [u.a.]: Sage.

Knorr-Cetina, Karin/Preda, Alex (Hg.) (2004): *The Sociology Of Financial Markets*, Oxford: Oxford University Press.

Knorr-Cetina, Karin/Brügger, Urs (2005): Globale Mikrostrukturen der Weltgesellschaft. Die virtuellen Gesellschaften von Finanzmärkten. In: Paul Windolf (Hg.), *Finanzmarkt-Kapitalismus. Analysen zum Wandel von Produktionsregimen*, Sonderheft der Kölner Zeitschrift für Soziologie und Sozialpsychologie 45, S. 145-171.

Kotthoff, Helga (2004): Overdoing Culture. Sketch-Komik, Typenstilisierung und Identitätskonstruktionen bei Kaya Yanar. In: Karl H. Hörning und Julia Reuter (Hg.), *Doing Culture. Neue Positionen von Kultur und sozialer Praxis*, Bielefeld: transcript, S. 184-200.

Krämer, Sybille (1998): Das Medium als Spur und als Apparat. In: Sybille Krämer (Hg.), *Medien, Computer, Realität. Wirklichkeitsvorstellungen und Neue Medien*, Frankfurt/M.: Suhrkamp, S. 73-94

Krämer, Sybille (2002): Sprache und Sprechen, oder: Wie sinnvoll ist die Unterscheidung zwischen einem Schema und seinem Gebrauch? In: Sybille Krämer und Ekkehard König (Hg.), *Gibt es eine Sprache hinter dem Sprechen?* Frankfurt/M.: Suhrkamp, 97-125.

Krämer, Sybille (2005): Engel, Boten, Geld, Computerviren. In: *Paragrana* 14, S. 15-24.

Krämer, Sybille (2008): *Medium, Bote, Übertragung. Kleine Metaphysik der Medialität*, Frankfurt/M.: Suhrkamp.

Krauss, Werner (2006): Bruno Latour. Making Things Public. In: Stephan Moebius und Dirk Quadflieg (Hg.), *Kultur. Theorien der Gegenwart*, Wiesbaden: VS, S. 430-444.

Krohn, Wolfgang/Weyer, Johannes (1989): Gesellschaft als Labor. Die Erzeugung sozialer Risiken durch experimentelle Forschung. In: *Soziale Welt* 40, S. 349-373.

Krotz, Friedrich (2001a): *Die Mediatisierung des kommunikativen Handelns. Der Wandel von Alltag und sozialen Beziehungen, Kultur und Gesellschaft durch die Medien*, Opladen: Westdeutscher.

Krotz, Friedrich (2001b): Marshall McLuhan Revisited. Der Theoretiker des Fernsehens und die Mediengesellschaft. In: *Medien- und Kommunikationswissenschaft* 49, S. 62-81.

Krotz, Friedrich (2007): *Mediatisierung. Fallstudien zum Wandel von Kommunikation*, Wiesbaden: VS.

Kuhn, Thomas A. (1973) [1962]: *Die Struktur wissenschaftlicher Revolutionen*, Frankfurt/M.: Suhrkamp.

Laclau, Ernesto/Mouffe, Chantal (1991) [1985]: *Hegemonie und radikale Demokratie. Zur Dekonstruktion des Marxismus*, Wien: Passagen.

Laet, Marianne de/Mol, Annemarie (2000): The Zimbabwe Bush Pump. Mechanics of a Fluid Technology. In: *Social Studies of Science* 30, S. 225-263.

Lagaay, Alice/Lauer, David (2004): *Medientheorien. Eine philosophische Einführung*, Frankfurt/M. [u.a.]: Campus.

Lash, Scott (1991): *Sociology of Postmodernism*, London/New York: Routledge.

Lash, Scott (2002): *Critique of Information*, London [u.a.]: Sage.

Laswell, Harold D. (1971) [1948]: The Structure and Function of Communication in Society. In: Wilbur Schramm und Donald F. Roberts (Hg.), *The Processes and Effects of Mass Communication*, Urbana [u.a.]: University of Illinois Press, S. 84-99.

Latour, Bruno (1987a): *Science in Action. How to Follow Scientists and Engineers Through Society*, Cambridge: Harvard University Press.

Latour, Bruno (1987b): The Enlightenment without the Critique. A Word on Michel Serres' Philosophy. In: A. Phillips Griffiths (Hg.), *Contemporary French Philosophy*, Cambridge: Cambridge University Press, S. 83-97.

Latour, Bruno (1988a): *The Pasteurization of France*, Cambridge: Harvard University Press.

Latour, Bruno (1988b): The Politics of Explanation. An Alternative. In: Steve Woolgar (Hg.), *Knowledge and Reflexivity*, London [u.a.]: Sage, S. 155-177.

Latour, Bruno (1988c): A Relativistic Account of Einstein's Relativity. In: *Social Studies of Science* 18, S. 3-44.

Latour, Bruno (1991): Technology is Society Made Durable. In: John Law (Hg.), *A Sociology of Monsters? Essays on Power, Technology and Domination*, London/New York: Routledge, S. 103-131.

Latour, Bruno (1992a): One More Turn After the Social Turn... In: Ernan McMullin (Hg.), *The Social Dimension of Science*, Notre Dame: University of Notre Dame Press, S. 272-294.

Latour, Bruno (1992b): Where Are the Missing Masses? The Sociology of a Few Mundane Artifacts. In: Wiebe Bijker und John Law (Hg.), *Shaping Technology/Building Society*, Cambridge: MIT Press, S. 225-258.

Latour, Bruno (1996a) [1993]: Der Berliner Schlüssel. Erkundungen eines Liebhabers der Wissenschaften, Berlin: Akademie.

Latour, Bruno (1996b) [1992]: *Aramis, or the Love of Technology*, Cambridge: Harvard University Press.

Latour, Bruno (1996c): How to Become Flat-Earthers of Social Theory. In: Michael Power (Hg.), *Accounting and Science. Natural Inquiry and Commercial Reason*, Cambridge: Cambridge University Press, S. xi-xvii.

Latour, Bruno (1996d): On Actor-network Theory. A Few Clarifications. In: *Soziale Welt* 47, S. 369-382.

Latour, Bruno (1998a): Aramis oder die Liebe zur Technik. In: Werner Fricke (Hg.), *Innovationen in Technik, Wissenschaft und Gesellschaft. Beiträge zum Fünften Internationalen Ingenieurkongress der Friedrich-Ebert-Stiftung am 26. und 27. Mai 1998 in Köln*, Bonn: Friedrich-Ebert-Stiftung, S. 147-164.

Latour, Bruno (1998b): How to Be Iconophilic in Art, Science, and Religion? In: Caroline A. Jones und Peter Galison (Hg.), *Picturing Science, Producing Art*, London/New York: Routledge, S. 418-440.

Latour, Bruno (1998c): Petite philosophie de l'énonciation. In: P. Basso und L. Corrain (Hg.), *Eloqui de senso. Dialoghi semiotici per Paolo Fabbri. Orizzonti, compiti e dialoghi della semiotica. Saggi per Paolo Fabbri*, Milano: Costa & Nolan, S. 71-94, http://www.bruno-latour.fr/articles/article/75-FABBRI.pdf [16.02.2010].

Latour, Bruno (1999a): For David Bloor... and Beyond. A Reply to David Bloor's ›Anti-Latour‹. In: *Studies in History and Philosophy of Science* 30, S. 113-129.

Latour, Bruno (1999b): Ein Ding ist ein Thing. A (Philosophical) Platform for a Left (European) Party. In: *Soundings* 12, S. 12-25.

Latour, Bruno (2001a): *Das Parlament der Dinge. Für eine politische Ökologie*, Frankfurt/M.: Suhrkamp.

Latour, Bruno (2001b): Ein Experiment mit uns allen. Tierseuchen und Klimawandel zeigen: Wir müssen unsere repräsentative Demokratie durch eine technische ergänzen. In: *Die Zeit* 16, http://www.zeit.de/2001/16/200116_latour.xml [24.02.2011].

Latour, Bruno (2001c): Eine Soziologie ohne Objekt. Anmerkungen zur Interobjektivität. In: *Berliner Journal für Soziologie* 2, S. 237-252.

Latour, Bruno (2001d): Thou Shall Not Take the Lord's Name in Vain. Being a Sort of Sermon in Sociology of Religion. In: *Res* 39, S. 215-234, http://www.bruno-latour.fr/articles/article/79-RES-SERMON.pdf [24.02.2011].

Latour, Bruno (2001e): *Dialogue sur deux systèmes de sociologie*, http://www.bruno-latour.fr/articles/article/95-DIALOGUE-GSPM-CSI.pdf [24.02.2011].

Latour, Bruno (2002a) [1991]: *Wir sind nie modern gewesen. Versuch einer symmetrischen Anthropologie*, Frankfurt/M.: Fischer.

Latour, Bruno (2002b) [1999]: *Die Hoffnung der Pandora. Untersuchungen zur Wirklichkeit der Wissenschaft*, Frankfurt/M.: Suhrkamp.

Latour, Bruno (2002c): Morality and Technology. The End of the Means. In: *Theory, Culture & Society* 19, S. 247-261.

Latour, Bruno (2002d): *La Fabrique du droit. Une ethnographie du Conseil d'Etat*, Paris: La Découverte.

Latour, Bruno (2002e): *Jubiler ou les tourments de la parole religieuse*, Paris: Les Empêcheurs-Le Seuil.

Latour, Bruno (2002f): What is Given in Experience? A Review of Isabelle Stengers ›Penser avec Whitehead. Une libre et sauvage création de concepts, Paris: Galimard‹. In: *Boundary* 2, http://www.bruno-latour.fr/articles/article/93-STENGERS.html [16.07.2010].

Latour, Bruno (2003a): The Promises of Constructivism. In: Don Ihde und Evan Selinger (Hg.), *Chasing Technoscience. Matrix for Materiality*, Bloomington: Indiana University Press, S. 27-46.

Latour, Bruno (2003b): What if We Talked Politics a Little? In: *Contemporary Political Theory* 2, S. 143-164.

Latour, Bruno (2003c): Is ›Re‹-modernization Occurring – and If So, How to Prove It? A Commentary on Ulrich Beck. In: *Theory, Culture & Society* 20, S. 35-49.

Latour, Bruno (2004a): *Krieg der Welten – wie wäre es mit Frieden?* Berlin: Merve.

Latour, Bruno (2004b): An Imaginary Dialogue on Modernity 2.2. In: Natan Sznaider und Angelika Poferl (Hg.), *Ulrich Becks kosmopolitisches Projekt. Auf dem Weg in eine andere Soziologie. Festschrift für Ulrich Beck,* Baden-Baden: Nomos, S. 17-23.

Latour, Bruno (2004c): Whose Cosmos, Which Cosmopolitics? Comments on the Peace Terms of Ulrich Beck. In: *Common Knowledge* 10, S. 450-462.

Latour, Bruno (2005a): *Reassembling the Social. An Introduction to Actor-Network-Theory*, Oxford [u.a.]: Oxford University Press.

Latour, Bruno (2005b): From Realpolitik to Dingpolitik or How to Make Things Public. In: Bruno Latour und Peter Weibel (Hg.), *Making Things Public. Atmospheres of Democracy*, Cambridge: MIT Press, S. 14-41.

Latour, Bruno (2006a) [1983]: Gebt mir ein Laboratorium und ich werde die Welt aus den Angeln heben. In: Andréa Belliger und David J. Krieger (Hg.), *ANThology. Ein einführendes Handbuch zur Akteur-Netzwerk-Theorie*, Bielefeld: transcript, S. 103-134.

Latour, Bruno (2006b) [1986]: Die Macht der Assoziation. In: Andréa Belliger und David J. Krieger (Hg.), *ANThology. Ein einführendes Handbuch zur Akteur-Netzwerk-Theorie*, Bielefeld: transcript, S. 195-212.

Latour, Bruno (2006c) [1986]: Drawing Things Together. Die Macht der unveränderlich mobilen Elemente. In: Andréa Belliger und David J. Krieger (Hg.), *ANThology. Ein einführendes Handbuch zur Akteur-Netzwerk-Theorie*, Bielefeld: transcript, S. 259-307.

Latour, Bruno (2006d) [1994]: Über technische Vermittlung. Philosophie, Soziologie, Genealogie. In: Andréa Belliger und David J. Krieger (Hg.), *ANThology. Ein einführendes Handbuch zur Akteur-Netzwerk-Theorie*, Bielefeld: transcript, S. 483-528.

Latour, Bruno (2006e) [1996]: Sozialtheorie und die Erforschung computerisierter Arbeitsumgebungen. In: Andréa Belliger und David J. Krieger (Hg.), *ANThology. Ein einführendes Handbuch zur Akteur-Netzwerk-Theorie*. Bielefeld: transcript, S. 529-544.

Latour, Bruno (2006f) [1999]: Über den Rückruf der ANT. In: Andréa Belliger und David J. Krieger (Hg.), *ANThology. Ein einführendes Handbuch zur Akteur-Netzwerk-Theorie*, Bielefeld: transcript, S. 561-572.

Latour, Bruno (2006g) [1993]: Ethnografie einer Hochtechnologie. Das Pariser Projekt ›Aramis‹ eines automatischen U-Bahn-Systems. In: Werner Rammert und Cornelius Schubert (Hg.), *Technografie. Zur Mikrosoziologie der Technik*, Frankfurt/M. [u.a.]: Campus, S. 25-60.

Latour, Bruno (2007a) [2004]: *Das Elend der Kritik. Vom Krieg um Fakten zu Dingen von Belang*, Zürich/Berlin: diaphanes.

Latour, Bruno (2007b): Beware, Your Imagination Leaves Digital Traces. In: *Times Higher Supplement*, 6th April 2007, http://www.bruno-latour.fr/presse/presse_art/P-129-THES.html [24.02.2011].

Latour, Bruno (2007c): The Recall of Modernity. Anthropological Approaches. In: *Cultural Studies Review* 13, S. 11-30.

Latour, Bruno (2007d): Turning Around Politics. A Note on Gerard de Vries' Paper. In: *Social Studies of Science* 37, S. 811-820.

Latour, Bruno (2008a): ›It's the Development, Stupid!‹ Or, How Can We Modernize Modernization? In: *EspacesTemps.net,* 29.05.2008: http://espaces temps.net/document5303.html [14.01.2011], zit. n. http://www.bruno-latour.fr/articles/article/107-NORDHAUS&SHELLENBERGER.pdf [14.01.2011].

Latour, Bruno (2008b): *Selbstporträt als Philosoph. Rede bei der Entgegennahme des Siegfried Unseld Preises*, http://www.bruno-latour.fr/articles/article/114-UNSELD-PREIS-DE.pdf [24.02.2011].

Latour, Bruno (2008c): Powers of the Facsimile. A Turing Test on Science and Literature. In: Stephen J. Burn und Peter Demsey (Hg.), *Intersections. Essays on Richard Powers*, Champaign: Dalkey Archive Press, S. 263-292.

Latour, Bruno (2009a) [1999]: Faktur/Fraktur. Vom Netzwerk zur Bindung. In: Martin G. Weiß (Hg.), *Bios und Zoë. Die menschliche Natur im Zeitalter ihrer technischen Reproduzierbarkeit*, Frankfurt/M.: Suhrkamp, S. 359-385.

Latour, Bruno (2009b) [2001]: Gabriel Tarde und das Ende des Sozialen. In: Christian Borch und Urs Stäheli (Hg.), *Soziologie der Nachahmung und des Begehrens. Materialien zu Gabriel Tarde*, Frankfurt/M.: Suhrkamp, S. 39-61.

Latour, Bruno (2009c): Eine andere Wissenschaft des Sozialen? Vorwort zur deutschen Ausgabe von Gabriel Tardes Monadologie und Soziologie. In: Gabriel Tarde, *Monadologie und Soziologie*. Mit einem Vorwort von Bruno Latour und einem Nachwort von Michael Schillmeier, Frankfurt/M.: Suhrkamp, S. 7-15.

Latour, Bruno (2010): Tarde's Idea of Quantification. In: Mattei Candea (Hg.), *The Social After Gabriel Tarde. Debates and Assessments*, London/New York: Routledge, S. 145-162, http://www.bruno-latour.fr/articles/article/116-TARDE-CANDEA.pdf [24.02.2011].

Latour, Bruno (2011): Reflections on Étienne Souriau's Les différents modes d'existence. In: Graham Harman, Levi Bryant und Nick Srnicek (Hg.), *The Speculative Turn. Continental Materialism and Realism*, Melbourne: re.press, S. 304-333.

Latour, Bruno/Crawford, T. Hugh (1993): An Interview with Bruno Latour. In: *Configurations* 1, S. 247-269.

Latour, Bruno/Jullien, François/Bolon, Patrice (2008): Das neue Gemeinsame. Andersheit, Ungedachtes und Universalisierendes im Feld der Kulturen. In: *Lettre International* 80, S. 63-65.

Latour, Bruno/Lowe, Adam (2011): The Migration of the Aura or How to Explore the Original Through its Facsimiles. In: Thomas Bartscherer und Roderick

Coover (Hg.), *Switching Codes. Thinking Through Digital Technology in the Humanities and the Arts*. Chicago: University of Chicago Press, http://www.bruno-latour.fr/articles/article/108-ADAM-FACSIMILES-AL-BL.pdf [16.02.2010].

Latour, Bruno/Powers, Richard (1998): Two Writers Facing One Turing Test. In: *Common Knowledge* 7, S. 177-191.

Latour, Bruno/Roßler, Gustav (1997): Ein neuer Empirismus, ein neuer Realismus. Bruno Latour im Gespräch mit Gustav Roßler. In: *Mittelweg* 36, S. 40-52.

Latour, Bruno/Thadden, Elisabeth von (2000): Die Kühe haben das Wort. Gene, Tiermehl und andere Mitbürger: Ein Gespräch mit dem Wissenschaftsforscher Bruno Latour. In: *Die Zeit* 49, http://www.zeit.de/2000/49/Die_Kuehe_haben_das_Wort [24.02.2011].

Latour, Bruno/Weibel, Peter (Hg.) (2002): *Iconoclash. Beyond the Image Wars in Science, Religion and Art*, Cambridge: MIT Press.

Latour, Bruno/Weibel, Peter (Hg.) (2005): *Making Things Public. Atmospheres of Democracy*, Cambridge: MIT Press.

Latour, Bruno/Woolgar, Steve (1979): *Laboratory Life. The Social Construction of Scientific Facts*, London [u.a.]: Sage.

Latour, Bruno/Woolgar, Steve (1986^2): *Laboratory Life. The Construction of Scientific Facts*, London [u.a.]: Sage.

Law, John (1999): After ANT. Complexity, Naming and Topology. In: John Law und John Hassard (Hg.), *Actor Network Theory and After*, Oxford: Blackwell, S. 1-14.

Law, John (2004): *After Method. Mess in Social Science Research*, London/New York: Routledge.

Law, John (2006a) [1987]: Technik und heterogenes Engineering. Der Fall der portugiesischen Expansion. In: Andréa Belliger und David J. Krieger (Hg.), *ANThology. Ein einführendes Handbuch zur Akteur-Netzwerk-Theorie*, Bielefeld: transcript, S. 213-236.

Law, John (2006b) [1991]: Monster, Maschinen und soziotechnische Beziehungen. In: Andréa Belliger und David J. Krieger (Hg.), *ANThology. Ein einführendes Handbuch zur Akteur-Netzwerk-Theorie*, Bielefeld: transcript, S. 343-367.

Law, John (2006c) [1992]: Notizen zur Theorie der Akteur-Netzwerk-Theorie. Ordnung, Strategie und Heterogenität. In: Andréa Belliger und David J. Krieger (Hg.), *ANThology. Ein einführendes Handbuch zur Akteur-Netzwerk-Theorie*, Bielefeld: transcript, S. 429-446.

Law, John (2009): Actor Network Theory and Material Semiotics. In: Bryan S. Turner (Hg.), *The New Blackwell Companion to Social Theory*, Oxford: Blackwell, S. 141-158.

Law, John/Singelton, Vicky (2000): *This is not an Object*. Centre for Science Studies Lancaster University, http://www.lancs.ac.uk/fass/sociology/papers/law-singleton-this-is-not-an-object.pdf [24.02.2011].

Lemert, Charles (2002): Series Editor Introduction. In: Harold Garfinkel (2002): *Ethnomethodology's Program. Working Out Durkheim's Aphorism*, hrsg. von Anne W. Rawls, Lanham: Rowman & Littlefield.

Lepenies, Wolf (1985): *Die drei Kulturen. Soziologie zwischen Literatur und Wissenschaft,* München/Wien: Hanser.

Leys, Ruth (2009): Meads Stimmen: Nachahmung als Grundlage oder Der Kampf gegen die Mimesis. In: Christian Borch und Urs Stäheli (Hg.), *Soziologie der Nachahmung und des Begehrens. Materialien zu Gabriel Tarde*, Frankfurt/M.: Suhrkamp, S. 62-106.

Linde, Hans (1972): *Sachdominanz in Sozialstrukturen*, Tübingen: Mohr.

Lindemann, Gesa (2002): *Die Grenzen des Sozialen. Zur sozio-technischen Konstruktion von Leben und Tod in der Intensivmedizin*, München: Fink.

Lindemann, Gesa (2008): ›Allons entfants et faits de la patrie...‹. Über Latours Sozial- und Gesellschaftstheorie sowie seinen Beitrag zur Rettung der Welt. In: Georg Kneer, Markus Schroer und Erhard Schüttpelz (Hg.), *Bruno Latours Kollektive. Kontroversen zur Entgrenzung des Sozialen*, Frankfurt/M.: Suhrkamp, S. 339-360.

Livingstone, Sonia (2009): On the Mediation of Everything. 2008 ICA Presidential Address. In: *Journal of Communication* 59, S. 1-18, http://www.icahdq.org/conferences/presaddress.asp [01.06.2009].

Loon, Joost van (2008): *Media Technology. Critical Perspectives*, Maidenhead: Open University Press.

Lüdemann, Susanne (2009): Die imaginäre Gesellschaft. Gabriel Tardes antinaturalistische Soziologie der Nachahmung. In: Christian Borch und Urs Stäheli (Hg.), *Soziologie der Nachahmung und des Begehrens. Materialien zu Gabriel Tarde*, Frankfurt/M.: Suhrkamp, S. 107-124.

Luhmann, Niklas (1991): *Soziologie des Risikos*, Berlin: de Gruyter.

Luhmann, Niklas (1996) [1986]: *Die Realität der Massenmedien*, Opladen: Westdeutscher.

Lunby, Knut (Hg.) (2009): *Mediatization. Concept, Changes, Consequences*, New York [u.a.]: Peter Lang.

Lynch, Michael (1985): *Art and Artifact in Laboratory Science*, London/New York: Routledge.

Lynch, Michael (1992a): Extending Wittgenstein. The Pivotal Move from Epistemology to the Sociology of Science. In: Andrew Pickering (Hg.), *Science as Practice and Culture*, Chicago: University of Chicago Press, S. 215-265.

Lynch, Michael (1992b): ›From the Will to Theory‹ to the Discursive Collage. A Reply to Bloor's ›Left and Right Wittgensteinians‹ In: Andrew Pickering (Hg.), *Science as Practice and Culture*, Chicago: University of Chicago Press, S. 283-300.

Lynch, Michael (1993): *Scientific Practice and Ordinary Action. Ethnomethodology and Social Studies of Science*, Cambridge: Cambridge University Press.

Lynch, Michael (1996): Dekanting Agency. Comments on Latour's ›interobjectivity‹. In: *Mind, Culture and Activity* 3, S. 246-251.

Lynch, Michael/Livingston, Eric/Garfinkel, Harold (1983): Temporal Order in Laboratory Work. In: Karin Knorr-Cetina und Michael Mulkay (Hg.), *Science Observed. Perspectives on the Social Study of Science*, London [u.a.]: Sage, S. 205-238.

Lynch, Michael/Woolgar, Steve (1990): *Representation in Scientific Practice*, Cambridge: MIT Press.

Lyon, David (2001): *Surveillance Society. Monitoring Everyday Life*, Buckingham: Open University Press.

Lyotard, Jean-François (1986) [1979]: *Das postmoderne Wissen. Ein Bericht*, hrsg. von Peter Engelmann, Graz/Wien: Böhlau.

MacKenzie, Donald (2006): *An Engine, Not a Camera. How Financial Models Shape Markets*, Cambridge: MIT Press.

MacKenzie, Donald (2009): *Material Markets. How Economic Agents are Constructed*, Oxford: Oxford University Press.

MacKenzie, Donald/Millo, Yuval (2003): Constructing a Market, Performing Theory. The Historical Sociology of a Financial Derivatives Exchange. In: *American Journal of Sociology* 109, S. 107-145.

MacKenzie, Donald/Muniesa, Fabian/Siu, Lucia (Hg.) (2007): *Do Economists Make Markets? On the Performativity of Economics*, Princeton: Princeton University Press.

MacKenzie, Donald/Wajcman, Judy (Hg.) (1999[2]): *The Social Shaping of Technology*, Buckingham: Open University Press.

Mannheim, Karl (1995[8]) [1929]: *Ideologie und Utopie*, Frankfurt/M.: Klostermann.

Manovich, Lev (2001): *The Language of New Media*, Cambridge: MIT Press.

Manovich, Lev (2008): *Software Takes Command*, http://softwarestudies.com/softbook/manovich_ softbook_11_20_2008.pdf [25.09.2010].

Marres, Noortje (2007): The Issues Deserve More Credit. Pragmatist Contributions to the Study of Public Involvement in Controversy. In: *Social Studies of Science* 37, S. 759-780.

Martin, Emily (1998): Anthropology and the Cultural Study of Science. In: *Studies in Science, Technology and Human Values* 23, S. 24-44.

Martin, Jean-Clet (2001): Tarde. Une nouvelle monadologie. In: *Multitudes* 7, http://multitudes.samizdat.net/Tarde-une-nouvelle-monadologie [18.08.2010]

McLuhan, Marshall (2001) [1964]: *Understanding Media. The Extensions of Man*, London/New York: Routledge.

Mead, George Herbert (1983[5]) [1934]: *Geist, Identität und Gesellschaft. Aus der Sicht des Sozialbehaviorismus*, hrsg. und eingel. von Charles W. Morris, Frankfurt/M.: Suhrkamp.

Mersch, Dieter (2006): *Medientheorien zur Einführung*, Hamburg: Junius.

Merton, Robert K. (1973): *Sociology of Science. Theoretical and Empirical Investigations*, Chicago: University of Chicago Press.

Merz-Benz, Peter-Ulrich (2009): Die ›Formel‹ der Geschichte. Ferdinand Tönnies, Gabriel Tarde und die Frage einer Geometrie des sozialen Lebens. In: Christian Borch und Urs Stäheli (Hg.), *Soziologie der Nachahmung und des Begehrens. Materialien zu Gabriel Tarde*, Frankfurt/M.: Suhrkamp, S. 180-225.

Michael, Mike (2000): *Reconnecting Culture, Technology and Nature. From Society to Heterogeneity*, London/New York: Routledge.

Michael, Mike (2006): *Technoscience and Everyday Life. The Complex Simplicities of the Mundane*, Maidenhead: Open University Press.

Miller, Daniel (1991): *Material Culture and Mass Consumption*, Oxford: Blackwell.

Miller, Daniel (Hg.) (1998): *Material Cultures. Why Some Things Matter*, Chicago: University of Chicago Press.

Miller, Daniel (Hg.) (2005): *Materiality*, Durham: Duke University Press.

Moebius, Stephan (2003): *Die soziale Konstituierung des Anderen. Grundrisse einer poststrukturalistischen Sozialwissenschaft nach Lévinas und Derrida*, Frankfurt/M. [u.a.]: Campus.

Moebius, Stephan (2009): Imitation, differentielle Wiederholung und Iterabilität. Über einige Affinitäten zwischen Poststrukturalistischen Sozialwissenschaften und den ›sozialen Gesetzen‹ von Gabriel Tarde. In: Christian Borch und Urs Stäheli (Hg.), *Soziologie der Nachahmung und des Begehrens. Materialien zu Gabriel Tarde*, Frankfurt/M.: Suhrkamp, S. 255-279.

Moebius, Stephan/Reckwitz, Andreas (Hg.) (2008a): *Poststrukturalistische Sozialwissenschaften*, Frankfurt/M.: Suhrkamp.

Moebius, Stephan/Reckwitz, Andreas (2008b): Einleitung: Poststrukturalismus und Sozialwissenschaften. Eine Standortbestimmung. In: Stephan Moebius und Andreas Reckwitz (Hg.), *Poststrukturalistische Sozialwissenschaften*, Frankfurt/M.: Suhrkamp, S. 7-23.

Mol, Annemarie (2003): *The Body Multiple. Ontology in Medical Practice*, Durham: Duke University Press.

Morris, Meaghan (2004) [1998]: *Zu früh, zu spät. Geschichte in der Popularkultur*, Wien: Löcker.

Mucchielli, Laurent (Hg.) (2000a): *Gabriel Tarde et la criminologie. Au tournant du siècle*, Dossier de Revue d'histoire des sciences humaines 3.

Mucchielli, Laurent (2000b): Tardomania? Réflexions sur les usages contemporains de Tarde. In: *Revue d'histoire des sciences humaines* 3, S. 161-184.

Muecke, Stephen (2008): *Joe in the Andamans, and Other Fictocritical Stories*. Sydney: Local Consumption.

Muecke, Stephen (2009): Cultural Science? The Ecological Critique of Modernity and the Conceptual Habitat of the Humanities. In: *Cultural Studies* 23, S. 404-416.

Münker, Stefan/Roesler, Alexander (2000): *Poststrukturalismus*, Stuttgart/Weimar: Metzler.

Münker, Stefan/Roesler, Alexander/Sandbothe, Mike (Hg.) (2003): *Medienphilosophie. Beiträge zur Klärung eines Begriffs*, Frankfurt/M.: Fischer.

Nitsch, Wolfram (2008): Dädalus und Aramis. Latours symmetrische Anthropologie der Technik. In: Georg Kneer, Markus Schroer und Erhard Schüttpelz (Hg.), *Bruno Latours Kollektive. Kontroversen zur Entgrenzung des Sozialen*, Frankfurt/M.: Suhrkamp, S. 219-233.

Nordmann, Alfred (2008): Die Hypothese der Wirklichkeit und die Wirklichkeit der Hypothesen. In: Andreas Hetzel, Jens Kertscher und Marc Rölli (Hg.), *Pragmatismus. Philosophie der Zukunft?* Weilerswist: Velbrück Wissenschaft, S. 217-242.

Nöth, Winfried (Hg.) (1997): *Semiotics of the Media. State of the Art, Projects, and Perspectives*, Berlin [u.a.]: Mouton de Gruyter.

Nowotny, Helga/Scott, Peter/Gibbons, Michael (2001): *Rethinking Science. Knowledge and the Public in an Age of Uncertainty*, Cambridge: Polity Press.

Passoth, Jan-Hendrik (2010): Die Infrastruktur der Blogosphäre. Medienwandel als Wandel von Interobjektivitätsformen. In: Tillmann Sutter und Alexander Mehrer (Hg.), *Medienwandel als Wandel von Interaktionsformen*, Wiesbaden: VS, S. 211-229.

Pels, Dick/Hetherington, Kevin/Vandenberghe, Frédéric (2002): The Status of the Object. Performances, Mediations, and Techniques. In: *Theory, Culture & Society* 19, S. 1-21.

Pezzullo, Phaedra C. (Hg.) (2008): Cultural Studies and Environment, Revisited. Special Issue of *Cultural Studies* 22, 3-4.

Pias, Claus/Vogl, Josef/Engell, Lorenz (Hg.) (2004): *Kursbuch Medienkultur. Die maßgeblichen Theorien von Brecht bis Baudrillard*, München: DVA.

Pickering, Andrew (1989): Living in the Material World. On Realism and Experimental Practice. In: David Gooding, Trevor Pinch und Simon Schaffer (Hg.), *The Uses of Experiment. Studies of Experimentation in the Natural Sciences*, Cambridge: Cambridge University Press, S. 275-297.

Pickering, Andrew (Hg.) (1992a): *Science as Practice and Culture*, Chicago: University of Chicago Press.

Pickering, Andrew (1992b): From Science as Knowledge to Science as Practice. In: Andrew Pickering (Hg.), *Science as Practice and Culture*, Chicago: University of Chicago Press, S. 1-26.

Pickering, Andrew (1993): The Mangle of Practice. Agency and Emergence in the Sociology of Science. In: *American Journal of Sociology* 99, S. 559-589.

Pickering, Andrew (1995): *The Mangle of Practice. Time, Agency, and Science*, Chicago: University of Chicago Press.

Pickering, Andrew (2007): *Kybernetik und Neue Ontologien*, Berlin: Merve.

Pickering, Andrew (2008): Culture, Science Studies & Technoscience. In: Tony Bennett und John Frow (Hg.), *The SAGE Handbook of Cultural Analysis,* London [u.a.]: Sage, S. 291-310.

Pinch, Trevor J./Bijker, Wiebe E. (1987): The Social Construction of Facts and Artifacts. Or, How the Sociology of Science and the Sociology of Technology Might Benefit Each Other. In: Wiebe E. Bijker, Thomas P. Hughes und Trevor J. Pinch (Hg.), *The Social Construction of Technological Systems. New Directions in the Sociology and History of Technology*, Cambridge: MIT Press, S. 17-50.

Pinch, Trevor/Bijsterveld, Karin (Hg.) (2004): *Sound Studies. New Technologies and Music*, Special Issue of Social Studies of Science 34.

Postman, Neil (1985): *Wir amüsieren uns zu Tode. Urteilsbildung im Zeitalter der Unterhaltungsindustrie*, Frankfurt/M.: Fischer.

Potthast, Jörg (2007): *Die Bodenhaftung der Netzwerkgesellschaft. Eine Ethnografie von Pannen an Großflughäfen*, Bielefeld: transcript.

Powers, Richard (2004[2]) [1995]: *Galatea 2.2*, 2. Auflage, Frankfurt/M.: Fischer.

Powers, Richard (2006a[8]) [2003]: *Der Klang der Zeit*, Frankfurt/M.: Fischer.

Powers, Richard (2006b) [2006]: *Das Echo der Erinnerung*, Frankfurt/M.: Fischer.

Powers, Richard (2007^2) [2000]: *Schattenflucht*, Frankfurt/M.: Fischer.

Powers, Richard (2009): *Das größere Glück*, Frankfurt/M.: Fischer.

Preda, Alexandru (1999): The Turn to Things. Arguments for a Sociological Theory of Things. In: *The Sociological Quarterly* 40, S. 347-366.

Preda, Alexandru (2000): Order with things? Humans, Artifacts, and the Sociological Problem of Rule-Following. In: *Journal for the Theory of Social Behaviour* 30, S. 269-298.

Preda, Alexandru (2001): Sense and Sensibility. Or, how Should Social Studies of Finance Behave: A Manifesto. In: *Economic Sociology* 2, S. 15-18.

Prigogine, Ilya/Stengers, Isabelle (1984): *Order Out of Chaos. Man's New Dialogue with Nature*, London: Heinemann.

Rabinow, Paul (2004): *Anthropologie der Vernunft. Studien zu Wissenschaft und Lebensführung*, Frankfurt/M.: Suhrkamp.

Rammert, Werner (1993): *Technik aus soziologischer Perspektive. Forschungsstand, Theorieansätze, Fallbeispiele. Ein Überblick*, Opladen: Westdeutscher.

Rammert, Werner (1998a): Technikvergessenheit der Soziologie? Eine Erinnerung als Einleitung. In: Werner Rammert (Hg.), *Technik und Sozialtheorie*, Frankfurt/M. [u.a.]: Campus, S. 9-28.

Rammert, Werner (1998b): Die Form der Technik und die Differenz der Medien. Auf dem Weg zu einer pragmatistischen Techniktheorie. In: Werner Rammert (Hg.), *Technik und Sozialtheorie*, Frankfurt/M. [u.a.]: Campus, S. 293-326.

Rammert, Werner (2003): Technik in Aktion. Verteiltes Handeln in soziotechnischen Konstellationen. In: Thomas Christaller und Josef Wehner (Hg.), *Autonome Maschinen*, Opladen: Westdeutscher, S. 289-315.

Rammert, Werner (2007): *Technik – Handeln – Wissen. Zu einer pragmatistischen Technik- und Sozialtheorie*, Wiesbaden: VS.

Rammert, Werner/Schulz-Schaeffer, Ingo (Hg.) (2002a): *Können Maschinen handeln? Soziologische Beiträge zum Verhältnis von Mensch und Technik*, Frankfurt/M. [u.a.]: Campus.

Rammert, Werner/Schulz-Schaeffer, Ingo (2002b): Technik und Handeln. Wenn soziales Handeln sich auf menschliches Verhalten und technische Abläufe verteilt. In: Werner Rammert und Ingo Schulz-Schaeffer (Hg.), *Können Maschinen handeln? Soziologische Beiträge zum Verhältnis von Mensch und Technik*, Frankfurt/M. [u.a.]: Campus, S. 11-64.

Reckwitz, Andreas (2000a): *Die Transformation der Kulturtheorien. Zur Entwicklung eines Theorieprogramms*, Weilerswist: Velbrück Wissenschaft.

Reckwitz, Andreas (2000b): Der Status des Mentalen in kulturtheoretischen Handlungserklärungen. Zum Problem der Relation von Verhalten und Wissen nach Stephen Turner und Theodore Schatzki. In: *Zeitschrift für Soziologie* 29, S. 167-185.

Reckwitz, Andreas (2002): The Status of the ›Material‹ in Theories of Culture. From ›Social Structure‹ to ›Artefacts‹. In: *Journal for the Theory of Social Behaviour* 32, S. 195-217.

Reckwitz, Andreas (2003): Grundelemente einer Theorie sozialer Praktiken. Eine sozialtheoretische Perspektive. In: *Zeitschrift für Soziologie* 32, S. 282-301.

Reckwitz, Andreas (2004): Die Reproduktion und die Subversion sozialer Praktiken. Zugleich ein Kommentar zu Pierre Bourdieu und Judith Butler. In: Karl H. Hörning und Julia Reuter (Hg.), *Doing Culture. Neue Positionen zum Verhältnis von Kultur und sozialer Praxis*, Bielefeld: transcript, S. 40-54.

Reckwitz, Andreas (2008): Latours Plädoyer für eine post-strukturalistische Soziologie. In: *Soziologische Revue* 31, S. 337- 343.

Rheinberger, Hans-Jörg (2001) [1997]: *Experimentalsysteme und epistemische Dinge. Eine Geschichte der Proteinsynthese im Reagenzglas*, Göttingen: Wallstein.

Rheinberger, Hans-Jörg (2007): *Historische Epistemologie zur Einführung*, Hamburg: Junius.

Rorty, Richard (1981) [1979]: *Der Spiegel der Natur. Eine Kritik der Philosophie*, Frankfurt/M.: Suhrkamp.

Rorty, Richard (1989): *Kontingenz, Ironie und Solidarität*, Frankfurt/M.: Suhrkamp.

Ross, Andrew (Hg.) (1996): *Science Wars*, Durham/London: Duke University Press.

Roßler, Gustav (2008): Kleine Galerie neuer Dingbegriffe. Hybriden, Quasi-Objekte, Grenzobjekte, epistemische Dinge. In: Georg Kneer, Markus Schroer und Erhard Schüttpelz (Hg.), *Bruno Latours Kollektive. Kontroversen zur Entgrenzung des Sozialen*, Frankfurt/M.: Suhrkamp, S. 76-107.

Rouse, Joseph (2002): *How Scientific Practices Matter. Reclaiming Philosophical Naturalism*, Chicago: The University of Chicago Press.

Rufing, Reiner (2009): *Bruno Latour*, Paderborn: Fink.

Sacks, Harvey (1984): On doing ›being ordinary‹. In: John M. Atkinson und John Heritage (Hg.), *Structures of Social Action*, Cambridge: Cambridge University Press, S. 413-429.

Schaffer, Simon (1991): The Eighteenth Brumaire of Bruno Latour. In: *Studies in History and Philosophy of Science* 22, S. 174-192.

Scharping, Michael (Hg.) (2001a): *Wissenschaftsfeinde? ›Science Wars‹ und die Provokation der Wissenschaftsforschung*, Münster: Westfälisches Dampfboot.

Scharping, Michael (2001b): Vorwort. In: Michael Scharping (Hg.), *Wissenschaftsfeinde? ›Science Wars‹ und die Provokation der Wissenschaftsforschung*, Münster: Westfälisches Dampfboot, S. 7-14.

Schatzki, Theodore R. (1996): *Social Practices. A Wittgensteinian Approach to Human Activity and the Social*, Cambridge: Cambridge University Press.

Schatzki, Theodore R. (2002): *The Site of the Social. A Philosophical Account of the Constitution of Social Life and Change*, University Park: The Pennsylvania State University Press.

Schatzki, Theodore R./Knorr-Cetina, Karin/von Savigny, Eike (Hg.) (2001): *The Practice Turn in Contemporary Theory*, London/New York: Routledge.

Schillmeier, Michael (2009): Jenseits der Kritik des Sozialen – Gabriel Tardes Neo-Monadologie. In: Gabriel Tarde, *Monadologie und Soziologie*. Mit einem Vorwort von Bruno Latour und einem Nachwort von Michael Schillmeier, Frankfurt/M.: Suhrkamp, S. 109-153.

Schillmeier, Michael/Pohler, Wiebke (2006): Kosmo-politische Ereignisse. Zur sozialen Topologie von SARS. In: *Soziale Welt* 57, S. 331-349.

Schmid, Hans Bernhard (2009): Evolution durch Imitation. Gabriel Tarde und das Ende der Memetik. In: Christian Borch und Urs Stäheli (Hg.), *Soziologie der Nachahmung und des Begehrens. Materialien zu Gabriel Tarde*, Frankfurt/M.: Suhrkamp, S. 280-310.

Schmidgen, Henning (1997): *Das Unbewusste der Maschinen. Konzeptionen des Psychischen bei Guattari, Deleuze und Lacan*, München: Fink.

Schmidgen, Henning (2008a): Die Materialität der Dinge? Bruno Latour und die Wissenschaftsgeschichte. In: Georg Kneer, Markus Georg und Erhard Schüttpelz (Hg.), *Bruno Latours Kollektive. Kontroversen zur Entgrenzung des Sozialen*, Frankfurt/M.: Suhrkamp, S. 15-46.

Schmidgen, Henning (2008b): Wissenschaft. In: Stephan Moebius und Andreas Reckwitz (Hg.), *Poststrukturalistische Sozialwissenschaften*, Frankfurt/M.: Suhrkamp, S. 450-466.

Schmidgen, Henning (2011): *Bruno Latour zur Einführung*, Hamburg: Junius.

Schmidt, Siegfried J. (2000): *Kalte Faszination. Medien, Kultur, Wissenschaft in der Mediengesellschaft*, Weilerswist: Velbrück Wissenschaft.

Schmitt, Michael (2001): Richard Powers. Ein Portrait. In: *Schreibheft* 56, S. 89-92.

Schubert, Cornelius (2006): *Die Praxis der Apparatemedizin. Ärzte und Technik im Operationssaal*, Frankfurt/M. [u.a.]: Campus.

Schulte, Joachim/McGuiness, Brian F. (Hg.) (1992): *Einheitswissenschaft*, mit einer Einleitung von Rainer Hegselmann, Frankfurt/M.: Suhrkamp.

Schulz-Schaeffer, Ingo (2000): *Sozialtheorie der Technik*, Frankfurt/M. [u.a.]: Campus.

Schulz-Schaeffer, Ingo (2008): Technik in heterogener Assoziation. Vier Konzeptionen der gesellschaftlichen Wirksamkeit von Technik im Werk Latours. In: Georg Kneer, Markus Schroer und Erhard Schüttpelz (Hg.), *Bruno Latours Kollektive. Kontroversen zur Entgrenzung des Sozialen*, Frankfurt/M.: Suhrkamp, S. 108-152.

Schulz-Schaeffer, Ingo (2009): Die Frage nach der Handlungsträgerschaft von Technik und das Konzept gradualisierten Handelns. In: Wilhelm Berger und Günter Getzinger (Hg.), *Das Tätigsein der Dinge. Beiträge zur Handlungsträgerschaft von Technik*, München/Wien: Profil, S. 37-59.

Schüttpelz, Erhard (2008): Der Punkt des Archimedes. Einige Schwierigkeiten des Denkens in Operationsketten. In: Georg Kneer, Markus Schroer und Erhard Schüttpelz (Hg.), *Bruno Latours Kollektive. Kontroversen zur Entgrenzung des Sozialen*, Frankfurt/M.: Suhrkamp, S. 234-258.

Schüttpelz, Erhard (2009): Die medientechnische Überlegenheit des Westens. Zur Geschichte und Geographie der ›immutable mobiles‹ Bruno Latours. In: Jörg Döring und Tristan Thielmann (Hg.), *Mediengeographie. Theorie – Analyse – Diskussion*, Bielefeld: transcript, S. 67-110.

Seier, Andrea (2009): Kollektive, Agenturen, Unmengen. Medienwissenschaftliche Anschlüsse an die Actor-Network-Theory. In: *Zeitschrift für Medienwissenschaft* 1, S. 132-135.

Seigworth, Gregory J. (2006): Cultural Studies and Gilles Deleuze. In: Gary Hall und Clare Birchall (Hg.), *New Cultural Studies. Adventures in Theory*, Edinburgh: Edinburgh University Press, S. 107-126.

Sennett, Richard (2005[2]): *Die Kultur des neuen Kapitalismus*, Berlin: Berlin.

Serres, Michel (1975): *Feux et signaux de brume: Zola*, Paris: Bernard Grasset.

Serres, Michel (1977): *La naissance de la physique dans le texte de Lucrèce. Fleuves et turbulences*, Paris: Éditions de Minuit.

Serres, Michel (1982): *Hermes. Literature, Science, Philosophy*, hrsg. von Josué V. Harari und David F. Bell, Baltimore [u.a.]: The Johns Hopkins University Press.

Serres, Michel (1987) [1980]: *Der Parasit*, Frankfurt/M.: Suhrkamp.

Serres, Michel (1991) [1968]: *Hermes I. Kommunikation*, Berlin: Merve.

Serres, Michel (1992a) [1972]: *Hermes II. Interferenz*, Berlin: Merve.

Serres, Michel (1992b) [1974]: *Hermes III. Übersetzung*, Berlin: Merve.

Serres, Michel (1993a) [1977]: *Hermes IV. Verteilung*, Berlin: Merve.

Serres, Michel (1993b) [1985]: *Die fünf Sinne. Eine Philosophie der Gemenge und Gemische*, Frankfurt/M.: Suhrkamp.

Serres, Michel (1994a) [1980]: *Hermes V. Die Nordwest-Passage*, Berlin: Merve.

Serres, Michel (Hg.) (1994b): *Elemente einer Geschichte der Wissenschaften*, Frankfurt/M.: Suhrkamp.

Serres, Michel (1994c) [1990]: *Der Naturvertrag*, Frankfurt/M.: Suhrkamp.

Serres, Michel (1995a) [1982]: *Genesis*, Ann Arbor: University of Michigan Press.

Serres, Michel (1995b) [1993]: *Die Legende der Engel*, Frankfurt/M.: Insel.

Serres, Michel/Latour, Bruno (2008) [1992]: *Aufklärungen. Fünf Gespräche mit Bruno Latour*, Berlin: Merve.

Serres, Michel/Bardmann, Theodor M. (1997): »...nach einer gewissen Zeit müßt ihr mich vergessen!« Ein Gespräch mit Michel Serres. In: Theodor M. Bardmann (Hg.), *Zirkuläre Positionen. Konstruktivismus als praktische Theorie*, Opladen: Westdeutscher, S. 177-196.

Shapin, Steven (1988): Following Scientists Around. In: *Social Studies of Science* 18, S. 533-550.

Shapin, Steven/Schaffer, Simon (1985): *Leviathan and the Air Pump. Hobbes, Boyle and the Experimental Life*, Princeton: Princeton University Press.

Simms, Timothy (2004): Soziologie der Hybridisierung. Bruno Latour. In: Stephan Moebius und Lothar Peter (Hg.), *Französische Soziologie der Gegenwart*, Konstanz: UVK, S. 379-393.

Slack, Jennifer (1996): The Theory and Method of Articulation in Cultural Studies. In: David Morley und Kuan-Hsing Chen (Hg.), *Stuart Hall. Critical Dialogues in Cultural Studies*, London/New York: Routledge, S. 112-127.

Slack, Jennifer (2008): Resisting Ecocultural Studies. In: *Cultural Studies* 22, S. 477-497.

Slack, Jennifer/Wise, J. Macgregor (2005): *Culture + Technology. A Primer*, New York [u.a.]: Peter Lang.

Snow, Charles P. (1967) [1959]: *Die zwei Kulturen. Literarische und naturwissenschaftliche Intelligenz*, Stuttgart: Klett.

Sokal, Alan (1996a): Transgressing the Boundaries. Towards a Transformative Hermeneutics of Quantum Gravity. In: *Social Text* 14, S. 217-252, http://www.physics.nyu.edu/faculty/sokal/transgress_v2/transgress_v2_single file.html [15.01.2011].

Sokal, Alan (1996b): A Physicist Experiments with Cultural Studies. In: *Lingua Franca* 7, S. 62-64, http://www.physics.nyu.edu/faculty/sokal/lingua_franca_v4/lingua_franca_v4.html [15.01.2011] und http://linguafranca.mirror.theinfo.org/9605/sokal.html [15.01.2011].

Sokal, Alan/Bricmont, Jean (1999): *Eleganter Unsinn. Wie die Denker der Postmoderne die Wissenschaften mißbrauchen*, München: Beck.

Spivak, Gayatri Chakravorty (1988): Can the Subaltern Speak? In: Cary Nelson und Lawrence Grossberg (Hg.), *Marxism and the Interpretation of Culture*, Urbana [u.a.]: University of Illinois Press, S. 271-313.

Stäehli, Urs (2000): *Poststrukturalistische Soziologien*, Bielefeld: transcript.

Star, Susan Leigh (1991): Power, Technology and the Phenomenology of Conventions. On Being Allergic to Onions. In: John Law (Hg.), *A Sociology of Monsters. Essays on Power, Technology and Domination*, London/New York: Routledge, S. 26-56.

Star, Susan Leigh (1999): The Ethnography of Infrastructure. In: *American Behavioral Scientist* 43, S. 377-391.

Star, Susan Leigh/Bowker, Geoffrey C. (2002): How to Infrastructure. In: Leah A. Lievrouw und Sonia Livingstone (Hg.), *Handbook of New Media. Social Shaping and Consequences of ICTs*, London [u.a.]: Sage, S. 151-162.

Star, Susan Leigh/Griesemer, James R. (1989): Institutional Ecology, ›Translations‹ and Boundary Objects. Amateurs and Professionals in Berkeley's Museum of Vertebrate Zoology, 1907-39. In: *Social Studies of Science* 19, S. 387-420.

Stengers, Isabelle (2000) [1993]: *The Invention of Modern Science*, Minneapolis: University of Minnesota Press.

Stengers, Isabelle (2002): *Penser avec Whitehead. Une libre et sauvage création de concepts*, Paris: Galimard.

Stengers, Isabelle (2005): The Cosmopolitical Proposal. In: Bruno Latour und Peter Weibel (Hg.), *Making Things Public. Atmospheres of Democracy*, Cambridge: MIT Press, S. 994-1003.

Stengers, Isabelle (2008): A Constructivist Reading of Process and Reality. In: *Theory, Culture & Society* 25, S. 91-110.

Strübing, Jörg (2005): *Pragmatistische Wissenschafts- und Technikforschung. Theorie und Methode*, Frankfurt/M.: Campus.

Strum, Shirley/Latour, Bruno (1999[2]) [1987]: Redefining the Social Link. From Baboons to Humans. In: Donald MacKenzie und Judy Wajcman (Hg.), *The Social Shaping of Technology*, Buckingham: Open University Press, S. 116-125.

Tarde, Gabriel (2003) [1890]: *Die Gesetze der Nachahmung*, Frankfurt/M.: Suhrkamp.

Tarde, Gabriel (2009a) [1893]: *Monadologie und Soziologie*. Mit einem Vorwort von Bruno Latour und einem Nachwort von Michael Schillmeier, Frankfurt/M.: Suhrkamp.

Tarde, Gabriel (2009b) [1898]: *Die sozialen Gesetze*, hrsg. und mit einem Nachwort versehen von Arno Bammé, Marburg: Metropolis.

Teurlings, Jan (2004): *Dating Shows and the Production of Identities. Institutional Practices and Power in Television Production*. Dissertation Freie Universität Brüssel, Belgien, http://home.medewerker.uva.nl/j.a.teurlings/bestanden/Teurlings_DatingShows.pdf [30.07.2008].

Thaewan, Kim (2002): *Vom Aktantenmodell zur Semiotik der Leidenschaften. Eine Studie zur narrativen Semiotik von Algirdas J. Greimas*, Tübingen: Narr.

Thielmann, Tristan (2008): Der ETAK Navigator. Tour de Latour durch die Mediengeschichte der Autonavigationssysteme. In: Georg Kneer, Markus Schroer und Erhard Schüttpelz (Hg.), *Bruno Latours Kollektive. Kontroversen zur Entgrenzung des Sozialen*, Frankfurt/M.: Suhrkamp, S. 180-218.

Thrift, Nigel (1996): *Spatial Formations*, London [u.a.]: Sage.

Toews, David (2003): The New Tarde. Sociology after the End of the Social. In: *Theory, Culture & Society* 20, S. 81-98.

Traweek, Sharon (1992) [1988]: *Beamtimes and Lifetimes. The World of High Energy Physicists*, Cambridge: Harvard University Press.

Turing, Alan (2007) [1950]: Computermaschinerie und Intelligenz. In: Karin Bruns und Ramón Reichert (Hg.), *Neue Medien. Texte zur digitalen Kultur und Kommunikation*, Bielefeld: transcript, S. 37-64.

Turner, Stephen (1994): *The Social Theory of Practices. Tradition, Tacit Knowledge, and Presuppositions*, Oxford: Polity Press.

Turner, Stephen (2007): Practice Then and Now. In: *Human Affairs* 17, S. 111-125.

Virilio, Paul (1992): *Rasender Stillstand. Essay*, München/Wien: Hanser.

Vowe, Gerhard (2006): Mediatisierung der Politik? Ein theoretischer Ansatz auf dem Prüfstand. In: *Publizistik* 51, S. 437–455.

Wehling, Peter (2006): The Situated Materiality of Scientific Practice. Postconstructivism – A New Theoretical Perspective in Science Studies. In: *Science, Technology & Innovation Studies*, Special Issue 1, http://www.sti-studies.de/fileadmin/articles/wehling.pdf [24.02.2011].

Wehner, Josef (2008a): ›Taxonomische Kollektive‹ – Zur Vermessung des Internets. In: Herbert Willems (Hg.), *Weltweite Welten. Internet-Figurationen aus wissenssoziologischer Perspektive*, Wiesbaden: VS, S. 363-382.

Wehner, Josef (2008b): ›Social Web‹ – Rezeptions- und Produktionsstrukturen im Internet. In: Michael Jäckel und Manfred Mai (Hg.), *Medienmacht und Gesellschaft. Zum Wandel öffentlicher Kommunikation*, Frankfurt/M. [u.a.]: Campus, S. 197-218.

Weingart, Peter (2003): *Wissenschaftssoziologie*, Bielefeld: transcript.

Welzer, Harald/Soeffner, Hans-Georg/Giesecke, Dana (Hg.), *KlimaKulturen. Soziale Wirklichkeiten im Klimawandel*, Frankfurt/M. [u.a.]: Campus.

Wenzel, Harald (2000): Dewey, Whitehead und das Problem der Konstruktion in der Sozialtheorie. In: Hans Joas (Hg.), *Philosophie der Demokratie. Beiträge zum Werk von John Dewey*, Frankfurt/M.: Suhrkamp, S. 235-279.

West, Candace/Zimmerman, Don H. (1987): Doing Gender. In: *Gender & Society* 1, S. 125-151.

Weyer, Johannes (2009): Die Kooperation menschlicher Akteure und nicht-menschlicher Agenten. Ansatzpunkte einer Soziologie hybrider Systeme. In: Wilhelm Berger und Günter Getzinger (Hg.), *Das Tätigsein der Dinge. Beiträge zur Handlungsträgerschaft von Technik*, München/Wien: Profil, S. 61-92.

Weyer, Johannes/Kirchner, Ulrich/Riedl, Lars (1997): *Technik, die Gesellschaft schafft. Soziale Netzwerke als Ort der Technikgenese*, Berlin: edition sigma.

Whitehead, Alfred North (1978) [1929]: *Process and Reality. An Essay in Cosmology*, New York: Free Press.

Whitehead, Alfred North (1990) [1919]: *Der Begriff der Natur*, hrsg. von Reinhard Löw, Weinheim: VCH.

Whitehead, Alfred North (2001) [1938]: *Denkweisen*, hrsg., übers. und eingel. von Stascha Rohmer, Frankfurt/M.: Suhrkamp.

Whitehead, Alfred North/Russell, Bertrand (1950) [1910-13]: *Principia Mathematica*, Cambridge: Cambridge University Press.

Wieser, Matthias (2004): Inmitten der Dinge. Zum Verhältnis von sozialer Praxis und Artefakten. In: Karl H. Hörning und Julia Reuter (Hg.), *Doing Culture. Neue Positionen von Kultur und sozialer Praxis*, Bielefeld: transcript, S. 92-107.

Wieser, Matthias (2006): Naturen, Artefakte und Performanzen. Praxistheorie und Actor-Network Theory. In: Birgit Peuker und Martin Voss (Hg.), *Verschwindet die Natur? Bruno Latour in der umweltsoziologischen Diskussion*, Bielefeld: transcript, S. 95-109.

Wieser, Matthias (2008): Technik/Artefakte. Mattering Matter. In: Stephan Moebius und Andreas Reckwitz (Hg.), *Poststrukturalistische Sozialwissenschaften*, Frankfurt/M.: Suhrkamp, S. 419-432.

Wieser, Matthias (2009): Cultural Studies, digitale Medien und darüber hinaus. In: Gerhard Banse, Matthias Wieser und Rainer Winter (Hg.), *Neue Medien und kulturelle Vielfalt. Konzepte und Praktiken*, Berlin: trafo, S. 105-118.

Winter, Rainer (2001): *Die Kunst des Eigensinns. Cultural Studies als Kritik der Macht*, Weilerswist: Velbrück Wissenschaft.

Winter, Rainer (2010²): *Der produktive Zuschauer. Medienaneignung als kultureller und ästhetischer Prozess*, Köln: Herbert von Halem.

Winter, Rainer/Azizov, Zeigam (2009): *Cultural Studies in the Past and Today. Interview with Stuart Hall*, http://www.rainer-winter.net/images/stories/pdfs/interview%20with%20stuart%20hall%2C%2021st%20january%202008%20rwza.pdf [24.02.2011].

Winter, Rainer/Niederer, Elisabeth (Hg.) (2008): *Ethnographie, Kino und Interpretation – Die performative Wende der Sozialwissenschaften. Der Norman-Denzin-Reader*, Bielefeld: transcript.

Wirth, Uwe (Hg.) (2002): *Performanz. Zwischen Sprachphilosophie und Kulturwissenschaften*, Frankfurt/M.: Suhrkamp.

Wise, J. Macgregor (1997): *Exploring Technology and Social Space*, London [u.a.]: Sage.

Withalm, Gloria (2003): Zeichentheorien der Medien. In: Stefan Weber (Hg.), *Theorien der Medien*, Konstanz: UVK, S. 132-153.

Wittgenstein, Ludwig (1985): *Tractatus logico-philosophicus, Tagebücher 1914-1916, Philosophische Untersuchungen*, Frankfurt/M.: Suhrkamp.

Woolgar, Steve (1988): *Knowledge and Reflexivity. New Frontiers in the Sociology of Knowledge*, London: Sage.

Žižek, Slavoj (1989): *The Sublime Object of Ideology*, London: Verso.

Žižek, Slavoj (2005): *Körperlose Organe. Bausteine für eine Begegnung zwischen Deleuze und Lacan*, Frankfurt/M.: Suhrkamp.

Sozialtheorie

SILKE HELFRICH,
HEINRICH-BÖLL-STIFTUNG (HG.)
Commons
Für eine neue Politik jenseits
von Markt und Staat

April 2012, 528 Seiten, Hardcover, 24,80 €,
ISBN 978-3-8376-2036-8

NADINE MARQUARDT, VERENA SCHREIBER (HG.)
Ortsregister
Ein Glossar zu Räumen der Gegenwart

September 2012, ca. 300 Seiten, kart., ca. 29,80 €,
ISBN 978-3-8376-1968-3

STEPHAN MOEBIUS, SOPHIA PRINZ (HG.)
Das Design der Gesellschaft
Zur Kultursoziologie des Designs

Februar 2012, 438 Seiten, kart., zahlr. Abb., 29,80 €,
ISBN 978-3-8376-1483-1

Sozialtheorie

Thomas Alkemeyer, Gunilla Budde, Dagmar Freist (Hg.)
Selbst-Bildungen
Soziale und kulturelle Praktiken der Subjektivierung
Januar 2013, ca. 250 Seiten, kart., ca. 29,80 €, ISBN 978-3-8376-1992-8

Bernd Dollinger, Fabian Kessl, Sascha Neumann, Philipp Sandermann (Hg.)
Gesellschaftsbilder Sozialer Arbeit
Eine Bestandsaufnahme
Mai 2012, 218 Seiten, kart., 24,80 €, ISBN 978-3-8376-1693-4

Iris Dzudzek, Caren Kunze, Joscha Wullweber (Hg.)
Diskurs und Hegemonie
Gesellschaftskritische Perspektiven
Juli 2012, ca. 230 Seiten, kart., 28,80 €, ISBN 978-3-8376-1928-7

Konstantin Ingenkamp
Depression und Gesellschaft
Zur Erfindung einer Volkskrankheit
Februar 2012, 370 Seiten, kart., 29,80 €, ISBN 978-3-8376-1930-0

Herbert Kalthoff, Uwe Vormbusch (Hg.)
Soziologie der Finanzmärkte
Juli 2012, ca. 300 Seiten, kart., ca. 29,80 €, ISBN 978-3-8376-1806-8

Karin Kaudelka, Gerhard Kilger (Hg.)
Das Glück bei der Arbeit
Über Flow-Zustände, Arbeitszufriedenheit und das Schaffen attraktiver Arbeitsplätze
Juli 2012, ca. 230 Seiten, kart., 19,80 €, ISBN 978-3-8376-2159-4

Susanne Lettow (Hg.)
Bioökonomie
Die Lebenswissenschaften und die Bewirtschaftung der Körper
Juli 2012, ca. 220 Seiten, kart., ca. 24,80 €, ISBN 978-3-8376-1640-8

Stephan Lorenz
Tafeln im flexiblen Überfluss
Ambivalenzen sozialen und ökologischen Engagements
Januar 2012, 312 Seiten, kart., 28,80 €, ISBN 978-3-8376-2031-3

Christian Mersch
Die Welt der Patente
Soziologische Perspektiven auf eine zentrale Institution der globalen Wissensgesellschaft
Juli 2012, ca. 460 Seiten, kart., zahlr. Abb., ca. 34,80 €, ISBN 978-3-8376-2056-6

Max Miller
Sozialtheorie
Eine Kritik aktueller Theorieparadigmen. Gesammelte Aufsätze
September 2012, ca. 300 Seiten, kart., ca. 27,80 €, ISBN 978-3-89942-703-5

Birgit Riegraf, Dierk Spreen, Sabine Mehlmann (Hg.)
Medien – Körper – Geschlecht
Diskursivierungen von Materialität
Juli 2012, ca. 250 Seiten, kart., ca. 26,80 €, ISBN 978-3-8376-2084-9

Ulrich Willems, Detlef Pollack, Helene Basu, Thomas Gutmann, Ulrike Spohn (Hg.)
Moderne und Religion
Kontroversen um Modernität und Säkularisierung
Juli 2012, ca. 500 Seiten, kart., ca. 34,80 €, ISBN 978-3-8376-1966-9

Leseproben, weitere Informationen und Bestellmöglichkeiten finden Sie unter www.transcript-verlag.de